职业教育教材·新形态教材　财经商贸类

组织设计与工作分析

主　编　张岩松
副主编　穆秀英

清华大学出版社
北京交通大学出版社
·北京·

内容简介

本书将组织设计与工作分析两方面内容有机整合，形成独特内容体系。全书分为两大模块：模块 1 为组织设计，包括组织设计概述、组织结构设计基础、组织结构设计的影响因素、组织结构设计的方法 4 个项目内容；模块 2 为工作分析，包括认识工作分析、工作分析实施、工作分析方法、工作说明书 4 个项目内容，每个项目下设若干项任务，共 30 项任务。全书系统性强、内容精练、体例新颖，在各个项目中设有学习目标、项目导入、实训设计、课后练习题等栏目，在基本知识内容中穿插许多"小案例""小贴士""小训练"，突出了理论性、实践性、应用性和可操作性。书中的组织设计与工作分析最新案例、新颖实用的实训设计以及丰富多样的课后练习题，将在推进理实一体化教学，强化学训结合，不断提升学生组织设计与工作分析的理论与实践水平上发挥重要作用。

本书可作为职业教育本科院校、应用型本科院校人力资源管理专业课程教材与高职高专院校人力资源管理、职业指导与服务等专业课程教材，也可作为开放大学等成人院校相关专业的教材，还可作为企业人力资源管理工作者的工作参考用书和各类组织管理人员的培训教材。

本书封面贴有清华大学出版社防伪标签，无标签者不得销售。
版权所有，侵权必究。侵权举报电话：010-62782989　13501256678　13801310933

图书在版编目（CIP）数据

组织设计与工作分析 / 张岩松主编. —北京：北京交通大学出版社 ：清华大学出版社，2023.10
　ISBN 978-7-5121-5079-9

　Ⅰ. ①组…　Ⅱ. ①张…　Ⅲ. ①人力资源管理-教材　Ⅳ. ①F243

中国国家版本馆 CIP 数据核字（2023）第 174063 号

组织设计与工作分析
ZUZHI SHEJI YU GONGZUO FENXI

责任编辑：	郭东青
出版发行：	清 华 大 学 出 版 社　邮编：100084　电话：010-62776969　http://www.tup.com.cn
	北京交通大学出版社　邮编：100044　电话：010-51686414　http://www.bjtup.com.cn
印　刷　者：	北京时代华都印刷有限公司
经　　　销：	全国新华书店
开　　　本：	185 mm×260 mm　印张：18.5　字数：473 千字
版 印 次：	2023 年 10 月第 1 版　2023 年 10 月第 1 次印刷
印　　　数：	1～2 000 册　定价：59.00 元

本书如有质量问题，请向北京交通大学出版社质监组反映。对您的意见和批评，我们表示欢迎和感谢。
投诉电话：010-51686043，51686008；传真：010-62225406；E-mail：press@bjtu.edu.cn。

前　言

组织设计与工作分析是人力资源管理工作的基础和重要技术，也是组织有效管理的关键手段，更是组织实现战略目标的保证。当今信息化、网络化时代，组织的外部环境充满不确定性，组织要在时代浪潮中立于不败之地，就必须与时俱进，重新开展组织设计与工作分析，重构组织体系，优化工作关系与流程，明确人员职权和职责。只有这样，才能提高人力资源管理科学化、专业化水平。因此，许多职业教育本科院校、应用型本科院校、高职高专院校都把"组织设计与工作分析"作为人力资源管理专业及其相关专业的一门重要课程予以设立和建设。为顺应此需求我们编写了《组织设计与工作分析》这本教材。

本书结构严谨，体例新颖，将组织设计与工作分析两方面重要内容进行了有机整合，形成独到的内容体系，具有较强的理论性、应用性和可操作性。全书以理论为指导，以能力提升为主线，突出实践教学方式的改革和创新，以提高学生的学习兴趣和理论联系实际的能力，使其在掌握组织设计与工作分析基本知识、基本方法、基本技术的基础上，灵活地将所学知识应用于解决实际问题，不断提升组织设计与工作分析的能力。

本书系大连职业技术学院课程教学改革项目和课程思政教材培育项目的最新成果，全书着力突出"课程思政"建设，每章专设"课程思政指南"栏目，为师生提供贴近教材的课程思政元素和课程思政实施思路，将思政教育潜移默化地融入组织设计与工作分析课程教学始终，以构建"价值引领、知识传授和能力培养"三位一体的育人体系，发挥协同效应，促进学生思想道德水平的提升。

在教学的全过程中，教师一定要深入贯彻党的二十大精神，落实党的二十大报告的各项要求，不断强化课程思政，对学生进行社会主义核心价值观教育，不断提高学生的道德水准和职业素养，促进学生全面发展。

本书由张岩松任主编，穆秀英任副主编，具体分工如下：张岩松编写项目1和项目5，穆秀英编写项目2至项目4、项目6至项目8，并制作PPT课件、电子教案等教学资源。全书由穆秀英统稿。

在编写过程中我们参考了大量文献，有些资料是参考互联网上发布或转发的信息，在此向各位作者表示衷心的感谢！

因受条件、时间、水平所限，书中不足之处在所难免，敬请广大读者批评、指正。

有关反馈信息或索取相关教学资源，可与本书责任编辑联系，邮箱：764070006@qq.com。

编　者
2023年4月

目 录

模块 1 组织设计篇

项目 1 组织设计概述 ··· 3
学习目标 ··· 3
项目导入 ··· 3
任务 1.1 认识组织 ··· 4
 1.1.1 "组织"的含义 ··· 4
 1.1.2 组织的基本特性 ··· 7
 1.1.3 组织的类型 ··· 8
 1.1.4 组织的功用与价值 ··· 9
任务 1.2 认识组织设计 ··· 10
 1.2.1 组织设计的定义与特征 ··· 11
 1.2.2 组织设计的意义和作用 ··· 12
 1.2.3 组织设计的内容 ··· 14
 1.2.4 组织设计的程序 ··· 15
 1.2.5 组织设计的原则 ··· 18
任务 1.3 组织理论的演进 ··· 20
 1.3.1 早期的组织管理思想 ··· 21
 1.3.2 古典组织理论 ··· 22
 1.3.3 行为科学组织理论 ··· 25
 1.3.4 现代组织理论 ··· 29
实训设计 ··· 38
课后练习题 ··· 39
课程思政指南 ··· 40

项目 2 组织结构设计基础 ··· 41
学习目标 ··· 41
项目导入 ··· 41
任务 2.1 认识组织结构设计 ··· 42
 2.1.1 组织结构 ··· 42
 2.1.2 组织结构设计的概念 ··· 44
 2.1.3 组织结构设计的基本理念 ··· 45

任务 2.2　组织的结构参数 ·· 45
　　　　2.2.1　专业化 ··· 45
　　　　2.2.2　正规化 ··· 47
　　　　2.2.3　标准化 ··· 48
　　　　2.2.4　管理层次与管理幅度 ··· 48
　　　　2.2.5　集权与分权 ·· 51
　　　　2.2.6　其他结构参数 ··· 53
　　任务 2.3　组织结构的形式 ·· 56
　　　　2.3.1　直线型组织结构 ··· 56
　　　　2.3.2　职能型组织结构 ··· 56
　　　　2.3.3　事业部型组织结构 ··· 57
　　　　2.3.4　矩阵型组织结构 ··· 60
　　　　2.3.5　其他组织结构形式 ··· 61
　实训设计 ··· 66
　课后练习题 ··· 67
　课程思政指南 ··· 68
项目 3　组织结构设计的影响因素 ··· 69
　学习目标 ··· 69
　项目导入 ··· 69
　　任务 3.1　环境 ··· 70
　　　　3.1.1　组织的外部环境 ··· 70
　　　　3.1.2　应对环境不确定性的适应策略 ·· 74
　　　　3.1.3　减少资源依赖性的控制策略 ··· 76
　　任务 3.2　战略 ··· 78
　　　　3.2.1　战略的含义 ·· 78
　　　　3.2.2　战略的层次 ·· 79
　　　　3.2.3　战略对组织结构设计的影响 ··· 79
　　任务 3.3　技术 ··· 83
　　　　3.3.1　组织级技术对组织结构的影响 ·· 83
　　　　3.3.2　部门级技术对组织结构的影响 ·· 86
　　　　3.3.3　部门技术相互依赖性对组织结构的影响 ··· 88
　　　　3.3.4　信息技术的发展对组织结构的影响 ·· 89
　　任务 3.4　规模 ··· 91
　　　　3.4.1　大型组织和小型组织 ·· 91
　　　　3.4.2　规模对组织结构的影响 ·· 92
　　任务 3.5　生命周期 ··· 93
　　　　3.5.1　创业阶段 ··· 94
　　　　3.5.2　聚合阶段 ··· 95
　　　　3.5.3　正规化阶段 ·· 95

  3.5.4 精细阶段 ········· 95
 任务 3.6 组织文化 ········· 96
  3.6.1 组织文化概述 ········· 96
  3.6.2 组织文化类型与组织结构 ········· 98
 任务 3.7 人员素质 ········· 100
  3.7.1 集权与分权的程度 ········· 100
  3.7.2 管理幅度大小 ········· 100
  3.7.3 部门设置的形式 ········· 100
  3.7.4 定编人数 ········· 101
  3.7.5 横向沟通的效率 ········· 101
  3.7.6 规范化程度 ········· 101
  3.7.7 对组织变革的态度 ········· 101
 实训设计 ········· 102
 课后练习题 ········· 103
 课程思政指南 ········· 103

项目 4 组织结构设计的方法 ········· 105
 学习目标 ········· 105
 项目导入 ········· 105
 任务 4.1 职能设计 ········· 106
  4.1.1 职能概述 ········· 106
  4.1.2 职能设计的概念、作用和内容 ········· 107
  4.1.3 基本职能设计 ········· 109
  4.1.4 关键职能设计 ········· 111
  4.1.5 职能分解 ········· 114
 任务 4.2 层次结构设计 ········· 115
  4.2.1 管理幅度设计 ········· 115
  4.2.2 管理层次设计 ········· 119
  4.2.3 集权与分权 ········· 122
 任务 4.3 部门化设计 ········· 126
  4.3.1 部门化设计的原则和依据 ········· 126
  4.3.2 部门化的方法 ········· 128
  4.3.3 职权关系设计 ········· 131
 任务 4.4 横向协调设计 ········· 133
  4.4.1 制度性方式 ········· 134
  4.4.2 结构性方式 ········· 135
  4.4.3 人际关系方式 ········· 137
 实训设计 ········· 138
 课后练习题 ········· 139
 课程思政指南 ········· 140

模块 2　工作分析篇

项目 5　认识工作分析 ... 143
学习目标 ... 143
项目导入 ... 143
任务 5.1　工作分析的含义、内容与特征 ... 144
5.1.1　工作分析的含义 ... 144
5.1.2　工作分析的内容及其专业术语 ... 148
5.1.3　工作分析的特征 ... 154
任务 5.2　工作分析的目的、原则与作用 ... 155
5.2.1　工作分析的目的 ... 155
5.2.2　工作分析的原则 ... 156
5.2.3　工作分析的作用 ... 158
任务 5.3　工作分析的产生与发展 ... 161
5.3.1　中外早期工作分析思想 ... 161
5.3.2　工作分析的早期发展 ... 163
5.3.3　工作分析的近代发展 ... 164
5.3.4　工作分析的现代发展 ... 166
5.3.5　工作分析在我国的发展 ... 167
5.3.6　工作分析面临的挑战 ... 169
5.3.7　工作分析的发展趋势 ... 170
实训设计 ... 173
课后练习题 ... 174
课程思政指南 ... 175

项目 6　工作分析实施 ... 176
学习目标 ... 176
项目导入 ... 176
任务 6.1　工作分析实施概述 ... 177
6.1.1　工作分析实施的时机 ... 177
6.1.2　工作分析信息的来源 ... 178
6.1.3　工作分析的基本流程 ... 179
任务 6.2　准备阶段 ... 180
6.2.1　确定工作分析的目的和侧重点 ... 180
6.2.2　制订总体的实施方案 ... 181
6.2.3　收集和分析信息的背景资料 ... 182
6.2.4　确定要收集的信息及其收集方法 ... 185
6.2.5　组织机构及人员方面的准备 ... 187
6.2.6　准备必要的物品和文件 ... 192
任务 6.3　实施阶段 ... 194

6.3.1　与有关人员进行沟通 194
　　6.3.2　制订具体的实施操作计划 195
　　6.3.3　实际收集与分析工作信息 197
　任务 6.4　结果形成阶段 199
　　6.4.1　与有关人员共同审查和确认工作信息 199
　　6.4.2　完成工作说明书编写 200
　任务 6.5　应用评价阶段 201
　　6.5.1　工作分析成果的应用 201
　　6.5.2　工作分析的评价与反馈 203
　实训设计 205
　课后练习题 205
　课程思政指南 206

项目 7　工作分析方法 207
　学习目标 207
　项目导入 207
　任务 7.1　基础性工作分析方法 208
　　7.1.1　问卷法 208
　　7.1.2　访谈法 212
　　7.1.3　资料分析法 219
　　7.1.4　观察法 221
　　7.1.5　工作日志法 223
　　7.1.6　主题专家会议法 226
　任务 7.2　系统性工作分析方法 229
　　7.2.1　职位分析问卷法 229
　　7.2.2　管理职位描述问卷法 232
　　7.2.3　职能工作分析法 233
　　7.2.4　工作要素法 236
　　7.2.5　临界特质分析法 238
　　7.2.6　关键事件法 244
　任务 7.3　工作分析方法的比较、评价与选择 248
　　7.3.1　工作分析方法的比较 248
　　7.3.2　工作分析方法的评价 250
　　7.3.3　工作分析方法的选择 252
　实训设计 254
　课后练习题 254
　课程思政指南 255

项目 8　工作说明书 257
　学习目标 257
　项目导入 257

任务 8.1　认识工作说明书 ……………………………………………………… 258
　　8.1.1　工作说明书的含义 …………………………………………………… 258
　　8.1.2　工作说明书的质量标准 ……………………………………………… 258
　　8.1.3　工作说明书的分类 …………………………………………………… 259
　　8.1.4　工作说明书的作用 …………………………………………………… 260
　　8.1.5　工作说明书的发展趋势 ……………………………………………… 261
任务 8.2　工作说明书的编写 …………………………………………………… 262
　　8.2.1　工作说明书的主要内容 ……………………………………………… 262
　　8.2.2　工作说明书的编写要求 ……………………………………………… 272
　　8.2.3　工作说明书的编制步骤 ……………………………………………… 273
　　8.2.4　工作说明书范例 ……………………………………………………… 274
实训设计 …………………………………………………………………………… 281
课后练习题 ………………………………………………………………………… 282
课程思政指南 ……………………………………………………………………… 283

参考文献 ………………………………………………………………………… 284

模块 1　组织设计篇

组织设计与工作分析是什么？一个形象的比喻就能清晰地说明其内涵：一个组织好比一座房子，组织设计犹如房屋建筑设计，组织结构设计好像房屋建筑的框架，组织结构中的各个职能部门可以视作房屋建筑中的各个房间，岗位设置即在房屋内摆放椅子，工作分析就是判断落座者应该具备哪些资格条件，坐在椅子上从事哪些工作，可由此获得哪些回报等。不同的组织结构如同形状、结构各异的房子，其框架体系、各部分排列顺序、空间位置、结合方式、隶属关系等都各有不同，即使处于组织不同发展阶段的相同的组织结构，岗位设置和工作分析也会发生变化。如同使用目的变化后，房屋建筑的外檐风格、结构设计、陈设布局等会相应改变，审视这座房屋建筑整体形态的视角也随之改变。因此，组织设计与工作分析是组织机构运行的关键环节，对组织结果具有重要意义。

组织设计是设计者将组织内各要素进行整合，进而构建组织结构的过程。工作分析是采用科学的方法或技术全面了解一项工作或提取关于一项工作的全面信息的活动。组织设计与工作分析互为前提，相互促进，相辅相成，是人力资源管理与开发工作的基础。对于新建组织来说，一般需要先分析组织战略、组织目标、工作流程、组织规模与部门职能，再进行组织设计；对于再造组织或者组织再设计来说，更需要先进行工作分析，了解组织发展中问题与组织新的战略与目标要求，进行新的组织再设计。但是，任何工作分析总是需要以一定的组织形式为依据和来源，针对一定的组织进行，这种组织毫无疑问是组织设计工作的结果。换句话说，工作分析的对象建立在不同组织结构的基础之上。工作分析对组织设计进行落实，组织设计完成后，组织的结构安排、流程安排仍需进行细化，这就需要工作分析对不同职位的职责要求做出说明。组织设计注重宏观的结构安排，工作分析侧重微观的职位规范，二者从不同层面上规范与推动着组织结构的科学发展与深入优化。

本模块主要探讨组织设计的基本概念、相关理论、组织结构设计、组织设计的权变因素、岗位设置及定编等基本问题。

项目 1　组织设计概述

人，力不若牛，行不如马，而牛马为用，何也？曰：人能群，彼不能群也。君者，善群也。群而无分则争，争则乱，乱则离，离则弱，弱则不能胜物。

——荀子

学习目标

掌握组织的含义，了解组织的类型和功能；理解组织设计的概念，掌握组织设计的内容和原则；掌握组织设计的程序，了解组织设计的发展趋势；掌握各种古典组织理论与管理模式的内容和特点；了解行为科学组织理论和现代组织理论的主要学说。

项目导入

王厂长的工作为何应接不暇

某地方生产传统工艺品的企业，伴随着我国对外开放政策的实施与发展，逐渐发展壮大起来。该企业的销售额和出口额近十年来平均增长15%以上，员工也由原来的不到200人增加到2 000多人。企业还是采用过去的类似直线型的组织结构，企业"一把手"王厂长既管销售，又管生产，是一个多面全能型的管理者。而最近企业发生的一些事情让王厂长应接不暇。其一，企业生产基本是接订单生产，基本由厂长传达生产指令。碰到交货紧的时候，往往是厂长带头，和员工一起挑灯夜战。虽然能按时交货，但产品质量不过关被退回，企业还被要求索赔。其二，以前企业招聘人员人数少，所以王厂长一人就可决定了。现在每年要招收大中专学生近50人，还要牵涉人员的培训等。以前的做法就不行了。其三，过去总是王厂长临时抓人去做后勤等工作，现在这方面工作太多。临时抓人去做，已经做不了、做不好了。凡此种种，以前有效的管理方法已经失去了作用。

思考讨论题：
1. 结合本案例谈谈组织设计的必要性。
2. 从组织设计的角度说明该企业存在的问题以及建议措施。

组织结构是实现组织目标的载体。组织设计要求管理者根据组织目标和计划，设计合理、高效的能保证组织目标和计划顺利实施的组织结构与体系，合理安排、调配各种资源。如果一个组织不重视其组织结构及其运行，其他的管理领域也难以获得高绩效，组织就会遭受重大损失。能否设计一个科学合理的组织结构，关乎组织的生死存亡。好的组织结构不是自然而然形成的，需要通过组织设计这项管理活动，需要运用一定的科学程序和方法。

为了科学地进行组织设计，首先要对组织、组织设计有一个全面的认识，并明确组织设计理论的发展和演变过程，对组织、组织设计、组织理论有一个比较系统的认识和理解。

任务 1.1　认 识 组 织

组织是人与社会联系和沟通的中介，是人类社会普遍存在的社会现象，在原始的渔猎农耕活动中，人类的先祖就已经发现集体的效果要远好于个体，自然地形成相互协作的以部落、氏族为代表的组织。今天，各种社会组织蓬勃发展，对人类生活的渗透和影响无所不在，每个人都不能逃避组织对自己的影响。对组织的认识，也就成为管理学的基本任务。组织已经成为现代社会中一个突出的特点，正如美国著名社会学家塔尔科特·帕森斯所说："组织已经发展成为高度分化社会中的主要机制，通过这个机制，人们才有可能完成任务，达到目标。"

1.1.1　"组织"的含义

1. 古代的组织含义

在古代汉语中，"组"和"织"各具有特定的含义，据《说文解字》记载，组织的"组"系形声字，从糸（mì），且（jǔ）声，与丝织品有关，故从糸。"组"作名词时泛指其同具有某一属性的若干对象，譬如将某班同学分为几个小组；作动词时指使特定对象具有某种属性或功能，如组阁、组建等。"织"系形声字，从糸，埴（zhí）声。"织"从古到今含义未发生重大变化，均是将操作对象纵横交错编织成更具使用价值的物品。

在我国古代，早期的"组织"一般用作动词，是指将"组"经纬相交，织作布帛。如《辽史·食货志上》有"国人树桑麻，习组织"之说，意即告诫国人广种桑麻，推广纺织技艺，以富民强国。《吕氏春秋·先志》《诗》曰："执辔如组"，汉朝高诱所做批注为："组读组织之组。夫组织之匠，成文於手，犹良御执辔于手而调马口，以致万里也。"可见，好的骑手驾驭马匹如同好的织手可以编织出美丽的锦缎。到南北朝时期，组织已开始突破织锦这一狭小区域，用来表示对词汇的组织与安排。南朝·梁刘勰在《文心雕龙·诠赋》中有言："丽词雅义，符采相胜，如组织之品朱紫，画绘之著玄黄。"《文心雕龙·原道》："雕琢情性，组织辞令。"可见，组织辞令就是要将言辞进行有效的组织，以便具有说服力，具有格律美感。自此，组织的含义相对稳定发展到清末时期。它一般地表示为了使组织对象具有更大的使用价值，或者为了让组织对象具有更美好的视觉、听觉效果，而将组织对象进行刻意的、有意识的安排。

2. 组织的概念和内涵

组织的现代含义更多的是反映英文 organization（组织）的含义，它来源于"器官"（organ）一词，即自成系统的具有特定功能的细胞结构。后来，"组织"一词又被从其生物学意义进一步引申应用到社会学范畴，意为按照一定的目的、任务和形式组成的、具有系统结构的有机整体。

组织是人与社会联系和沟通的中介，是人类社会普遍存在的社会现象。现代社会中，对"组织"的理解有两方面含义：一是作为动词使用的组织（organize），二是作为名词使用的组织（organization）。

作为动词使用的组织,主要是指将作用对象按照一定的目的、功能、形式整合在一起的行为。我们不仅可以组织"丝带",还可以组织词汇、人、抽象的想象等。譬如,组织得好的石头成为建筑,组织得好的词汇成为文章,组织得好的想象成为诗篇,对企业资源的良好组织会形成一个有效益的企业。在管理学中作为动词的组织是与计划、指挥、协调、控制并列的管理基本职能之一,主要指组织结构的设计、创立、运行和变革。①

作为名词使用的组织,主要是指两个或两个以上的人组成的具有特定目标、资源、结构、管理机制,能够与环境交互作用的开放系统。如政党组织、军队组织、企业组织、公益组织等。作为名词的组织是人的集合体,是构成现代社会的基本单元,是整个社会赖以生存和发展的基础。从系统论角度看,组织作为一个系统应该具有目的性、整体性、结构性等特点。组织作为一个开放的系统,必须时刻与环境互动,并依赖环境、服务环境而存在。

关于组织概念的界定,到目前为止,仍没有一个统一的认识,不同的学者从不同的角度出发,给出了许多的定义(见表1-1)。

表1-1 组织概念界定

学者	定义
法国管理学家亨利·法约尔、科学管理之父美国人泰罗	组织是一个围绕任务而将若干职位或部门连接起来的整体
美国管理学家孔茨	组织是正式的有意识形成的职务结构或职位结构
美国管理学家、古典组织理论研究者詹姆斯·穆尼	组织是人群联合为了达到某种共同目标的形式
美国管理学家巴纳德	组织是有意识地加以协调两个或两个以上的人的活动或力量的协作系统
美国管理学家麦克沙恩	组织是向着某个目标而相互依赖工作的人的团体
系统理论学派的重要代表人物美国人卡斯特和罗森茨韦克	组织是:(1)有目标的人群;(2)群体中相互作用的人群;(3)运用知识和技能的人群;(4)有结构的活动整体,即在特定关系模式中一起工作的人群
美国管理学家斯蒂芬·罗宾斯	将组织界定为名词的组织和动词的组织。前者是指由两个或两个以上的人所构成的,以实现组织目标的自觉协调的社会单元。后者则是,决定执行什么任务,谁去做,任务怎样组合,谁向谁报告,决定在哪里做出等
我国学者郑海航	组织是由若干人所组成的有机体,是一个围绕共同目标由内部成员所形成的关系结构和共同规范的力量协调系统
我国学者刘巨钦	组织是指为了实现一定的共同目标而按照一定的规则、程序所构成的一种责权结构安排和人事安排,其目的在于确保以最高的效率使目标得以实现

这里结合参照以上对组织的界定并结合国内外文献,主要采用美国管理学家理查德·L.达夫特为组织下的定义:所谓组织,是指这样的一个社会实体,它具有明确的目标导向和精

---

① 刘松博,龙静. 组织理论与设计 [M]. 2版. 北京:中国人民大学出版社,2009.

心设计的结构与有意识协调的活动系统，同时又同外部环境保持密切的联系。[1]

该定义包括以下五方面的内容：① 组织是社会实体和社会的基本单元。② 组织有明确的目标。组织之所以能够存在，就是因为它有目标。③ 组织有精心设计的结构和有意识协调的活动系统。组织为了生存和发展，必须要精心地设计组织结构，因为组织结构是组织目标实现的载体，组织是各构成要素间相互协调所形成的系统。④ 组织由两个或两个以上的人构成。人是组织的基本要素，任何组织都离不开人的参与。单个人显然不能成为组织，组织必须要由两个或两个以上的人构成。⑤ 组织不仅内部的子系统相互联系，而且组织与外部环境也是有机结合的统一体。组织的内部是分工有序的子系统，组织的外部又是开放的、反馈的系统，组织要与环境不断地进行交换。组织不断地从外界接受资源、能源和信息，经过转换后又将产品或者服务输送到外界环境。组织需要对环境变化做出调整，同时组织也对环境产生影响。

 小贴士

透视未来组织

管理专家忻榕谈到未来组织，她认为，数智时代重建了各种各样的关系，一个终点可能就是另一个起点，它给我们带来了非常不一样的想象空间。亚马逊创始人贝佐斯说过，创新有多种方式和各种规模，最激进、最具变革性的创新是帮助他人释放创造力，实现梦想。

数智时代创新的源泉是超级团队。超级团队就是人机协作的团队，把人工智能视作团队的一部分来进行创造，洛可可就是一个典型案例。洛可可是全球第一的工业设计公司，拥有1 000名工业设计师。当公司已经是全球第一，再想进一步发展，传统思维就是加人、加时间、加项目，这是线性的发展思路，洛可可选择打造超级个体，由用户、设计师和相关人员参与进行共创。在这个过程中，最大的好处是共同连接，各种不同利益相关者会加入进来，形成一个自组织，产生新的供应链，也就是一个多边平台。例如，洛可可公司与北汽合作，打造了全球首款A00级（特指小型轿车，轴距在2～2.2 m之间，发动机排量一般小于或等于1 L）人工智能汽车。这款智能汽车是一个共创项目，覆盖了超过100万用户，有1.5万用户参与造车。

可以说，智能时代就是一个超级团队、超级个人、集体智慧和人机共创的过程。

智能时代，我们如何打造自我管理型和赋能型组织？举一个传统行业的例子。米其林是一家从自行车轮胎到汽车轮胎都覆盖的全球领先轮胎制造商，是一家非常具有创造力的公司。在该行业中，2/3的发明都来自这家公司。它立志走在行业前列，市场份额占全球轮胎市场的20%。

十年前，它开启了一个自组织转型运动，先在一家工厂进行试验，让一线的蓝领工人自我管理，人人参与招聘和生产流程、质量、供应链的管理甚至财务的核算。原来的六级管理体制变成两级，中层就去当教练，辅导一线员工做管理。

自组织使每个人扮演多种角色，从而能快速应对变化，为定制轮胎时代的到来提供了组织上的可能性。

---

[1] 达夫特. 组织理论与设计：第13版[M]. 王凤彬，石云鸣，张秀萍，等译. 北京：清华大学出版社，2022.

当然，平台、生态、平台化管理都需要更多的利他合作，那如何应对竞争？链家出品的贝壳找房平台是一个范例。它成功地改变了过去房产经纪人之间的恶性竞争，使他们之间有了协作的可能。我认为，贝壳找房是一个有效合作、有限竞争的平台，数智技术和商业模式创新让它成为可能。

1.1.2 组织的基本特性

把握组织的基本特性，有助于我们进一步理解组织的内涵，便于有效地设计与管理组织。组织具有以下基本特性。

1. 目标导向性

任何组织都要以其目标作为管理的出发点和归宿点，组织的一切活动必须围绕总体目标有序展开。

组织人员的利益动机与追求目标具有天然的差异性，组织目标是整合组织每个人员分项目标的利器。当然，不同的组织，其目标可能有所不同，甚至有很大差异。如企业组织的基本目标是最优化地进行生产、销售并实现利润最大化，政府组织的目标则是最有效地实现对国家事务和社会公务的管理，学校的目标是培养各类合格人才。

此外，同一组织在不同发展阶段的目标会有所不同。

2. 要素集成性

组织是由若干资源要素组成的有机整体。组织要素分为有形要素与无形要素。有形要素包括人员、设备与厂房等；无形要素包括知识、技术和制度等。

在构成组织实体的诸多要素中，人起主导作用，是组织的第一资源。人的存在，使得组织具有了生命的活力。其他的物质要素，如厂房、设备、机器、资金等都需要在人的有机组织下才能鲜活起来。没有人便没有灵性的组织，更没有智慧的组织管理。

组织作为一个系统，具备系统的整体性特征。即我们要立足于组织整体的角度来认识、看待和管理组织，实现各要素最大化的集成。因为不论组织怎样分工，为了实现组织目标，最终还要将组织的各要素、各个组成部分整合在一起。

3. 系统开放性

传统管理理论把组织看作一个封闭系统，而现代管理理论则认为组织是一个与其环境相互发生联系的开放系统。

组织的系统开放性指的是，组织具有不断地与外界环境进行物质、能量、信息交换的性质和功能。任何具体组织作为一个系统，都不是孤立存在的，它总是处于不断变化的环境之中，并且同环境相互联系、相互作用着，组织战略与结构等都必须能适应外部环境的挑战，并使之能有效捕捉外部机会，充分利用各项资源。

组织向环境开放是组织得以发展的前提，也是组织稳定存在的条件。假如组织与世隔绝，那么该组织终将难逃被社会系统抛弃的厄运。

4. 分工协作性

任何一个组织都是组织成员为实现组织目标而进行分工协作所形成的关系结构。组织的存在是为了实现个人所不能达成的目标，为了发挥群体的力量，必须在职能分工的基础上实现群体协作。各岗位或部门承担组织的分项任务，需要通过一定的方法来协调组织成员的行为活动。在任何组织中，人们需要知道为了实现组织目标必须开展哪些工作，这些工作需要哪些不同的人去完成。同时人们还需要知道各项工作之间是怎样的关系，各组织成员之间应该怎样来相互配合，这样才能保证能够实现组织的总体目标。

分工与协作是组织的基本功能和本质。如果组织中的每个人都按自己的想法行动，那么这个组织就不能维持下去，也失去了组织为解决个人所不能解决的问题而存在的初衷。

5. 功能结构性

亨利·明茨伯格在其《卓有成效的组织》一书中提出：组织由不同功能的结构模块构成，即组织由战略高层、中间线、技术结构、支持人员与运营核心五部分构成。结构的划分体现了组织的功能结构性，组织是一个各司其职的分工机构。

组织的功能结构性，就是指构成组织的各种要素相互联系和相互作用的具体形态，即通过一定的责权关系所形成的较稳定的内部功能结构，这种权责结构或关系结构是任何组织生存与发展的载体。没有结构的组织或者结构不合理的组织是无法生存和发展的。

此外，组织还具有等级秩序性、生命周期性和社会价值性等特性。

1.1.3 组织的类型

组织以各种各样的形式存在，其功能、特性也不相同，要深入了解组织及其发展的规律，有效地对组织进行分类是十分必要的。但划分组织类型的标准很多，面对社会生活中复杂多样的社会组织，人们可以从不同角度对它进行分类。

1. 按组织规模分类

按组织规模分类，可分为小型组织、中型组织和大型组织。组织规模大小是决定管理模式、组织结构的因素之一。所谓组织规模，主要指组织人数多少。比如，同是企业组织，就有小型企业、中型企业和大型企业；同是医院组织，就有个人诊所、小型医院和大型医院；同是行政组织，就有小单位、中等单位和大单位。按这个标准进行分类是具有普遍性的，不论何类组织都可以做这种划分。

2. 按组织社会职能分类

按组织社会职能分类，可分为经济组织、政治组织、文化组织、群众组织和宗教组织五大类。经济组织是最基本的社会组织，它担负着向人们提供衣、食、住、行和文化娱乐等物质生活资料的任务，它要实现其所有者和经营者的经济利益。经济组织存在于生产、交换、分配、消费等不同领域，工厂、工商企业、银行、财团、保险公司等都属于经济性组织。政治性组织是一种为某个阶级的政治利益服务的社会组织。政治组织包括政党组织、国家政权组织、国家武装力量组织和国家司法机关等。文化组织以满足人们的文化需求为目标，以从事文化活动为其基本任务。各类学校、研究机关、艺术团体、图书馆、艺术馆、博物馆、展览馆、纪念馆、出版单位、影视电台机关等都属于文化性组织。文化性组织一般不追求经济效益，属于非营利组织。群众组织的任务是广泛团结社会各阶层、各领域的人民群众，代表他们的利益，了解他们的意愿，反映他们的诉求，组织他们开展多种社会活动。宗教组织是以某种宗教信仰为宗旨而形成的组织。

3. 按组织内部是否有正式分工关系分类

按组织内部是否有正式分工关系分类，可分为正式组织和非正式组织。

如果一个社会组织内部存在正式的组织任务分工、组织人员分工和组织制度，那么它就属于正式组织。政府机关、军队、学校、工商企业等都属于正式组织。正式组织是社会中的主要组织形式,是人们研究和关注的重点。如果一个社会组织的内部既没有确定的机构分工和任务分工,没有固定的成员,也没有正式的组织制度等,这种组织就属于非正式组织。非正式组织是组织内若干成员由于生活接触、感情交流、情趣相近、利害一致,未经人为的设计而产生交互行为和共同意识,并由此形成自然的人际关系。非正式组织可以是一个独立的团体,比如学术沙龙、文化沙龙、业余俱乐部等,也可以是一种存在于正式组织之中的无名而有实的团体。在一个正式组织的管理活动中,应特别注意非正式组织的影响作用。对非正式组织的管理,将会影响到正式组织任务的完成和组织运行的效率。

4. 按组织自身目的分类

按组织自身目的分类,可分为公共组织、营利性组织和非营利性组织。

公共组织,即负责处理国家公共事务的组织,包括政府部门、军队、司法机关等。营利性组织,即通过销售产品或服务为组织所有者带来利润的企业组织。非营利性组织是公共组织之外的一切不以营利为目标的组织。在我国,非营利组织主要有两大类:一类是群众团体组织,如专业学术团体、业余爱好者协会、消费者协会、个体经济协会、工会、妇女权益保护协会、退休人员协会、退伍军人协会、宗教协会、校友会、同乡会等;另一类是事业性组织,包括学校、医院、图书馆、新闻媒体、出版社、文艺团体、科研院所、体育机构等。

1.1.4 组织的功用与价值

1. 组织的功用

组织活动的功用,绝不是仅为了简单地把个体力量集合在一起。个体力量的集合可以形成一堆散沙,也可能成为一个"抱团"的群体。群体的力量可以完成单独个体力量的简单加总所不能完成的任务。优良组织的基本功用,就是避免集合在一起的个体力量相互抵消,而寻求对个体力量进行汇聚和放大的效应。一个组织为了有效地发挥和利用其人、财、物资源,必须妥善地开展组织设计与变革工作。

1)组织力量的汇聚作用

社会中单个的人对于自然来说,力量是渺小的,单个的人有时甚至不能维持自己的生存。在自然选择面前,人们需要联合起来,相互协作,共同从事某些活动。这种联合与协作是以各种组织的形式完成的。把分散的个体汇集成集体,用"拧成一股绳"的力量去完成任务,这实际上是组织力量汇聚作用的表现。"积细流以成江海",发挥组织的力量,把分散的个人汇集成为集体,人们才能在适应自然、改造自然中实现个人存在的价值。

2)组织力量的放大作用

组织的力量绝不等于个体力量的算术和,比力量汇聚作用"相和"效果更进一步,良好的组织还能发挥"相乘"的效果。正如古希腊著名学者亚里士多德指出的:"整体大于各个部分的总和。"因此,组织对汇聚起来的力量有放大或相乘的作用,就如同核裂变释放出巨大的能量一样,这不是简单的"1+1=2",而更多的是"1+1>2"。人力放大或相乘是人力分工和协作的结果,而任何人力的分工和协作都必然发生于一定的组织体系之中。

3)个人与机构之间的交换作用

从个人的要素角度来看,个人之所以加入某一机构并对其投入一定的时间、精力和技能,其目标不外乎想从机构中得到某种利益或报酬,以满足个人的需求。而机构之所以愿意对个人投入上述成本花费,则是希望个人能因此对机构有所贡献,以达到机构预定的目标。

从个人的立场看，往往会要求得自于所服务机构的利益或报酬大于其对该机构所做出的投入。而从机构的立场看，它要求取自于个人的贡献大于其为个人所投入的成本花费。这就必须借助组织活动的合成效应的发挥，使个人集合成的整体在总体力量上大于所有组成人员的个体力量的简单相加。

这样，个人与机构之间的关系，可以说是建立在一种相辅相成、平等交换的基础之上，形成双方都感到满意的关系。正是在这种意义上，人们将"组织"誉为与人、财、物三大生产要素并重的"第四大要素"。组织要素的成本花费相对较低，但它对机构所做出的贡献可能远远超过其他三要素。

2. 组织的价值

组织是社会的基本构成单元。组织包围着我们，并以多种方式影响和改变着我们的生活。组织的存在具有以下价值。

1）集结资源以达到期望的目标和结果

组织是资源的集合体。组织将各种资源集合在一起，因此，组织更容易实现目标，满足人类的需求。

2）有效地生产产品和服务

组织集结资源的目的是以高质量低成本的生产来满足顾客需求的产品和服务。组织能够比个人更有效地生产产品和提供服务。

3）促进创新

和个人相比，组织能够更有效地进行创新。我们的很多新生事物、新产品和新型服务，都是由组织创造出来的。离开了组织这一社会实体，人类社会就无法进步和前进。

4）促进先进技术的使用

组织能够不断地寻求新的方式，以便更有效地生产产品及提供服务。对于现代企业组织来说，新的生产方式和提供服务的方式是以计算机为基础的现代制造技术和电子商务。

5）适应并影响变化的环境

组织为了生存与发展，必须要适应环境的迅速变化，同时，还要影响和利用迅速变化的环境。很多组织都设有专门的部门负责监视外部环境的变化并找出适应或影响环境的方法。当前，外部环境中的一个最重要的变化趋势就是全球化，很多公司，如宝洁、施乐、可口可乐等组织都非常重视合作网络型结构的构建，与自己的供应商、顾客缔结合作伙伴关系。

6）为所有者、顾客和员工创造价值

通过以上的各种活动，组织能够为自己的所有者、顾客和员工创造价值。

任务 1.2　认识组织设计

社会上任何组织，包括企业、学校、医院等，其生存最基本的两件事是：第一，组织本身必须具备与外界交换的能力；第二，组织在对内部成员分配资源时，必须考虑平衡，使成员愿意在组织内效力，并做出最大的贡献。为了使组织内的成员能够有效地工作，组织必须建立一个职能明确、层次分明且富有前瞻性、协调性、支援性、制约性的组织结构，科学地进行组织设计，在组织演化成长的过程中，通过对组织资源（如人力资源）的整合和优化，对构成组织的各要素进行排列组合，明确管理层次，分清各部门、各岗位之间的职责和相互协作关系,确立组织某阶段的最合理的管控模式,实现组织资源价值最大化和组织绩效最大化,有效地保证组织活动的开展,最终保证组织目标的实现。

1.2.1 组织设计的定义与特征

1. 组织设计的定义

关于组织结构设计,最早的陈述之一见《圣经》的《出埃及纪》。摩西的岳父叶忒罗看见摩西每天从早到晚接待那些排成长队向他诉苦或抱怨的以色列老百姓,便对摩西说:"你做得不好。你和这些百姓都很疲惫,因为这事太重,你独自一人办理不了。"叶忒罗随之向摩西建议,选拔一些干练之人担任不同职务,任命千夫长管理千人,百夫长管理百人,再下设五十夫长和十夫长。重大决策仍由摩西决定,而那些夫长则可以自行处理比较小的事务。摩西采纳了叶忒罗的建议,从此,减轻了自己带领以色列各部落通往希望之乡的重担。

组织设计的定义到目前为止,仍没有一个统一的界定。不同学者提出了不同的概念。有的学者认为,组织设计是指对一个组织的结构进行规划、构建、创新或再构造,以便从组织的结构上确保组织目标的有效实现。有的学者则认为,组织设计主要指组织结构的设计,是把组织内的任务、权力和责任进行有效组织协调的活动。还有的学者认为,组织设计是诊断和选择为达到组织目标所必需的结构和正式的沟通、劳动分工、协调、控制、权威以及责任体系。有的学者指出,组织设计是以企业的组织结构安排为核心的组织系统的整体设计工作,它是企业总体设计的重要组成部分,是有效实现管理职能的前提条件。有的学者强调,组织设计是为了达到组织目标,在组织的分工类型、组织部门及其相互之间的关系,以及在组织成员之间的地位和相互协调关系方面所做出的选择。

综上所述,我们可以知道,组织设计可以从广义和狭义两个方面理解。

从广义上说,组织设计是对组织从目标使命到业务构成,从组织结构形式到制度、文化的全方位设计与再造过程。具体可以包括对组织战略的设计、组织结构的设计、组织人员的设计、组织制度的设计、组织文化的设计等。

狭义的组织设计就是指组织结构的设计。它是通过对组织资源(以人力资源为主)的整合和优化,确立企业某阶段最合理的管控模式,实现组织资源价值最大化和组织绩效最大化。也就是说,通过对实现目标与拥有资源的分析,合理确定职能分工、层次分级,建立权力链、功能组合的过程。通过组织设计使组织构建起纵向层级结构与横向部门结构,使组织成员配置在组织结构中,明确各部门、各岗位之间的职责和相互协作关系,从而提高组织的执行力和战斗力。

狭义的组织设计可以适用于新建立的组织,也可以适用于已经建立的组织。对于已经存在一定时期的组织来说,由于内外部环境条件发生变化,组织结构可能已经不适应新的内外部环境,在这种情况下,我们经常会对组织结构进行调整,组织从最高层到最底层的层级数量可能会发生变化,组织的职能部门也会根据新的环境进行分化或者重组,即所谓组织结构的重新设计。在组织结构重新设计之后,组织内部职能之间的分工合作关系会发生些许变化,各部门的权责关系、协调方式也会做出相应的调整,因此,组织结构设计必然伴随着组织制度的调整与设计。

从最新的观念来看,企业的组织结构设计实质上是一个组织变革的过程,它是把企业的任务、流程、权力和责任重新进行有效组合和协调的一种活动。根据时代和市场的变化,进行组织结构设计或组织结构变革（再设计）的结果是，大幅提高企业的运行效率和经济效益。

2. 组织设计的特征

1）组织设计是一个动态的过程

组织设计是一种管理活动，其目的是帮助组织设计、规划一个合理的结构和体系。作为管理活动，组织设计不是一个静态的概念，而是一个动态的过程。进行组织设计，需要遵循一个科学合理的程序和步骤。

2）组织设计是随机制宜的管理活动

组织设计作为一种管理活动，没有一个普遍适用的原则和方法，需要因地、因时、因人而异。

3）组织设计是一种连续的管理活动

组织设计建立的组织结构不是一成不变的，要随着组织所面临的外部环境和内部条件的变化而变化，即组织设计要考虑环境、战略、技术、人员素质、发展阶段等因素。

1.2.2 组织设计的意义和作用

1. 组织设计的意义

1）激发系统合力，产生协同放大效应

"三个和尚没水吃"的典故众所周知，类似"三个臭皮匠，胜过诸葛亮"的故事也耳熟能详，其实这就是组织结构设计的功效。从现代管理研究的最新成果看，决定一个企业是否优秀，能否"长寿"，不是看企业的领导人多么伟大，最重要的是看企业的组织结构是否能让平凡的员工通过不平凡的努力，创造伟大的业绩。那么，是什么导致这两种截然不同的组合效果？或者说，为什么"整体可能大于各部分的总和"，也可能相反呢？其根本的原因就在于组织结构不同，要素组合在一起的方式不同，从而造成了要素间配合或协同关系的差异。

组织结构设计得好，可以形成整体力量的汇聚和放大效应。否则，就容易出现"一盘散沙"，甚至造成力量相互抵消的"窝里斗"局面。也许正是基于这种效果，人们常将"组织"誉为与人、财、物三大生产要素并重的"第四大要素"。正因如此，美国钢铁大王卡耐基这样说道："将我所有的工厂、设备、市场、资金夺去，但只要公司的人还在，组织还在，那么，4年之后我仍会是钢铁大王。"由此不难看出组织及组织工作的重要性。

近年来，对于企业竞争优势的关注开始集中于组织内部结构和组织行为。有学者提出企业竞争力和竞争优势的核心不是依赖于拥有特定的组织资源或能力，这些通常可能被其他公司模仿或购买。更准确的表述是，竞争优势来源于组织内部的运行机制，它确保企业经营的不同方面得以协调，如市场范围、技能、资源和程序。企业可以被视为其构成要素相互依赖的系统，所有的要素都必须在市场中保持协调一致，正是这些要素复杂而模糊的互补关系及组织协调战略目标的能力和执行程度，给了企业一些特殊的、难以完全模仿的能力，形成了组织竞争优势的来源。

2）现代组织需要有意识地设计

如果说早期的组织现象具有模糊性、非自觉性，现代组织越来越成为人类有目的、有意识雕琢设计的结构和协调活动系统的社会实体。现代组织呈现出精巧性、系统性、严密性、适应性，而非随意的要素资源集结。从韦伯的官僚组织结构到目前的矩阵制组织结构，从注重组织内部分工到注重组织内部人性化调动，从注重组织与环境的适应性再到组织之间的虚拟化联合，组织的发展越来越受理论的指导与影响。不研究组织设计就无法保证组织健康发展。现代组织设计具有丰富的内容，往往从组织战略定位与目标设计入手，精心设计组织结构、资源配置、制度、文化等，进一步还涉及组织治理结构、责权体系、管理流程、业务流程、控制体系等一整套的工程，组织是实施战略的保证。

在知识经济时代，组织需要变革，需要在新的环境、形势下重新审视自我。20世纪末发端于美国的企业流程再造、无边界组织、矩阵型组织、虚拟组织等，都是针对传统组织结构只注重命令链、层级与控制力、职能分工，不能适应信息时代产品更新换代快、信息沟通手段多元化与便捷化的要求而进行的以组织扁平化为重要特征的变革。组织需要变革，变革需要设计。

可见，如何进行有效的组织是一门有其内在规律的学问，需要用心来经营和设计。

2. 组织设计的作用

组织设计对于创建与组织环境、战略、技术等多种要素相匹配的灵活的组织结构意义重大，只有高效合理的组织设计才能使组织在演化成长的过程中有效积聚新的组织资源要素，同时协调好组织中部门与部门之间、人员与任务之间的关系，使员工明确自己在组织中应有的权力和应担负的责任，有效地保证组织活动的开展，最终保证组织目标的实现。具体地说组织设计的作用表现在以下四个方面。

1）合理配置组织各类资源

高效的组织设计能够设计出有效合理的组织结构，而这一组织结构是一个分工协作的体系。因此，好的组织结构意味着能够将各种资源进行合理的配置和利用。

2）支撑战略目标的实现

组织结构是实现组织目标的载体和支撑。科学、高效的组织结构是实现组织战略目标的根本保证。当然，组织目标也是组织结构设计的出发点和归宿点。

3）满足客户需要

好的组织结构能够更好地满足顾客的需要。如当今的团队组织、扁平化组织等能够使企业更好、更快地了解顾客需求并对顾客的需要做出快速反应。

4）为组织高效运行奠定基础

科学、合理的组织结构是组织高效运行的基础。组织效率的差异可能来源于组织战略制定、组织结构、组织人力资源、组织制度和文化等方面的差异，而这种差异是可以通过组织设计弥补和修复的。

◆ 小案例

飞翔自行车工业公司

飞翔自行车工业公司的前身是飞翔自行车厂，近年来该企业经营业务拓展，组织规模不断扩张。该企业新领导班子就任时，面临机构和人事调整问题。他们总的意图是提高工作效率，最初的想法是精简机构和人员，并且启用一批新人。然而机构设置似乎缺乏客观尺度，而人事安排又有许多人为因素需要考虑。于是，大部分时间都花费在人事安排的事务中。由于考虑到今后短期内不宜再作大的调整，因而这次他们尽量将机构和人员配备得比较齐全。调整后发现，机构和人员更多了，整个工作状况也未见起色，抱怨者倒是不少，不称职者不乏其人，这次大调整实在难说满意，而再作改变似乎更加不容易。

思考讨论题：
这个案例说明了什么？对你有何启示？

1.2.3　组织设计的内容

组织设计从其发展的历史来看，可以分为传统的组织设计和现代组织设计。传统的组织设计，即科学管理时代的组织设计，是静态的组织设计。近二三十年出现了很多新理念、新方法，形成了现代组织设计，即动态组织设计。传统的组织设计内容单一，而现代组织设计的一个重要特点是内容全面、程序完整。现代组织设计的基本内容可以概括为以下两个方面。

1. 组织结构本身的设计

一般地，组织结构本身的设计，包括以下三方面内容。

1）职能设计

职能设计是指对正确规定企业应具备的经营职能，以及保证经营顺利进行的管理职能的设计。确定为了完成组织任务、目标而需要哪些基本职能，其中对于实现组织战略具有决定意义的关键性职能是什么；把各项职能由粗到细地一级一级地进行分解，成为一项一项独立的、可以操作的业务活动，使得各项职能得以落实。

2）框架设计

框架设计是指设计承担这些管理职能和业务的各个管理层次、部门、岗位及其权责。这是组织设计的主要内容和主体工作。从设计内容看，组织结构的框架设计可以分为层次结构设计和部门化设计两个方面。前者主要是确定组织的管理层次以及上下层次之间集权与分权的关系，从而把组织的管理体制确定下来，又称组织的纵向结构设计；后者主要是确定各个管理层次的部门设置及其相互关系，解决适合组织具体条件的部门化方式的问题，又称组织的横向结构设计。

3）协调方式的设计

协调方式的设计也称横向协调设计或组织联系设计。框架设计的实质是研究分工，即整个管理系统如何分工，纵向分层次，横向分部门。而有分工必然有协作，这就需要协调方式的设计。协调方式设计是设计各管理层次之间、各部门之间的协调方式和沟通手段。这一步工作很重要，它是要把各个组成部分再联结成为一个整体，即实现组织的一体化，从而使各层次、各部门之间相互配合、步调一致，整个组织结构协调运转，使组织管理的整体功能得以有效实现和不断强化。

2. 组织的各项管理制度和方法的设计

这包括三项主要内容：一是管理规范设计，又称规章制度设计；二是人员设计，确定组织结构正常运行所必需的人员数量和质量；三是激励制度设计，包括正激励和负激励，俗称奖惩制度设计。

1.2.4 组织设计的程序

组织设计是一种动态的工作过程。它涉及方方面面的因素，其中有许多因素是不确定的，因此需要掌握组织结构设计的一般程序与步骤，提高设计的效率与效果。组织设计又是一个系统工程，只有遵循一定的程序，才能厘清各个部分、各个要素之间的相互关系，如果不按照一定的程序和顺序进行，就可能导致关系不清、结构混乱。

组织设计是一场变革，科学分析、细心准备、充分参与、快速行动是组织设计成功的关键。

1. 明确组织结构设计情形，确定组织设计的基本方针和原则

即使同一个组织，在不同情形之下，组织设计的目标与设计方式也各不相同，因此需要明确具体的情形，这是组织设计程序的准备阶段。只有清醒地认识到组织所处的具体情形，才能明确组织设计的目标，进而在组织设计目标的引导下进行组织设计。一般来说，组织结构设计在以下三种情形下进行：① 新建一个组织；② 原有组织的组织结构出现较大问题，或组织目标发生了变化；③ 组织结构需要进行局部调整与完善。虽然这三种情况中的设计工作不尽相同，但基本程序与步骤是相同的。其流程如图1-1所示。

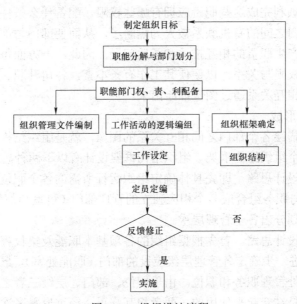

图1-1 组织设计流程

在实施组织设计之际，还要注意确定组织设计的基本方针和原则。要根据企业的战略和目标、发展历程、文化价值观以及企业现有高层的价值判断标准等内部条件和外部环境，确定进行组织设计的基本思路，规定一些设计的主要原则和主要参数，作为组织设计的基本依据。例如，确定企业的管理幅度宽或窄，部门分工形式采用职能制还是事业部制，实行集权制管理还是分级分权制管理等。

2. 制定组织目标

明确组织的具体情形是组织设计程序的准备阶段，一旦认清楚具体情形，就需要进一步明确组织设计的目标。明确组织设计的目标是组织设计的第一步，就是要根据组织的任务以及内外部环境条件制定组织建构与发展的目标,在此基础上进行组织设计的基本思路,确定组织结构的基本模式,确定一些设计的主要原则和主要参数。

3. 职能分解与部门划分

确定了组织目标之后,为了实现这个目标,组织内的成员就会进行各种工作活动。职能分解,就是将这些工作活动进行分类,把同一类的工作分解合并成某一个职能,对相同或相似的职能进行分类汇总就形成部门划分。职能部门的设置也要遵循一定的标准和原则。

职能部门设置的评价标准有:① 能否最大限度地利用专业化技术知识;② 能否有效地利用机器设备;③ 能否达到所期望的管理目标;④ 能否便利地进行协调;⑤ 能否发挥员工的聪明才智。

4. 职能部门权、责、利配备

职能部门划分完成之后,为了让它的功能得到充分实现,必须给予其一定的权、责、利。即明确这个部门主要负责什么工作,承担什么职责,拥有什么职权。拥有职权和承担职责是两位一体的,没有职权就无法履行职责。

职能部门权、责、利的配备,包括对各职能部门关系的确定、内部划分、职责权限的明确等工作。这是组织设计中既重要又关键的工作。在职责配备过程中,首先要弄清楚部门的主要职责是什么,为顺利完成这些职责应拥有哪些权限,配备什么条件。一般来说,由于硬性的划分,各职能部门之间的有机联系被人为隔断了,从而使部门与部门之间产生了一些相互交错的界面,容易产生职责的相互推诿和矛盾问题。因此,一方面每个职能部门应该以文件形式规定其职责、权限与关系,以便使其工作有条不紊,各司其职、各尽其责;另一方面要将各个部门之间的相互关系通过图像描绘出来。

5. 组织结构图的形成

通过线条连接和描绘各个部门之间相互关系的图像,就是组织结构图。组织结构图可以清晰明了地描绘出整个组织结构框架。组织结构框架设计有以下两种思路。

(1) 自下而上的设计思路。即先具体确定组织运行所需的各个职位与职务,然后按一定的要求,将这些职位与职务组合成多个相应独立的管理部门(科室和部处),再根据部门的多少和设计的幅度要求划分出各个管理层次。

(2) 自上而下的设计思路。首先根据组织的各项基本职能及集权程度的设计原则,确定组织的管理层级,再进一步确定各管理层级应设的部门(职能处室),最后将每一个部门应该承担的工作分解成各处管理职务和职位。由于职位、部门、层级三者之间相互制约,所以实践中这两种思路一般是结合起来使用的,两者相互修正,经过反复多次才能最后将框架确定下来。

一个完备的组织结构图,应能说明以下内容:① 组织的正式结构和各行政层级;② 主要的汇报关系、工作流程和职责范围;③ 组织中不同部门间的基本关系和指挥链;④ 提供关于计划、预算和资源分配的框架;⑤ 成为建立程序、发布命令和设计管理交流系统的工具和基础。

6. 组织文件的编制

一旦组织当中各个职位和部门的职责、权限和相互关系确定下来,就要通过书面文本的形式将其固定下来,以便组织中的成员遵照执行,这就是组织文件。在组织文件的编制中,应注意以下几个方面:① 组织的名称、性质、业务范围、资金构成等情况;② 组织机构的建制和部门划分；③ 部门职责和权限的分配；④ 组织内部管理细则；⑤ 其他有关的制度和规定。

7. 联系方式的设计

组织中各个部门的职责、权限和相互关系通过组织文件确定下来之后，各个部门之间肯定会发生各种各样的联系。但是相同等级之间、上下级之间的联系方式是不同的，因此也需要进行设计和规定。联系方式的设计主要是考虑组织内上下管理层之间、左右管理部门之间的协调方式和控制手段。职能部门划分的重点在于把整个组织的经营管理活动分解成各个组成部分，而联系方式主要是把各个职能部门及其成分联系成一个有机的整体，使整个组织结构能步调一致地、有效地实现组织管理的整体功能。因此，联系方式的设计既是组织编制的基础又是它的升华。

8. 管理规范的形成

以上内容确定下来之后，就需要把组织文件的内容和联系方式的内容以更加明确具体的、条理化的文字描述出来，这就是管理规则和管理规范的形成。管理规范的设计，是在确定组织结构的框架及联系方式的基础上，进一步确定各项管理业务的管理工作程序、管理工作应达到的要求（管理工作标准）和管理人员应采用的管理方法等。以上这些工作都是通过管理规范的形式表现出来的，成为各管理层次、部门和人员的行为规范。因此，管理规范的设计是管理文件编制的基础与细化，使设计出来的组织结构更加合法化和规范化。

9. 工作活动的逻辑编组

为了履行各个部门的职责权力，必然会产生一系列相关的工作活动。为了实现专业化作业，提高工作效率，要对工作活动按照逻辑关系分组。分组的基本程序如下。

（1）把同质性的工作活动归并在一起，并粗略估计其业务量的大小。业务量大小的估算一般以每月多少小时为计量单位。

（2）把相似的活动归并为一组，并累计所估算的业务量。

（3）把大致相似的工作活动归为一类，并累计业务量。

此外，还应考虑工作活动在时间或空间顺序上的关系。有些性质不同的工作，若时间或空间顺序关系十分密切而不容易分割，可以考虑编在同一组内。

10. 工作设定与定员定编

以上的组织设计工作完成以后，就需要根据组织设计的结果配备相应的人员。

一般来说，一个工作活动设立一个工作职位或职务。但是当该组工作业务量过小时，不宜单独设立，而应与相关工作活动组合并。对于业务量大、难易程度相差悬殊的工作活动组，可以分设不同的工作系列。例如，财务部门可以按业务难易程度分为企管会计、经营会计、核算会计和出纳会计等，在同一工作系列又可以根据业务量的大小分设一个或一个以上的职位。

工作职位或职务的设定，要制定以下内容的规范性文件：① 职位或职务的名称、性质及分类资料；② 工作任务或概要；③ 工作的基本程序和方法；④ 要遵守的规范；⑤ 工作结果的标准。

定员定编就是确保每个人员能分配到足够的工作量。计算方式为业务量总额除以人均业务量。对于规模大的部门，还需考虑出勤率的影响，多配备一些编制。

定员定编从另一个角度来看，也就是给每个职能部门配备足够多的人员，使组织所有的事情都有人去做。

11. 运行机制设计与反馈修正

组织设计和人员配备完成以后,就需要进行试运行,并根据运行过程中出现的问题进行反馈修正。

组织设计不但是对组织结构与组织因素的静态设计,而且包括对组织结构正常运行机制的动态设计。这一设计工作包括管理部门及管理人员的绩效评价和考评制度,以及管理人员的激励制度。其中,激励制度主要包括精神激励和物质激励两方面内容,如奖惩制度、工资制度、培训制度等。

由于组织设计是一个动态的过程,在组织运行的过程中,必然会发现上述步骤中不够完善的地方,同时新的情况也会不断出现,因此要注意将组织结构中运行的各种信息,及时地反馈到上述各个环节中去,定期或不定期地对原有组织设计做出修正,使之不断健全与完善。①

1.2.5 组织设计的原则

1. 任务目标原则

任何一个组织,都有其特定的目标,组织结构是为实现组织的目标而设置的。组织结构的调整、合并、增加、减少都应以是否对其实现目标有利为衡量标准,而不能有其他标准。任务目标原则是组织设计全部工作的出发点,也是组织设计最终的归宿点。因此,这一原则对指导组织设计有重大意义。

2. 精简高效原则

精简高效原则是指组织结构的设计与组织目标任务相适应,根据任务设置机构。在完成任务目标的前提下,组织机构越精简越好,用人越少越好,所谓最好的组织结构,就是能够保证实现组织任务目标的最简单的组织结构。

精简高效原则要求如下。

(1)管理层次。管理层次要与垂直分工的精细程度相适应,考虑管理等级之间的沟通和联络。

(2)部门划分。部门划分精细适当,要有明确的职责和足够的工作量。

(3)部门规模。每个部门的规模(即人员配备)与其任务相适应,无人浮于事的现象。

这一原则表明,组织机构一定要力求精简,因为这是提高组织效率的条件和保证。一个组织整体只有结构合理、内部比例恰当,机构设置得当,才能有效率。如果机构重叠、臃肿,必然会人浮于事、权责不清,难以达到有效沟通和联络。但是,在精简机构的过程中一定要注意,精简机构本身并不是最终目的,它归根结底只是实现组织任务目标的手段与途径。因此,如何精简机构,哪些部门要压缩,哪些部门应砍掉,哪些部门需要增设或者充实,这些必须区别对待。精简的重点应该突出"精",以精求简、精干高效。否则,为了精简而精简,简而不精、势单力薄,只是从数量上压缩机构、减少人员,反而可能扰乱和削弱管理工作,降低管理效能,既不符合组织建设的目的,也不利于完成组织任务。

---

① 萧鸣政,张满,张占武. 组织设计与工作分析[M]. 北京:高等教育出版社,2019.

3. 分工协作原则

这一原则指的是，组织机构设置要实行专业分工，以利于提高管理工作的质量和效率；在实行专业分工的同时，又要十分重视部门间的协作配合，加强横向协调，以提高管理的整体效能。

这一原则表明，组织设计不能把专业化分工和横向协调配合这二者割裂开来，孤立地、片面地只考虑其中一个方面。也就是说，只要实行专业化分工，就一定产生某些矛盾与摩擦，因而必须研究解决如何协作配合的问题；反之，为了加强彼此间的协作配合，可以采取多种多样的措施，包括合并某些部门或岗位，但是，不能因此而否定合理的专业化分工，因为取消了分工，也就同时取消了以分工为前提的协作配合的现实性和必要性。

4. 有效监督原则

这一原则指的是，部门间的分工，不仅是为了提高管理工作质量和效率，也是相互制约、有效监督的需要。特别是组织中的执行机构和监督机构（如质量监督、财务监督、安全监督等）一般应当分开设置，不应合并成一个机构或者归属同一个主管人员领导。分开设置后，监督机构既要执行监督职能，又要加强对被监督部门的服务。

这一原则表明，有些部门、岗位和业务活动按照效率原则本来也许可以合并，但是，如果合并起来由一个部门或人员承担，则可能丧失监督、制约机制，削弱相应的管理职能。例如，如果生产部门既自己生产又负责检验自己生产出来的产品，遇到质量瑕疵，为了保证按时完成生产任务，就有可能蒙混过关。因此，生产和质量监督在一般情况下适宜分开设置，以防止质量监督形同虚设。此外，像会计与出纳、采购与检验等岗位要分开设置，其道理也是如此。

需要注意的是，有效监督原则在强调监督机构一定要履行好监督职能的同时，也提醒监督部门要加强对被监督部门的服务。所谓服务，就是要帮助被监督部门及时有效地解决发生的问题，并采取措施预防类似问题重复发生。这样，监督部门和被监督部门才能真正地围绕共同的战略目标而协同作战，达到设置监督部门的最终目的。

5. 统一指挥原则

这一原则指的是，组织设计应当保证行政命令和生产经营指挥的集中统一，避免多头领导，多头指挥。这是社会化大生产的客观要求，否则，就会造成生产经营活动的混乱，造成各级责任制的落空。长此以往，下级将感到无所适从，积极性严重受挫，整个组织就会陷于瘫痪。

统一指挥原则要求指挥命令系统明确，即上下级之间的权力、责任和联系渠道必须明确。一个下级只接受来自一个上级的决策和命令，不得政出多门，上级对下级不得越级指挥。"多头领导"和"政出多门"是造成权责不清、管理混乱的主要根源，因此，组织设计要注意贯彻以下几点要求：① 实行首脑负责制，即一个部门，一个生产经营单元只能由一名领导者负总责；② 明确正职与副职之间的领导与被领导的关系，副职是正职的助手，要对正职负责，遇有分歧意见时，必须服从正职的决定；③ 一级管一级，逐级指挥，不要越级命令，否则下级领导就被架空，统一指挥的链条就会遭到破坏；④ 实行直线—参谋制，即区分两类机构和人员，一类是直线机构的人员，对下拥有指挥权；另一类是参谋机构的人员，它们协助同级领导进行管理，对下不能直接发号施令。

6. 责权一致原则

这一原则指的是，组织设计要使每一层次、部门和岗位的责任和权力相对应，防止权大责小（有权无责）或者权小责大（有责无权）。组织设计之所以要贯彻责权一致的原则，是因为权力是履行责任的条件与手段。所以，如果责权不对等，责任大而权力小，那就难以有效开展相关管理业务活动，责任势必落空；反之，如果权力大而责任小，那就颠倒了权力与责任的关系，把作为手段的权力变成了追求的目的，只享受权力带来的种种利益，却可以不承担错误行使权力而造成的损失责任。

这一原则表明，组织设计在操作过程中，要做到"责字当头、以责定权"。这就是说组织设计要按照科学程序办事，先把各级各部门、各岗位的职责研究确定下来，再赋予相应的职权，做到人与职相符，人尽其才，人得其用，用得其所，各尽所能。

7. 富有弹性原则

组织设计要富有弹性，要根据客观情况的变化实行动态管理。组织是整个社会环境的一部分，组织与社会环境的密切关系受社会的政治、经济、文化等因素的制约。组织内的各方面因素也在不断地变化着。因此，组织结构既要有相对的稳定性，不要轻易变动，又必须随着组织内部和外部条件的变化，根据长远目标作出相应的调整，使组织结构具有弹性。墨守成规、长期不变的管理结构，不符合组织结构设计的弹性原则，因为它抑制了员工的积极性和创造性。

组织结构的弹性原则要求组织定期分析社会环境、组织内的人的因素及技术因素等的变化。对管理进行适当的调整与改进，这样才能使组织适应环境的变化。

◆ 小训练

请搜索你所在学校的校园网，并根据你的体会，描述一下你所在学校的组织结构状况。

任务 1.3 组织理论的演进

◆ 小贴士

丛林导游图

这是一个危险的状态：你现在很有可能还没有找到这个纷繁复杂世界的规律。也就是说，当你被动地来到一个丛林时，你没有一张实用的地图。举目四顾，路在何方？周围的每个人都在急匆匆地迈动步伐：有的人镇定从容，胜似闲庭信步；有的人汗流浃背步履艰难；有的人在原地踏步但自己却浑然不觉；有的人像你一样，察觉到了问题却找不到答案……

在貌似杂乱无章、荆棘密布的险恶丛林中，其实存在忽隐忽现的秘密通道！

这些交错纵横的秘密通道，就是一副清晰的丛林导游图！了解这些秘密通道，我们就可以把握丛林游戏的规则，在其间畅游。

组织设计就像一个纷繁复杂的世界一样，险恶丛林，交错纵横。但是，在其背后，也存在着指引你成功的清晰地图，这与组织理论的发展和演变路径是一样的，只有把握了发展规律,才能安然地走出丛林。

1.3.1 早期的组织管理思想

1. 中国古代的组织管理思想

中国是一个历史悠久的文明古国。在中国五千年的历史发展中,曾经涌现出各种管理思想和实践,形成了具有中华民族特色的组织管理思想,受到了世人广泛的重视与学习。

1)儒家组织管理思想

儒家学派创始人孔子可谓是中国最早的组织管理理论家和实践者之一。儒家思想特别重视秩序,孔子提出了"君君、臣臣、父父、子子"这种合乎"礼"的等级制度。西汉时期儒学家董仲舒提出了"三纲五常"。"君为臣纲""父为子纲""夫为妻纲"反映了封建社会君臣、父子、夫妇之间特殊的协调关系。五常"仁、义、礼、智、信"则是用来规范君臣、父子、兄弟、夫妇、朋友等人伦关系的行为准则。作为儒家经典著作《周礼》一书,明确体现了儒家的组织管理思想。该书是为周朝制定的一套官僚制度,主要讲官制和政治制度,它将周代官员分为天、地、春、夏、秋、冬六官。以天官职位最高;六官分三百六十职,各司其职、层次分明、职吏清晰。儒家的组织管理思想在中国几千年的封建社会中占有重要地位。

2)法家组织管理思想

以商鞅、韩非为代表的法家提出了"以法为本"的治国策略。商鞅认为,法是组织管理活动的基础,圣明的君主注重以法治国。法的核心是"明法"和"一法",即要将法公之于众且在实行时一视同仁。当然,封建王朝的法律都是为君主服务的,君主具有绝对的、超越于法律的权限。他们认为君主通过这种法律管理大臣和民众将使治理国家变得相对简单易行。

3)墨家组织管理思想

墨家学派的创始人墨子提出了"尚同"的组织原则,墨子认为政令必须统一,否则就会导致社会纷乱(有一说法为"上同",认为天子是百官之首,而百姓听令百官,与上面同,此乃"上同"之意)。他还主张"尚贤"的用人原则,不分贵贱,唯才是举,并且强调组织中上下沟通的必要性。

4)道家组织管理思想

老子、庄子是道家的代表,道家认为做任何事情要顺势而为,而且强调分权和重视下民的作用。在《老子》一书中,有言道:"贵以贱为本,高以下为基。"因此,道家提出了统治阶层必须具有"下民"的管理思想,遵循"欲上民,必以言下之;欲先民,必以身后之"的管理之道。另外,道家宣扬"无为而治",要求官员以不骚扰人民为治国之本。

5)兵家组织管理思想

兵家的组织管理思想源于战争,作为人类的一种暴力对抗形式,复杂残忍的战争包含着谋略、指挥、组织、协调、监督等一系列组织管理要素。在兵家的组织管理思想中,最具代表性的是距今已有 2 500 年历史的《孙子兵法》。在该书中,孙子着重指出了谋略的重要性,强调事前必须充分考虑"道""天""地""将""法"这"五事"。其中,"道"相当于现在所指的组织管理目标;"天""地"相当于组织所面临的时机和组织所处的环境;"将"则为有能力的管理者;"法"即法制,是指组织的编制、人员职责分工、组织资源的管理制度等。[①]

---

① 吴照云. 中国管理思想史[M]. 北京:高等教育出版社,2010.

2. 西方古代的组织管理思想

在古埃及、古巴比伦和古罗马的史籍和宗教文献中记载了西方古代的组织管理方法，它们体现了分工、等级、集权、法治等组织管理思想。

古埃及人建立了以国王法老为首的一套专制的管理机构。法老下面设有各级官吏，职位最高的是宰相。宰相下设一批大臣岗位，分管财政、水利建设等事务。这些机构和人员的设立，说明古代埃及已经有了较严格的国家管理机构以及自上而下的管理者的责任和权力认定。

《汉穆拉比法典》则较为集中地体现了古巴比伦以成文的法典来管理国家的管理思想。该法典包含了工资、控制、债权、债务、财产、商业活动、责任、行为等内容。

希伯来人，即现代犹太人的祖先，其管理思想主要反映在《圣经》中。摩西是希伯来人的领袖，他的岳父在管理上曾给他提出了三点建议：第一，制定法令，昭告民众；第二，建立等级委任制度；第三，责成各级管理人分级管理，只有最重要的政务才提交摩西。这些建议体现了现代管理理论的劳动分工、例外原则、授权原则、层级管理等。

古罗马最初发源于罗马城，后逐步扩张为横跨欧、亚、非三大洲的奴隶制大国。它按地理区域划分基层组织，建立相应的管理机构。从罗马奴隶制的建立过程可知，古罗马人对国家的政治体制已经有了集权、分权再到集权的一个实践过程。可以说，罗马作为世界史上最大的奴隶制国家之一，延续了几个世纪的强盛与罗马人卓越的组织管理才能不无关系。

1.3.2 古典组织理论

古典管理学派是组织理论的奠基者，主要代表人物有泰勒、法约尔、韦伯、厄威克等，在组织理论领域分别形成了一些主要观点。

1. 泰勒的组织理论

美国人弗雷德里克·泰勒，被誉为科学管理之父，其代表作是1911年出版的《科学管理原理》。他主要研究的是工厂内部生产管理方面的问题，对组织理论做出的主要贡献如下。

1）根据劳动分工原理，提出单独设置职能机构

泰勒主张把计划职能（相当于现在所指的管理职能）同执行职能（工人的生产操作）分开，单独设置职能管理机构来专门从事时间研究、作业方法研究，对作业部门下达计划和作业命令；作业部门负责执行，受职能管理机构的控制和监督。

2）主张实行职能管理制

泰勒不仅提出要单独设置职能管理机构，而且在职能管理机构内部，各管理职能要实行专业化、标准化，使所有的职能人员只承担一种或两种管理职能。泰勒提出了职能工长的设想。这同只接受一个直属上级领导的军队式组织不同，每个职能工长都可以在专业范围内直接指挥工人，其关系如图1-2所示。泰勒的这一设想，必然造成多头指挥，在实践中难以实行，但他的职能管理专门化和部门化的思想得到了后来者的继承和发展。

3）提出了例外原则，实行权力下授

这是指在上下级之间实行合理分工，上级把一般的日常事务授权下级管理人员去处理，只保留对例外的、特殊的管理事务的决策权以及对下级工作的监督权。例外原则是泰勒对组织理论的一大贡献。在这一原则的启发下，以后发展出了分权管理体制，如事业部制等。

2. 法约尔的组织理论

法国人亨利·法约尔，19岁进入一家矿业公司工作，从工程师一直升到总经理。法约尔

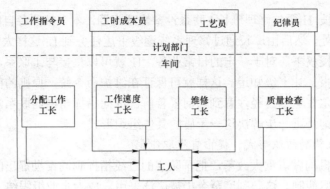

图 1-2 泰勒的职能工长制

的组织理论视野要比泰勒广阔得多,他是以整个企业为研究对象,提出了比较系统的组织理论。他的代表作是 1916 年出版的《工业管理和一般管理》。法约尔在组织理论方面的主要贡献有如下几点。

1) 提出管理过程的五个职能

这五个职能是计划、组织、指挥、协调、控制,法约尔指明组织职能在整个企业管理中的地位和重要性。法约尔认为,企业的组织职能包括设计组织结构、制定相互关系和行为规范的规章制度,以及职工的招募评价和训练。法约尔十分强调组织职能的重要性,认为其是企业管理不可缺少的基本职能。法约尔在《工业管理和一般管理》一书中,用比其他四个职能多得多的篇幅论述了组织职能问题。

2) 提出许多组织职能方面的指导原则

在他提出的 14 条一般管理原则中,有许多都是关于组织职能方面的指导原则。这 14 条一般管理原则是:劳动分工;权限与责任相符;纪律;命令的统一性;指挥的统一性;雇员利益同整体利益的一致;合理的报酬;集权制;等级链;建立秩序;公平;保持人员稳定;发扬首创精神;团结就是力量。法约尔已经比较系统地提出要实行专业分工、权力与责任要相符、命令和指挥要统一、实行集权制、要有连续的指挥链等组织原则。其中许多原则至今仍然是企业实际组织工作中奉行的基本原则。

3) 提出法约尔桥设计

法约尔认为,为了保证指挥的统一性,上下级之间应当根据权力执行的路线,即不中断的指挥链来建立信息传递的渠道。为了克服由于贯彻命令统一性原则产生的信息传递的迟缓,法约尔设计了一种跳板(又称法约尔桥)。利用这种跳板,可以跳越指挥链进行直接联系(见图 1-3)。

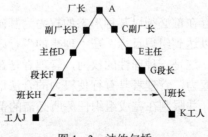

图 1-3 法约尔桥

例如，生产班长 H 要与修理班长 I 联系设备修理问题，本来按照各自的组织系统，H 必须逐级上报到厂长处，然后由厂长通过修理系统逐级下达任务到 I，这样太费周折。有了法约尔桥，在上级领导授权下，对于一定的日常业务，H 就可以直接与 I 联系，条件是事后各自向本系统的上级汇报，让上级知道。这样就可保证在维护命令统一原则的前提下，迅速地进行横向联系。法约尔在这里已经注意到如何妥善解决纵向指挥与横向联系的矛盾。后来发展起来的矩阵结构，则是进一步解决这一矛盾的具体组织形式。

4）改进管理机构的组织形式，提出直线职能制

法约尔对管理机构做了重大改革，把军队式的直线指挥制同泰勒提出的职能管理制结合起来，提出了直线职能制。这一制度至今仍被广泛采用，成为企业组织结构的基本组织形式。

3. 韦伯的组织理论

马克斯·韦伯，德国著名的社会学家，和泰勒及法约尔是同时代人。韦伯对社会学、宗教、经济学和政治学都很有研究。他在管理方面的主要贡献是提出理想的行政组织体系，主要著作有《社会和经济组织理论》等。所谓理想的行政组织体系，是指不凭家族世袭地位、人事关系、个人感情等来进行组织，而是按照严密的行政组织、严格的规章制度来组成管理机构。当时德国正在从封建社会向资本主义社会过渡，韦伯的理想行政组织体系的理论，反映了工业化的要求，冲破了容克式封建家族的世袭式管理，引领世界的管理模式走向新兴的职业式管理。韦伯组织理论的主要内容如下。

小贴士

化解上下级恩怨情仇的法约尔桥

1）权力的基础

韦伯首先从组织的等级制度开始进行分析。他认为组织等级源于组织结构，而组织结构源于组织层次。他从各类组织中归纳出一种由主要负责人、行政官员和一般工作人员三个层次组成的结构。主要负责人的主要职能是进行决策，行政官员的主要职能是贯彻决策，一般工作人员的主要职能则是进行实际工作。

韦伯将权力归纳为三种基本形态。

（1）合理合法的权力。它是以"合法性"为依据、以规则为基础的，其前提是在已经存在一套等级制度的情况下，人们对确认的职务和职位所带来的权力的服从。

（2）传统权力。这是以古老传统的不可侵犯性和执行这种权力的人的地位的正统性为依据、以传统的信念为基础的。对这种权力的服从实际上是对这种不可侵犯的权力地位的服从。

（3）"神授"的权力。这是以对个别人的特殊的、神圣的英雄主义或模范品德等的崇拜为依据，以对个人尊严、典范品格的信仰为基础的，对这种权力的服从是源于追随者对信仰或被崇拜者的威信的服从。

韦伯认为，任何组织的存在都必须以某种形态的权力为基础，缺少某种权力形态的组织不但会混乱不堪，而且也难以达到组织目标。在"理想的"行政组织管理中应以"合理—合法"的权力作为基础，因为，这是一种理性的权力，管理者是在能胜任其职责的基础上被挑选出来的；这是一种合法的权力，管理者具有行使权力的合法地位；这是一种明确的权力，所有的权力都有明确的规定，并限制在完成组织任务所必需的范围内。

2）官僚制的特征

韦伯指出高效率的组织在行政制度的管理上应具备下列主要特征。

（1）劳动分工。把实现组织目标所需的全部活动划分为各项基本的工作，并分配给每个组织成员。同时明确规定每个职位的权力和责任，并使之合法化、制度化。

（2）职权等级。组织中各种职务和职位按照职权的等级原则严格划分，并形成一个自上而下的指挥体系。各级管理者对自己的决定和行为不仅要向上级负责，而且还要向下级负责。

（3）正式选拔。组织成员的任用应根据职务的要求，通过公开的考试或培训，以及严格的选择标准择优录用。这种不因人而异、人人平等的录用方式，不仅要求任用者必须称职，还要求其任用后不可随意被免职，并且组织成员能领取固定的薪金。

（4）正式规则和制度。管理者必须倚重正式的规则和制度进行管理，必须严格执行组织规定的规则和纪律。

（5）非人性化。规则和控制的实施具有一致性，不能受个人感情和偏好的影响。

（6）职业定向。管理人员是"专职"的职业人员，从组织领取固定的薪金，而不是其所管理的组织的所有者。

综观古典组织理论可以发现，泰勒的科学管理学派是站在基层管理者的角度探讨适合于企业日常生产的组织管理模式；法约尔则是立足于企业组织的高层管理，对企业全部活动进行组织设计；而韦伯是从技术层面设计一种普遍适用的理想组织模式。古典组织理论是一种以工作任务为中心的组织理论，它把组织看成一个封闭系统，把劳动者看作理性的经济人。重视基层操作化与管理的微观性研究，包括高层发展战略与管理的客观性研究，研究方法与内容带有局部性、静止性和孤立性。

古典组织理论中管理的对象是活动，而不是人。组织中人与人的关系被认为是一种非人化的关系，是一种职位之间的关系；组织成了一个角色及其工作的静态不变的模式；组织的存在与成员个人无关，即使全部成员调换了，组织仍然存在。重视管理过程本身的研究而忽视对人的特性研究，重视人的物质需求研究，忽视人的社会性需求与心理需求的研究。

在研究方法上，古典组织理论不同程度地采用制度、法律、机构的研究方法。这一时期的组织理论开创了人类对组织管理系统的研究，提出了一系列有价值的管理思想和观点，并为后来的组织理论和组织管理的产生与发展奠定了良好的基础，至今仍具有重要的影响。

1.3.3 行为科学组织理论

行为科学组织理论盛行于20世纪30—60年代，以注重研究组织中的人际关系为标志。行为科学组织理论承认古典组织理论的基本原理，但是，与古典组织理论不同的是，行为科学组织理论认为组织在很大程度上要受人的影响，这些人以个人或非正式组织的形式活动着。行为科学组织理论的主要贡献之一，就是将行为科学融进了组织理论，其主要代表人物有梅奥、巴纳德、马斯洛、麦克利兰、麦格雷戈、西蒙等。他们运用行为科学理论阐明了古典组织设计理论的基本原理是如何受到人的行为影响的，而且还系统地研究了组织内部的非正式群体，说明了非正式群体对正式组织的影响。

1. 行为科学组织理论的主要观点

1）组织是一种心理与需求平衡的系统

构成组织的各个成员的心理以及由个别成员构成的团体心理对组织结构的设置及其有效运行都是有很大影响的。而且，一个人之所以要参加一个组织，一方面无非希望从组织中力求获得自己物质和心理上的需要与满足；另一方面也希望自己能够为组织的生存和发展做出一定的贡献，以保持组织内部各方需求的平衡。

2）组织是一种影响力系统

组织内部由于各成员之间的交流而产生了相互之间的影响力，致使不但上级人员可以影响下级、同级人员可以相互影响，而且下级人员也可以影响上级；而组织权力则只是构成影响力的一个方面的因素。

3）组织是一个沟通的系统

组织内部成员之间的沟通，不只是循着命令或权责系统或协调的途径进行，更会循着人际关系的途径进行。因而，整个组织也可称为一个沟通网络。

4）组织是其成员性格综合的系统

由于各组织成员心理性格的不同，对于同一事物的认识也会不同，因而在组织内部就会产生各种矛盾和冲突，而组织的任务之一就是要协调这些矛盾和冲突，使每个组织成员都能够接受组织对这些冲突和矛盾的统一与调和，从而顺利实现组织目标。

5）组织是一个人机配合的系统

构成组织的要素有人、事、时、物和财五个方面，其中事、时、物、财四个方面均属于机械方面的因素。组织应使这五种构成要素之间获得最适当的协调与结合，否则，组织就无法正常地运转，无法有效地实现其组织目标。因此，可以说组织是一个人机配合的系统。

6）在正式组织中存在非正式组织或团体

一个组织中除有正式的组织外，尚有因人际关系等因素而产生的各种非正式组织或团体。管理人员对这种非正式的组织或团体处理得当，就会使它对正式组织的运行产生助力，反之，它就会成为正式组织正常运行的阻力。

行为科学组织理论的出现，弥补了科学管理理论的不足，为管理学科的进一步发展注入了强大的动力，并成为管理理论的另一块奠基石。行为科学组织理论首次提出管理应该注重对人的研究，从人的因素出发，对涉及管理中人的各方面进行了深入的研究，如对个体行为的研究、群体行为的研究、领导行为的研究等。基本上，行为科学组织理论是观看、组织与再现人类行为的一种方式，它加深了人们对于人类行为的了解。由于重视对人的因素、人的潜能及人的动机的研究，行为科学组织理论不但奠定了管理学进一步发展演进的基础，也为心理学、社会学等学科领域做出了巨大的贡献。

然而，行为科学组织理论对管理问题的系统论述也存在一定的局限性。它过于强调人的作用，忽视了经济技术等方面的考虑，对人和制度、人和组织结合问题探讨得不多。行为科学组织理论对企业发展的环境考虑得也不多，没有站在一个战略高度上看待管理问题。而且，其本身是探究与解释复杂人类行为的特定层面，无法提供一个普遍性的涵盖法则。

2. 梅奥的人际关系理论

乔治·埃尔顿·梅奥，澳大利亚籍的美国行为科学家，他的主要著作为《工业文明的人类问题》和《工业文明的社会问题》。梅奥和他的助理所创立的人际关系理论对20世纪四五十年代的管理理论和管理实践产生了深远的影响，因此他也被称为"行为科学学派的开山鼻祖"。

人际关系理论的建立是从著名的霍桑实验开始的。霍桑实验是指1924—1932年在美国芝加哥西方电气公司的霍桑工厂进行的一项实验研究。实验的目的是找出影响员工生产效率的因素，从而寻求提高企业劳动生产率的新途径。

 小贴士

霍桑实验的四个阶段

第一阶段：工厂照明实验。为了弄明白照明的强度对生产效率所产生的影响，在厂内选择了一个绕线圈的班组，把它分为实验组和对照组。实验组不断改善照明条件，而对照组的照明条件不变。实验设计者原来认为实验组的产量一定高于对照组，但结果是两组产量都在提高。后来又采取相反的措施，把2名女工单独安排在一个房间里，照明亮度降低，即实验组条件改变，但结果，产量仍在提高。

第二阶段：继电器装配室研究。为了研究福利条件对工人生产效率的影响，选出5名装配工人和一名划线工，在单独的房间从事装配电器的工作。在实验过程中逐步改变一些福利条件（缩短工作时间、延长休息时间、免费供应点心等），实验设计者原来设想，这些福利条件的改善会刺激工人积极性的发挥，一旦撤销这些措施，劳动生产率一定会下降。但奇怪的是突然取消这些福利条件，工人的劳动生产率不但没有下降，反而继续上升。

第三阶段：访谈实验。访谈实验是梅奥等人进行的两年多的大规模的访谈，谈话达两万人次以上，规定在谈话过程中实验者必须耐心倾听意见、牢骚，并做详细记录，不做反驳和训斥，而且对工人的情况要深表同情。这次谈话实验收到了意想不到的效果，工厂的产量大幅提高。

第四阶段：接线板接线工作室。该实验选择14名男工在单独的房间里从事绕线、焊接和检验工作，对这个班级实行特殊的个人计件工资制度。实验共观察了半年多。实验结果发现，产量只保持在中等水平，每个工人的日产量几乎都差不多，而且工人并不如实报告产量。深入调查研究表明，这些工人内部形成一个不成文的规则：谁也不能干得太多，突出自己；谁也不能干得太少，影响班组成绩；不准向当局告密，如有人违反这个规定，就要受到群体的惩罚，从而发现了非正式组织的存在以及对工人生产效率和行政管理的影响。

霍桑实验结果表明：生产效率不仅受工作条件与生理状态的影响，也会受到社会环境及社会心理的影响。梅奥就此提出人际关系理论。其主要观点如下。

1. 员工是"社会人"

人不仅有经济方面和物质方面的需要，更重要的是有社会方面和心理方面的需要，也就是说，人的行为动机不仅有经济目的，还有情感、精神等方面的满足需要。在生产效率的决定中，逻辑的、经济的因素远不如感情的、非逻辑的态度和情绪所起的作用大。

2. 满足员工的社会欲望，提高员工的士气是提高生产效率的关键

提高生产效率的关键是工作态度的改变，即士气的提高。士气高低决定于安全感、归属感等社会、心理方面欲望的满足程度。士气还取决于家庭、社会生活的影响及企业中的人际关系等。

3. 企业中实际存在一种非正式组织

非正式组织主要是由于职工的感情、爱好、兴趣及价值观不同而形成的。它对于企业管理目标的实现既有正面作用,也有负面作用。因此,在企业管理中不但要发挥正式组织的作用,也要善于发挥非正式组织的正面作用,防止其反面作用。

3. 巴纳德的社会系统组织理论

切斯特·巴纳德是社会系统学派的代表人物。巴纳德运用社会学的观点研究管理理论。在组织理论方面,他在继承古典管理学派组织理论的基础上,提出许多新的观点。他的组织理论观点集中反映在1938年出版的《经理人员的职能》一书中,该书是组织理论的经典著作之一,巴纳德组织理论的主要观点有以下几点。

1)组织是人与人的合作系统

巴纳德给组织下的定义是,组织是两人以上有意识的协调和活动的合作系统。他说,人们单独干活将受到主观条件和客观条件的限制。例如搬石头,一个人的体力可能不够,为此就需要两个人或更多人的合作,这就产生了组织。巴纳德是从人与人相互合作的角度解释组织的第一人,这就突破了古典管理学派把组织单纯看成一个权责结构的框框,把组织结构特征与人类行为特征结合起来分析组织问题。因此,巴纳德的组织定义在理论上有多方面的深远意义。管理学家加尔布雷思把它说成是所有组织定义中最好的一个。

2)权力接受理论

古典组织理论认为组织存在的基石是权力,权力来自行政领导人自上而下地授予。巴纳德认为,权力不是来自自上而下的行政授予,而是要看下级是否接受。只有当行政命令为下级所理解,并且相信它符合组织目标和个人利益时,才会被接受,这时权力才能成立。因此,巴纳德认为,一个组织不能单纯依靠少数几个人的权力命令来行事,必须取得组织内全体人员的支持与合作,否则就会像集权的国家那样,脱离人民和社会的支持,最终必将垮台。巴纳德的这一理论观点对于推动信息交流、职工参与、领导方式等方面的理论研究具有重大影响。

3)诱因和贡献平衡论

巴纳德认为,组织是由个人组成的,组织中的每个成员都有其个人的需要,如果要求成员对组织做出贡献,那么组织必须为他们提供适当的刺激,满足其个人的需要。巴纳德把这种诱发个人对组织做出贡献的因素称为诱因。关于诱因的内容,他从社会学的观点出发,认为不仅包括物质的因素,例如金钱等,而且包括社会的因素,例如威望、权力、参与管理等,必须使诱因和贡献取得某种程度的平衡,才能使组织中的成员有必要的合作意愿,组织的目标才能实现,否则,成员的贡献就会减少,甚至要求退出组织。因此,诱因和贡献的平衡是组织生存和发展的条件。这种平衡不是静止的,成员的要求会不断变化,经理人员就要在诱因方面做出相应的改变。根据这一观点,巴纳德对如何评价一个组织提出新的见解。他认为诱因和贡献的平衡是组织健康最重要的标志。企业在变革组织时,不仅要考虑到实现组织目标的需要,还要兼顾更好地满足职工个人的需要。例如,有利于增加收入、提高能力、参与管理等。

4)非正式组织的职能

巴纳德称非正式组织是不属于正式组织的个人联系和互相作用的集团,它产生于同工作有关的广泛联系中。这种集团,虽然并不一定具有明确的共同目标,但有共同的利益、观点、习惯、语言或准则。正式组织与非正式组织互相创造条件,非正式组织可能对正式组织产生消极影响,但它至少在三方面对正式组织有积极作用:① 一些不便通过正式组织解决的问题,通过非正式组织却易于解决；② 有助于维持正式组织的团结；③ 有助于提高个人的自尊心，缩短人们心理上的距离。因此，巴纳德认为，当个人与正式组织发生冲突时，非正式组织对维持组织的职能起着重要的作用。非正式组织是企业组织不可缺少的部分，其存在能使组织更有效率和效能。

5）信息交流的原则

巴纳德认为，构成组织的基本要素有三个：一是共同的目标；二是合作的意愿；三是信息的交流。要使前两个要素发挥作用，信息交流是基础，因为信息交流是连接组织的共同目标与个人合作意愿的桥梁。没有信息的联系，共同的目标就难以为全体成员所了解，个人的合作意愿也难以变成有效的行动。为了使信息交流发挥良好的效能，巴纳德提出下列原则：① 信息交流要使每个成员都明确了解，明确规定每个人的权力与责任，公开宣布每个人所处的地位；② 每个成员要有一个正式的信息联系渠道，每个人只能有一个直接的顶头上司；③ 信息联系渠道要直接和便捷，要经常进行信息交流，避免矛盾和误解；④ 经理人员是信息联系的中心站，经理人员必须称职并配备必要的助手；⑤ 组织在执行职能时，信息联系路线不能中断；⑥ 每一个信息联系必须是有权威的。

1.3.4 现代组织理论

小训练

测试一下
你的组织管理能力

组织理论自 20 世纪 60 年代以后，进入了新的发展时期，这一时期继古典组织理论、行为科学组织理论之后提出的各种新的组织理论被统称为现代组织理论。现代组织理论把组织看作一个开放系统，与周围的环境因素相互作用。外部环境因素对组织内部结构和管理起着决定性的作用，组织结构和管理方式要服从整体战略目标。这种理论既强调组织是一个社会性的组织，又强调组织的生存价值、社会作用和组织特征，还强调人是组织的中心，衡量组织经营的好坏，不能单纯用利润指标来衡量，还必须考虑到人的需求，特别是情感上能否得到满足，要使人们都感到他自己存在的价值和受到组织的尊重和关心等。

现代组织理论主张，把组织中的人的行为作为研究的对象，把决策作为管理者的主要工作，既要积极强化人的需求，又要节制人的需求。组织领导人的首要任务是塑造和培养人们有共同的价值观，搞好组织战略；领导人的权威完全靠领导者的影响力，而不是靠命令，组织对其成员应该实行贡献与报酬平衡的原则。

1. 现代组织理论的主要观点

具体来看，现代组织理论主要有以下观点。

1）主张人际平等

传统组织理论认为，权威是建立组织的基石，在权威之下，每个人的职务或地位应按层次等级构成组织，形成一个等级链，使决策者、贯彻者、操作者与底层成员之间界限分明。然而现代组织理论却认为，组织内部人际关系应平等化。在"科学管理"理论和行为科学理论之间起着桥梁作用的美国管理学家福莱特认为，管理者与被管理者的界限是人为的。事实上并不存在这种界限，各级成员的职责都是为整个组织做出贡献。一个人不应该对另一个人发号施令，而是双方都要根据具体条件接受命令，权威不能来自行政任命而应伴随知识和经验而来；控制不能是外部命令与强加行为，而应该是个人或群体在认识了共同利益之后通过

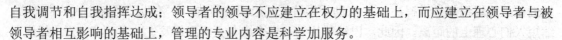

自我调节和自我指挥达成；领导者的领导不应建立在权力的基础上，而应建立在领导者与被领导者相互影响的基础上，管理的专业内容是科学加服务。

2）主张组织目标与个人目标的融合

麦格雷戈在其名著《企业的人事方面》中指出，不能将传统的组织原则看成是与物理学中的定律相近似的东西，因为传统的组织原则来源于军队和教会的管理模式，但是军队和教会与现代的企业组织有极大的不同。现代企业组织与管理要注意组织目标与个人目标的融合，下属要依靠组织与上级，才能满足个人需要与目标。相反地，上级主管也要依靠下级，才能达到他们自己的需要和组织目标。企业组织中每一个层次的主管都不能不依靠较低层次的员工，而且除了上下级工作上的相互依存外，还要有横向的相互依存关系，因此组织、个人相互间的目标应相互融合一致。

3）主张目标管理

目标管理法最早是德鲁克于1954年在其所著的《管理的实践》中提出的。它的基本精神是把以工作任务为中心和以人为中心的管理方法综合起来，既能调动员工对工作任务的积极性与创造性，从工作中满足其自我实现的需要，也能沟通上下左右的意见，促进企业目标的实现。

4）把组织看作一个开放系统

开放系统处于其与环境的持续性相互作用之中，并达到一种"稳定状态"，即动态平衡，同时仍保持其工作能力（能量的转换）。实际上，如果一个组织没有连续不断的投入、转换和产出，它是不可能生存下来的。组织必须接受足够的资源投入，以维持其运转作业，同时产出足量的经过转换的资源供给外部环境，以便继续这种循环。例如，公司以社会接受的人力、材料、资金和信息形式的投入，公司将这些投入转换成为产品、劳务和足以使其成员继续为公司效力的意愿。

现代组织理论认为，组织不但是一个复杂的开放系统，而且是一个社会系统与技术系统，既是整个社会大系统中的一个分系统，又是由其内部诸多子系统构成的一个整体系统。任何组织都是由目标与价值分系统、技术分系统、社会心理分系统、组织结构分系统、管理分系统五个分系统构成，内部的五个分系统与外部的环境系统相互作用。

5）组织与管理应采取权变的观点

系统观致力于为组织提出广泛的模型，要求按照普遍的组织与管理原则进行管理。而权变观则认为，每个组织都各有其独特之处，组织与管理既要考虑系统的普遍性又要考虑组织的独特性。在组织与其环境之间，以及各分系统之间都存在一致性，管理者的主要任务就是在普遍性与独特性之间寻求最大的一致性。权变理论强调组织具有多变量的性质，因此不能用单一的模型来解决所有的管理问题。权变理论以实践为基础，吸收了对组织面临情况的各种意见，鼓励人们综合应用传统组织理论、行为组织理论等各种不同的模型，只要真正适合就予以采用。①

2. 经验主义学派的组织理论

经验主义学派是以总结企业管理的实践经验为主要任务，从中概括出理论和原则，向西方大企业的经理提供管理企业的成功经验和科学方法，其代表人物有德鲁克、戴尔、斯隆等。

---

① 萧鸣政，张满，张占武. 组织设计与工作分析［M］. 北京：高等教育出版社，2019.

他们在组织理论方面的主要观点如下。

1）总结出组织结构的五种基本类型

德鲁克指出，古典管理学派提出并实行的集权职能性结构，是适应当时历史条件的产物。而随着企业规模的扩大、种类的多样化、跨国公司的蓬勃发展、人们对高层管理和创新工作的重视等，又出现了许多新的组织结构类型。基于这些实践领域的新发展，德鲁克把企业中出现的各种组织结构，概括为五种类型：① 集权的职能性结构；② 分权的联邦式结构；③ 模拟性分权结构；④ 矩阵结构；⑤ 系统结构。职能制结构和矩阵结构是以工作和任务为中心的组织设计，分权的联邦式结构和模拟性分权结构是以成果为中心的组织设计，而系统结构是以关系为中心的组织设计。同时德鲁克指出，随着信息技术的不断发展，组织结构还会发生进一步的变化。企业，尤其是大型企业，其唯一出路就是向以信息为基础的组织结构进行转变。

2）提出目标管理方法

目标管理方法最早是由德鲁克在 1956 年出版的《管理的实践》一书中提出的。它的基本思想是把古典管理理论以工作为中心和行为科学理论以人为中心的管理方法结合起来，由上下级共同制定组织整体目标、部门目标以及每个人的目标，形成从上到下的目标体系，在目标实现过程中，实行自我控制，并将考核和奖惩与目标的实现程度联系起来，从而保证在完成组织目标的同时，使个人的需要得到满足。

3）指出组织结构应从目标和战略出发

经验主义学派认为组织结构的任何工作应从目标和战略出发，战略决定结构。组织是有机的，并且每一个企业或机构都有各自的特点，结构是实现一个机构各种目标的手段，因此有关结构的任何工作都应从目标和战略出发。组织结构不是自己形成的，组织结构的设计需要进行思考、分析和系统研究。组织结构的设计并不是第一步，而是最后一步。

4）提出组织结构设计的一些原则

（1）明确性。即组织中的任何一个管理部门，任何一个人都应该有明确的职责和任务。

（2）经济性。即用最低限度人力和物力来保证组织目标的实现。

（3）整体性。组织结构应引导每一个管理部门和每个员工的愿景，使其为取得整个企业的成绩而作出努力，个人的任务应与组织整体的任务相适应。

（4）决策科学性。组织结构必须能使组织作出正确的决策，并能把这些决策转化为工作上的成就。

（5）稳定性和适应性。即在动荡的环境下，能对未来进行不断的规划，但是要做到稳定而不僵化。

（6）永存性和自我更新。一个良好的组织结构，必须能够从内部产生未来的领导者，能够在每个层次上培养和考察每个人担任更高一级职位的能力。

经验主义学派由于强调经验而无法形成有效的原理和原则，无法形成统一完整的管理理论，管理者可以依靠自己的经验，而初学者则无所适从。同时，过去的经验未必能运用到将来的管理中去。

3. 系统管理学派的组织理论

系统管理理论是以一般系统理论为基础而发展起来的。近代的一般系统理论是美国学者贝塔朗菲于 1937 年首次提出的。系统管理理论用系统观点来考察组织管理，认为整体（整个系统）是主要的，其各个部分是次要的；各个部分围绕着整个系统的目标的实现而发挥作用。各个部分的性质和职能由它们在整体中的地位决定；整体是一种由许多子系统组成的复合系统、结构或综合体。不论它的结构如何复杂，都作为一个单元来运行，并不断地自我更新。系统管理学派的主要代表人物是卡斯特和罗森茨韦克。他们在组织设计方面的主要观点如下。

1）组织是一个人造的开放系统

组织为了求得生存与发展，必然与外界环境相互影响。即组织必定消耗来自环境的人力、物力、财力、信息等资源，又向环境输出各种产品、服务等资源。组织又具有内部和外部的信息反馈网络，能够不断地自我调节，适应环境的变化。

2）组织本身也是由各个子系统有机联系组成的一个系统

组织的优化要强调整个系统的优化，而不仅仅是子系统的优化。组织内各个子系统又可以从不同角度进行分类。

（1）根据各个子系统的性质，可分为：① 目标与价值子系统，包括企业的战略目标、各部门的策略目标和职工的个人目标。组织的价值观有些是从外界的社会文化环境中取得的，有些则是根据组织自身的需要塑造的。② 技术子系统，包括为实现目标和任务所需的机器、工具、程序、方法、专业技术知识。③ 社会心理子系统，包括组织成员的行为和动机、地位和角色的关系、群体动力、影响力等。④ 结构子系统，包括职能结构、职务和岗位结构、部门结构、职权结构、工作规范、协调系统等。⑤ 管理子系统，包括决策、计划、组织、领导、用人、控制等管理职能。管理子系统在上述五个子系统中处于中心地位，它负责指导和协调其他各个子系统的活动。

（2）根据各个子系统在组织中所起的不同作用，可分为：① 传感子系统，用来度量和传感企业系统内部和周围环境的变化；② 信息处理子系统，包括会计和数据处理系统等；③ 决策子系统，利用结构输入的信息，做出决策并向下传达；④ 加工子系统，利用信息、能量和物资等完成一定的生产或工作任务；⑤ 控制子系统，保证加工按照原定的计划进行，一般都有反馈控制；⑥ 信息储存子系统，可采用记录、手册、工艺规程、电子计算机程序等形式。

（3）根据各个子系统在组织中所处的不同层次，可分为：战略子系统/层次、协调子系统/层次、作业子系统/层次。

 小案例

现实中的组织

某传统制造公司认为员工只需要按照要求完成工作，不需要也没有能力去做工作要求以外的任何决定。一位新上任的生产部经理坚信员工承担更多责任可以提高生产率。他决定让某个生产班组对生产日程安排、质量等生产任务承担更多的责任，这个班组的积极性被调动起来，在产量和质量方面有相当大的改进。但物料供应和销售部门却提出抗议，因为这些改进给他们的工作带来了负担。于是，公司决定停止生产部经理的工作，使公司恢复了原来的状态。

【点评】这个例子给我们的启示是：① 组织是由相互关联的子系统组成的，只改变其中的某个"子系统"，会带来混乱；② 组织有保持平衡的内在动力，但这种平衡对组织未必是有利的，甚至可能会造成组织衰退。

4. 管理过程学派的组织理论

美国著名管理学者孔茨是现代管理过程学派的主要代表人物之一。他在同奥唐奈合著的《管理学》一书中，在继承古典管理学派成果的基础上，进一步总结了近几十年来西方企业的实践经验，从五个方面提出了健全组织工作的15条基本原则。

1）有关组织工作目的方面

（1）目标一致原则。组织结构如果能促进个人在实现组织目标中做出贡献，那么其就是有效的。

（2）效率原则。组织结构如果有助于使意外事故降低到最低限度或用尽可能低的成本来实现企业目标，那么其就是有效的。

2）有关组织工作起因方面

管理幅度原则。每一个管理职务有效管理下属的人数是有限制的，但是确切的数目则因情况与要求的不同，以及对有效管理时间要求的影响而异。

3）有关组织结构职权方面

（1）分级原则。从企业的最高主管，到每个下属职务的职权划分越是明确，就越是能有效地执行决策职责和组织信息交流系统。

（2）授权原则。授予个别经理的职权必须适当，以确保他们能胜任。

（3）职责的绝对性原则。下属有责任执行上级的指示，而上级不可以在组织职权范围之外指使下属工作。

（4）职权和职责对等的原则。人人所承担的职责不可以大于或小于授予他的职权。

（5）统一指挥的原则。个人只对一个上级汇报工作的原则贯彻得越彻底，在上级指示中发生的矛盾就越少，双方对最终成果的责任感也就越大。

（6）职权等级的原则。维护所授予的职权，就要求该级经理在其职权范围内做出决策，不应将矛盾上交。

4）有关组织按部门划分业务工作方面

（1）分工原则。组织结构越能反映为实现目标所必要的各项任务、工作的分工以及彼此的协调，委派的职务越是能适合于担任这一职务的人们的动机和能力，这样的组织结构就越是有效。分工意味着企业将从工作的专业化获得好处，但分工有限度，并不是越细越好。

（2）职能明确原则。某一职务或部门所预期的成果、执行的业务工作、所授予的职权，以及同其他职务的职权和信息交流关系等越是有明确的规定，个人对促进实现企业目标的责任感就会越强。

（3）检查职务与业务部门分设的原则。如果某些业务工作要委任一些人来对其进行考核和检查，而这些检查人员又隶属于受其评价检查的部门，那么负责检查的人员就不可能充分地履行其职责。

5）有关组织工作的过程方面

（1）平衡原则。原则和技术的应用必须根据组织结构是否符合企业目标的整体效果来全面权衡。管理理论就是随机应变的理论。在组织工作中运用这一原则也需要比在其他职能方面运用更灵活一些。

（2）灵活性原则。所建立的组织结构越灵活，越能适应可能发生的内外部环境的变化以及制定相应的对策，这样的组织结构就越能充分地实现其目标。

（3）便于领导的原则。组织结构及其授权越是有利于经理去设计和维持为完成其任务所需的某种环境，这种结构就越有助于提高他们的领导能力。例如，组织结构设计如果使经理陷于日常琐事，这样的组织结构会使经理的工作失色，也使他们受到挫折。

5. 权变理论学派的组织理论

权变理论，又称应变理论、权变管理理论，是在20世纪60年代末70年代初在系统学派、经验主义学派的基础上发展起来的一种管理理论。"权变"的意思就是权宜应变。权变理论认为，在组织管理中要根据组织所处的环境和内部条件的发展变化随机应变，没有一成不变、普遍适用、最好的管理理论和方法。一般认为最早提出并运用权变理论的是美国的保罗·劳伦斯，他在与杰伊·洛奇合作出版的《组织与环境》一书中论述了外部环境与组织结构之间的关系，阐述了组织管理的权变原理，代表着权变理论的正式形成。权变理论学派的代表人物还有伍德沃德、卢桑斯、菲德勒、豪斯等。权变理论学派在组织理论方面的主要观点和贡献体现在以下几个方面。

1）明确提出组织设计的权变观念

权变理论认为，每个组织的内在要素和外在环境条件都各不相同，因而在管理活动中不存在适用于任何情景的原则和方法，不能用单一的模型来解决所有组织设计问题。即：在管理实践中要根据组织所处的环境和内部条件的发展变化随机应变，没有什么一成不变的、普遍适用的管理方法。成功管理的关键在于对组织内外状况的充分了解和有效的应变策略。权变观念本质上就是主张从实际出发，具体问题具体分析，然后找出合适的办法来解决问题。所以，权变理论要求依照工作的性质和人员的特殊要求来确定组织的管理模式，使任务、人员和组织彼此相适应。

2）强调在组织结构设计中，注重差异性和一体化

在组织结构设计的过程中，既要注重组织活动的差异性，也要注重组织活动的一体化。组织活动在纵向和横向两个方面存在差异：纵向上是以组织的等级结构为代表的专业活动差异，这种差异自上而下，从总经理直到作业层，形成组织的管理结构；横向上是以部门划分为代表的职能活动差异，这种差异水平分布，形成组织的部门结构。管理结构与部门结构一起，构成了组织的正式结构。组织活动的一体化就是指在达成组织目标的过程中，通过协调使各个子系统运行的方向达到统一。协调的方法有三种：指示型协调、自愿型协调、促进型协调。指示型协调是一种等级式的协调。自愿型协调是通过自愿合作的方式实现的。在这种协调方式中，组织中的个人和群体自愿地寻找办法来使自己的活动与他人的活动相结合，以便于共同运行。复杂的组织活动促进了协调手段的丰富和发展。这些新的协调手段是促进型的。以往的组织协调方式只重视纵向的等级关系，很少注意横向的互动关系，而促进型协调则能解决这类问题。

3）强调了组织结构的动态性

权变理论认为社会上同时存在两种组织结构形式：一种是通过等级制来协调的稳定的机械式结构；另一种是具有高度适应性的动态有机式结构。在动态有机式结构中无法建立永久

性的固定职位，其职位设置处于经常性的变动之中。不同的组织适用不同的结构，甚至在同一个组织中，一些部门可以采用稳定机械式结构，而另一些部门则采用动态有机式结构。

4）强调了外部环境对组织设计的影响

权变管理，就是依托环境因素和管理思想、管理技术因素之间的变化关系来确定的一种最有效的管理方式。组织是社会大系统中的一个开放型的子系统，受环境的影响。因此，必须根据组织在社会大系统中的处境和作用，采取相应的组织管理措施，从而保持对环境的最佳适应。要使组织设计与环境联系起来，不能用单一的模型来解决所有组织设计问题，只能提出在特定的情况下有最大成功可能的方案。而且认为，不论是现代的还是古典的，只要这种模型适应环境情况，就是有效的组织设计。只要在服从组织的总目标下完成各自的目标，同一组织的各个部门可以采取不同的组织设计。

5）考察了组织设计的演进

权变理论认为，组织设计的发展变化主要表现为管理结构的形成、规划管理的出现和矩阵结构的创立。组织规模越大，其管理协调的负担越重，进而导致管理人员的数目以一定的比例增加，并形成一定的管理结构。现代组织的建立往往与具体的工程项目相关，包括航天工程、核电工程、水利工程、科研工程等。为了应对这些高度复杂的系统工程，组织必须进行科学规划，设立规划经理实行规划管理。规划经理的权力设置可以有两种极端的情况：一种是规划经理作为总经理的助理，没有个人权力；另一种是由规划经理对整个项目负责，并拥有与其责任相对应的一切权力。这两种极端形式的折中就是实行矩阵结构。矩阵结构将全部权力划分为两条权力线并由此产生了双重的职责。两条权力线分别是职能经理的垂直权力线和工程权力部门的水平权力线。二者对应的分别是职能经理管理技术领域的职责和规划经理管理计划、工程、任务、产品的职责。

◆ 小案例

两位经理的争论

小张、小李、小王分别是来自机械设计、教育心理学、艺术设计专业的大学二年级学生，他们在一次创业大赛中成了队友。该创业大赛要求各队在确定商业模式这个战略问题之后，建立内部管理体系，以确保战略得以执行。他们认为管理的基础是组织结构，人力资源管理要实现人岗匹配等目标，首先要建立合理的组织结构。但由于没有相关知识背景，他们对要成立的"驼峰旅行社"组织结构进行了头脑风暴。

来自机械设计专业的小张认为组织应该具有明确的分工、制定正式的规章制度、实行严格的统一指挥，确保组织设计像钟表一样精准，只有这样才能提供及时保质的旅游服务。而教育心理学背景出身的小李觉得这样的组织太过刻板、僵硬，也极大地阻碍了员工主观能动性的发挥，他提出管理者进行组织设计时，应该考虑该如何给予员工更多的人文关怀，倾听他们的心声，了解他们的需求，关注员工不同层次的需要和期望，从而对员工进行适当的激励，使他们以满腔的热情投入工作当中。只有这样才能激发员工的创造潜能，才能为"驴友"提供个性化的服务。针对小张和小李的说法，来自艺术设计专业的小王则对他们的意见不以为然，她提出了组织管理无定式的观点，认为不存在所谓完美的组织结构，就像没有完美的艺术一样。管理的对策，必须根据企业所处的外部环境和内部条件而权宜应变。但是她一时也不知道如何办才好，搞不清楚权变因素有哪些以及是如何作用的。顿时创业大赛项目陷入了困境。

思考讨论题：

来自不同专业的三个学生所表达的观点暗含了什么流派的组织理论？

6. 新组织结构学派的组织理论

新组织结构学派的特点是全面地吸收了各学派关于组织结构方面的学说和主要成果，主要是吸收了亨利·法约尔、马克斯·韦伯的古典组织理论以及行为科学学派、经验主义学派、决策理论学派、权变理论学派等现代管理学派的积极成果，进而系统地对组织结构的各个方面进行了深入的研究。

加拿大的亨利·明茨伯格是这一学派的主要代表人物之一，他在这方面的代表作是1979年出版的《组织结构的建设》一书。后来，他将该书中论述的各个问题及观点进一步归纳和简化，于1988年写出了《卓有成效的组织》一书。该书的主要贡献如下。

1）提出组织结构的五种协调机制

明茨伯格认为，组织结构的实质是人们在组织内进行劳动分工和协调的方式的总和。这里讲的协调是广义的，是协作的意思，包括纵向的控制和横向的信息沟通。了解组织结构，首先要了解组织中各种协调机制。

明茨伯格指出，不论企业采用的具体协调方法有多少种，都可以归纳为五种基本的机制：① 相互调整；② 直接监督；③ 过程标准化；④ 成果标准化；⑤ 技能标准化。明茨伯格指出，这五种协调机制的出现有一个发展过程。当企业规模小时，几个人工作，彼此间的协调可以实行相互调整方式。随着企业规模的扩大和组织复杂性的增加，企业就需要有一个上级来进行协调，即出现直接监督方式。随着企业规模的进一步扩大和组织复杂性的进一步增加，企业就需要实行标准化协调方式。一般工作可以实行过程标准化。有些工作较复杂，无法规定标准工作程序，就应实行成果标准化。如果工作再复杂些，过程难以标准化，成果也难以预定一个标准，则只能实行技能标准化，从投入方面加以控制，企业如果进一步复杂化，如高科技企业，标准化协调方式也难以实行，则又要回过头来采用相互调整方式。

事实上，在一个有相当规模的企业中，并不是只有一种协调机制，而是五种机制并存。当然，在一个企业中，总有某种协调机制占主导地位。

2）提出组织结构的五个基本构成部分

任何一个企业的组织结构，不管其具体形式如何，都由下列五个基本部分构成。

（1）工作核心层。由该组织的基层部门组成，直接从事产品生产或服务。

（2）战略高层。如企业的高层领导集团，对该组织全面负责，保证实现组织的战略目标。

（3）直线中层。由各部门的中层直线经理或领导干部构成，他们把战略高层和工作核心层连接起来。

（4）技术专家结构。由组织中的职能人员组成，他们的作用不是直接参加生产或服务过程，而是运用自己的专门知识和技能，帮助上述三个部分，提高效率和效益。

（5）辅助人员，又称支持人员。他们不直接同组织的生产或经营发生联系，而是以自己的活动去支持上述四个部分，使它们的工作能正常进行。例如，房屋维修、法律咨询、附属服务机构等。

每个组织通常都有这五个基本构成部分,但这些基本构成部分在组织中所占的地位、比重和组合方式往往很不相同。

3)提出组织结构的五种流程系统

组织结构是组织中各项工作之间及人员之间相互关系的表现形式。明茨伯格提出,组织中的这种工作和人员交往关系可归纳为五类,即五种流程系统。

(1)正式的权力系统,即行政指挥系统。这种流程系统可以从企业的组织结构图中清楚地看出来。这是最常见的一种组织流程系统。

(2)规章制度流程系统。企业中的生产工艺流程和管理工作流程就反映了这种流程系统。它表明了生产活动、信息传递活动和决策活动的流程,但这仅是企业用制度明确规定的部分。这种规章制度化的流程,具体又可分为三种。① 作业工作流程。② 制定规定的控制流程。这是纵向的,包括自上而下地发布命令和指示以及自下而上的信息反馈。③ 制度规定的职能工作流程。这是横向的关系,表明职能部门(人员)同其直线主管部门(人员)的关系。

(3)非正式沟通的流程系统。这是组织成员间灵活的相互联系和交流。这种交流不仅包括信息的交流,而且包括感情上的交流,是对规章制度流程必不可少的补充。这种流程可以跨越权力系统和规章制度流程的限制。例如,可以是工作上没有联系的职工之间的私人交往(包括亲属、朋友关系),也可以是权力系统上的越级交往,如高层领导人直接同作业工人接触。

(4)工作群体流程系统。即沟通网和小集团之间的交往关系。在非正式沟通和正式职权系统之间还存在一种流程系统。凡是常有工作上联系,或工作位置接近而且有共同兴趣的人,往往彼此不拘形式的沟通和交往,形成一个沟通网或小集团。这种由处在不同层次、各有特殊作用的许多沟通网或小集团组成的流程系统,称为工作群体流程系统。

(5)特殊决策流程系统。即由于进行特殊的非程序性决策引起的工作上的联系或人际交往的流程系统。这种流程系统无规律可言,视每次决策的性质和情况而定。涉及的工作人员交往关系每次不同,可多可少。

明茨伯格系统地归纳了体现在组织结构中的五类工作和人员交往关系,五种流程系统的并存,表明组织结构是一个复杂、动态的有机体。

4)提出组织结构的五种类型

明茨伯格把各种组织(包括企业、军队、医院、学校等)的结构归纳为五种基本类型。每种结构类型有其主导的协调机制、关键的构成部分及分权形式,如表1-2所示。

表1-2 组织结构特征的对比

结构类型	主导的协调机制	关键的构成部分	分权形式
简单结构	直接监督	战略高层	纵向或横向的集权
机械的行政组织	过程标准化	技术专家结构	有限的横向分权
职业的行政组织	技能标准化	工作核心层	纵向和横向的分权
分部式结构	成果标准化	直线中层	有限的纵向分权
特别小组	相互调整	辅助人员或工作核心层	有选择的分权

(1)简单结构。其基本特点是分工很粗,极少有或没有技术专家结构,辅助人员很少,

管理层次很少，没有正规化和制度化，计划、训练和协调手段运用得很少，企业主创建并亲自管理的小型企业就是这种结构的典型。

（2）机械的行政组织。其特点是专业化程度高，有很强的技术专家结构，行为正规化、制度化，有许多规章制度，决策权力比较集中。这是一种常见的结构类型。

（3）职业的行政组织。这是一种在纵向和横向都高度分权的结构。当然，它的正规化、制度化程度也是很高的。需要高度分权的原因有两个。一是其基本作业具有高度的技术性、职业性，工作复杂，难以用标准化的方法控制其过程或成果。例如，大学、医院等属于这种类型。二是各基层单位要求大量的服务。从大学来看，如图书馆、宿舍、计算机中心、校园维修、校刊和印刷服务等，故有较多的辅助人员。

（4）分部式结构。其特点是实行有限的纵向分权，实行成果标准化的控制手段（或称协调方式）。在它的作业核心层中又具有一些独立的小型的机械性行政组织。企业里实行的事业部制就是这种结构的典型。

（5）特别小组。其特点是高度的柔性结构，正规化、制度化的规章制度很少，成员都是经过正规训练并具有高水平的专家。这些专家隶属于按职能划分的各部门，抽调出来组成各种项目小组。小组成员中既有直线经理，又有各种职能专家以及基本作业专家。各小组内及小组间的协调，主要采取相互调整方式。矩阵结构、项目小组就属于这种结构类型。

组织理论的新发展

总体而言，组织理论的发展历史表明，组织理论经历了从以组织为中心，再到以人为中心，最后到人与组织相结合的视角转变；经历了从注重内部环境到兼顾内外部环境的视角转变；经历了从最佳组织结构到权变组织结构的视角转变；经历了从被动依赖环境到主动影响环境的视角转变。任何组织理论都来源于实践，可以预言组织理论在未来将会随着实践发展不断演进，并会变得更加完善。

实训设计

设计舞台剧表演呈现企业不同发展阶段

实训目的： 掌握不同时代的组织理论的主要内容。

实训内容：

（1）选择一个历史悠久的美国传统企业，调查了解其历史发展脉络，作为情境展现的背景。

（2）针对该企业历史发展的不同时期，编辑与之相关的时代事件，如科学管理原理的应用、1929—1933年经济危机的爆发、互联网的兴起。

（3）按照时代发展阶段、公司发展阶段、理论发展阶段三个维度，设计若干幕舞台剧，表演呈现不同时期企业管理的主要特点。

实训步骤：

（1）教师讲解组织管理理论的发展脉络，并对该企业的发展历史进行简介。

（2）学生分为3~6组，分别负责不同时期的企业情境设计，1人负责旁白，其他人负责表演。

（3）学生分组展现舞台剧。

（4）针对情境模拟的内容展开讨论。
（5）教师进行内容点评和总结。
（资料来源：萧鸣政，张满，张占武.组织设计与工作分析［M］.北京：高等教育出版社，2019.）

课后练习题

1. 自测题

请扫描二维码（内含若干填空题、判断题、单选题、多选题），你可以在线自测并查看答案。

2. 思考题

（1）请用本章所学知识，阐述组织、组织设计的重要性。
（2）请用本章所学知识，谈谈组织设计与人力资源管理有怎样的关系。
（3）进行组织设计需要经历哪些步骤？
（4）组织设计有何意义和作用？
（5）组织设计的原则有哪些？如何理解责权一致原则？
（6）古典组织理论的学者们提出了组织结构的基本模式，这些模式对今天的企业还有用吗？为什么？
（7）行为科学组织理论相较于古典组织理论，有哪些进步的观点？后者又存在哪些方面的不足？
（8）现代组织理论相较于行为科学组织理论，异同点何在？
（9）在本章所介绍的各个组织理论中，找出自己印象最深刻的学者或学派，结合现代企业实践，谈谈学习体会。

3. 实操训练题

（1）请登录相关网站，了解海尔、TOYOTA、GE 的组织结构。
（2）任选两个你所熟悉的组织，如你所在的大学、实习过的单位或所了解的公司，先描述其组织结构状况及所处环境，并评价这两个组织的结构设计标准、依据和所遵循的设计原则。
（3）阅读以下材料，在课后查阅原文献的基础上，简述其核心观点，分析其属于什么组织理论流派，并指出该理论有什么贡献和局限。

阅读材料：有组织的人类活动，从制作陶器到登月行动，都有两个基本且互相对立的要求：一方面要把这个人类活动拆分成不同的任务；另一方面又要将各项任务协调整合起来，以便实现最终目标。从这个角度来说，我们可以将一个组织的结构简单地定义为：将工作拆分成若干不同的任务，再协调整合起来以实现工作目标的各种方法的总和。那么，该如何设计组织的结构呢？是否存在最佳的设计方法呢？或者，根本就没有什么最佳的方法，组织结构的设计其实只是对各种结构元素（即分工和协调任务的各种方法）加以选择，随意搭配起来，就像一个人在菜市场挑蔬菜，或者在自助餐厅选菜一样？

长久以来，不少管理著作都支持第一种观点，认为组织结构存在最美的设计方法。在这一派看来，一个好的组织结构，必然应当以规则和严格的权力等级为基础，权力控制的层次应不超过 6 级。而最近一段时间，一些管理文献则开始含蓄地表示对第二种观点的肯定，即认为组织的设计师应根据组织的具体情况,选择并组合各种好的设计参数。这些设计参数包括长期规划、工作内容丰富化、矩阵结构等。

以上两种观点,本书都不予肯定,而是提出第三种观点。本书认为,应该对各种组织结构设计参数进行有目的的选择,以便实现内部一致与和谐,并使之与组织所处的情境相符,包括组织的规模、历史、经营环境、使用的技术体系等。其实,很大程度上,这些情境因素和设计参数同样是选择的结果。组织所处的小环境、发展的规模大小、生产产品和提供服务所使用的方法——这些都是组织在自身发展过程中有意识选择的。因此,我们可以得出结论:我们创建的所谓组织"配置"中,应把设计参数和情境因素都结合进去。①

4. 案例分析题

请扫描二维码,阅读案例原文,然后回答每个案例后面的问题。

案例分析题原文

 课程思政指南

课程思政的内涵

2016年12月,习近平在全国高校思想政治工作会议上强调:"要坚持把立德树人作为中心环节,把思想政治工作贯穿教育教学全过程,实现全程育人、全方位育人,努力开创我国高等教育事业发展新局面。"为"实现全程育人、全方位育人"的战略目标,一方面,高校继续坚持思想政治理论课程在思政教育中的核心地位,发挥思政教育的主战场作用;另一方面,加强其他课程的德育内涵,以思政为基础设计教学内容,探索教学改革之路,发挥课程思政的价值及引领作用。上海大学社会学系顾骏教授对"课程思政"的定义如下:"在非思政课的平台上通过激活或融入思政元素,优化教学方法,促进专业培养与立德树人相得益彰的教学形式。"

可见,"课程思政"的内涵是将非思政课与思想政治课合力协同,实现"专业培养"与"立德树人"二者相辅相成、相得益彰的教育理念。

---

① 明茨伯格. 卓有成效的组积[M]. 魏青江,译. 北京:中国人民大学出版社,2007.

项目2　组织结构设计基础

　　组织结构的设计应该明确谁去做什么，谁要对什么结果负责，并且消除由于分工含糊不清造成的执行中的障碍，还要提供能反映和支持企业目标的决策和沟通网络。

——〔美〕哈罗德·孔茨

　　掌握组织结构、组织结构设计的概念；了解组织结构的构成和特性；掌握专业化的含义、优缺点及其改进方法；熟悉正规化、标准化的内涵及其优劣势；掌握管理层次、管理幅度的概念；明确管理幅度与管理层次的关系；掌握集权与分权的概念及其优劣势；了解部门化、复杂性、职业化、人员比率、命令链、集中化的概念；掌握直线型、职能型、事业部型、矩阵型、横向型组织结构的含义和优劣势；了解混合型组织结构、三叶草组织结构、扁平化组织、无边界组织的概念。

维尔福软件公司与沃尔玛的比较

　　维尔福软件公司是电子游戏行业的领导者，拥有反恐精英（Counter Strike）、战栗时空（HalF-Life2）、求生之路（Left 4 Dead）和数字发行平台 Steam。2013 年 9 月，维尔福联合创始人加布·纽维尔登上了英国"文化志"（What Culture）在线杂志评出的五位最富有的、曾大学辍学的科技亿万富翁"榜单"，纽维尔是维尔福公司的首席执行官，但是其公司官网上称"自 1996 年以来，公司就没有老板"。"当没有人告诉他们要做什么的时候，那些富有创造力的人们可以构思出让人惊讶的想法。"2012 年春天，维尔福的员工手册被人发布到网上。之后，维尔福独特的组织结构受到媒体小规模的热捧。自创建以来，在没有老板的情况下，维尔福一直平稳运转。纽维尔和前微软员工麦克·哈灵顿作为公司的联合创始人，计划共创一个扁平化的组织，给予员工最大的灵活性。这对员工来说听起来像一个梦，但是许多人不能适应"没有结构的组织"，然后选择了更传统的工作。维尔福的每个人在重大决策过程中都能发声，每个员工都能参与到以团队为单位的聘用决策中。这里没有晋升，只有新的项目，有些人在项目中承担着实际上的领导者角色。很少有员工被解雇，但是如果某个人不适合继续工作，会由小组集体做出解雇决定。团队会议是非正式的，员工可以分享自己的感觉和业务创意。

现在将维尔福软件公司的做法和沃尔玛的做法进行比较，沃尔玛是一家以低成本取得竞争优势的企业。沃尔玛按照标准的形式建设每家商店，各店都有统一的陈列，并销售相同的商品。沃尔玛的管理费用是所有连锁企业当中最低的。配送系统是沃尔玛的一个效率源泉，只要接到补货命令，货物就可在不到两天的时间内送抵任何一家连锁店。连锁店由公司总部控制，但商店经理们也被授予一些自主权以适应当地的情况。公司的绩效很好，员工也很满足，多数员工认为公司对他们很公平。

维尔福软件公司是一个小型组织，正规化和集权化程度较低，具有中等程度的专业化，强调通过横向合作而非垂直的层级结构更好地将创新性的产品服务于顾客。沃尔玛具有较高程度的正规化、专门化和集权化。对沃尔玛来说，效率比新产品更重要，所以多数活动都受标准化规定的指导。沃尔玛的职业化程度很低，而且沃尔玛将非程序化的人员比率保持在尽可能低的水平上。

可见，组织的结构参数为衡量和分析组织的特征奠定了基础，组织特征并不是通过偶然的观察就能发现，组织的结构参数揭示了有关组织的重要信息，能告诉我们有关组织的许多特征及组织之间的差异。

思考讨论题：
1. 衡量组织特征的组织结构参数有哪些？
2. 维尔福软件公司与沃尔玛各属于什么类型的组织结构？

合适的组织结构，对组织演进有着至关重要的作用。组织战略和目标的实现、组织绩效的取得很大程度上取决于所设计的组织结构的合理性和实用性。根据组织内外环境特点设计相应的组织结构，是保证充分利用组织资源、顺利实现组织战略的关键。

任务 2.1　认识组织结构设计

2.1.1　组织结构

组织结构决定了人们惯常的行为方式，而人们惯常的行为方式反过来形成组织的结构或对组织进行重构，结构并不能产生整体的一致性，但它有利于防止行为的随意性。组织的效率和可靠性能够通过组织结构设计所形成的结构和制度得到保证。

1. 组织结构的概念及构成

1）组织结构的概念

组织结构是指为了完成组织目标而设计的组织内部各个构成部分及其确定关系的形式。组织结构可以明晰地指出一个组织内部构成要素以及它们之间的相互关系，主要涉及组织部门构成、岗位设计、权责关系、业务流程、管理流程及其组织内部协调与控制机制等，它描述了组织的框架体系。[1]它是对组织复杂性、正规化和集权化程度的一种量度，它涉及管理幅度和管理层次的确定、机构的设置、管理职能的划分、管理职责和权限的认定及组织成员之间的相互关系等。组织结构的本质是组织好员工的分工协作关系，其内涵是人们在职、责、

---

[1] 陈俊梁，袁炜，陆静丹. 组织理论与设计 [M]. 北京：中国人民大学出版社，2015.

权方面的结构体系。[1]

组织结构不同于生物系统或机械系统，是看不见的，是人们对组织的一种抽象认识。组织结构是组织活动的静态表现，它与组织过程的动态性形成了鲜明的对比。因此，组织结构一般是以组织结构图的形式表现出来的。由于组织结构图是对组织正式职权及其相互关系的一种静态描述和抽象模型。因而并不能准确具体地表明组织的实际情况，对于非正式组织中的关系根本无法体现。组织结构图是基于正式关系而设计的，它不能表现出组织中成员之间错综复杂的非正式关系，也不能表现出这些关系的动态互动和变化。但是这并不能影响我们对某个组织结构的整体把握，因为任何的非正式行为和非正式关系无论多复杂，都只能在正式组织中进行互动。组织内部各个要素之间相互关系的动态演变同样受到正式组织结构的限制。[2]

组织结构通过专业化分工以及部门与层级权责关系的界定，使组织成为在某一时期内具有相对稳定的外在形态，并能够保证内部一致性与外部竞争性的社会细胞。组织结构的本质是为实现组织战略目标而采取的一种分工协作体系，组织结构必须随着组织的重大战略调整而调整。组织结构无好坏之分，只有是否适宜之别，每种组织结构一旦确定，就会呈现出一定的组织特征，而这种特性与组织所处的社会环境、组织的产出之间可能会十分契合，也可能会不太适应，正因如此，我们才有必要研究组织结构。如在工业革命之后，金字塔形的官僚组织结构成为企业的主要组织结构形式，它以组织内部严格的纵向层级划分、缜密的横向分工划分为主要特征，辅之以清晰的命令链，严苛的管理制度，使组织具有较高的生产效率，这种组织结构对于外部环境稳定、产品与服务更新周期较长的组织是比较适合的，可以表现出明显的规模效应。但是，这种结构在外部环境复杂、企业面临经常性产品技术创新挑战的组织中就会显得呆板，缺乏活力，缺少应变能力。对于变化的环境，更应强调组织的快速反应能力，强调组织的弹性和自我调整能力，因此，矩阵型的、虚拟型的组织结构就成为组织新的选择。

2）组织结构的构成

组织结构由职能结构、层级结构、部门结构、职权结构四个方面构成。

（1）职能结构。这是指实现组织目标所需的各项业务工作以及比例和关系。其考量维度包括职能交叉（重叠）、职能冗余、职能缺失、职能割裂（或衔接不足）、职能分散、职能分工过细、职能错位、职能弱化等方面。

（2）层级结构。这是指管理层级的构成及管理者所管理的人数，又称为组织的纵向结构。其考量维度包括管理人员分管职能的相似性、管理幅度、授权范围、决策复杂性、指导与控制的工作量、下属专业分工的相近性。

（3）部门结构。这是指各管理部门的构成，又称为组织的横向结构，其考量维度主要是一些关键部门是否缺失或优化。

（4）职权结构。这是指各层级、各部门在权力和责任方面的分工及相互关系。主要考量部门、岗位之间权责关系是否对等。

---

[1] 岳澎，黄解宇. 现代组织理论 [M]. 北京：中国农业大学出版社，2010.
[2] 萧鸣政，张满，张占武. 组织设计与工作分析 [M]. 北京：高等教育出版社，2019.

2. 组织结构的特性

组织结构可以用复杂性、规范性和集权性三个特性来描述,表2-1列出了这三个特性所对应的能解决的关键问题。组织结构的复杂性、规范性和集权性,决定着组织结构的外在表现形式,决定着组织结构的设计、调整和变革。

表2-1 组织结构设计解决的问题

特性	关键问题	设计内容
复杂性	工作应细化到何种程度	工作专门化
	工作分组基础是什么	部门化
	员工向谁汇报工作	命令链
	管理者直接管理人数	管理幅度
规范性	决策权在哪一级	集权与分权
集权性	规章制度多大程度使用	正规化

1)复杂性

复杂性是指每一个组织内部的专业化分工程度、组织层级、管理幅度,以及人员之间、部门之间关系存在的巨大差别性。

2)规范性

规范性是指组织需要依靠制定规章制度以及程序化、标准化的工作,规范性地引导员工的行为。

3)集权性

集权性是指组织在决策时正式权力在管理层级中分布与集中的程度。

2.1.2 组织结构设计的概念

组织结构设计是通过对组织资源的整合和优化,确立企业某一阶段最合理的管控模式,实现组织资源价值最大化和组织绩效最大化。或者说,组织结构设计主要就是对组织框架进行设计的过程,即在组织目标指引下,纵向合理设定组织的管理层级、管理职能,横向合理设定组织的部门、岗位,并且明确各管理层级、各部门、各岗位之间的责权、协作关系,在企业的战略目标实现过程中,获得最佳的工作业绩。

从组织结构设计的概念可以看出,组织结构设计是一个动态的工作过程。它是围绕组织目标进行的一项活动并且需要不停地变动以适应目标的需求。如前所述组织结构设计,具体包含职能设计、框架设计、横向协调设计三个方面,其中框架设计由层次结构设计(也称纵向结构设计)和部门化设计(也称横向结构设计)两方面构成。

那么,在什么样的情况下,需要进行组织结构设计呢?归纳总结大致有以下三种情况:① 对新建企业的组织结构设计,它是依据企业的战略和目标,对组织结构进行的全新设计;② 原有组织结构出现较大问题或企业的目标发生变化,比如企业经营机制转换后,原有企业组织结构需要重新评价,进行再设计;③ 组织结构需要进行局部的调整和完善。

对于已经存在的企业组织来说,组织结构设计实质上是一个组织变革的过程,它是把企业的任务、流程、权力和责任重新进行有效组合和协调的一种活动。根据时代和市场的变化，进行组织结构设计或组织结构变革（再设计）的结果往往是大幅提高企业的运行效率和经济效益。

2.1.3 组织结构设计的基本理念

在进行组织设计之前，必须在以下几个方面达到认识上的统一。

首先，要确定判断组织结构有效性的基准，基准可能包括以下几个方面。① 以其他企业为基准，即是否模仿其他企业的组织设计。② 是否需要管理人员的认同。组织结构取得上下层的共同认同难度很大，特别是在权限的分配上，所以只能达到基本认同，这是组织结构设计的一个影响因素。③ 对绩效的贡献、对竞争优势发挥的贡献（取决于与环境、战略、技术、人员、规模等的整合性），这是组织结构设计的根本标准。

其次，要树立这样一种理念：没有最好的组织结构，只有适宜的组织结构。判断组织结构优劣的标准以是否能促进企业的发展为基准。企业发展了，组织结构也得相应调整，所谓标准的、好的组织结构是不存在的。

再次，组织结构是动态的。组织所处的环境在变化，组织结构必定也要随之改变，没有一成不变可适应所有环境、适应企业发展过程中所有阶段的组织结构。动态性是组织结构的一大特征。但有一点必须注意，组织结构不宜频繁进行调整。

最后，我们必须认识到，一个精心设计的组织结构可有利于组织的成功，但不是组织成功的充分条件，组织成功还受到其他重要因素的影响，如组织战略、人力资源状况、制度设计和管理、文化建设等。①

任务 2.2　组织的结构参数

人具有外在与内在的个体差异。可以用性别、身高、体重、肤色等指标衡量人体外在差异，也可以用血压、心率、肺活量、性格、学识、智商、情商等指标反映人体内在差异。除用来评估现状之外，有些可变的指标如体重、血压、学识等，也可以成为个体健康与成长计划中的"设计"指标，如可以预设某个理想体重值，然后实施各种锻炼与膳食计划使体重达到理想目标。组织的结构衡量和设计的原理与此相似。首先，有必要寻找一些能衡量组织结构差异的参数。采用结构参数的目的是便于纳入同一平台进行比较，如同性别可以来比较所有人。通过结构参数可以了解组织现状，有助于组织职能与其他管理职能的协调配合（如当了解到组织规范化程度高时，招聘员工时则应重点考察其相关素质）。其次，组织结构参数还在组织设计中起关键作用。组织可以按照"理想"的组织结构参数值，设计职位、部门与层级等。

综合各种有关组织设计的文献，以下组织的结构参数是被学界广泛使用的。

2.2.1 专业化

专业化，是指组织各职能工作分工的精细程度。具体表现为部门（科室）和职位（工作

---

① 许玉林. 组织设计与管理［M］. 2版. 上海：复旦大学出版社，2013.

岗位）数量的多少。就其实质来讲，专业化反映的就是劳动分工，是将组织的任务分解成具体的单个工作的程度，即组织内部每个人专门从事整个工作活动的一部分而不是全部活动。同样规模的组织，如果任务被分成的工作数量很多，设置的科室结构较多，每个员工只需从事组织整体工作中很小的一部分，那么该组织的专业化程度较高；反之，如果任务被分成的工作数量很少，设置的科室结构较少，相应地每个员工所从事工作的范围较广，可以得知该组织的专业化程度偏低。

任何一个组织目标的实现，不是哪个部门或哪个人能够单独完成的，都是具备各种专业知识的组织全体成员联合投入产出的结果。现代经济生活中，劳动分工越来越精细，因而出现了许多专业化的工作及岗位。组织员工个人由于专业知识结构、能力与条件的限制，只可能胜任某一部分特定的专业化工作而不是全部工作。专业化具有诸多好处：① 将复杂工作化繁为简，有助于提升工作完成的精细程度，提高工作效率和劳动生产率；② 有助于员工积累工作经验和进行专业创新；③ 提高员工培训效率，降低培训成本；④ 有利于实现人岗匹配和增强人才使用效能。

但是，组织的专业化程度过度细化，即过度专业化也会带来诸多问题：① 简单重复的工作滋生了员工负面工作情绪，产生工作厌恶感和倦怠感，丧失努力工作的动力并影响工作效率；② 当组织变得高度专业化时，组织人员在不同岗位或新旧岗位之间的调配变得相当困难，降低了组织在动态环境中的适应能力；③ 在专业化工作中，员工不仅形成了专业能力，而且形成了专业的思维方式，这会给组织内部的沟通和协调造成困难，员工为保护自己的工作，对那些虽给组织全体带来利益却对自己的工作不利的决定进行抵抗；④ 分工还会加深部门之间的对立，形成具有势力割据性质的政治利益集团。

因此，组织设计应该遵循工作专业化的组织机制，因为它可以提高员工的工作效率，但同时也必须将专业化程度控制在一个合适的范围，如许多大型公司已极大地降低了工作专门化的程度，让员工从事更广泛的工作。如何正确处理工作专业化分工程度是衡量和培育管理者素质的一个重要方面。

 小案例

沃尔沃降低工作专门化程度

沃尔沃汽车公司是以安全著称的汽车生产商，该公司曾有四个汽车装配厂，其中一个工厂的装配线采取了这样一种工作方法，即将 8~10 名工人组成一组，负责总车的装配。在这样一个小组内，每个工人对于装配线上每道工序的工作都可以胜任，3 小时更换一次工作内容。这样一个工作小组，一天可装配 4 辆整车。而传统的装配线的工作方法是，每人只负责一道工序，该工序的工作也许只用一两分钟就可完成，每天大量重复同样的工作。该工厂采用这种小组工作方式以后，出现的几个明显结果是：产品质量提高，工作效率提高（装配一辆整车所需的时间减少），员工缺勤率明显降低（从 20%降到 8%）。

【点评】该事例说明了工作设计中的一个重要问题，即不仅应该从技术性的角度，而且应该从社会性的角度去进行工作设计。

2.2.2 正规化

正规化，也称规范化、制度化，是组织趋向于建立和实施明文规定的、确保工作得以执行的政策、规章与程序的程度。通俗地说，对组织中的各种行为进行正规化就是对组织关于做什么事、由谁做、何时做、怎么做等方面做出书面规定。组织中的书面文件有工作程序、工作描述、规章制度，以及部门间以书面文件的方式用来传递信息的计划、指示、通知、备忘录等。由于这些文件均以书面方式来描述和规范组织的行为与活动，它们具有很高的明确性与约束力。

实际上，任何组织都具有一定程度的正规化，只是程度高低不同而已。有证据表明，层级比较多的大型组织的正规化程度更高，因为大型组织更依靠规章、程序和规则等书面工作去实现标准化管理和对大量的员工和部门进行控制。相反，小型组织的正规化程度较低，可以通过管理者的个人能力掌控和运作组织。

对组织而言，正规化既有优势也有劣势。

正规化的优势在于：① 在正规化组织，越是重要的、影响范围广泛的事情，越强调通过正式的书面文件来传达，这可以让信息准确传达给员工，减少层层口头传达所带来的信息损失。② 正规化可以让员工依照文件要求来自主工作，减轻管理者的工作量，使管理者可以管理更多的下属或者将主要精力放在更重要的事情上。③ 正规化便于通过正式文书来记录组织活动，并保留组织活动相关记录，以备日后查询。④ 正规化有助于营造一种公平、公开和公正的组织氛围，极大地保证员工的知情权，也方便员工维权。⑤ 正规化将组织好的制度、流程、做法、经验或方案等固定下来，便于学习和遵循，也便于日后进行累进式改良或突破式创新。

正规化的劣势在于：① 正规化导致员工照章办事，抑制了员工的自主性，不能充分发挥个人才智，甚至会挫伤员工的工作积极性；② 当信息的传递以及决策结果都需要通过书面形式来完成时，由于起草和阅读需要时间，导致信息传递缓慢和决策执行不及时；③ 规则和程序不仅容易使组织行动受到约束，日积月累还使员工的思维变得僵化，缺乏创造性和适应性，甚至给组织变革等工作带来非常大的阻力；④ 在正规化程度高的组织中，往往根据遵守规则的程度而评价组织成员的行为表现，因而比起组织目标，组织成员更重视组织规则，导致目标与手段倒置。

没有规矩，不成方圆，一定程度的正式化是组织结构所必需的，很难想象全然没有规范的组织能够管理好员工。但是正规化具有强制性，它是为了控制组织成员行为活动而做的人为规定，高度的正规化会导致组织结构的僵化和低效率，因此不能不考虑它对人的消极影响，所以应该根据组织内外部因素综合考虑是否要加强或减弱正规化的程度。

现代组织需要的是适度的正规化结构。或者说，在当今复杂多变的环境条件下，组织需要较少依靠严格的规则和标准，给予员工一定的自由度，让他们可以自主地做出最符合情况的决策。但这也并不意味着可以取消组织中所有的规则，因为总有一些规则是员工必须要遵守的。组织设计应该让员工知道哪些规则是必须遵守的，并让他们知道其原因，而对于另外一些规则，则应让员工根据情况灵活把握。因此，组织设计要在高度正规化和低度正规化之间找到平衡点。

2.2.3 标准化

标准化是指组织中相类似的工作活动以同一种方式来完成的程度。在日常生活中到处存在标准化的身影,如连锁超市、连锁快餐店就是高标准化的组织,其标准化程度很高,各项工序都被仔细列明其运作要求和标准,位于不同位置和地区的分店会以同样方式进行经营。标准化既包括组织运作过程的标准化,也包括组织工艺、技术、方法的标准化以及组织行为准则与制度、规则等多方面的标准化。一般来说,组织规模越大,工艺技术越成熟、越常规,组织的标准化程度就越高。反之,小型组织的各种标准比较少,标准化程度低。

对组织而言,标准化既有优势也有劣势。标准化的优势如下。

(1) 组织将最优工作流程、动作行为进行标准化并传授给员工,有助于推广好的做法,提升普通员工的工作绩效,提高生产效率和效益。

(2) 在组织中,标准化使大家能够相互理解和预测对方的行为,相互之间的沟通配合变得简单,不但降低了沟通成本,还提高了组织的协同性。

(3) 在标准化情况下,大家的工作内容、方式、产出以及薪酬福利都会完全相同,减少了差别化管理所带来的权益争议,避免了管理者的独断专行和歧视行为,使员工被公平对待,增强了员工的公平感,营造出组织公平气氛。

(4) 对员工进行标准化管理,可以提供标准化的输出结果,如快餐店的标准化食品、空姐的标准化微笑,还有标准化的汽车。产品或服务的标准化有助于控制质量,增强顾客对组织的形象识别和市场品牌的建立,也有助于组织扩张规模。

标准化的劣势如下。

(1) 在高度标准化组织中,员工像一颗颗标准的螺丝钉,动作行为甚至着装打扮都严重同质化。长此以往,员工逐渐丧失鲜明个性,创新精神受到抑制。

(2) 过度标准化将导致员工的负面情绪,员工会呈现出种种"病态",如行为僵化、身心受限、产生职业倦怠、缺勤率上升、人员流失等。

(3) 规则和高层权力无法控制一切,有些领域无法清除不确定性,所以有时组织难以满足标准化的确定性要求。

小贴士

标准化与正规化的区别

标准化与正规化是两个容易混淆的相关概念,标准化的核心在于"同一",而正规化的核心是"明文"。一般而言,标准化依赖明文的规定,而明文规定较多的官僚组织也容易出现标准化。但是两者的关系也并非绝对如此。例如,通过柔性的组织文化、上司的严格监督,或技能培训,也可以让员工的行为保持同一性。此外,如果每个岗位都有不同的制度规定,尽管正规化很高,但是标准化很低。

2.2.4 管理层次与管理幅度

1. 管理层次

管理层次,或译为管理层级、职权层级。它描述的是组织的纵向结构特征,是指从最高管理层到最基层管理岗位之间，组织自上而下所设置的管理职位的级数。

管理层次的出现与组织管理实践的发展不可分割。在初创的组织中，业主往往既是管理者又是普通员工，这时无所谓管理层次的划分。随着组织规模的不断扩大和员工数量的不断增多，管理层次就会不断膨胀。管理层次的多少，表明组织结构纵向分工的复杂程度。大型企业，从总经理到一般职工，中间可能有五六个或更多的层次；而小型企业则可能仅有两三个管理层次。如果组织的管理层次很多，结构被看成是高耸的，相反则是扁平的。管理层次从表面上看，只是组织结构的层次数量，但其实质是组织内部纵向分工的表现形式，各个层次将担负不同的管理职能。

2. 管理幅度

所谓管理幅度又称管理跨度、管理宽度、控制幅度、控制跨度，是指一名领导者直接领导和有效监督的下属人员的人数。管理幅度少则三四人，多则可达十余人或更多。上级直接领导的下级人员多，称为管理幅度大或跨度宽；反之，则称为管理幅度小或跨度窄。

从形式上看，管理幅度仅仅表示一名领导者直接领导的下级人员的人数，但由于这些下级人员都承担着某个部门或某个方面的管理业务，所以，管理幅度的大小实际意味着上级领导人直接控制和协调的业务活动量的多少。尽管领导者可通过授权，放手让下级在职权范围内自主管理，但毕竟不能不过问下级的任何工作。因此，管理幅度的概念本身就表明，它既同人（包括领导者和下属）的状况有关，也同业务活动的特点有关。

小贴士

管理幅度的实践

20世纪初期，美国将军伊恩·汉密尔顿根据他作为一名军官的经验总结了对管理幅度大小的认识。他发现，一般人的头脑在管理3~6个人时将能处于最佳的工作状态。一个军士在仅仅指挥3个士兵时并不十分忙碌，一个陆军中将难以指挥6个师长的活动。伊恩·汉密尔顿最后建议，越接近于整个组织的最高领导人，他的管理幅度越接近6个人越好。

亨利·法约尔指出，合适的管理幅度应该是最高经理管理4~5名部门经理，部门经理管理2~3名管理人员，管理人员管理2~4名工长，工长管理25~30名工人。

英国有名的管理顾问林德尔·厄威克上校提出了他观察到的心理现象：一个人的"注意力跨度"，即能够同时给予注意的事项的数目是有限的，并以此为依据讨论管理幅度的大小。他的研究结论是："没有一个管理者能够直接管理超过5个或者至多6个工作紧密相关的下属的工作。"

美国管理学会的研究报告（1952年）介绍了当时对141家"公认的具有良好组织实践"的公司进行调查的结果，该项调查的主题是这些公司中总经理的管理幅度实践情况，结果发现总经理的管理幅度为1~24人。

按照直接领导和有效监督下属人员的多少，组织结构基本上可以划分为两类：窄跨度组织结构和宽跨度组织结构。如图2-1所示的组织，属于宽跨度组织结构，管理层级有二级，部门经理的管理幅度是8人。而图2-2所示的组织，属于窄跨度组织结构，管理层级有四级，部门经理的管理跨度是2人。相较而言，图2-1是宽跨度扁平的组织结构，而图2-2是窄跨度的组织结构。窄跨度组织结构与宽跨度组织结构的优缺点如表2-2所示。①

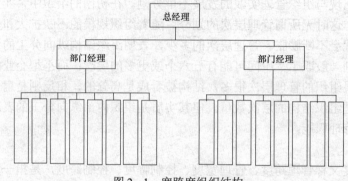

图2-1 宽跨度组织结构

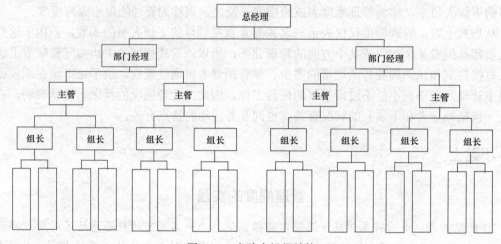

图2-2 窄跨度组织结构

表2-2 窄跨度组织结构与宽跨度组织结构的优缺点

优缺点	窄跨度组织结构	宽跨度组织结构
优点	① 严密的监督与控制； ② 分工明确； ③ 有利于部门监督和协调； ④ 有利于自上而下的集中领导	① 有利于缩短上下级距离，密切上下级关系，加快信息纵向流动； ② 在成本控制方面，具有管理人员成本优势，组织效率更高
缺点	① 管理层级较多，组织垂直沟通更加复杂； ② 增加管理人员和管理成本； ③ 对下属监管严格，造成下属自主性和积极性不强	① 管理幅度过宽，主管人员感到力不从心，降低了下属绩效和领导效能； ② 由于各部门交流较少，要求下级人员有较高的业务素质

近年来，组织结构出现扁平化的发展趋势。许多大型组织不仅裁减基层人员，就连一向在组织中被认为很安全的中层管理人员也沦为裁员对象。类似这样行为背后的基本假设是通过减少层级，降低成本，削减管理费用，加快决策进度，缩短与用户的距离，提高组织效益。

---

① 柯江林. 组织设计与变革［M］. 北京：北京师范大学出版社，2018.

同时，随着管理咨询公司的兴起和管理职能外包业务的发展，组织对管理人员的需求随之减少，组织结构变得更加扁平化。

3. 管理幅度与管理层次的关系

管理幅度与管理层次有着密切的关系。首先，它们具有反比例的数量关系。同样规模的组织，加大管理幅度，管理层次就少，组织结构会显得扁平；反之，管理层次就多，组织结构就变得高耸。其次，管理幅度与管理层次之间存在互相制约的关系，其中起主导作用的是管理幅度。管理幅度决定管理层次，这是由管理幅度的有限性所决定的。产生这种有限性有两个原因。① 任何组织领导者的知识、经验和精力都是有限的，因而能够有效领导的下级人数必然也是有限度的。超过一定限度，就不可能进行有效的领导，若勉为其难，领导工作就将顾此失彼。② 下级人员受其自身知识、专业、能力、思想等素质条件和岗位工作的负担、眼界等分工条件的局限，在没有上级领导任何指导的情况下，很难做到完全自觉地、合乎要求地执行和完成计划规定的各项任务，自动地、圆满地解决由于分工引起的各种复杂的协调问题，并随时根据变化的情况，主动地、正确地调整自己的工作。这样，下级人员对上级领导的管理幅度也提出了限制。若不顾这种限制而任意地加大管理幅度，结果只能是引起管理工作的混乱。

由于各个组织的具体条件不同，以上两方面的限制程度自然也有所差别，但无论如何，管理幅度总是有一定限度的，这一点绝对不会改变。因此，在设计管理层次时，首先必须根据组织的具体条件确定管理幅度，然后在该管理幅度内，再考虑管理层次的设计。

2.2.5 集权与分权

组织中的权力支撑着组织中的地位并黏合组织中的各种角色，是制约甚至决定组织行为的重要因素。这一点突出地表现在组织中的集权和分权的程度上。集权是指把较多和较重要的经营管理权责集中于组织系统的较高层次上，它是以领导为中心的领导方式。分权则是指把较多和较重要的经营管理权责分散下放到组织系统的中下层次上，它是以下属为中心的领导方式。

集权与分权的优势和劣势如表 2-3 所示。①

表 2-3 集权与分权的优势和劣势

优劣势	集权	分权
优势	① 便于领导协调，降低管理成本； ② 适应大规模组织的标准化管理要求； ③ 有利于强力推进组织变革	① 发挥低层组织的主动性和创造性； ② 有助于适应飞速变化的环境； ③ 权力分散至具体责任人，既避免互相推责，也有利于减轻最高管理层决策上的负担； ④ 有利于管理人员的发现和培养
劣势	① 降低决策的质量； ② 降低组织的适应能力； ③ 限制中下层人员的积极性； ④ 助长组织中的官僚主义	① 各单位往往会各自为政，统一指挥比较困难； ② 增加了各单位协调的复杂性； ③ 可能导致高层的部分权力失控

---

① 柯江林. 组织设计与变革 [M]. 北京：北京师范大学出版社，2018.

集权与分权是一个相对的概念,在现代组织中,只存在集权或分权的成分多少而已,没有绝对的集权或分权。职权的绝对分散意味着没有上层主管人员,而绝对的集中则表示没有下层主管人员。实际上,这两种企业组织都是不存在的。绝少有组织能够将所有的决策和管理权都集中于最高层领导,而仍能有效运行。同理,如果将所有的决策和管理权都授予最底层员工,那样高度自治的组织只能是乌托邦。因此,处理各层级之间职权关系应该坚持集权和分权相结合的原则,必须保证必要的权责集中于上层(集权)的同时,又能把恰当的权责分散到下层(分权)。集权和分权各有优劣,只有恰当地、适度地运用集权和分权,才能保持组织的灵活性和适应性。

 小贴士

衡量集权与分权程度的标志

集权与分权在企业中是程度的问题,衡量的标志主要有以下四个。

(1)决策的数目。组织中较低层次决策的数目或频度越大,则分权程度越高;上层决策的数目越多,则集权程度越高。

(2)决策的范围。组织中较低层次决策的范围越广,涉及的职能越多,分权程度越高;反之,集权程度越高。

(3)决策的重要性。组织中较低层次做出决策涉及的费用越多且事关重大,分权程度越高;下级做出的决策无关紧要,集权程度越高。

(4)决策的审核。上级对组织中较低层次做出的决策审核程度越低,该组织的分权程度越高;下级做出决策后还必须报上级批准,该组织的集权程度越高。[①]

按集权与分权的程度不同,可以形成两种领导方式:集权制和分权制。集权制是指企业组织的管理权限较多地集中在高层领导,具体特点包括:经营决策权大多集中在高层领导,中下层只有日常事务的决策权限;对下级的控制较多,导致下级在决策前后都要经过上级的审核;实行统一经营和核算。分权制就是把管理权限适当分散在组织的中下层,具体特点包括:中下层有较多的决策权限;上级控制得较少,往往以完成规定的目标为限;在统一规划下可独立经营,实行独立核算,有一定的财力支配权。

传统的组织结构呈金字塔形,职权和权力集中在组织的顶层。但是,今天的组织已经变得更复杂,并要对动态和不确定的环境做出快速反应。因此,组织决策应该由那些最接近问题和了解现场情况的人做出,不管其在组织中处于什么位置和层次。组织分权化是现代组织设计的发展趋势。当然这并不意味着高层领导和高层经理不再做决策了。事实上,现代信息技术的发展和计算机的运用,既增加了组织集权化的程度,又为组织的进一步分权化创造了可能。现代信息技术和计算机管理化为组织的管理者提供了多种多样的选择,希望集权化的管理者能够运用先进技术手段所获得的信息去获取更多的信息和做出更多的决策;同时,管理者能够向下属分散信息并且增加员工的参与性和自主性。许多公司的第一线生产工人可以利用计算机网络来跟踪产品的转移,从而可以自主地安排他们自己的工作、预计产量的增加

---

① 相飞,杜同爱. 组织设计与工作分析 [M]. 北京:中国人民大学出版社,2021.

和执行其他过去属于管理范畴的活动与功能。

2.2.6 其他结构参数

1. 部门化

在组织将任务分配给工作岗位后,接下来应考虑如何管理这些分散的工作岗位。为了协调管理越来越多的岗位,组织需要将这些岗位组合成部门,这一过程被称为部门化。

在较复杂的组织中,部门化是不可缺少的。部门化的组织主要是根据工作活动的职能来进行划分,如制造业的企业通常组建有工程、会计、制造、人事、采购等部门;学校则可能有科研、教务、财务、总务等部门;而一个超市则可能设收银部、导购部、仓储运输部、保安部、行政人事部等。这种职能性部门化,通过把专业技术、研究方向接近的人分配到同一个部门中,来实现规模经济,提高工作效率。此外,还可以依据工作任务、各类产品、服务内容与对象、生产或服务流程、顾客类型、地理位置来进行部门化。组织可以依据自身的实际情况按以上一种或多种维度构建自身的部门。在快速多变的信息化时代,以顾客为基础进行部门化越来越受到青睐。许多组织为了更好地掌握顾客的需要,并有效地对顾客需要的变化做出反应,更强调以顾客为基础来划分部门。

2. 复杂性

组织的复杂性是指组织内活动及单位的数目的多少以及它们之间的相互关系。具体地说,复杂性是指组织管理层次的层数(纵向复杂性)及部门和工种的数量的多少(横向复杂性)。复杂性是相对于简单性而言的,简单与复杂是同一事物的两个方面,复杂以简单为基础,而简单又以复杂为前提。任何一个组织要想正常运行和达到组织目标,都离不开组织成员和各组成部分之间的分工和协作。然而不难想象,组织越复杂,协调和控制越困难,组织中承担协调整合功能的固定机构和人员(如品牌经理、客户经理)与临时机构等(各种委员会)就越多。

传统的组织设计强调高度的专业化分工、高度正式化和多管理层次性,因此,早期组织设计的结果形成高度复杂化的组织结构,导致难以管理、僵化和低效的弊端。当今外部环境处于不断变化之中,组织结构需要具有高度的灵活性和应变性。因此,组织设计应该强调简单化和易管理性。如当今的大型跨国公司随着规模的扩张,将整个组织划分为若干小型单位或公司,使其能够自主管理、自我决策,以快速地适应市场的变化和快速地满足顾客的需求。组织设计的一个理念即能够设计成简单化的组织就不设计成复杂性组织,即组织结构应该尽可能简单明了。

3. 职业化

职业化是指为了掌握本职工作的技能,员工需要接受的正规化教育和培训的程度。当员工具有较高的文化程度或是需要较长时间的训练才能胜任组织工作时,该组织被认为具有较高的职业化特性。职业化程度一般通过员工的平均文化程度(受教育年限)以及职业培训期限来衡量,如医药行业可能高达 20 年达到职业化,而从事建筑业则可以不足 10 年达到职业化。从市场调查情况来看,被人们称为"第四产业"的管理咨询业、设计业、信息服务业等,所需要的职业化特性最高。如果组织进行活动所要求完成的工作任务有较高的职业化特性要求,组织必须进行相应的人员配备和职业化知识的配置,否则,组织要获得成功是不可能的。

4. 人员比率

人员比率是指各类人员所占组织总人数的百分比，如管理人员、行政人员、专业人员和从事间接和直接劳动的雇员等构成的比率。它的数值由各类人员的数量除以组织人员的总数得出。

管理人员比率是学界较为关注的主题。1958年英国历史学家、政治学家诺斯科特·帕金森在其出版的《帕金森定律》中谈到，管理者为了满足利益和欲望的需求，总会增加更多的管理人员，从而导致机构臃肿和人员编制的膨胀。然而，此后一些研究者通过对学校、教堂、医院、企业以及其他组织进行管理人员比率的深入研究，又得出了与帕金森相反的观点——在大型组织中，高层管理人员与生产人员总数比率实际上较小，因为组织规模越大，越依赖基于规则的协调机制，导致部门变大。

此外，关于组织在其成长和衰退时期的研究表现出一种有趣的情况，在迅速成长的组织中，管理人员比生产人员增长得更快；在组织衰退过程中，管理人员又比生产人员下降得慢，这意味着管理人员通常是最先被雇佣而最后被解雇。

5. 命令链

命令链，也称指挥链，是指组织从高层到基层的不间断的权力链条。它明确了谁该向谁汇报工作、谁要对谁负责。

在讨论命令链之前，应先讨论两个辅助性概念：权威和命令统一性。权威是指管理职位所固有的发布命令并期望命令被执行的权力。为了促进协作，每个管理职位在命令链中都有自己的位置，每位管理者为完成自己的职责任务，都要被授予一定的权威。命令统一性有助于保持权威链条的连续性。它意味着，一个人应该对一个上级主管，且只对一个上级主管直接负责。如果命令链的统一性遭到破坏，出现多头领导，导致不同命令间的巨大矛盾、冲突，下属将不得不疲于应付，无所适从。

时代在变化，组织设计的基本原则也在变化。在计算机技术飞速发展以及提倡充分授权的当代社会，命令链的重要性已大大降低。组织中各个级别员工间的交流在通信技术的支持下变得十分顺畅，而不必像过去一样，一定得通过正式渠道。决策也从必须由领导层做出转变成通过授权，由基层员工自己决定。与此同时，随着自我管理团队等新型组织设计思想的盛行，命令链、权威、命令统一性的重要性已大大降低。总之，现在很少有管理者认为可以通过强化命令链来使组织的生产效率获得提高。

◆ 小案例

网络时代命令链缩短与授权下移

3月中旬一个星期三的上午，查尔斯·凯瑟困惑地扫视了一眼从公司配送中心送来的存货报告。根据计算机显示的报告，玫瑰牌上光油只能保证3天的供货，远低于公司要求的3周年的库存要求。但凯瑟知道，公司设在密苏里州杰弗逊城的工厂两天前刚运来346箱（每箱12瓶）上光油，玫瑰牌上光油一定是被抢购一空了。他便打开自己与生产线相连的计算机，把批示输进去：在周四上午再生产400箱上光油。

这是一位计划经理工作日程中的一段小插曲，对不对？但事实上凯瑟不是管理人员，他只是生产线上的一名工人,官方的头衔是"生产线协调员",是公司上百名工作于计算机网络上的工人中的一员。他们有权检查核对货物运送情况,安排自己的工作负荷,并经常从事以前属于管理人员领域的工作。

现在,一个基层雇员能在几秒钟内得到 20 年前只有高层管理人员才能得到的信息,同样,计算机技术的发展日益使组织中任何位置的员工都能同任何人进行交流,而无须通过正式渠道。而且,权威的概念和命令链的维持越来越无关紧要,因为以前只能由管理层做出决策,现在则授权给操作员工自己做决策。

【点评】时代在变化,组织设计的基本原则也在变化。随着计算机技术的发展和给下属充分授权的潮流的冲击,命令链、权威、命令统一性等概念的重要性大大降低了。

6. 集中化

集中化是指不同层级被协调起来的程度(垂直集中化)和跨部门之间被协调起来的程度(水平集中化)。组织差异程度越高,各部门的目标、价值理念和运行模式就会相差越大。一旦这种高度差异化存在,就需要将各部门的活动协调起来为共同的组织目标服务。因此,一家处于复杂多变商业环境中的组织,可以同时存在高度差异化和高度集中化。

两个不同规模的家电企业主要结构参数的区别

两个不同规模的家电企业主要结构参数的区别如表 2-4 所示。

表 2-4 两个不同规模的家电企业主要结构参数的区别

序号	结构参数	甲公司	乙公司
1	专业化	6 部二室,共有 23 个科室	共有 3 个科室
2	正规化	各项管理制度健全,书面文化占较大比重	仅有财务、采购、仓库等几项基本制度,信息交流绝大多数用口头方式
3	标准化	已制定和执行各项管理工作	管理工作尚未程序化和标准化
4	管理层次和管理幅度	6 个管理层次,总经理管理幅度为 8 人	3 个管理层次,总经理管理幅度为 5 人
5	集权与分权	事业部分权制	总部集权制
6	复杂性	外省市有 4 个分公司和分支机构	全部在本地
7	职业化	平均受教育年限约 10 年,员工绝大多数达到大专水平	平均受教育年限约 6.5 年,大多数员工为高中毕业水平
8	人员比率	技术人员 125 人,占全公司员工 5%;基本工人同辅助工人的比例为 4:1	技术人员 16 人,占全公司员工 1%;基本工人同辅助工人的比例为 9:1

(资料来源:许玉林. 组织设计与管理 [M]. 2 版. 上海:复旦大学出版社,2013.)

任务 2.3　组织结构的形式

组织的目标、战略不同，所处的环境不同，自身条件不同，都使得组织结构的具体形式存在差异，但仍可以通过对组织结构的本质特征进行划分，从而对组织结构进行分类来把握其本质。组织结构按组合方式划分，主要有直线型组织结构、职能型组织结构、事业部型组织结构、矩阵型组织结构、横向型组织结构、虚拟网络型组织结构、混合型组织结构等。

小案例

美华公司的转型

2.3.1　直线型组织结构

直线型组织结构是最早、最简单、最基本的一种组织形式，这种组织形式在现实中表现最明显的就是军队组织，实行非常严格的直线上下级关系，只有一条命令链。组织中的每个职位按垂直系统直线排列。每个人只向一个上级负责。必须绝对地服从这个上级的命令。命令系统十分简洁，责任和权力归属非常明确。因为这种简单、直接的直线命令关系，上级对他的所有直线下级发布命令，同时承担责任。在这种组织结构中，管理者的权限是全面的，他对下属全面负责与管理，而下属各个方面只服从唯一的上司指挥，而不看其上司是否具备相应的管理权力。直线型组织结构如图 2-3 所示。

图 2-3　直线型组织结构

直线型组织结构的优势和劣势如表 2-5 所示。

表 2-5　直线型组织结构的优势和劣势

优势	劣势
① 管理机构简单，层级少，信息上传下达很快，便于上下级之间沟通协调，尤其是方便上级对下级的直接控制。 ② 由于决策完全集中于上级，所以决策迅速，指挥灵活，适用于处于高度不确定性和高风险环境中的组织。 ③ 命令统一，令行禁止，以最快的速度命令所有下级采取一致行动，避免各行其道的情况。 ④ 维护纪律和秩序比较方便，易于管理员工，容易形成家庭式工作氛围	① 因决策高度集中，伴随着决策速度快往往是决策失误率高。 ② 对领导者要求高。因为权力和责任的高度集中，要想做出正确的决策和进行有效的领导，就需要领导者有更强的能力，而事实上这样的人是很稀缺的。 ③ 管理工作简单粗放，部门之间缺乏有效的横向联系，管理权限高度集中，无专业化分工，不易提高专业管理水平，不利于后备管理人员的培养。 ④ 不适用于产品种类多、业务复杂、技术要求高的组织，而只适用于规模小、技术简单、目标任务和业务种类单一的组织

2.3.2　职能型组织结构

职能型组织结构简称职能制。著名新制度主义经济学家威廉姆森将其命名为 U 型组织，职能型组织结构又称"法约尔模型",是一种按职能划分部门的纵向一体化的组织结构,起源于法约尔 20 世纪初在其管理的煤矿公司所建立的一种组织结构形态。在职能型结构中,组织从下至上按照职能来组建专业化部门,将承担相同职能和具有相近知识背景的人员组合起来进行各种活动,并由最高经营者直接指挥各职能部门。对大多数生产型企业来说,一般有市场营销、生产、财务、研发、人力资源等职能部门,如图 2-4 所示。

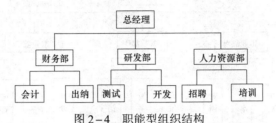

图 2-4 职能型组织结构

职能型组织结构具有三个特点。① 各级管理机构和人员实行高度的专业化分工,各自履行不同的部门职责或岗位职能。同一部门的员工及其直接领导具有相似的专业知识背景。② 实行直线参谋制,即整个管理系统划分为两大类机构和人员,一类是直线管理人员,可直接对其下属发号施令;另一类是参谋人员,是组织的共用智库,其职责是为同级直线管理人员提供支持,起到业务上的指导和服务作用。③ 管理权力高度集中于高层,实行集中控制和统一指挥。各部门独立性很小,生产经营的决策权集中于最高领导层。但相对直线制,集权化程度降低,存在横向分权。

职能型组织结构的优势和劣势如表 2-6 所示。

表 2-6 职能型组织结构的优势和劣势

优势	劣势
① 它能较好地实现组织人员的规模经济,有助于员工共享设施和资源,减少重复建设和浪费,产生规模经济。 ② 每个管理人员都固定地归属于一个职能单位,专门从事某项职能工作,有利于员工熟练掌握本职工作的技能,促进了知识和技能的纵深发展,强化了专业管理,使组织系统有较高的稳定性。 ③ 有利于增强员工对职业的认同,发展职能型专长,促进知识和技能的纵深发展。 ④ 简化了对管理人员和作业人员的培训过程,提高工作效率,并有利于技术难题的共同解决。 ⑤ 管理权力的高度集中,便于最高领导层对整个组织实施有效的控制	① 由于员工在不同部门,跨职能的交流协调通常较差,对外部环境变化的反应太慢,难以及时响应外部环境的变化。 ② 各部门的专业化分工,不利于主管人员以统观全局的视角处理事务,很难培养出洞察大势、素质全面的未来高层管理者。 ③ 权力高度集中,各部门之间的横向协调只有高层领导才能解决,给高层领导带来繁重的工作负担,容易使他们陷入行政事务,无暇思考发展战略等关键问题。 ④ 高度的分工使各职能部门各司其职,只关心和强调本部门的利益和重要性,容易产生本位主义,造成许多摩擦和内耗,导致对组织整体目标的忽视。 ⑤ 强调广泛的工作专业化,可能致使工作显得平淡,员工积极性和创造性受到一定的抑制。加之因其只关注自己的职能领域,难以看清组织的总体目标

2.3.3 事业部型组织结构

如果说职能型组织结构是一种集权式结构,事业部型组织结构则是分权式的组织结构。与职能型组织结构相比,事业部型组织结构更适合现代大企业经营发展的要求。事业部型组织结构，简称 M 型结构，事业部制或多部门结构。它是一种高度集权下的分权管理体制，即在集团公司最高决策层的领导下，按产品、地区或顾客等来划分事业部。无论何种形式，各事业部都实行相对的独立经营、核算，拥有一定的经营自主权，并设有相应的职能部门。图 2-5 为事业部型组织结构的某集团公司。

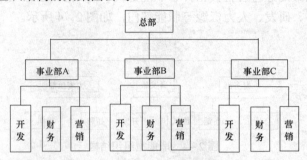

图 2-5　事业部型组织结构

 小贴士

事业部制的由来

事业部制是管理学领域中一个伟大的发明，它使人们建立和经营庞大的商业帝国成为可能。它是由美国人阿尔弗雷德·斯隆于 1921 年提出的一种叫作"集中政策控制下的分散作业"的组织结构逐步发展完善而成，素有"斯隆模型"之称，斯隆也因此被称为事业部制的一代宗师。

早期的通用汽车由于收购了一些种类繁多的小公司而导致内部冲突很大，时任公司常务副总经理的斯隆把新设计的组织结构付诸实施，于 1924 年完成了对原有组织的变革，使通用汽车公司的整合与发展获得了较大成功，成为实行事业部制的典型样板。此后，许多大集团公司都纷纷予以仿效。日本"经营之神"松下幸之助在 1927 年也在其公司采用了事业部制，该项举措被视为划时代的机构改革，与"终身雇佣制""年功序列"并称为松下制胜的"三大法宝"。此外，宝洁公司按产品类别划分了事业部；麦当劳公司按区域成立了事业部。从某种意义上讲，美国政府的联邦制实际上也是事业部制，各州享有很大的自治权力，当然联邦制早于事业部制，或许斯隆创立事业部制是受到了联邦制的启发。

事业部型组织结构具有以下特点。

（1）相对独立的经营自主权。按企业的产出将业务活动组合起来，成立专业化的生产经营管理部门，即事业部。如果产品品种较多，每种产品都能形成各自市场的大企业，可按产品设置若干事业部，凡与该产品有关的设计、生产、技术、销售、服务等业务活动，均组织在这个产品事业部之中，由该事业部总管；在销售地区广、工厂分散的情况下，企业可按地区划分事业部；如果顾客类型和市场不同，还可按顾客（市场）成立事业部。这样，每个事业部都有自己的产品或服务的生产经营全过程，为企业贡献一份利润。

（2）相对独立的经营自主权。在纵向关系上，按照"集中政策，分散经营"的原则，处理企业高层领导与事业部之间的关系。实行事业部制，企业最高领导层要摆脱日常的行政事务，集中力量研究和制定企业发展的各种经营战略和经营方针，而把最大限度的管理权限下放到各事业部，使它们能够依据企业的经营目标、政策和制度，完全自主经营，充分发挥各自的积极性和主动性。例如，通用汽车公司当初按照斯隆模型改组后，各事业部出售汽车的价格在公司规定的价格幅度内，除此之外，事业部是完全自治的。

（3）相对独立的利润核算。在横向关系方面，各事业部均为利润中心，实行独立核算。这就是说，实行事业部制，就意味着把市场机制引入企业内部，各事业部间的经济往来将遵循等价交换原则，结成商品货币关系。

（4）事业部内部以职能型结构为基础。企业高层和事业部内部仍然按照职能型结构进行组织设计。从企业高层组织来说，为了实现集中控制下的分权，提高整个企业管理工作的经济性，要根据具体情况设置一些职能部门，如资金供应和管理、科研、法律咨询、公共关系、物资采购等。从事业部来说，为了经营自己的事业，也要建立管理机构。因为事业部规模小，产品单一，故一般采用职能型结构。由此可见，事业部型结构与职能型结构相比，主要区别在于其企业最高层领导下的第一级部门，是按照事业部分设还是按照职能部门分设。

事业部型组织结构是集权分权相结合的组织结构模式，适合于产品繁多、规模巨大、市场分布广泛、多元化经营的企业集团和大型跨国公司。组织实行事业部型结构通常应该具备以下四个条件。

（1）事业部之间应有一定关联，相互依存，通过功能互补和资源共享互相促进，保证公司总体效益最大化。

（2）公司能有效激发和控制事业部之间的适度竞争，防止恶性争斗。

（3）拥有众多的人力资源以提供给各个独立的职能单位。同时，公司对事业部的管理避免单纯使用行政手段，要利用内部市场和经济机制进行宏观调控，如实行内部价格、利润分成等管理手段。

（4）外部环境适合企业扩张时较为有利，在不景气的环境下慎用。

与职能型组织结构相比较，事业部型组织结构有许多前者无法比拟的优点，当然其自身也有劣势。事业部型组织结构的优势和劣势如表 2-7 所示。

表 2-7 事业部型组织结构的优势和劣势

优势	劣势
① 每个事业部在自己的经营范围内拥有较大的经营自主权，对产品生产和销售实行统一领导，便于更好地适应环境的变化，灵活地根据市场需要做出决策并组织生产经营活动，有助于经济效益的提高。 ② 事业部型组织结构有利于简化集团高层领导的管理内容，扩大领导者的有效管理幅度。并且能使集团最高决策层摆脱日常琐碎的事务，专心致力于公司整体发展战略和协调外部关系等。 ③ 各事业部实行独立核算，决策的分权化更能发挥经营管理的创造性和积极性；各事业部之间的竞争，更利于提高企业的整体效益；绩效导向体制，提高了事业部经理的责任感和绩效意识，便于考核、比较各事业部的生产经营成果。 ④ 有利于培养有全局观念和全面能力的高级管理人才。事业部经理负责领导的是一个独立经营的部门，有相对独立的产品、市场，相当于一个完整的企业，在应对经营企业的各种挑战中，事业部经理能获得全面的历练和发展。 ⑤ 事业部型组织结构有利于实现事业部内跨职能的协作。事业部内的各部门之间会形成良好的沟通和协调，有利于根据消费者的意见，对产品及时做出改进，以适应市场需求	① 各事业部自成体系，会造成某些职能部门机构重叠。同时还可能出现设备和设施的重复购置、人员配备过多，从而增加管理费用，浪费公司资源。 ② 由于各事业部实行独立经营，它们之间可能出现沟通不畅，甚至可能形成竞争关系。各事业部考虑问题时，往往只从本事业部的利益出发，容易产生本位主义，不利于事业部之间的协作，忽视集团的整体利益和长远发展目标。 ③ 事业部经理实际上相当于一家小公司的总经理，有较高的权力与利益，维护与上层管理（总部）的关系显得特别重要，从而容易滋长唯上主义。 ④ "山高皇帝远"，假如事业部独立性过强，则会因事业部的"山头主义"而导致总部"失控"。因此，对事业部的授权难以把握，易造成极端化，"管则死，放则乱"。此外，事业部型组织结构增加了管理层次和管理成本

◆ **小贴士**

子公司制组织结构

子公司制组织结构简称 H 型结构。这是一种比事业部制更为分权的组织结构。子公司制组织结构如图 2-6 所示。

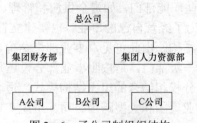

图 2-6 子公司制组织结构

它的特点在于母公司和子公司之间不是行政上的隶属关系，而是资产上的联结关系。当子公司的股权全部归一家公司所有时，称为"独资子公司"或"全资子公司"；当子公司的股权归两家以上公司所有时，称为"联合子公司"。母公司对子公司的控制，主要是凭借股权，在股东会和董事会的决策中发挥作用，并通过任免董事长和总经理贯彻母公司的战略意图。

子公司与事业部不同，在法律上具有独立的法人资格，它与母公司各有自己的公司名称、章程，财产彼此独立注册，各有自己的资产负债表。子公司自主经营，自负盈亏，是一个投资中心。

子公司制的优点在于，母公司与子公司在法律上各为独立法人，相对降低了经营风险，子公司有较强的责任感和经营积极性。缺点在于，母公司对子公司不能直接行使行政指挥权力，只能通过股东会和董事会的决策来发挥其影响作用，因此影响较间接、缓慢。另外，母子公司各为独立纳税单位，双方之间的经营往来及盈利所得需双重纳税。

2.3.4 矩阵型组织结构

矩阵型组织结构是把按照职能组合业务活动，以及按照产品（或工程项目、规划项目）组合业务活动的方法结合起来运用的一种组织结构设计。在这种组织结构中，职责任务相同的职位被合并到一起，接受同一个管理者的领导。这种组织结构的特征是以任务（项目）为中心，把整个组织内的人力、物力、财力资源整合成一个项目组，一旦项目完成，组织就可以解散。按照这种组织方式，理论上可以通过组织内资源的配置，以项目的形式完成多种任务。图 2-7 是矩阵型组织结构示意图。

小案例

韩都衣舍的小组制

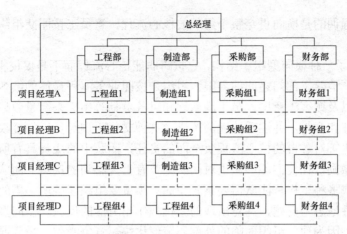

图 2-7 矩阵型组织结构示意图

矩阵型组织结构的优势和劣势如表 2-8 所示。

表 2-8 矩阵型组织结构的优势和劣势

优势	劣势
① 整合了组织中的垂直联系与水平联系,增强了组织内部各条块之间的跨界沟通与协作能力,对环境的适应力强,协作程度高,促进了一系列复杂而独立的项目的运作。 ② 共享、集中调动资源,同时又保留将职能专家组合在一起所具有的经济性。这种组织形式集专业性与集中性于一身。人力、物力、财力全都来自对应的职能部门,保证了资源的专业性;这些资源被整合在一个项目组当中,组内调动资源比跨部门调动更容易,协作起来更顺畅。 ③ 适用于在不确定环境中进行复杂的决策和经常性变革的组织。这种组织形式的灵活性决定了它适用于不确定性的环境。 ④ 适用于拥有多种产品的中等组织。一个组织有多个产品,也可以组建多个项目组来分别负责每个产品,可以多个项目同时进行	① 当两种权力(直线职权与项目职权)出现冲突时,员工无所适从,造成混乱,降低员工的积极性。两条命令链条造成了管理上的混乱。 ② 隐藏着权力斗争的可能性。这体现在两个方面,一是不同项目组之间争夺资源的斗争,项目组之间也可能出现恶性竞争的情况;二是项目组领导和职能部门领导之间争夺资源和人员控制权的斗争。 ③ 耗费时间,包括很多的会议和协调。因为任何一个项目的组建都需要从原有职能部门调集资源和人员,所以必然面临与不同职能部门协调的问题,以及项目内各个小组的协调问题,甚至还涉及项目组之间的协调问题,这个协调成本是非常高的。 ④ 对成员的要求高,员工需要好的人际关系和全面的培训。一方面是关于沟通协调能力的高要求,因为涉及不同部门之间、不同项目之间、每个项目内部各个小组之间的协调,而且这种协调并不容易,所以需要成员有很强的沟通协调能力;另一方面是关于知识能力的全面性的高要求,因为矩阵型组织的特征之一是可以调动资源组建不同的项目,因此要求成员拥有应对不同项目的能力,对他们知识、技能和能力的全面性和适应性要求就更高

2.3.5 其他组织结构形式

1. 横向型组织结构

横向型组织结构是按照核心流程来组织员工的。流程是指一系列将输入转化为输出、为顾客创造价值的相关任务与活动的组合。与以往将工作划分为不同职能部门中狭窄的职务不同，横向型结构强调的是横向贯穿整个组织的核心流程，将员工按团队组织起来共同工作服务顾客。

图 2-8 展示了一种横向型组织结构，它按跨职能核心流程而不是仅仅根据任务、职能或地区来设立结构，消除了部门之间的界限。组织是按照业务流程最终的绩效目标（基于给顾客带来的价值）以及顾客满意度、员工满意感和财务贡献等指标来衡量效果。组织文化是开放式的，充满信任和合作，并注重持续的改进，这种文化强调对员工的授权和责任，关注员工的前途。流程主管对各自的核心流程负全面的责任，团队中的成员具有所需的技能、工具和职权，并受到激励，让他们能够做出对团队绩效有重大影响的决策。团队成员得到多方面的训练，能够完成多种工作。团队需要具备完成一项重要组织任务所必需的综合技能，团队有权自主而创造性地思考问题，并对出现的新挑战作出灵活的反应。横向型结构几乎适用于所有的现代组织，因为现代组织面临的外部环境变化快，竞争激烈，需要通过流程和团队的形式开展工作，以提高组织对环境变化的响应速度和适应程度。但是如果组织缺乏信任、合作的文化，则很难采用此种结构。

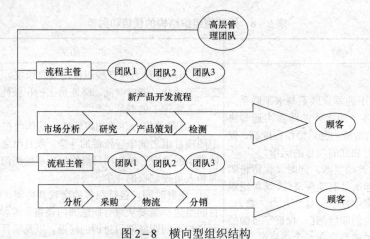

图 2-8 横向型组织结构

横向型组织结构的优势和劣势如表 2-9 所示。

表 2-9 横向型组织结构的优势和劣势

优势	劣势
① 增进了协调，极大地提高了组织的灵活性和对顾客需要的反应能力。 ② 使员工的注意力转移到顾客身上，从而在改进生产率、速度和效率的同时也带来了顾客满意度的提高。 ③ 由于打破了职能部门间的边界，每个员工对组织目标有了宽广的认识，而不是仅限于单个部门的目标。 ④ 促进员工注重团队工作和合作，使团队成员达成一种献身的共识，以实现共同的目标。 ⑤ 通过提供分享责任和决策的机会，改善员工的生活质量，促使他们为组织做出更大的贡献	① 确定核心流程比较困难，同时也相当耗费时间。 ② 要求对组织文化、工作设计、管理哲学、信息和薪酬系统做出重大的变革。 ③ 传统的管理者可能会阻挡这种结构转型，因为他们得放弃权力和职权，转变为教练式的领导者和团队的促进者。 ④ 需要极大地加强员工培训，使他们能在横向型团队环境中有效地工作。 ⑤ 由于工作本质上是跨职能的，横向型组织结构可能会制约知识和技能的纵深发展，除非采取措施给员工提供保持和提高技术专长的机会

2. 虚拟网络型组织结构

虚拟网络型组织结构是信息化时代的产物,便捷的远距离信息沟通使得不同的资源能够整合起来。虚拟网络型组织结构也称虚拟组织,指的是一些相互独立的业务过程无须在地理空间上整合到一起,而是把一个公司的业务过程拆分成不同的部分(研发、设计、采购、生产、销售、售后服务等),通过发达的网络通信技术把分拆后的业务外包给其他专业性更强、效率更高的公司,只需要一个核心的团队来负责整合各个外包公司间的相互关系,最后也能够向市场提供一个完整的产品或服务。图 2-9 是虚拟网络型组织结构的示意图。

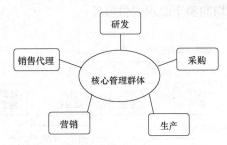

图 2-9 虚拟网络型组织结构示意图

虚拟网络型组织结构的优势和劣势如表 2-10 所示。

表 2-10 虚拟网络型组织结构的优势和劣势

优势	劣势
① 采取虚拟网络型结构的公司,一般都只是保持了自己最具有核心竞争力的那部分业务(如研发、设计、品牌),而把其他业务都外包出去,这样能使组织集中于自己最擅长的业务,把自己不擅长的业务外包给那些更擅长于此项业务的主体,自己则可以聚焦核心能力和领域,集中精力巩固和增强核心优势。 ② 把一些业务外包给更专业的、更擅长此项业务的主体,利用市场最佳专业技能,充分发挥专业性带来的效率提高。 ③ 节约管理和运作成本。由于把大部分业务都外包出去,管理剩下的核心业务和协调各个外包公司,运营成本会大幅降低。 ④ 因将大部分业务外包,只集中于自己的核心业务,所以更有精力来聚焦研究某一领域,组织内部也不会形成很重的固定资产,不会受到现有资产的绑架和拖累,有利于推进组织变革。 ⑤ 因大部分业务外包出去,核心管理团队不需要大量的人力资源,从而避免劳资紧张,减少劳资纠纷	① 一些组织可能因没认清自己的核心优势,把不该外包的业务外包出去,从而导致自己的核心能力减弱。 ② 网络关系中的合作伙伴不一定可靠。因为地理空间上的区隔和信息不对称的存在,外包的合作伙伴不一定能够按合同完成外包业务。组织有可能因为某项业务没能按期完成而影响全盘计划。 ③ 组织边界不确定使得组织控制权丧失。 ④ 外包公司可能与本组织的文化、价值观不同,从而造成管理协调成本加大。 ⑤ 可能导致组织对外部依赖性太强,从而丧失独立生存的能力

3. 混合型组织结构

在当今复杂的市场环境中,组织并不一定以单纯的结构形式存在,通常使用混合型组织结构将各种组织形式的特点综合起来以适应特定的战略需要。许多组织将职能型、事业部型和横向型组织结构的特点结合起来,利用各种结构的优势,同时避免其某些劣势。混合型组织结构适合于在迅速变化的环境中应用,因为它给组织提供了更大的灵活性。

常用的一种混合型组织结构是将职能型和事业部型组织结构的特点结合起来。例如,当一家公司成长为大公司并拥有多个产品或市场时，通常需要重组成某种自我管理的单位。对某一产品或市场的经营具有重要性的职能，就需要分散而纳入该自我管理的单位中。但某些相对稳定不变且要求规模经济、纵深专业化的职能则集中在总部。图 2-10 所示的是某公司采用的混合型组织结构。它创设了三个主要的产品事业部——燃料、润滑油、化学制品。每个事业部服务于各自不同的市场，要求采取不同的经营战略和管理方式。在重组后的结构中，每个产品事业部的副总裁都负责掌管该产品生产经营的各项职能，包括营销、计划、供应和配送以及制造等。然而，人力资源、法律技术和财务等活动则集中在总部的职能部门，以保持规模经济。这些职能部门均向整个组织提供服务。

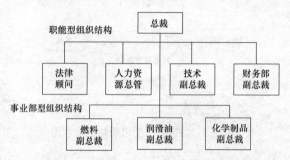

图 2-10　职能型和事业部型混合型组织结构

另一种混合型结构则是将职能型和横向型结构的特点结合起来，这在今天已经得到越来越多的运用。例如，福特汽车公司的顾客服务事业部，就是这种混合型组织结构的一个实例。该事业部拥有 12 000 名员工，在全球范围开展业务，为近 15 000 个商家服务。从 1995 年开始，福特公司就推行了"福特 2000"计划，旨在使其成为 21 世纪世界领先的汽车企业。他们相信横向型组织结构提供了一个绝好的机会，使公司能以更快、更有效并且整合的方式为顾客提供服务。图 2-11 是福特顾客服务事业部混合型结构的局部示意图。该事业部内设立了数个横向联结的小组，具有多样技能的团队集中在一起来完成诸如配件供应与物流（获得配件并快速高效地向商家供货）、汽车维修服务与规划（收集和传递有关汽车维修的信息）、技术支持（确保每个服务部门收到最新的技术信息）等核心流程。每个流程组任命一名流程

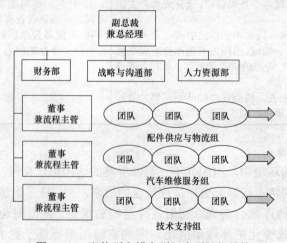

图 2-11　职能型和横向型混合型组织结构

主管负责确保各团队实现总体的目标。福特的顾客服务事业部，在诸如财务、战略与沟通、人力资源职能上仍保留职能型结构，这些部门为整个事业部提供服务。

4. 三叶草组织结构

三叶草组织结构是由爱尔兰的管理学家查尔斯·汉迪提出的。他用三叶草的三片叶子比喻现代企业应具备的组织结构形式，这是一种以基本管理人员和员工为核心，以外部合同工人和兼职工人为补充的组织结构形式。在这种组织结构中，第一片叶子代表从事核心业务经营的核心员工，他们受过良好的专业化培训，拥有企业建立竞争优势所需要的核心技能信息和智慧。第二片叶子是由与企业建立长期合同关系的组织或个人组成的边缘性结构。第三片叶子代表具有很大弹性的劳动力，如兼职工、临时工和非全日制劳动力。他们不断更换企业，以便把成本和承担的业务降到最低限度。西方经济发达国家中大型企业在用工制度上的一种趋势，是减少长期雇佣的固定工数量，增加"随叫随到"的临时工数量，汉迪认为，尽管弹性劳动力在企业中的工作处于相对次要的地位，但仍是企业取得成功所必不可少的力量，因此，企业不能把他们完全视为外围人员，而要通过给予他们某种地位和权利，提高他们自发参与企业活动的热情。

5. 扁平化组织结构

组织扁平化，就是通过破除公司自上而下高耸的结构，减少管理层，增加管理幅度，裁减冗员来建立一个紧凑的横向组织，达到使组织变得灵活、敏捷、富有柔性和创造性的目的，它强调系统化、管理层级的简化，管理幅度的增加与分权。扁平化组织是由于科层制组织难以适应激烈的市场竞争和快速变化的环境要求而出现的。

它的特点是以工作流程为中心，而不是以职能部门为基础来建构组织的，管理层级简化，削减中层管理者；组织资源和权力下放给基层，顾客需求驱动，实行目标管理。①

 小案例

小米手机超级扁平化的组织结构

随着IT技术的不断发展，我们已经进入产业互联网和云时代。我们有了海量数据和大规模的计算能力，知识变成了社会的一个重要组成部分，未来企业要拥有能够在整个社会层面不断地获得数据的能力，然后通过数据加工和提炼，使之成为企业的"第二智商"。探索、创新成为企业的必然选择，而且要以更快的速度创新，否则就跟不上知识更新的速度。

"专注""极致""口碑""快"是小米手机的互联网思维模式。为了确保这七字妙诀的落地，小米手机认为速度是最好的管理。少做事，管理扁平化，才能把事情做到极致，才能提高工作效率。

小米的组织架构没有层级，基本上是三级：七个核心创始人—部门—员工。而且不会让团队太大。稍微大一点就拆分成小团队。从小米的办公布局就能看出这种组织结构：一层产品、一层营销、一层硬件、一层电商，每层由一名创始人坐镇，能一竿子插到底地执行。大家互不干涉，都希望能够在各自分管的领域出力，一起把事情做好。除七个创始人有职位，其他人都没有职位，都是工程师，晋升的唯一奖励就是涨薪。不需要你考虑太多杂事和杂念，没有什

---

① 陈俊梁，袁炜，陆静丹. 组织理论与设计 [M]. 北京：中国人民大学出版社，2015.

么团队利益，一心在事情上。这样的管理制度减少了层级之间互相汇报浪费的时间。小米现在2 500多人，除每周一的1小时公司级例会外很少开会，也没什么季度总结会、半年总结会。

【点评】中国很长时间是产品稀缺，粗放经营。不少企业做了很多，很累。一周工作7天，一天恨不得工作12小时，结果还是干不好，因此就认为雇用的员工不够好，就得搞培训、搞运动、洗脑。扁平化是基于小米相信优秀的人本身就有很强的驱动力和自我管理的能力。小米相信自己的员工都有想做最好的东西的冲动，公司有这样的产品信仰，管理就变得简单了。

6. 无边界组织结构

无边界组织是曾任通用电气CEO的杰克·韦尔奇最先提出的一个概念。无边界组织是指边界不由某种预先设定的结构限定或定义的组织结构。他提出无边界组织的目的在于消除各个职能部门之间、各层级之间、内外部之间、各区域之间的信息交互障碍，使组织的各个构成部分之间能够自由沟通。

无边界组织并不意味着边界完全消失，而是将传统的组织边界模糊化，通过组织协调，提高整个组织信息的传递、扩放和渗透能力，实现信息、实验与技能对称分布和共享，达到激励创新和提高效率、使各项工作顺利展开和完成的目的。[①]

 实训设计

衡量组织的结构参数

一个人或者两个人一组，采访两个来自不同组织的人，或者他们在同一组织，但是在不同的部门，并且做不同的工作。请每一个受访者回答下列这些问题。每道题从完全错误、基本错误、基本正确到完全正确，共分为四个分数挡。你需要邀请两个受访者分别作答，计算分数，并进行分析。

正规化程度	完全错误	基本错误	基本正确	完全正确
1. 有书面的工作说明书。	_____	_____	_____	_____
2. 有标明人员层级的结构图。	_____	_____	_____	_____
3. 有书面的绩效考核办法。	_____	_____	_____	_____
4. 有书面的危机管理文件。	_____	_____	_____	_____
5. 针对大多情况都有书面的工作流程。	_____	_____	_____	_____

正规化程度分数_____（计算方法：对于第1题至第5题，选择完全正确计4分，选择基本正确计3分，选择基本错误计2分，选择完全错误计1分。）

集权化程度	完全错误	基本错误	基本正确	完全正确
6. 工作执行者无法完全自己做决定。	_____	_____	_____	_____
7. 我的任何决定都要得到领导的同意。	_____	_____	_____	_____
8. 即使小事也得找上级领导做决定。	_____	_____	_____	_____

---

① 陈俊梁，袁炜，陆静丹. 组织理论与设计 [M]. 北京：中国人民大学出版社，2015.

9. 我参与同级员工的雇用决策。　　　　　　＿＿＿＿　＿＿＿＿　＿＿＿＿　＿＿＿＿
10. 工作执行者决定事情该怎么做。　　　　＿＿＿＿　＿＿＿＿　＿＿＿＿　＿＿＿＿

集权化程度分数＿＿＿＿（计算方法：对于第6题至第8题，选择完全正确计4分，选择基本正确计3分，选择基本错误计2分，选择完全错误计1分；对于第9题和第10题计反向分。选择完全正确计1分，选择基本正确计2分，选择基本错误计3分，选择完全错误计4分。）

技术（工作多样性）　　　　　　　　完全错误　基本错误　基本正确　完全正确
11. 我的工作每天都有新内容。　　　　　　＿＿＿＿　＿＿＿＿　＿＿＿＿　＿＿＿＿
12. 这里的工作非常多样化。　　　　　　　＿＿＿＿　＿＿＿＿　＿＿＿＿　＿＿＿＿
13. 每天都要做不同的事情。　　　　　　　＿＿＿＿　＿＿＿＿　＿＿＿＿　＿＿＿＿
14. 这里的工作很常规。　　　　　　　　　＿＿＿＿　＿＿＿＿　＿＿＿＿　＿＿＿＿
15. 像我这样的员工大部分时间都用相同的方式做相同的工作。　　＿＿＿＿　＿＿＿＿　＿＿＿＿　＿＿＿＿

技术分数＿＿＿＿（计算方法：对于第11题至第13题，选择完全正确计4分，选择基本正确计3分，选择基本错误计2分，选择完全错误计1分；对于第14题和第15题计反向分，选择完全正确计1分，选择基本正确计2分，选择基本错误计3分，选择完全错误计4分。）

问题：

1. 你采访的两个人在三组分数之间有何差异？
2. 你是否发现了三组分数之间的某种关联，比如某一组的分数较高，对应另一组的分数也较高或者反而较低？
3. 哪一个受访者看起来对他的工作更加满意？你觉得他们的满意度是否和正规化程度、集权化程度以及技术之间有所关联？请解释一下。

（资料来源：达芙特. 组织理论与设计：第12版［M］. 王凤斌，石云鸣，张秀萍，等译. 北京：清华大学出版社，2017. 有改动。）

课后练习题

1. 自测题

请扫描二维码（内含若干填空题、判断题、单选题、多选题），你可以在线自测并查看答案。

自测题

2. 思考题

（1）如何理解组织结构的概念和特征？
（2）组织结构设计包括哪几个方面？
（3）组织的结构参数有哪些？简述各个参数对组织设计的影响。
（4）什么是专业化？专业化有何利弊？
（5）宽管理幅度和窄管理幅度哪个效率更高？为什么？
（6）管理幅度与管理层次的关系是怎样的？
（7）分权会给组织带来哪些弊端？

（8）如何理解集权和分权的相对性，衡量集权和分权的标志是什么？
（9）你是否认为大多数员工都喜欢工作高度正规化？请加以解释。
（10）组织的职业化指的是什么？
（11）组织的复杂性可以通过哪些方面来衡量？
（12）假定有两个组织，其中一个处于简单、稳定的环境中；另一个处于复杂、多变的环境中，请问两个组织的人员比率有何不同？为什么？
（13）组织实行事业部型结构通常应具备什么条件？
（14）混合型组织结构多出现在什么样的组织？
（15）组织结构的基本形式有哪些？各有什么优缺点？
（16）举例说明组织结构的最新形式有哪些。

3. **实操训练题**

（1）试设计一个公益性组织的机构框架，并列出需要考虑的因素及理由。
（2）请根据以下描述绘制其组织结构图。

这是一个有1 600名员工的股份有限公司，其部门划分按照职能和性质分为五大类：生产运作部门类（其中又分为物流部、品质部、设备工程部和生产部，其中生产部又设有三个分厂）；市场营销部门类（其中又分为国内市场部、销售部、国际市场部、项目部、客房服务部）；技术开发部门类（其中又分为产品开发部、新材料研发中心）；行政管理部门类（其中又分为总经理办公室，即行政部、人力资源部、总务部、审计部、采购中心）；财务管理部门类即财务部。在董事会之下设立秘书室。另外在外地按地域设立了一个部门：在生产运作部门类下设立河南分公司和湖北分公司；在市场营销部门类设立了深圳、厦门、成都、北京、济南、上海、沈阳销售分公司，以及香港地区销售分公司与美国销售分公司。

（3）某校后勤集团在多年的改革和发展中通过承包、自主经营、实行公司制等，现在已成为拥有多家子公司的企业集团，经营范围涉及餐饮、食品加工、机械、电子等多个领域，但在管理组织上还是沿用过去实行的集权的直线职能制组织结构，严重制约了公司的发展和员工积极性的提高。最近，公司领导认识到必须改变这一做法以促进公司的进一步发展。

请运用组织结构的有关理论，说明该集团应采取什么类型的组织结构，为什么？

4. **案例分析题**

请扫描二维码，阅读案例原文，然后回答每个案例后面的问题。

案例分析题原文

  课程思政指南

课程思政的基本要求

1. 遵循育人规律，推进教学理念的同向性和同行力。
2. 加强队伍建设，提高教师教学的专业性和引导力。
3. 完善教材体系，增强教材内容的系统性和说服力。
4. 改进教学方法，提升思想教育的针对性和亲和力。
5. 丰富教学载体，打造学习方式的多样性和吸引力。
6. 关注学生学法，重视学生的主体性和成长力。

项目3　组织结构设计的影响因素

好的组织结构不会自动产生良好的绩效，就好像一部好的宪法并不能保证一定会出现好总统或好法律、有道德的社会一样。但是在不健全的组织结构下，无论管理者是多么优秀，企业一定不可能展现出色的绩效。

——【美】彼得·德鲁克

学习目标

了解组织环境的概念、特征和内容，理解环境的不确定性、资源依赖的概念；掌握应对环境不确定性的适应策略和减少资源依赖性的控制策略；了解战略的含义和层次，掌握战略对组织结构设计影响的相关理论；区分不同级别技术对组织结构的影响，了解信息技术的发展对组织结构的影响；理解规模对组织结构的影响；应用生命周期理论分析组织结构；阐释文化与组织结构的关系；了解人员素质对组织结构的影响。

项目导入

李宁公司的"断臂止血"策略

李宁一直是内地体育用品最著名的品牌，长期稳居"一哥"地位，但因安踏、匹克、阿迪达斯和耐克等国内外竞争者的崛起和赶超，公司明显应对失当、暴露出了诸多问题。

李宁公司正面临品牌持续老化、改革进退失据、高管陆续出走等一系列问题。从国内体育用品品牌"头把交椅"跌落的李宁公司，准备绝地反击。2012年2月6日，李宁公司表示，正在研究切实可行的策略，将视野聚焦核心业务。过去数年，李宁公司一直坚持多品牌发展策略，除"李宁"这一主品牌外，李宁公司已经形成了"红双喜""乐途""艾高""凯胜""新动"等多个子品牌结合的品牌集群。但是，不断膨胀的子品牌并未给李宁公司带来更多盈利。在确立大力发展主品牌的基础上，李宁公司对其旗下的子品牌进行整合，对于有发展潜力且业务规模比较大的品牌进一步促使其健康发展，对运营不力也无市场空间的品牌则进行相应的调整和收缩。伴随品牌战略的调整，李宁公司的组织结构和人力资源配置发生变化。公司对一些非核心的业务部门采取优化组织结构的方式，降低人员成本，把节约的资源投入到集团的核心业务。

思考讨论题：

影响组织结构的因素有哪些？

任何组织要正常地运行，一定要建立起相应的组织结构，以形成有效的管理系统。不同的组织具有不同的结构形式，同一个组织在不同的时间阶段也会有不同的结构形式，也就是说，组织结构的确定和变化都受到许多因素的影响，这些因素称为"权变"因素，组织结构随着这些因素的变化而变化，组织设计时必须充分考虑这些权变因素才能达成有效的设计。

达夫特将权变因素分为五种：组织规模、技术、环境、目标与战略和组织文化。罗宾斯将权变因素理解为影响组织结构的因素，包括战略、规模、技术、环境和权力控制。霍尔则把规模、技术、文化视为权变因素。亨利·明茨伯格对权变或情境性因素与组织结构之间存在的关系进行了更为深入的研究，他明确提出，一个单位的战略决定着其任务、技术和环境，而这些方面的因素又决定着其本身的组织结构设计。综合起来，影响组织设计的权变因素主要包括环境、战略、技术、组织规模、组织生命周期、组织文化、人员素质。权变理论强调，不存在一个普遍适用的、理想的组织结构，恰当而有效的组织结构取决于一定时期内组织所处的具体环境和多种影响因素，组织结构设计必须与上述权变因素达到最佳匹配，组织才能发挥优势，扬长避短，提高组织的效能。因此，管理人员应该了解这些因素与组织结构之间存在的关系，从而更好地设计组织结构。

任务 3.1　环　　境

组织不能自给自足，它必须同环境发生相互作用，并受环境的影响。因为组织依赖环境作为投入的来源和产出的接受者。组织是一个与其具体环境相互作用、相互依存的系统。如果组织所处的环境发生了变化，组织就要相应变化其结构，通过调整其决策权及内部控制系统等，来适应环境的变化，否则组织就会遭到淘汰。

3.1.1　组织的外部环境

1. 组织环境的概念

组织环境是指所有的潜在影响组织运行和组织绩效的因素或力量。组织环境一般以组织界限（系统边界）来进行划分，可以把环境分为内部环境和外部环境。组织的内部环境是指管理的具体工作环境，影响管理活动的组织内部环境主要包括物理环境、心理环境、企业文化环境等。组织的外部环境是指组织所处的社会环境，外部环境又可以分为一般外部环境和特定外部环境。一般外部环境包括的因素有社会人口、社会文化、经济、政治、法律、技术、资源等。一般外部环境的这些因素，对组织的影响是间接的、长远的。特定外部环境因素主要是针对企业组织而言的，包括的因素有供应商、顾客、竞争者、政府和社会团体等。特定外部环境的这些因素，对组织的影响是直接的、迅速的。

2. 组织环境的特征

面对组织赖以生存和发展的环境，组织必须正确分析环境的性质、特点与变化趋势，以结合自身的条件来制订组织的行动方略。组织的环境特征主要有客观性、系统性和不确定性。

1) 环境的客观性

组织环境是不随组织及个体的主观意愿而变化的客观存在，而且它客观地制约着组织的行动。组织环境也是组织赖以生存的物质实体或者条件基础,是客观存在的事物。

2)环境的系统性

组织环境是一个有机整体,是由组织运行相关的各种外部资源和条件有机组合而成的一个系统。构成这个系统的各种要素以一定的结构相结合,体现出环境的整体性与系统性。

3)环境的不确定性

不确定性是组织环境的一个非常重要的特点,正是由于这个特点的存在,环境才对处于其中的组织产生了非常大的影响。构成组织环境的各种要素不断发展变化,重新组合,资源与信息也不断在环境与组织之间输入输出,这必然使得环境时刻处于运动变化的状态,具有不确定性。

组织环境的客观性、系统性和不确定性意味着环境是一个动态运行系统。组织在运行过程中,不可避免地会受到外部环境的影响。因此,组织必须能够对外部环境进行深入的分析,以采取相应的应对措施。分析环境可以从很多维度出发,如是否稳定,是否同质,集中还是分散、简单还是复杂等。这些可以归结成环境对组织产生影响的两种基本依据:一是组织对不确定的环境信息的需要;二是组织对环境资源的需要。一方面,组织的外部环境是不断发展变化的,具有极大的不确定性。组织要具备持续的竞争优势,就必须适应这种不确定性,随环境变化而不断自我调整。另一方面,对于具体的某个组织而言,能够对其产生重大影响的环境要素一般只有特定的几个,这些要素涉及对组织至关重要的资源。组织可以通过对这些环境要素的控制来保证重要资源的获取。

组织环境调节着组织结构设计与组织绩效的关系,影响组织的有效性。组织环境对组织的生存和发展起着决定性的作用,是组织管理活动内在与外在的客观条件。因此,我们在进行组织设计的时候,对组织环境进行分析是很有必要的。综上所述,组织的外部环境分析可以从环境的不确定性和组织对环境资源的依赖性两个方面来进行。

 小案例

塔吉特公司的数据外泄

1979 年,格雷格·斯特恩哈菲尔以采购员的身份进入美国塔吉特公司,他能够以较低的价格采购到当下流行的商品,并因此而著称。2008 年,他以首席执行官的身份接管塔吉特公司。如今,公司的靶心品牌标志已经成为零售界最有名的商标之一。塔吉特公司似乎不可能有任何出错或疏忽的时候,但其实在过去的几年里,斯特恩哈菲尔和塔古特公司度过了一段非常艰难的时光。2013 年感恩节购物季期间,恶意软件偷偷潜入塔吉特公司未加密的收银系统,致使约 4 000 万名顾客的信用卡和借记卡账户数据被查。塔吉特公司的发展因这次信息泄露事件而遭受重创,顾客严重流失,其他工作也变得更加困难。与此同时,塔吉特公司在加拿大的扩张活动也举步维艰,比计划预期的要困难许多。同样面临困境的还有从亚马逊公司手中接管网络销售运营业务。2011 年之前,塔吉特公司一直委托亚马逊公司处理其在线运营工作。当塔吉特公司第一次接管网络销售业务时,还有点儿应付不来,由于某些畅销产品需求量非常大,导致网站数次因访问量过大而瘫痪。这一系列的问题使得塔吉特公司总部不得不裁掉478名员工，同时也取消了700个职位的招聘工作，这是公司自2009年以来规模最大的裁员活动。日前，塔吉特公司员工士气低落。坎塔尔零售咨询公司分析员艾米·库说："塔吉特公司全体员工需要全身心地投入企业重振工作中，信息泄露事件在公司发展的关键时刻极大地分散了他们的注意力。"

【点评】环境的变化既能为组织带来威胁，也能带来机遇。数据外泄对塔吉特公司来说是一个严重的外部威胁，管理者们可能在接下来的多年时间中都需要处理这个问题。所有组织在应对外部环境的时候都面临着巨大的不确定性，企业常常需要迅速适应新的竞争、经济动荡、消费者兴趣的变化或者技术创新、网络犯罪，比如塔吉特公司面临的数据外泄，正成为每个组织都可能会面临的环境威胁。

3. 环境的不确定性

对于组织设计而言，环境的不确定性是最重要的分析变量。所谓环境的不确定性，即组织能够准确了解并适应环境因素的程度。组织的环境不确定性程度高，意味着组织决策者难以获得确切可靠的环境因素和有关信息，无法把握外部环境条件的变化方向和速度，因而组织运营的风险性就会很大；反之，组织环境不确定性程度低，则外部环境的变化不大，组织管理者就比较容易了解和把握外部因素对企业的影响，组织运营的风险性相对来说就较小。

环境的不确定性是始终存在的。这种不确定性增大了组织各种战略失败的风险，并且使得组织很难计算与各种战略选择方案有关的成本和概率，甚至关乎组织的生存和发展。

具体可以用"复杂性"和"稳定性"来评估环境的不确定性。

（1）环境的复杂性，是指与组织运转有关的外部环境因素的数量及其相异程度。影响组织的外部因素多，且各因素之间相互影响、相互作用，关系复杂，这样的环境相对来说就复杂；反之，如果影响组织的外部因素只有少数几个，而且相互间较为独立，这样的环境相对来说就简单。

（2）环境的稳定性，是指外部环境在时间上的变化情况，这种变化不仅仅是环境构成要素的变化，还包括对这种变化的可预见性。如果外部环境在较长时间内没有发生变化或变化很小，而且可以预见未来一段时间内不会有剧烈变化，那么这种环境相对来说就是稳定的。反之，如果环境因素瞬息万变或变化剧烈、难以预料，这样的环境自然就是不稳定的。对于大多数组织来说，外部环境的稳定性日渐降低，组织面临的外部环境变化很大，但仍然有一些组织处于相对稳定的环境中。总体而言，环境越是复杂多变，不确定性就越高，但无论不确定性高或低，组织都应该设计与之匹配的结构。

将简单—复杂与稳定—不稳定两个维度相结合，可以把组织环境的不确定性进一步划分为四种类型，形成一个评价环境不稳定性的分析框架，如图3-1所示。

1）低度不确定的环境

在"简单+稳定"的低度不确定环境中，外部环境的不确定性程度最低，组织仅有少量外部环境要素需要应对，而且某些要素之间还可能存在某些相似性，各要素保持不变或变化缓慢，组织很容易预测环境并做出反应。矿泉水制造商就处于此类环境中，因为生产矿泉水的原材料品种较少，产品的种类也比较单一，客户相对固定，竞争者也有限，因此比较容易掌握产品的需求信息，这类企业也处于简单、稳定的环境中。

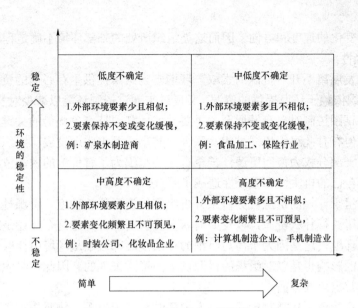

图 3-1 环境不确定性分类

2) 中低度不确定的环境

在"复杂+稳定"的中低度不确定环境中,外部环境的不确定性有所提高。组织需要面对的外部环境要素增多,而且相互之间相似性不大,但由于这些要素变化比较缓慢,所以组织进行预测还不是很困难。许多生产、加工食品的企业可归属于这一类,特别是生产基本生活必需品的企业。这类企业的产品品种多,所需原材料各不相同,市场多种多样,同行业的竞争者也较多。但是由于人们的生活习惯相对稳定,因而市场需求比较稳定,能够比较准确地掌握产品的需求信息。另外,保险行业也可归为这一类,保险公司的服务项目多种多样,如人寿保险、医疗保险、交通意外险等,面对的市场和客户也千差万别,同行业内的竞争也非常激烈。但是由于每种风险发生的概率是比较稳定的,因此人们对各种类型的保险需求也不会发生太大变化,所以要进行预测并不十分困难。

3) 中高度不确定的环境

在"简单+不稳定"的中高度不确定性环境中,外部环境的不确定性程度进一步提高,虽然影响组织的外部环境要素数量较少,某些要素可能还具有相似性,但这些要素变化频繁,组织难以预测,而且组织采取的应对环境变化策略可能会引起环境要素的连锁反应或反作用,使不确定性程度增加。时装公司、化妆品企业等就处于简单、不稳定的环境中,这类企业的原材料供应渠道较为固定。生产的产品也较为单一,顾客、市场和竞争者数量比较有限,但顾客需求变化非常快。一些偶然性因素就可能引起很大的需求变动,如相关可替代产品行业的兴起。这些因素很难准确预测。

4) 高度不确定的环境

在"复杂+不稳定"的高度不确定环境中,外部环境的不确定性程度达到最高。影响组织的外部环境要素众多,并且各要素之间相互作用,关系错综复杂,各个要素变幻莫测,极其不稳定,因此组织预测的难度相当大,相应的风险也很大。例如,计算机制造企业、手机等电子产品的生产商就处于复杂、不稳定的环境中。这类企业产品的种类、规格多样,顾客、原材料供应商和竞争者也很多,而且顾客偏好、技术发展等因素的不确定性使得市场变化极快,很难预测其变化的速度和方向。因而这类组织所处的外部环境不确定程度最高。

4. 资源依赖性

组织的生存发展离不开对资源的索取,环境则为组织提供生存必需的资源。所谓的资源依赖性,是指组织依赖于环境提供的资源,又反过来通过控制环境以减少对资源的依赖程度。

每个组织都试图控制对自身发展至关重要并能使其保持竞争优势的关键资源,把资源依赖性降到最小。但有时此组织也通过相互联合,共享资源来实现发展。组织间资源的共享意味着组织出让了一部分权力换回资源,甚至有一些组织为了有价值的资源依附于其他组织,这都对组织保持自己的自主性和独立性造成了困扰。

一般通过对组织环境的资源性分析来分析组织的资源依赖程度。资源性分析主要分析组织需要从外部环境获得什么资源,以及如何获得这些资源。无论是个体还是组织,都无法脱离生存其中的环境,这是因为个体与组织的存续发展都必须从环境中获取资源。组织的外部环境对于组织的影响也是以对组织的资源供给的形式表现的。因此,组织环境的资源性分析是环境分析非常重要的方面。

组织赖以生存的资源包括物质资源、人力资源和组织资源。物质资源指组织生产所需要的所有实物形态的资源;人力资源指组织成员的知识和能力;组织资源则包括企业的管理框架,组织结构,以及个体之间、各部门之间正式非正式关系的集合。这三种资源都可以从外部环境中获得,组织根据资源能够为其带来的持续竞争优势择优争取。

组织可以对其要获取的资源从资源有用性、稀缺性、低模仿性和不可替代性等方面进行评估,选择并确定组织需要从外部环境中获取什么资源来创造并保持竞争优势。

3.1.2 应对环境不确定性的适应策略

在组织结构设计中,可以采取以下几种对策使组织结构适应环境的不确定性。

1. 设立相关的部门和职位

为了尽可能地降低环境不确定性给组织带来的风险,组织需要加强对外部环境信息的掌控,以精确地对外部环境的变化做出判断。组织通常会采用设立和增加相关的部门和职位来加强同外界的联系。这些部门的作用包括收集、整理、分析和发布外部环境变化的有关信息(如市场营销部、市场分析岗位);代表企业向外部环境输出信息,以加强外界对企业的认识(如公共关系部、客户服务岗位);专业化地应对不确定环境因素(如法务部门、法务主管岗位);起到缓冲作用,以降低环境不确定性对内部生产的冲击和干扰作用(如人力资源部、招聘岗位),缓冲部门能够降低环境不确定性对生产核心的冲击。

2. 增强组织结构的柔性

在面对不确定性的外部环境时,具有柔性结构的组织能更好地适应外界因素的变化并迅速做出反应,因此可以通过增强组织结构柔性的方法提升组织对不确定性环境的应对能力。增强组织结构柔性的途径包括建立组织任务导向的临时性团队组织或者工作组,削减组织的纵向层级,对员工进行授权,实现管理层级扁平化等。

3. 加强部门之间的联系和合作

保罗·劳伦斯和杰伊·洛西曾对十家公司的制造、研究和销售部门进行过调查研究,发现各个部门与不同外界团体发生联系,每个部门都逐渐形成了各自的目标和业务特点,如表3-1所示。

表 3-1　组织部门的目标和方向的差别

特征项	研究开发部门	制造部门	销售部门
目标	创新、质量	生产效率	满足顾客需求
时间期限	长期	短期	短期
工作导向	任务导向	任务导向	社会导向
组织正规化程度	低	高	高

从表 3-1 中不难发现，组织内不同部门的目标和方向的差异性还是很大的，这就意味着部门之间的协作会变得非常困难（会消耗更多的时间和资源）。当组织处于高度不确定的环境中时，外部因素的频繁变化要求组织进行更多的信息处理，这就需要加强部门之间的联系和合作，加强组织管理中的协调和综合职能，使组织具有强大的协调和综合能力以确保协作的顺利进行。

4. 强化计划职能和对环境的预测

在管理学中，计划指的是根据对组织外部环境与内部条件的分析，提出在未来一定时期内要达到的组织目标及实现目标的方案途径。预测指的是在掌握现有信息的基础上，依照一定的方法和规律对未来的事情进行测算，以预先了解事情发展的过程与结果。

对外部环境进行预测并做出相应计划是组织对环境不确定性的最终反应。当处于简单、稳定的环境中时，组织没有必要进行长期的计划和预测，因为未来的环境不会有太大变化，其对组织的要求与今天类似，所以组织只需要集中精力解决当前经营中的问题，提高日常工作的效率。随着环境不确定性的增加，组织需要进行动态的计划与预测。或许有人认为在一个所有事物都不停变化的环境中计划毫无用处，但正是由于计划和对环境进行预测分析，使得组织能够全面和系统地收集、分析信息，提前做好预案，赢得了及时响应的时间，从而更好地预测环境的发展趋势，减少了环境不确定性带来的不利影响。这些计划和预测的任务体现在相关岗位的职责之中。

根据权变理论，组织应根据外部环境特点设计与之相适应的组织结构。将前文所述的各种环境不确定性分析和组织应对策略结合起来，可以得到组织面对环境不确定性的反应框架，如图 3-2 所示。

从图 3-2 中可以看出：低度不确定时，组织处于简单且稳定的外部环境中，这时候可以采用规范、集权的刚性组织结构，组织主要以业务为导向，对外联系少，设置少量的部门就可以满足要求，不需要专门的整合人员，同时不需要做长期的计划，只需要解决好当前经营中的问题即可。中低度不确定时，组织处于复杂但稳定的环境中，这时候仍然采用刚性组织结构，不过设置的部门开始增加，对外的联系也会增多，综合业务开始开展，并且配备整合人员来协调各部门间的工作，也需要对外部环境的变化制订一些计划。中高度不确定时，组织处于简单但多变的环境中，虽然部门的数量和对外联系比较少，但是为了应对多变的环境因素，组织需要增强结构的柔性，并制定合理的目标和计划。高度不确定时，组织将面临复杂多变的环境，这时候需要采用柔性的组织结构，并设立较多的部门以满足专业化分工和对外联系的需要，需要配备大量的管理人员负责整合和协调的任务。同时，组织还需要制订更多的计划，对外部环境的变化进行广泛和系统的预测。

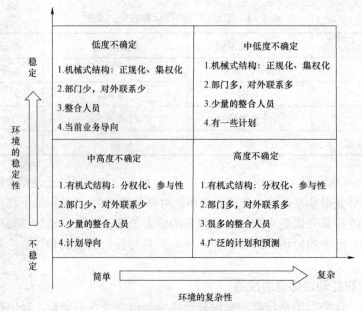

图 3-2 组织面对环境不确定性的反应框架

3.1.3 减少资源依赖性的控制策略

为了减少对环境资源的依赖性,组织要根据对资源的需要情况,在自主性与资源获取之间权衡,一方面需要积极同其他组织建立联系,共享对资源的控制;另一方面又需要尽可能保持独立,以降低对其他组织的依赖。

为了最大限度地保有自主独立,组织试图控制和改变环境因素,把资源控制在自己手里。组织获得并控制资源的方式主要有与环境中关键要素建立联系和改变组织所处的环境领域两种方式。

1. 组织与环境中关键要素建立联系的方式

1)改变所有权

当一个组织拥有了另一个组织部分或全部所有权时,就为组织提供了接近某些重要资源的机会,而这些资源正是其目前尚不具备而对方已具有的产品、技术或其他资源。此时,组织一般会通过收购和合并的方式改变所有权。收购是指一个企业被另一个企业购买,并由购买者控制的情形。合并则是指两个或者更多的企业联合组成一个新的实体。

组织通过收购和合并掌握另一个组织的所有权,就可以利用所有权建立与其他组织的联系,降低收购方某一方面的环境不确定性,从而掌握更多的资源。

2)战略联盟

当两个组织在业务、地理位置或者专长方面具有较大的互补性时,两个组织为了获取更多的资源,并不是采用收购和合并的形式,而是相互之间建立战略联盟。战略联盟这种优势资源互补极大地降低了企业所面临环境的不确定性,通过稳固的合作还促进了联盟方在技术与管理上的学习与交流,带来更为长远的利益。战略联盟一般通过合同或者合资实现。

合同的形式有:① 特许协议,即以特许的方式购买一定时期内某项资产的使用权;② 供应协议,即约定一家企业的产品出售给另一家企业。例如,雀巢公司为了保障其咖啡的质量,与最适宜种植小粒咖啡的云南省普洱市签订供应合同,通过签订合同,一方面保障了雀巢的原材料供应,降低了生产成本;另一方面也改变了当地农民种植咖啡的方式,使其获得了效益。

合资是建立联盟的另一种形式,一般由两家企业共同投入资本成立,分别拥有部分股权,并共同分享利润、支出、风险,以及对该公司的控制权。合资往往导致独立于母公司的新组织的创立,但母公司仍对其有某种程度上的控制权。合资后,企业可以通过自身的少量资源控制更多的资源来开发新产品、设立新项目,同时能够与其他公司共同分担由于面对更大的市场所产生的风险。

3)关键人员聘任

组织为了加强与外界环境中的关键组织的联系,促使组织更好地运行,可以通过提供组织中的重要职位给重要相关人员以达到降低不确定性的目的。一方面可以聘任关键组织的领导者成为本组织的董事;另一方面还可以在多个组织之间实现董事连锁。不仅是董事,经理人员的聘任与调动也是组织增加与外界联系的一种手段。比如美国的航天业每年都会聘用一些从国防部退休的官员,通过他们在国防部的私交,航天公司可以获得更多关于新武器系统的技术规格、价格等方面的信息。

4)广告宣传与公共关系

广告与公共关系是建立组织间及组织与公众间良好关系的一种传统方式。

广告主要是通过一些媒体沟通渠道宣传组织的形象与产品的特色,以让更多的人了解认同。良好的广告宣传能够帮助企业树立良好的形象,而良好的形象不仅可以使企业方便地获取自己所需的资源,有效地降低对环境的依赖性,形成竞争优势,而且可以从一定程度上影响消费者的偏好。在需求变化大的行业和竞争性较强的消费品行业中,广告宣传尤为重要。

公共关系是指组织与外部社会公众之间的一种沟通与传播关系。企业公共关系的活动方式多种多样,如演讲、报告、座谈会、宴会、信息交流会、民意调查、热线电话等,近几年博客、论坛、微信公众号等成为组织公关的新形式。

2. 改变组织所处的环境领域

1)改变领域

组织的经营领域不是固定不变的,管理层可以调整经营范围、市场领域、供应商、银行、员工和厂址等。面对激烈的竞争环境,组织可以设法建立新的环境联系,还可以寻找竞争不太激烈、资源供应充足、政府管制少、环境更加友好的领域进入,改变竞争环境。企业通常采用收购和撤资的方式改变市场领域。

2)政治策略

政治策略是指组织通过政治性活动来影响政府的立法和规章政策,并设法使组织的支持者得到政府机构的人事任命,改善政治环境领域。政治策略可以被用来给行业新竞争者设立进入壁垒,争取让对自己有利的法律条款通过,废除对自身不利的条款等。政治策略主要包括政治代理人、信息提供和员工参与。政治代理人策略是指企业与政府官员取得联系,希望他们在制定和实施政府政策时,考虑本企业的利益。信息提供策略是指企业通过正式或非正式渠道向政府部门建言献策,希望政府部门在决策时能够参考和采纳。员工参与策略是指企业内部员工直接参与某些政府政策、法规的制定和实施。

3) 行业协会

企业影响外部环境的许多工作通常并不能由自己独立完成,而是由许多具有相同利益的企业共同合作完成,这些具有共同利益的企业往往是行业协会的成员。行业协会是同行业的组织为了共同的利益进行合作,在某种程度上也是一种联盟。与单个企业单独行动相比,行业协会具备更多的资源,因而拥有更多的话语权,力量也更为强大。

4) 非法活动

这有时是组织控制环境的最后一种方法。当企业面临诸如利润低下、环境资源短缺或者存在巨大非法利益的情况下,组织管理者为了摆脱困境或者取得非法利润,可能会铤而走险,采取诸如贿赂政府官员、窃听情报、非法政治捐赠等非法活动对环境领域进行控制。尽管非法活动通常都是为了解决组织面临的资源短缺问题,但这种行动具有很高的危险性,是必须坚决禁止的。

任务 3.2 战　　略

毫无疑问,战略在组织管理中占据了中心地位。大量研究表明,战略对组织结构的设计起着决定性作用,组织结构与战略的匹配程度影响组织战略目标的实现。因此,在设计组织结构时必须考虑战略因素。

3.2.1 战略的含义

"战略"一词最早是军事方面的概念,起源于希腊语"strategos",意为军事将领、地方行政长官,后来演变成军事术语,指军事将领指挥军队作战的谋略。在中国,"战略"一词历史久远。"战"指战争,"略"指谋略。在管理学中,战略指的是在组织与竞争性环境的相互作用中,为了实现组织的总体目标而对组织的发展方向、行动计划及资源配置等一系列通往目标的途径和方法所做的总体规划。战略具有全局性、长远性、抗争性和纲领性的特点。它是综合考虑了外部环境、内部条件、组织目标而做出的对策和反应。

 小贴士

战略 5P 理论

亨利·明茨伯格的战略 5P 理论对战略做了比较详细的解释,他认为:战略是一种计划(plan),强调组织管理人员在有意识地进行领导,凡事谋划在先,行动在后。战略是一种计策(ploy),强调战略是为威胁或击败竞争对手而采取的一种手段,重在达到预期的目的。战略是一种模式(pattern),强调战略重在行动,否则只是空想。战略是一种定位(position),强调组织应当适应外部条件,着力形成一个产品和市场的"生长圈"。战略是一种观念(perspective),强调战略是人们思维的产物,是战略过程的集体意识,要求组织成员共享战略观念,形成一致的行动。

3.2.2 战略的层次

从战略层次的角度出发,可以把企业战略划分为公司层战略、业务层战略和职能层战略。公司层战略,又称总体战略,是企业最高层次的战略,它需要根据企业的目标,选择企业可以竞争的经营领域,合理配置企业经营所必需的资源,使各项业务相互支持、相互协调。公司层战略常常涉及整个企业的财务结构和组织结构方面的问题。业务层战略是将企业目标、发展方向和措施具体化,从而形成本业务单位具体的竞争与经营战略。对于一家单业务公司来说,公司层战略和业务层战略合二为一;只有对业务多元化的公司来说,公司层战略和业务层战略的区分才有意义。职能层战略主要涉及企业内各职能部门,如营销、财务、生产、研发、人力资源、信息技术等,如何更好地配置企业内部资源,为各级战略服务,提高组织效率是职能层战略所要解决的关键问题,它和组织的结构紧密相关。

3.2.3 战略对组织结构设计的影响

组织战略制定包括建立完成总体目标和任务的各种活动,以及形成专门的战略性计划。组织结构设计的出发点和归宿点是战略。组织结构是实现组织战略和目标的手段和载体。因此,组织结构与组织的总体战略是紧密联系在一起的,必须相互匹配。

1. 钱德勒的研究——组织结构要服从于组织战略

第一个对战略与结构之间的关系进行重点研究的是美国管理学家阿尔弗雷德·钱德勒。钱德勒对美国 100 家大公司进行了长达 50 年的考察和追踪,在其 1962 年出版的《战略与结构》一书中论述了分部制管理结构产生到完善的过程。他通过研究发现,美国通用汽车公司、杜邦公司、标准石油公司以及西尔斯公司等许多大公司的发展,都经历了战略发展的四个阶段,并且每一阶段都有与之相适应的组织结构。基于此,钱德勒提出了组织结构要服从于组织战略这一基本原则。下面是每种战略发展阶段和相应的组织设计策略。

1)数量扩大战略阶段

企业在发展初期,外部环境比较稳定。此时,企业只要扩大生产数量,提高生产效率,便可以获得高额的利润。在这种情况下企业采用的是数量扩大战略,即在一个地区内扩大企业产品和服务的数量。此时,企业的组织结构比较简单、松散,决策集中在高层管理人员手中,组织复杂化、形式化的程度很低,往往只需要设立一个执行单纯生产或销售任务的办公室(直线型简单结构)就可以满足需求。

2)地域扩散战略阶段

随着组织规模的进一步发展,企业向其他地区扩张,以获取更大的市场份额和经营收入。这种地域扩散的战略对部门间的协调和专业化程度有了更高的要求,此时,具有分工协调和技术管理等作用的职能结构便应运而生,设立了若干个职能科室。

3)纵向一体化战略阶段

随着企业发展,竞争日益激烈,为了减少竞争,企业自己希望拥有一部分原材料的生产能力,或者自己的分销渠道,于是产生了纵向一体化的战略。在这种战略下,企业内的部门数量会增加,并且各部门之间存在很强的加工或销售的依赖性,在生产过程中也存在内在联系。此时,为了更好地对部门进行管控,企业开始采用集权的职能制结构。

4）多种经营战略阶段

在发展成熟之后，为了规避各种风险，同时寻求新的利润增长点，企业会采取多元化战略，例如开发与原有产品毫无关联的新产品。此时，企业开始采用分权的事业部制，以适应其在不同行业或领域参与竞争。

1977年，钱德勒在其发表的《看得见的手：美国企业的管理革命》一书中再次强调："经营战略与组织结构关系的基本原则是组织的结构要服从于组织的战略。这就是说，企业的经营战略决定着企业组织结构类型的变化。这一原则表明企业不能从现有的组织结构的角度去考虑经营战略，而应根据外部环境的变化去制定相应的战略，然后根据新制定的战略来调整企业原有的组织结构。"

2. 波特的研究——竞争战略

迈克尔·波特的竞争战略是在分析组织的竞争优势和竞争范围的基础上提出的，分为成本领先战略、差异化战略和集中化战略。波特认为，为争取从竞争中取胜，不同的企业常采取不同的战略，以发挥本身独特优势。不同战略需要相应的组织结构上的配合，才能使战略更有效地执行。

1）成本领先战略

成本领先战略又叫低成本战略，就是试图依靠比竞争对手更低的成本来增加市场份额。它往往凭借高效率运营、低劳工成本、经济规模、技术专长和生产过程的紧密控制等策略，形成比竞争对手成本更低的竞争优势。成本领先战略主要关注的是稳定性，而不是冒险或寻求创新和成长的机会。成本低的优势使公司能够以低于竞争对手的价格提供具有相当质量的产品，从中获得可观的利润。成本领先战略有助于公司抵御当期的竞争者，因为顾客找不到其他更低价格的供应商。另外，如果有替代品或潜在的新竞争者加入竞争行列中，低成本的生产商也有较强的实力去抵御市场份额的丢失。

2）差异化战略

在差异化战略中，组织试图使其产品或服务与同行业中其他组织的产品或服务相区别。组织可能利用广告宣传、产品特色、附加服务或者新的技术等，使它的产品在顾客看来具有独特性。这种战略一般是面向那些不十分关心价格的顾客，因此可获得相当高的利润。采用差异化战略可使顾客忠诚于公司的品牌，从而能降低行业内对手的竞争，并抵制替代品的威胁。然而，成功的差异化战略要求开展一些花费高昂的活动，如产品研究和设计、高强度的广告宣传等。差异化战略往往要求企业对市场需求具有高度敏感性，同时具备很强的创新能力。

3）集中化战略

采用集中化战略的组织通常将目标定位于特定的消费群体，或者集中服务于某一有限的区域市场。在选定的较窄范围的市场上，想方设法地满足这个市场内顾客的需要，从而建立企业的竞争优势。

表3-2显示了每种竞争战略所适用的组织结构。

表3-2 竞争战略与组织结构

竞争战略	组织结构特征
成本领先战略	专业化、正规化和集权化程度较高，管理严格，具有明确的职责分工和责任，具有严格的操作程序，对员工的授权比较有限，监督比较严密

续表

竞争战略	组织结构特征
差异化战略	有机的、弹性的管理制度，部门间较强的协调性，研发和市场营销部门之间密切协作，较多的授权
集中化战略	企业规模较小时可采用有机式结构，规模较大时适宜采用职能式结构，强调客户忠诚，对员工适当授权，控制成本

3. 迈尔斯和斯诺的研究——战略模式影响组织结构

雷蒙德·迈尔斯和查尔斯·斯诺关于战略的研究是当代最流行、最有影响力的理论，在1978年出版的《组织的战略：结构和程序》一书中指出战略模式影响结构，一个特定的战略应该被具有特殊结构、技术和行政管理环节类型的组织支撑。他们基于组织战略要与外部环境相匹配的考虑，将组织整体战略分为防御型战略、探索型战略和分析型战略。

1）防御型战略

防御型战略的采用者更关注稳定甚至收缩，而不是冒风险和寻求新的机会。它力求保持现有的顾客，而不寻求创新或成长。防御者主要关心内部的效率和控制，以便为稳定的顾客群提供可靠的、高质量的产品。处于衰退之中的行业或稳定的环境中的组织，适于采用防御型战略。

采用防御型战略的组织一般都是处于比较稳定的环境之中，决策者通过高度的集权和专业化分工及程序化、标准化作业活动，使组织稳定地发展，并据此防御竞争对手，这类组织的结构通常都采用职能制形式的设计。

2）探索型战略

探索型战略着眼于创新、冒险、寻求新的机会以及成长。该战略适合动态、成长中的环境，因为这时创造比效率更加重要。联邦快递公司就是在急速变化的快递业中采用探索型战略，在服务和递送技术方面进行了创新。当今领先的高科技企业也采取了这类战略。

采用探索型战略的组织一般都处于动荡变化的环境之中，决策者需要不断地开发新产品、寻找新市场，组织的目标可以灵活地加以调整，这必然要冒更大的市场风险。组织必须依靠建构更为柔性、分权化的组织结构，使各类人才和各个部门都有充分的决策自主权，最终才能够对市场的最新需求做出灵活的反应。

3）分析型战略

分析型战略的采用者试图维持一个稳定的企业，同时在周边领域创新。这种战略介于探索型战略与防御型战略之间。企业中有些产品面向的是一种稳定的环境，因为对之采取追求效率的战略，以便保持住现有的顾客。其他产品则处于新的、更加动态，但具有成长性的环境中。因此，分析型战略采用者就试图在现有产品线的高效率生产和新产品线的创新性开发之间取得平衡。

采用分析型战略的组织所处的环境也是动荡不定的，但决策者的目标比较灵活，尽可能使风险最小而收益最大。这类组织一方面要稳定现有产品的市场份额，即需要实行规范、标准化、程序化的作业保证市场供给；另一方面，组织又需要跟踪分析更富有市场竞争力的新产品，及时跟进。这时，需要建构柔性灵活分权化的组织结构，随时对外在环境的变化做出反应。

表 3-3 为不同战略类型及相应的组织结构特征。

表 3-3　不同战略类型及相应的组织结构特征

战略类型	战略目标	面临环境	组织结构特征					
			整体结构类型	主要结构形式	集权与分权	计划管理	高管团队结构	信息沟通
防御型战略	稳定和效率	稳定的	机械式	刚性	集权为主	严格	工程师、成本专家	纵向为主
探索型战略	灵活性	动荡的	有机式	柔性	分权为主	粗泛	营销、研发专家	横向为主
分析型战略	稳定和灵活性	变化的	机械式与有机式相结合	刚柔混合	集权与分权组合	有严格也有粗泛	联合组成	纵横结合

◆ 小贴士

按经营领域划分的战略对组织设计的影响

按经营领域的宽窄，企业总体战略可分为专业化（也称单一经营）战略和多元化（也称多种经营）战略两类。多元化战略又可以分为四种类型。① 主副业多元化战略。企业已经跨出单一经营范围，涉足多种产品经营，但其重心仍然是主产品，副产品的生产经营只是附属，所占比重不大。② 限制性相关多元化战略，亦称纵向一体化战略。采用这种战略的企业常跨行业进行多领域经营，并且这些领域在生产技术上有一定联系。例如，咖啡豆种植基地发展后向一体化，从事咖啡的生产和销售；制药公司发展前向一体化，向药材种植发展等。③ 非限制性相关多元化战略，也称横向一体化战略。往往是为了共享价值链当中的某些环节，企业会采用这种战略。例如，伊利集团不仅生产鲜奶、酸奶和奶粉，还生产冰激凌、乳饮料等，这些产品的制作工艺存在相似性。海尔集团在其冰箱和空调产品的基础上，同时生产销售洗衣机、热水器等家用电器，因为这几类产品的客户群相同，而且销售渠道也比较固定。④ 非相关多元化战略，亦称多角化经营战略。企业将资金投放到多个期望盈利率高且各不相关的行业，主要是为了减少经营风险、保持均衡的投资利润率。例如，某家纺企业同时又经营旅游业和食品行业。表 3-4 显示了按经营领域划分的战略及其对应的组织结构。

表 3-4　经营战略及其对应的组织结构

经营战略		组织结构
专业化/单一经营		集权的职能制
多元化/多种经营	主副业多元化	附有单独核算单位的职能制
	限制性相关多元化（纵向一体化）	事业部制
	非限制性相关多元化（横向一体化）	混合结构
	非相关多元化战略	母子公司制

小训练

请分组讨论以下问题：在考虑组织结构设计时，应该是从组织战略目标出发还是从组织的现状出发？如果从组织战略目标出发来考虑组织结构设计，形成的方案往往与现实条件发生冲突，如缺乏所需要的人、方案难以落实等；如果从现实出发，形成的方案又往往不能满足企业的发展要求。这个矛盾该如何解决？

任务3.3 技　　术

任何一个组织都要应用某种科学技术，将投入转化为产出，获得更大的效益。概言之，技术是指企业在生产过程中所使用的机械工具、技术知识、操作程序及工作方法。组织所使用的技术对组织结构有着实质性的影响。马克思曾经以军队为例，提出"随着作战工具，即射击火箭的发明，军队的整个内部组织就必须改变了，各个借以组成军队并能作为军队行动的那些关系就改变了，各个军队间的关系也发生了变化"。[①] 对于当今的组织，尤其是企业，技术水平的高低与复杂程度对组织结构都具有一定的影响。研究表明，外部环境、市场条件、竞争状态、组织文化、企业战略、组织规模等虽然都是影响组织设计的权变因素，但就其影响程度而言，远不及新技术革命对组织结构的影响。技术对组织结构的影响在于技术不仅改变了生产方式，而且促使组织内外信息交流速度加快，为组织结构的扁平化等新型组织形态的形成提供了条件。技术在组织的演进过程中发挥了非常重要的作用。那些能够根据技术要求而采取合适的结构设计的企业更易取得成功。

3.3.1 组织级技术对组织结构的影响

组织级技术是不同性质、不同行业、不同技术特点的组织在整个组织层面所使用的技术。下面重点介绍制造业技术和服务业技术及其对组织结构的影响。

1. 制造业技术及其与组织结构的关系

对制造业技术与组织结构的关系最早且最有影响力的是英国女管理学家琼·伍德沃德的研究，又称南艾塞克斯郡研究。20世纪50年代她对英国南部近100家小型制造业企业进行了调查，研究发现，工业企业的生产技术与组织结构存在关联，组织结构因技术的变化而变化。她按制造业技术的复杂程度，将所调查的企业划分为三种类型，它们在技术复杂程度上渐次提高。这里的技术复杂程度是指制造过程中机械化的程度，技术复杂程度高意味着大部分生产操作由机器完成，技术复杂程度低则表示工人在生产过程中起较大作用。

1）单件生产

单件生产包括按顾客订单进行的单件生产、技术复杂的单件产品生产、大型设备的分步骤制造和小批量生产。这类企业趋向于以制造和装配小批订单产品的作业方式经营，以满足顾客特定的需要，定做就是标准。进行单件生产的组织通常是一种有机组织，灵活性和适应性较强，主要依靠手工操作，机械化程度较低。一个典型的例子就是船舶的制造，成型加工时需要较高技术的专业人员花费大量时间才能完成。

---

① 马克思，恩格斯. 马克思恩格斯选集：第1卷 [M]. 中共中央翻译局，译. 北京：人民出版社，1972.

2）大批量生产

大批量生产包括大批生产、大量生产以及用于不同产品装备的大批量部件生产。这类企业是以长期生产标准化的零部件为技术标志的机械组织，客户对产品没有特殊的需求，工作流程和生产技术都是规范化和标准化的。大批量生产能给企业带来规模经济效益。如冰箱、汽车之类产品的生产均属于大批量生产。

3）连续生产

连续生产包括为销售做储备的大批量连续生产、化工产品的成批连续生产，以及液态、气态、固态产品的连续流水生产。这类企业以持续管道型机械化流水进行作业生产，机械化和标准化程度最高，由于是利用机器自动控制进行连续加工，工作结果具有高度可预期性。同单件小批量生产组织一样，连续加工生产的组织也是一种有机组织。例如，钢铁、炼油、制药、酿酒等产业均采用连续加工生产技术。

伍德沃德通过对这些技术复杂程度不同的制造业企业的调研，发现不同的技术类型和相应的共同结构之间具有明显的相关性，即"结构因技术而变化"，如表3-5所示。

表3-5 制造业组织技术类型与组织结构特征间的关系

组织结构特征	技术类型		
	单件生产	大批量生产	连续生产
管理层次数量	3	4	6
高层领导的管理幅度	4	7	10
基层领导的管理幅度	窄（21~30）	宽（41~50）	窄（11~20）
直接工人同间接工人的比例	9:1	4:1	1:1
管理人员占全体员工的比例	低	中等	高
工人的技能水平	高	低	高
工作流程的规范化程度	低	高	低
集权程度	低	高	低
口头沟通程度	高	低	高
书面沟通程度	低	高	低
整体结构类型	有机式	机械式	有机式

从表3-5可以看出伍德沃德的一些重要发现：从单件生产到连续生产，随着技术复杂性的提高，管理层次的数目和管理人员占全体员工的比例都显著增加。这表明，技术越复杂，越需要加强管理。随着技术复杂性的提高，直接工人与间接工人的比例降低了。因为技术复杂性越高，就需要更多的间接工人来维修和保养复杂的机器设备。其他方面的特征，如管理幅度、规范化的程序以及集权程度等，在大批量生产情形下最高，其他生产技术条件下相对较高，这是因为工作标准化的缘故。单件生产和连续生产的技术需要熟练程度高的工人去操纵机器，而且要以口头沟通方式适应可能出现的情况变化。大批量生产则是标准化的、常规化的，很少有意外情况出现，所以几乎不需要口头沟通，员工的熟练程度也较低。

总体来说，在单件生产和连续生产这两种技术条件下，管理系统可以用有机式组织特征来概括，即具有较强的灵活性、适应性，程序化和标准化的程度低。而大批量生产则是一种机械的管理系统，工作是标准化的，程序是规范化的。伍德沃德对技术的研究为分析不同组织结构的产生原因提供了新视野。用伍德沃德自己的话说："不同的技术，对个体和组织都提出了不同的要求，从而需要通过一个恰当的组织结构来适应不同的要求。"

2. 服务业技术及其与组织结构的关系

服务业是近年来迅速发展起来的产业，其占世界 GDP 的比重持续上升。与制造业组织通过产品的生产实现基本使命不同，服务业组织是通过服务（如教育、医疗、交通、金融、通信和住宿等）的生产和提供而实现其基本使命的。服务业技术和制造业技术存在明显的差别，如表 3-6 所示。

表 3-6 服务业技术与制造业技术的区别

项目	制造技术	服务技术
产品类型	有形的产品	无形的产品
生产和消费发生时间	产品可以经过储存之后消费	同时发生
资本类型	资金密集型，劳动密集型	劳动和知识密集型
与顾客的互动	很少有直接的互动	与顾客的互动强
人员因素	并不是核心地位	至关重要
产品质量可测量度	可以直接测量	服务质量可感知，但不宜度量
对顾客的响应速度	比较长的响应时间也可接受	快速响应
机构地点的重要性	一般	极为重要

现实中很难找到其业务 100%都属于服务业或者 100%都属于制造业的组织。有些服务业企业也兼营某些制造业的业务，制造业企业中也可能兼营服务业的业务。许多制造业的企业对顾客服务给予了极大的重视，以使自己区别于其他同类企业和形成更强的竞争力。绝大多数组织是既生产实物产品，又提供服务的，处在制造业和服务业混合的某种状态下。

服务技术与组织结构的关系是怎样的呢？英国伯明翰的阿斯顿大学的德里克·皮尤、戴维·希克森和特纳等人组成一个研究小组，研究技术特征对各种类型企业（包括制造业和服务业）组织结构的影响。阿斯顿小组对其中 52 家企业的技术特征与其结构特点做了比较分析，结果发现服务业与制造业（提供产品的企业）的组织结构存在差异，如表 3-7 所示。

表 3-7 服务业与制造业的组织结构特征比较

组织结构特征	企业产品和服务类型		
	提供服务（如咨询公司、医疗保健机构、股票经纪商、酒店、航空公司）	提供产品和服务（如快餐店、化妆品、房地产、零售商店）	提供产品（如饮料企业、食品制造商、钢铁企业、汽车制造商、矿业企业）
边界联系人员	少	一般	多
空间上的分散性	是	一般	否

续表

组织结构特征	企业产品和服务类型		
	提供服务（如咨询公司、医疗保健机构、股票经纪商、酒店、航空公司）	提供产品和服务（如快餐店、化妆品、房地产、零售商店）	提供产品（如饮料企业、食品制造商、钢铁企业、汽车制造商、矿业企业）
员工技术水平	高	中等	低
技能的重点	人际关系	技术和人际关系	技术
决策集权程度	低	中等	高
规范化	低	中等	高

从表 3-7 可以看出服务技术对组织结构的影响表现在三个方面。① 服务业企业中较少设立边界联系部门。同顾客接触对组织结构的影响，可通过边界联系部门的设立及组织结构的分散化情况加以反映。为了响应顾客的需要，也为了使运营核心尽可能不受干扰，制造业企业普遍设置了边界联系部门。但是，服务业企业中较少设立边界联系部门，因为需要服务的顾客都必须直接与运营核心的员工（如医生、股票经纪人）接触才能得到服务。② 服务业企业空间上分散化程度大。服务业企业通过分解为小单位，并在接近顾客处布点，可以实现最大的经济性。证券经纪商、医生的诊所、咨询公司以及银行等，都将服务网点分散到各个地区，设了许多地方办事处。与之对比，制造业企业倾向于将业务集中在原材料和劳动力供应充足的某个地方，通过大规模生产过程的连续进行，以此获得规模经济。③ 服务技术也影响到用以指挥和控制组织运作的一些内部特征。首先，服务业企业运营中核心员工的技能必须相当高，他们必须具备足够的知识和理解力来处理顾客的问题，而不是只限于完成单一的、机械性的工作。有些服务业组织赋予员工一定的决策自主权，并提供决策所需的信息，使员工可以做任何为满足顾客需要而必须做的事情。服务业企业的员工除需具备技术技能外，还需要有社会和人际的技能。由于员工的技能熟练程度高，而且组织结构相当分散化，决策通常是分权化的，规范化程度也较低。总体上，服务业组织的员工在工作上有更多的自由和判断。

3.3.2 部门级技术对组织结构的影响

美国的管理学家查尔斯·佩罗打破了只在制造业内研究技术与组织之间关系的局限性，提出了从部门层次上研究部门技术与部门结构之间关系的理论，是对组织研究的一大贡献。

佩罗提出，组织中每个部门都是由专门技术组成的集合体，这些技术受两个方面的影响，即工作任务的多样性和工作活动的可分解性。工作任务的多样性是指该部门工作中事先未曾预料到（或规章中没有规定）的新事件发生的频率，它反映了部门活动在重复性或突发性方面的特点。例如，程序化的流水线工作，由于发生意外事件的可能性甚小，工作的多变性就较低。工作活动的可分解性是指生产或工作活动是否可以分解为具体的工作阶段和工作步骤。例如，品酒师的工作就需要有相当丰富的工作经验和直觉判断，其工作无法用现成的技术和程序去归纳和分解，这项工作的可分析性就比较低。根据任务的多样性和工作活动的可分析性这两个维度建立象限，可以得出四种主要的部门级技术类型，即例行性技术、技艺性技术、工程性技术和非例行性技术（见图 3–3）。①

图 3–3　部门技术分析框架

1. 例行性技术

例行性技术也称常规技术。通常指的是一些有方法可循的例行性的工作，例如，审计、制图、出纳、文秘等。任务多样性低，可分解性较高，可以采用客观的、程序化的方式来处理，工作任务大多是规范化和标准化的。

2. 技艺性技术

技艺性技术也称手艺技术。任务具有低可分解性和低多样性的特点。部门活动比较稳定，但是活动或任务的完成、问题的解决是员工以经验、智慧和直觉为基础，对无形因素做出的反应，因此执行任务时需要全面的培训和经验。例如，贸易和精细产品的制造等。

3. 工程性技术

工程性技术任务多样性高，可分解性高。使用这种技术的部门工作一般是复杂的，因为在任务的完成过程中存在较高的多样性。然而，各种任务通常都是按照已建立的程序或技术处理，因而降低了员工完成此类任务的难度。常见的例子包括工程、法务、会计等相关事务的处理。

4. 非例行性技术

非例行性技术也称非常规技术。任务多样性很高，可分解性很低。需要工作人员花费大量的时间和精力对任务进行分析，而且往往难以分辨出不同解决方案的优劣。完成工作任务需要丰富的经验和深厚的技术知识。这样的技术一般出现在组织研发部门以及战略与决策部，组织其他设计新项目或新产品的工作也属于此类。

采用不同技术的部门的组织结构存在本质上的差异，组织需要从技术的角度出发进行部门结构设计，使得组织结构和部门技术相匹配，提高部门和组织的工作效率。部门的技术类型与组织结构特征的关系如表 3–8 所示。②

---

① 朱俊颖. 组织设计与工作分析［M］. 北京：北京大学出版社，2018.
② 同①.

表 3-8 部门的技术类型与组织结构特征的关系

组织结构特征	部门技术类型			
	例行性技术	技艺性技术	工程性技术	非例行性技术
规范化程度	高	适中	适中	低
人员专业素质	稍微需要专业训练和经验	需要工作经验	需要正规专业教育	需要专业教育和工作经验
管理幅度	宽	适中偏宽	适中	窄
集权程度	高	适中	适中	低
沟通类型与方式	纵向的、书面的	横向的、口头的	书面的、口头的	横向的、口头的
控制方式	规章、预算、报表	训练和会议	报表和会议	明确责权目标、会议
目标重点	数量和效率	质量	可靠性和效率	质量
组织结构类型	机械式	偏向有机式	偏向有机式	有机式

3.3.3 部门技术相互依赖性对组织结构的影响

在任何组织内部，不同部门技术间的相互依赖关系，即相互联系和相互制约的紧密程度，也会影响组织结构的设计，主要表现在部门间横向协调和沟通方式的设计上。美国学者詹姆森·汤普森提出部门技术相互依赖性可以分为三种类型，即组合式技术依赖、顺序式技术依赖和交互式技术依赖。

1. 组合式技术依赖

组合式技术依赖的特点是各个部门都可以独立地工作，彼此间没有什么生产技术上的联系，它们分别为组织做出贡献。它是部门间相互依赖程度最低的模式，一般通过执行企业的统一规章、标准和程序来维持各部门间的关系，部门间不需要进行日常的协调。如某企业集团的空调事业部和冰箱事业部之间的关系就属于组合式技术依赖。空调事业部并不需要与冰箱事业部有过多的生产与销售方面的配合，尽管两者都是集团的重要组成部分并共享集团的各种资源。组合式技术依赖存在于汤普森所称的间接型技术企业中。

2. 顺序式技术依赖

顺序式技术依赖指一个部门的产出是另一个部门的投入，部门之间顺序地完成产品的制造业务或某项管理活动。顺序式技术依赖属于中等依赖程度，是比组合式技术依赖程度更高的关系，因为部门之间相互交换资源，而且只有前面工序的部门正确地执行规定要求，后续部门才能够顺利地做好工作。如流水线上的各工序间的关系，汽车装配需要先从小的零部件组装成如缸体、缸盖、曲轴、凸轮轴、连杆等部件，再将这些部件组装成发动机，而当发动机、轮胎、离合器、油泵等部件都组装完成后，才可以组装成汽车。顺序式技术依赖对结构的要求是：决策权适当集中，以加强各部门的协调配合；部门之间的沟通协调要求较高，一般通过加强计划工作，统一安排计划进度来协调各单位的活动，保证生产和工作的衔接，为解决例外事项，同时必须实行各部门间的协调和调度。顺序式技术依赖存在于汤普森所称的长链型技术企业中。

3. 交互式技术依赖

交互式技术依赖是部门依赖程度最高的一种方式,是指 A 部门的产出是 B 部门的投入,同时 B 部门的产出又是 A 部门的投入,两个部门互为产出和投入,相互间紧密联系。如企业的新产品开发过程中,产品设计、工程技术、制造和营销之间就存在交互式技术依赖关系。交互式技术依赖要求决策权有较多的集中,以加强各部门的协调和配合;不仅要加强计划和调整,必要时还要随时召集碰头会议,实行有关部门面对面的沟通和相互调整。一般来说,在交互式技术依赖关系下,建立团队、跨部门会议是经常采用的加强横向协调的手段。交互式技术依赖通常存在于汤普森所称的密集型技术企业中。

在组织设计的过程中,除了要考虑企业层面和部门层面的技术因素,还需要考虑部门技术依赖性对组织结构产生的影响,并依据这种影响做出合理的设计。部门技术的交互依赖性与组织结构的关系如表 3–9 所示。

表 3–9 部门技术的交互依赖性与组织结构的关系

部门技术类型	图示	相互依赖型		组织特征			
		依赖模式	依赖程度	集权程度	沟通要求	主要协调方式	部门间组合的优先顺序
间接型		组合式	低	低	低	规章制度 标准 程序	低
长链型		顺序式	中等	中等	中等	计划 进度安排 反馈	中等
密集型		交互式	高	高	高	跨部门会议 团队工作 相互调整	高

3.3.4 信息技术的发展对组织结构的影响

信息技术是指主要用于管理和处理信息所采用的各种技术的总称,包括传感技术、计算机与智能技术、通信技术和控制技术等。信息技术区别于一般技术的特征在于其服务的主体是信息,核心功能是提高信息处理与利用的效率、效益。同时,信息的秉性决定信息技术还具有普遍性、客观性、相对性、动态性、共享性、可变换性等特性。自 20 世纪 50 年代起,信息技术不断渗入各个组织内部,先后出现了电子数据处理、管理信息系统、决策支持系统、企业资源计划、办公自动化、客户关系管理、业务流程重组等。信息技术促进了组织管理方式和运营流程的变革,对组织结构的影响主要表现在以下方面。

1. 组织结构扁平化

管理学大师德鲁克曾经提出:"未来的企业组织将不再是一种金字塔式的等级制结构,而会逐步向扁平式结构演进。"传统的管理组织形式是金字塔式,从上到下递进控制的层次结构,其严格的等级体系和明确的责权统一保证了用人工方法收集和传递信息的准确性,但过多的管理层级带来了巨大的中间成本。现代组织在面临高度不确定性的外部环境时,信息能否及时有效地传递以便组织快速做出应对措施,已经成为组织生存和发展的必要条件。

信息技术的出现一方面使得信息传递速度快、成本低,基于网络化的信息系统可以减少信息传递的中间环节,使管理层更有效地与下属进行沟通并行使监控权力,从而拓展了管理跨度;另一方面基层员工因可以承担更大的自主职责而应被更多授权,组织管理者和员工间的合作和协调也能得到很好的改善。此外,动态的商业环境也迫使组织不得不压缩管理层级以保持对市场的敏感性和增强组织创新能力,从而导致组织结构扁平化的趋势,甚至在一些软件开发公司中出现了大量的、非常扁平化的团队组织结构。

2. 组织结构趋向分权化

信息技术提高了信息的传递速度、范围和效率,缩短了沟通的时间和距离,加强了管理人员处理信息的能力,使其可以集中精力处理更多的决策,同时也带来了信息共享,管理高层与基层员工的沟通更加便捷,使一线员工有机会接触到更多的信息,增强决策能力和市场反应能力,从而导致以往需要通过中层领导去监督基层员工的必要性被削弱。由于基层员工在信息时代可以承担更大的责任,促使管理层可将更多权力赋予基层员工,让其有更大空间灵活安排自己的工作。同时,网络化信息通道可以把内化的信息连为整体,避免信息割据与扭曲,也为分权化创造条件。

3. 组织结构网络化

在信息技术环境下,组织为了获得更多的市场机会就必须将触角渗透到市场的各个角落,这就要求组织结构必须向网络化转变。组织结构的网络化指的是管理组织中的决策点由一个变为多个,多个决策点形成多个信息中心,每个信息中心上都汇集着大量信息,并且相互之间保持着密切的联系,这些信息中心组织结构的网络化强调组织内部的个体群体和部门之间,以及它们与组织环境的关键成分之间的相互依赖性,能快速适应外部环境。网络化的组织结构使得严格的等级制形式的命令链被网络化形式的沟通所取代,传统的命令沟通方式变为协商式的沟通方式,从而带来了交易成本的显著降低和管理效率的极大提高。

4. 组织结构柔性化

传统刚性组织的基本特征是其命令和信息的传递主要依靠纵向渠道,指挥和反馈以纵向等级链为基础,由于刚性组织实行集中决策,命令自上而下地逐级下达,实行统一指挥,在外部环境稳定的条件下,是一种运行效率较高的组织结构形式。随着信息时代的到来,组织环境因为信息的迅速传播而变得更为复杂和不确定,刚性组织比较刻板,很难迅速做出反应,同时信息社会个性化的生产与消费方式的兴起,使其面对数量巨大的"一次性"决策问题,这将使擅长处理程序化决策的刚性组织无所适从。因此,以严格的纵向和横向分工为基础并强调工作的程序化和规范化的刚性组织显然不能适应时代的要求,将可能被具有柔性特征(高度弹性、流动性与分权)的组织所取代。

5. 组织结构无边界化

传统的组织为保证内部的稳定和秩序,在各层次和各部门之间、供应商与顾客之间、不同地理位置之间存在明显的界限，并通过一系列行政和市场的控制手段来加强组织运作的稳定性。然而信息技术的普及和推广，使得企业之间、产业之间、地区之间甚至国家之间的壁垒比较容易被打破，企业的经营活动将越来越不受时空的局限。同时，过分僵硬的界限束缚了企业的活力，妨碍员工最大限度地发挥创造力。因此，需要组织放松控制，以保持一定的灵活性。组织的无边界化并不意味组织外延无限扩大，不需要任何界限，而是组织不再用工具和架构将人员、任务、工艺及地点分开，而是建立一种有足够柔性的结构，打破原有僵硬的分工体系，可随环境的变化不断整合其机构和业务流程。随着企业更加注重顾客和日益被市场所驱动，职能边界将让位于不断变化的顾客需求和竞争性的产品供应。①

6. 组织的小型化

信息技术的发展使得一些基于互联网运营的企业并不需要太多像办公大楼、办公室和桌椅等作为传统正规组织标识的东西，员工待在家里远程办公或租用一个临时办公场所就可维持网络运营。另外，ERP、人工智能自动技术的运用，减少了对行政人员和辅助人员的需求。此外，很多公司将部分职能外包，精简了组织结构。

任务3.4　规　　模

组织规模即指组织的大小。全面评价组织规模时需要综合考虑各方面的要素，如员工人数、企业总资产、企业生产能力（年产量）、年销售额、企业投资额、市场范围、子公司或分支机构数量等。不过，在组织设计领域中，80%以上的组织理论研究者将一个组织内拥有员工的总人数作为衡量组织规模的主要标准。组织的规模在某种意义上对组织结构的影响是决定性的。

3.4.1　大型组织和小型组织

组织规模是不是应该越大越好呢？为了回答这个问题，我们先来看一下大型组织和小型组织的差异，如表3-10所示。

表3-10　大型组织和小型组织的差异

大型组织的特点	小型组织的特点
规模经济性	适应性、灵活性
全球发展	地区发展
纵向层级、机械式	扁平化结构、有机式
复杂的结构	简单的结构
稳定的市场	寻找细分市场
"组织人"	"企业主"

---

① 朱俊颖. 组织设计与工作分析[M]. 北京：北京大学出版社，2018.

从表 3-10 中可以看出，大型组织的结构比较复杂，拥有较多的纵向层级，采取机械式运作的方式。实际上，大型组织通常是标准化的，为了完成复杂的工作、生产复杂的产品，以及参与广阔的市场竞争，组织结构也相应比较复杂，同时这类组织往往会带来官僚主义，降低组织的效率，不利于组织创新。相较而言，"船小好调头"，小型组织灵活性和环境适应性很强。由于市场经济的加速发展和创业活动的蓬勃兴起，产业分工向深处扩展，小型组织变得更加普遍。另外，近年来服务行业的迅速成长降低了组织的平均规模，因为小型组织更便于对顾客的个性化需求做出有针对性的及时反应。小型组织结构比较简单，采用扁平化、有机式和自由流动性的管理方式鼓励创业和创新，而且小企业的人际关系有利于激励员工对企业的全身心投入和履行契约，不断发展外包的业态也为小型组织的发展创造了有利的外部环境。但值得注意的是，通常小型组织在成长壮大的过程中可能会不可避免地逐渐向纵向层级制的机械性结构转化，同时产生大量的"组织人"而非"企业主"。

能否将大规模组织的资源优势和小规模组织的灵活性结合起来呢？通用电气的前 CEO 杰克·韦尔奇提出了一个"大企业与小企业的混合体"结构，即在大企业内部采取权力下放、缩减管理层次，甚至建立工作团队、子公司等举措，将大公司所拥有的资源和渠道优势与小型组织特有的简单性和灵活性相结合。目前这种观点正被越来越多的公司所采纳，例如，中国的互联网巨头腾讯科技公司，根据业务和产品类型把整个企业划分成不同的事业群，每个事业群再由若干个小的工作团队组成，这既保留了大组织整合资源的能力，又实现了小组织的简单性和灵活性。

3.4.2 规模对组织结构的影响

在 20 世纪 70 年代后期到 80 年代初期，很多学者就组织规模对组织结构的影响开展了研究，并取得了一些积极的成果。美国组织学家彼得·布劳在分析总结组织规模对组织结构的影响时，明确指出："规模是影响组织结构最重要的因素，但是，在组织初期组织规模对组织结构的影响程度要大于组织规模达到一定程度后再扩大时对组织结构的影响程度。"也就是说，组织规模对组织结构的影响不是线性关系，规模对结构的影响程度随着组织规模的不断扩大在逐渐减弱，即组织达到一定程度之后，随着组织的再扩大，规模的影响也就不重要了。例如，布劳研究发现当一个组织的总人数从原来的 600 人增加到 700 人时，其对组织结构的影响程度就大于从原来 2 600 人增加到 2 700 人的影响。英国阿斯顿大学的研究发现，组织规模越庞大，工作专业化程度越高，标准化程度和规章制度的健全程度越高，分权化的程度就越大。美国组织理论家马歇尔·迈耶的研究发现，组织规模的扩大增加了组织活动中相同或相类似事件的重复性和决策的重复性。这就使得采用标准化更为可取。他认为组织规模与专业化和规范化的程度正相关，与集权负相关。马歇尔·迈耶特别指出，规模对结构具有广泛的影响，而且这种影响关系是单向的，即规模决定结构。

组织规模与组织结构确实存在密切的关系，但是组织规模并不是支配组织结构的唯一因素，而是影响组织结构的重要因素之一。组织规模对组织结构的影响如表 3-11 所示。

表 3-11 组织规模对组织结构的影响

结构要素	小规模	大规模
管理层次数目（纵向复杂性）	少	多
部门和职务的数目（横向复杂性）	少	多
分权程度	低	高
专业化程度	低	高
正规化程度	低	高
书面沟通和文件数量	少	多
办事人员、专业人员比例	小	大
中高层行政人员比例	大	小

从表 3-11 可以看出，组织规模对组织结构的影响集中体现在以下几点。① 一般来说，大规模组织的正规化程度要高于小规模组织。这是由于大规模组织依赖于条例、程序和文件来实现标准化和对多部门和雇员的控制。而小规模组织主要是通过管理者的个人观察来对部门和雇员进行控制。② 随着组织不断成长壮大，组织内部的部门和人员也越来越多，专业化的分工也会更加明显。这时，如果决策权力只是集中在最高层，不仅会影响到决策的效率，也会使管理层疲惫不堪。因此，当组织规模扩大时，组织的集权化程度就会降低。③ 中高层行政人员的比例和办事人员、专业人员的比例反映的是组织的人员结构。大型组织和小型组织相比，具有更完善的体制机制，这使得来自高层的监督需要减少，同时由于部门的增加和专业化分工需要，组织规模的扩大会带来办事人员、专业人员的比例上升和中高层行政人员的比例下降。④ 组织纵向的层次数目和横向部门或事业部数目以及职务数目反映了组织结构纵向的复杂性和横向的复杂性。随着组织规模的扩大，企业的组织结构越来越复杂。一方面是员工人数的增加，为保持合理管理跨度，组织需要增加纵向的层级；另一方面，伴随企业规模的扩大，专业化分工的需要也日益突出，组织将设立更多的部门或者事业部，赋予其更多的职能。

任务 3.5 生命周期

组织的成长过程，如同人的成长要经历幼年、青年、中年、老年等阶段一样，也要经历不同的阶段，在每个阶段上，都具有独特的组织特征和遇到不同的组织危机，组织的这种成长过程和阶段，称为组织的生命周期。

分析组织所处的生命周期阶段，可为组织设计提供重要依据。不同的学者，对组织生命周期的各个阶段提出了不同的划分。1972 年，美国哈佛大学的拉里·格瑞纳教授在《组织成长的演变和变革》一文中，第一次提出了组织生命周期的概念。1983 年，美国的罗伯特·奎因和金·卡梅隆在《组织的生命周期和效益标准》一文中，则把组织的生命周期简化为四个阶段，即创业阶段、聚合阶段、正规化阶段和精细阶段。目前组织一般采用奎因关于组织生命周期的分类方法。

格瑞纳及奎因都认为，组织的成长是一个由非正式到正式、由低级到高级、由简单到复杂、由幼稚到成熟、由应变能力差到应变能力强的发展过程。组织整个发展过程由不同的发展阶段组成，每个发展阶段都由两个时期组成，前一个是稳定发展时期，后一个是变革时期。当企业处于稳定发展时期，组织结构适应内外部条件的需要，这样的结构能够促进组织一段时间的发展。但是这种稳定发展不是永久的，随着组织的进一步发展，就会产生一些新的矛盾或危机，现行组织结构就不再适应内部条件和外部环境的变化，组织就产生不稳定，进入变革时期。在采用适当的方法，变革现行组织结构之后，危机得到解决，组织结构又适应内外部的条件了。这样，组织就进入了下一个发展阶段的稳定时期。如此循环往复，其组织结构就从低级发展到高级，从幼稚发展到成熟。

在不同的生命周期阶段，组织所拥有的资源状况不一样，发展目标和面临的挑战也不同，为了有效地应对这些困难，组织结构也要与之适应。在组织发展的初期阶段，即创业阶段，组织结构比较简单，也不正规；随着组织规模的不断扩大、组织实力的不断增长，组织结构越来越趋向于复杂和正规化。组织的正规程度进一步提高，会导致组织更僵化、更官僚化，因此，组织规模的不断扩大和发展，需要组织在发展的高级阶段（如精细化阶段），通过协作克服组织的官僚化弊端，增强组织的灵活性和应变性。表3-12显示了组织生命周期与组织结构的关系。

表3-12　生命周期中的组织特征

项目	创业阶段	聚合阶段	正规化阶段	精细阶段
重点目标	生存	成长	声望、稳定性和扩大市场	声望、独特性和完善的组织
正规化程度	非正规化	初步正规化	正规化	正规化
组织形式	直线型	职能型	职能型或事业部型	项目小组加矩阵结构
集权程度	个人集权	上层集权	有控制的分权	有控制的分权
高层领导风格	家长式	有权威的指令	分权	参与
奖励方式	凭个人印象和感情	个人印象和制度各半	有正规考核和奖励制度，规范化	系统考核按小组奖励

3.5.1　创业阶段

新创办的组织往往规模比较小，其创建者多是技术人员或企业主，作为组织最高领导人，他决定了组织的结构和控制方法。他奉行技术导向和市场导向，把全部精力集中在制造和销售新产品上，并不重视管理方面的工作。组织往往还没有正式的、稳定的组织结构。由于专业化程度低，多采用直线制组织结构，分工粗，员工间的交流多采用非正式的方式，每日工作时间较长，依赖适当的报酬或分享股权。对组织内部活动的控制，主要依靠创业者亲自监督。人员和业务变动大，组织面临的内外部环境具有很大的不确定性，制定管理制度的成本相对较高，以至于组织结构的正规化程度较低。此时，组织面临的主要危机是领导危机，可以通过创建者自己学会当管理者或聘请一名新的优秀领导人的方式来解决。

3.5.2 聚合阶段

在创业阶段创业者的能力至关重要，企业一旦度过了领导危机，获得了发展空间后需要凝聚力量扩大发展，这就进入了聚合阶段。此时组织结构由直线制转变为直线职能制，建立起按职能划分的组织结构，组织人员有较明确的职责和分工，主要的管理制度（财会制度、人力资源制度等）初步建立起来，也初步建立职工的激励制度和工作标准，以部分代替领导人的亲自监督。职工之间的沟通开始采用正式的、书面的沟通方式。高层管理人员及其助手掌握各项指挥、决策权力，下层管理人员只能是职能专家，执行命令，没有自主权。此时，组织面临的主要危机是"自主权危机"。解决自主权危机的最好途径就是实行分权。实行分权后，随着规模的扩大和业务的稳定，组织制定一些规则和程序以约束员工行为，强调管理的正规化，以寻求适当的控制和协调。

3.5.3 正规化阶段

这一阶段的大多数组织已经是一个多产品或服务的分权化组织，基本上实行"集中决策、分散经营"的事业部制结构。日常的生产经营权下放到由较低的管理层次来行使，高层管理主要从事经营战略和重大的财务、人事决策，以及处理公司的例外性事务。组织结构强调专业化、制度化、规范化，规章制度得到进一步健全并得到严格执行，对下级职工的考核和激励，不凭领导者个人的感情和印象，而依靠正规的、客观的奖惩制度。书面的、正式的信息沟通方式大大增加。正规化阶段组织面临的主要问题是开拓新事业。但各事业部越来越像一个独立的王国，高层领导难以有效控制，这就产生了"控制危机"。为了摆脱此危机，组织除了增设管理层级和协调机构，有必要出台一系列文本制度。但是这个阶段的后期，过多的制度和规范会使组织结构变得僵化和复杂，为此可以通过实行协作、团队的新观念和更具柔性、灵活性的管理方式来应对文牍主义带来的危机。

3.5.4 精细阶段

在这一阶段组织的行政化发展已经达到极限，为了解决组织僵化问题，组织会采取多种手段增加灵活性与创造力，高层领导授权给予中下级管理者和基层知识型员工，一方面组织注意通过小组的群体活动来迅速解决各种问题，该小组由各职能部门的员工集合而成。另一方面组织注意采用矩阵的组织结构，削减公司总部职员，分派到各个小组中去，起咨询作用而不是现场指挥。物质奖励是依据小组的工作成绩，而不是个人的成绩。在整个组织中鼓励创新精神，反对僵化守旧。这种实施项目小组加矩阵制的组织形式，有点类似"小火慢烹"的精细操作。组织发展到这一阶段，达到了成熟阶段但仍需要更新，以适应变化的内外部环境。面对更新，组织可能有三种发展前途。① 组织又进行了进一步改革和创新，如高层管理人员的经常培训和更替，机构和规章的精简，使得企业得到进一步的成长和发展。② 作为一个成熟的组织而稳定存在，保持已有的规模和市场份额。③ 遇到新的危机而得不到解决，从而出现衰败和瓦解。

总之，对于组织设计者来说，最重要的一点就是无论组织处于生命周期的哪个发展阶段，都要设计出与组织发展相匹配和适应的组织结构模式。

任务 3.6 组织文化

小案例

生产率为什么恢复了

一家大型国际石油公司发现它在墨西哥一个工厂的员工生产率下降了20%，它派一名美国管理者去查明原因。在与一些员工交谈之后，这位管理者发现，公司过去每个月都会在停车场为所有员工及其家属举办一个欢庆宴会，另一名美国管理者主持工作期间取消了这个欢庆宴会，认为那是在浪费时间和金钱。而员工从中捕捉到的信息是，公司再也不关心他们的家庭。当恢复欢庆宴会后，生产率开始上升，员工士气开始高涨。

员工没有变，可为什么当石油公司稍微改变了一下常规的做法就让这些员工失去了往日的激情和对工作的乐趣，为什么没有工作激情的员工会导致生产率大幅下降20%？

【点评】其实，这是组织文化在发挥着潜移默化的作用。组织文化是一种无形的生产力。它能够影响组织的观念和行为方式，当组织改变了旧有的文化，而这种改变并不能够给组织成员带来明显收益的时候，组织成员会采取消极对抗等手段来抵制组织文化的异变。当组织成员在组织文化中找到了共鸣，认同组织的文化并主动地传播组织的文化时，这种文化将对组织发展产生巨大的推动作用。

组织文化是组织的内核，它为组织管理与员工行为模式提出了总体准则。组织文化也是影响组织结构设计的一个重要因素。

3.6.1 组织文化概述

1. 组织文化的内涵

组织文化源自组织的创始人或者是早期的领袖，当他们的理念或者价值观表达出来并且获得成功之后，在组织中逐渐制度化，形成了反映组织设立目标的组织文化。所谓组织文化，是指组织成员共享的一套稳定的价值观、信念、惯例以及行为规范等的总和，是组织作为一种标准来传承的精神基础。组织文化并不是用明文加以规定的，但却实实在在地存在于组织当中，是组织的重要组成部分，深切地影响着组织中的每个成员，它对组织成员对事物的看法和对周围环境的反应起着决定作用。当组织行动时，组织文化约束了组织成员的行为，并为组织成员采用何种行动提供方向性指导。

组织文化是组织竞争优势的重要构成部分，组织文化甚至被称为文化资本。许多杰出而成功的企业都有强有力的企业文化。松下幸之助曾指出：到一个企业，只要几秒，从接待人员、办公室、车间的工作神态、情绪和秩序，就可以捕捉到一种精神、一种气氛、一种感动人心的力量，这就是"企业文化"。甚至不用看数字，也不用看图表，马上就能感受到这些工作人员是如何在劳动工作的，因为"企业文化"体现在生产、管理、经营的全过程。

组织文化的内涵具有明显的系统性，物质文化层是组织文化结构的外表部分，包括组织开展活动所需要的各种物质条件及产出的各种物品、物件和劳务；制度文化层是组织文化结构的中间部分，它包括保证组织健康运行的各种规章制度、道德规范、行为准则、责权利的关系等；精神文化层是组织文化的核心层，它包括组织的价值观、管理理念、组织精神和组织道德及教育等，是组织文化的核心和灵魂。三个层次辩证统一，相辅相成，密不可分。组织文化建设就是组织精神文化层设计、制度文化层行为落实以及物质文化层文化符号凸显的三部曲，精神文化层设计是组织文化建设的核心。

组织文化可以通过有形的载体，如仪式、口号、典故、英雄、符号等表现出来。对这些有形载体的观察和分析可以帮助理解组织文化的内涵。典礼或仪式是组织为了向组织成员表明某种重要性而在一定场合举行的有计划的活动。通过举行典礼或者仪式，组织可以向组织成员说明组织所看重的是什么，为他们树立并强化组织的价值观，增强组织的凝聚力。口号是组织用来解释和进一步营销组织文化所采用的一种语言方式，凭借口号向组织成员传递某种思想，通常是一些比较简洁的词语或短句。口号的扩展是组织的使命说明书等书面的公开文件，这种宣传形式从口头变成文字。典故与英雄都是组织树立的榜样，代表什么是组织中认为正确的事或人，是弘扬组织价值观与组织精神的模范与典型。符号是用一些形象具体的物体、行为等来表达或传递某种意义，是一种含义丰富的表述。仪式、口号、典故等都可以说是符号的一种，象征着组织的价值观与文化内涵。符号也可以是实体存在的某种标识性的事物，代表了组织想要表达的一种主题。组织文化对于组织具有极强的影响力，这种影响力可能是积极的也可能是消极的。与组织及其战略相适应的组织文化对组织的发展具有正面导向作用，反之落后消极的组织文化对组织活动的开展具有阻滞作用，不利于组织的存续发展。

2. 组织文化的形成阶段

埃德加·沙因在其所著的《组织文化和领导》一书中将组织文化的形成过程分为三个阶段。

1）诞生和早期发展阶段

在这一阶段，组织刚形成不久，因此组织的建立者在很大程度上会影响组织文化的形成，组织成员受到建立者的价值观、信念以及各种管理行为的影响，此时，文化被视为组织区别于其他同类型组织的个性以及组织内部凝聚力的源泉。

2）组织的中年时代

在这一阶段，组织已经开始成熟，成员间形成高度的凝聚力与亲密感，进而使组织成为一个和谐、紧密的整体。组织成员对组织的认同感达到最高，组织文化进一步强化。但是在这一阶段，组织将会面临来自外部环境和组织内部的问题，而这些问题可能无法用过去的经验和方法加以解决，所以组织需要一些新的机制来避免组织的僵化，在保证之前成功的基础上，寻找新的价值观或强调包容多元的文化，也可以鼓励组织中的小群体发展自己的次文化，以激发新的意见的产生，有助于组织创新。

3）组织成熟时期

组织在成立很久之后，通常会致力于追求稳定。而过于追求稳定，有可能导致组织文化一成不变，组织成员也会缺乏创新意识，这种情况严重时，甚至可能引发组织的生存问题。组织成员不但难以帮助组织进行创新发展，在组织进行变革时还有可能起到阻碍作用，抗拒组织的变革。组织文化慢慢变得僵化，无法根据组织进步发展的需求做出改变。

3. 组织文化的功能

文化在组织中有两大重要功能：一是内部调整功能，二是外部适应功能。

1）内部调整功能

组织文化为组织树立了价值观，引导组织成员如何工作、如何沟通，应该做什么不应该做什么，以及建立组织中的权力格局。这些都为组织实现内部整合提供了前提。组织文化的内部调整功能，包括自我凝聚功能、自我调节功能和自我完善与延续功能。

（1）自我凝聚功能。组织文化通过培养成员的归属感与认同感，建立起组织与其成员之间的相互依存关系，将个人与组织有机统一，凝聚成一个整体，使组织成员为了组织目标共同努力。组织文化的这种凝聚功能正是促进组织不断发展壮大的动力。

（2）自我调节功能。组织文化作为组织成员共同认可的价值观，能通过向个人价值观的不断渗透和内化从根本上改变成员的旧价值视。以一种"软管理"的方式使之与组织的行为保持一致，对组织成员的行为具有修正调节作用。

（3）自我完善与延续功能。组织文化并不是一成不变的，而是组织在不断发展的过程中逐渐沉积下来的经过淘汰和强化的理念，会随着组织的发展进步不断更新、优化，组织的发展推动组织文化的丰富与升华，积极的组织文化又进一步推动组织的发展，这是一个自我完善的良性循环，并且在组织中具有持久的历史延续性，并不会因为组织成员的变动而立即发生变化。

2）外部适应功能

组织文化帮助组织成员建立一种行为规范及理念模式，对组织要达到什么目标、怎样达到目标，在达到目标的过程中如何对待外部事物等都具有指导意义。组织文化因此对组织与外界环境的沟通提供了可选途径，可以促进组织对外部环境变化的适应性。

3.6.2 组织文化类型与组织结构

组织文化应该是与组织的战略、结构以及环境相匹配的，只有这样才是积极的组织文化，有助于提高组织行动的绩效。组织文化与组织结构可以通过多种方式进行调配，在这里我们主要分析两个特殊维度，一是竞争环境是灵活还是稳定，二是战略焦点是内部聚焦还是外部聚焦。这两个维度构成了四个象限，从而把文化划分成四种类型，分别是适应型文化、使命型文化、团队型文化和行政机构型文化，其中任何一种文化在与相应的战略和环境相符时都可以是积极有效的组织文化。组织文化与战略、环境的关系如图3-4所示。[①]

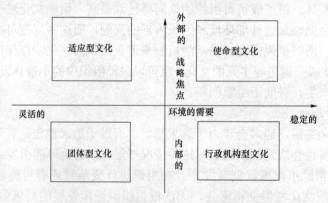

图 3-4 组织文化与战略、环境的关系

[①] 达夫特. 组织理论与设计：第12版 [M]. 王凤彬, 石云鸣, 张秀萍, 等译. 北京：清华大学出版社, 2017.

1. 适应型文化

适应型文化是以组织战略外部聚焦且环境灵活性高为特点的。适应型文化需要加大变革力度来适应外部环境的变化，同时提高自身灵活性。这种文化提倡组织加强对环境的适应能力，快速识别来自外部环境的各种信息，并对外部变化做出快速反应。不仅如此，还要积极地引导变化。这种组织文化鼓励变革以及创新。

 小贴士

当公司迎来了 80 后、90 后员工

万科有高层曾感叹："遇到 80 后、90 后，我十几年的管理经验要清零了！"有些企业管理者开始患上 80 后、90 后管理恐惧症。因此，为适应 80 后、90 后员工的个性化发展需要，企业 CEO 及管理层必须顺势转变管理理念和公司的文化，建立起一套适应 80 后、90 后个性和未来职业发展的企业文化。否则，原有传统的组织价值观等就会成为管理障碍。因此，有专家建言，面对 80 后、90 后员工，中国企业需要反思传统的企业文化，真正建立起人性化的企业文化。

一是信任文化。企业间各种关系应以相互信任为核心，且要保持透明，以避免相互猜忌。

二是快乐文化。80 后、90 后员工的职场观念是：要工作，也要生活，更要快乐地工作和生活。

三是开放文化。企业对内应建立开放、民主的管理平台，把问题放到桌面上交流。

四是平等文化。80 后、90 后员工反感管理者高高在上，喜欢彼此平等与尊重。

五是独立文化。80 后、90 后员工说："工作时全身心投入，回家后就不想工作的事，要不，多累啊。"企业需要改变上下班不分的习惯性思维，给他们以独立的空间。这有利于帮助 80 后、90 后员工平衡好工作与生活的矛盾。

2. 使命型文化

使命型文化也是组织战略外部聚焦，但是环境稳定性高，它强调组织的目标及其实现。适应这种文化的组织对外部环境中的变化高度关注，但并不需要非常迅速地应对。由于外部环境稳定，组织的目标可被预计衡量并实现阶段性的评估，组织可以通过设定组织预期的状态来激励组织成员的行动，是一种结果导向型文化。

3. 团体型文化

团体型文化的特点是组织战略内部聚焦，且环境灵活性高。这种文化对组织成员高度关注并且要求其对外部环境的变化做出迅速有效的反应。在适应这种文化的组织中，人的因素非常重要，组织成员的积极参与会为组织做出非常大的贡献。

4. 行政机构型文化

行政机构型文化的特点是组织战略内部聚焦，且追求环境的稳定性。行政机构型文化具有非常稳定的外部环境，强调内部成员行动的一致性。在这种组织中，个人因素并不重要，重要的是个体与组织的一致性以及成员之间的沟通协作，鼓励理性的行为，强调高度的整合力以及组织统一性。

◆ **小案例**

富士康：纪律观念深入人心

曾有学者总结，富士康企业文化包含四个观念。

第一是轿子观念，将团队运作比作轿子，开发人员在前，制作人员在后，前后相互协调与沟通，真正弄清客户的需求，保证品质的提高。

第二是傻瓜观念，富士康集团的控制运作系统像傻瓜相机一样，产品达不到规定要求，计算机便自动要求停止。

第三是纪律观念，富士康希望牢牢确立一种秩序和文化，富士康实施的是领导的强势文化，即所谓"铁腕统治"，企业内部等级森严，上级对下级动辄斥骂，达到军事化管理，具有高效的执行力以及纪律的严肃性。

第四是知识观念，强调对员工的培训与教育。

上述四个观念并没有孰优孰劣，并且通常现实中组织的文化并不严格按照这种文化分类，无论树立何种类型的文化，必须考虑到组织的环境状态与组织战略重点。只要能与组织的环境以及战略很好地配合，就是优秀的组织文化。

小测试
你的企业文化偏好是怎样的？

任务 3.7 人 员 素 质

人员的素质是指一个人学识、才华、品德、风格等方面的基本素质。组织的人员素质包括员工的价值观念、思想水平、工作作风、业务知识、管理技能、工作经验和年龄结构等。组织人员素质的高低、强弱也是组织设计的一个权变因素。人员素质对组织结构设计的主要影响表现在以下几个方面。

3.7.1 集权与分权的程度

一般来说，对于业务水平高、工作态度好、自我驱动力强、完成任务的意愿强、成熟度较高的下属，组织应该更多地下放权力，采取分权的方式管理，让下属参与到组织的决策中，并且由自己决定如何工作；对于业务水平不高、工作态度不积极、自我驱动力弱、完成任务的意愿不强、成熟度较低的下属，组织应该更多地采取集权的方式，工作安排多由领导决定，并且尽量详细地告知下属应完成什么任务，何时何地通过何种方式完成。

3.7.2 管理幅度大小

如果组织管理者和下属的专业水平、管理经验（工作经验）、组织能力较强，就可以适当地扩大管理幅度；反之，则应该适当缩小管理幅度，以保证工作的有效性。

3.7.3 部门设置的形式

不同的部门设置形式对人员素质，特别是部门领导者的人员素质的要求是不同的。例如，要实行事业部制，一个重要的条件就是管理者要有比较全面的领导能力，才能取得好的效果；要实行矩阵结构，则项目经理的人选也要求在职工中有较强的威信，具有较多的专业知识和工作经验，具有较强的组织能力和人际关系技能，以适应其"多责少权"的特点。

3.7.4 定编人数

组织的定编人数受到组织现有人员素质的制约。如果下属成熟度高，工作能力强，富有责任感，则一人可以身兼多项任务，这样可以减少组织的编制，提高工作效率；反之，如果组织内成熟度不高的下属过多，则编制难免超员，增加人员成本，甚至会造成机构臃肿。

3.7.5 横向沟通的效率

人员的思想水平、工作作风和业务素质对于加强横向联系也有影响。良好而协作的风格可以在某种程度上弥补协调机制在设计上的缺陷。两个部门之间，在相同的沟通和协调方式下，如果双方具有良好的协作意识和风格，都从组织发展的全局观察问题，则办事就顺利和迅速。反之，则横向联系不够，工作效率低下。

3.7.6 规范化程度

规范化程度一般可以从组织中书面文件的数量来衡量，如工作程序、工作描述、规章制度，以及部门间以书面文件的方式来传递信息的计划、指示、通知、备忘录等。对于成熟度较低的下属来说，其完成任务的能力较低，需要准确告知工作任务、工作程序、规章制度等信息，以保障工作"有章可循"，组织的规范化程度一般较高。而成熟度高的下属可以自己完成工作，不希望组织过多地约束和管理，因此组织的规范化程度不是特别高。

3.7.7 对组织变革的态度

组织设计不可能一劳永逸，一成不变，组织的变革和创新总是不断发生的。而影响组织变革是否顺利的一个重要因素，是组织的人员素质。如果组织的人员结构严重老化，管理知识陈旧，人员的改革意识淡薄，则必然思想趋向保守，形成组织结构变革的重大阻力，阻碍变革的顺利进行，甚至是各种改革方案屡屡告吹；反之，如果组织的人员对变革的态度是积极的、乐观的，则易于形成组织变革的意愿。

由上可见，组织人员素质也是组织设计应考虑的一个重要变量，它对组织结构有着多方面的影响。

小训练

请分小组讨论以下问题：在进行组织结构设计时应该做到"因事设人"还是"因人设事"，或是将二者相结合？

实训设计

不同餐饮企业所用的技术调查分析

这里要求你对麦当劳和一家典型的当地风味小餐馆所使用的技术做一分析。请将学生分成若干组,以小组方式完成此实训项目。

每组同学在参观上述两类餐厅后,按表 3–13 所列的方面推论他们各自是怎样完成工作的。不要去"访问"任何一位员工,而要从观察者的角度去察看。参观时,每个人尽可能地在表 3–13 中多做些记录。

表 3–13 观察记录表

记录事项	麦当劳	当地风味小餐馆
组织目标: 服务的速度、质量,用餐环境,等等		
技术类型: 以伍德沃德理论区分的技术类型是怎样的		
组织结构: 机械式或有机式		
团队或个体: 员工在一起还是独自工作		
相互依赖性: 员工工作中如何相互依赖		
任务状况: 常规的还是非常规的——工作的多样性如何		

请每组根据调查情况展开讨论,并回答以下问题。

(1)按照各家餐厅的目标和环境要求,它们各自所使用的技术是否是最合适的?

(2)根据上述的资料判断他们各自的结构及其他的特征是否与技术相匹配?

(3)如果你是一咨询小组的成员,你会提出什么建议改善每家餐厅的经营?

(资料来源:达芙特. 组织理论与设计:第 12 版[M]. 王凤斌,石云鸣,张秀萍,等译. 北京:清华大学出版社,2017. 有改动。)

课后练习题

1. 自测题

请扫描二维码（内含若干填空题、判断题、单选题、多选题），你可以在线自测并查看答案。

自测题

2. 思考题

（1）以熟悉的组织为例，分析组织的环境包括哪些内容？

（2）为了降低环境的不确定性对组织内部的冲击和干扰，举例说明组织可以采取哪些策略？

（3）选择两个不同的行业，运用环境不确定性分析模型进行两个行业不确定性的比较分析。

（4）组织可以采取哪些方式控制外部环境？

（5）组织战略的含义是什么？组织战略与组织结构的关系如何？

（6）组织级技术、部门级技术会对组织结构设计产生什么影响？

（7）信息技术对组织结构有何影响？

（8）如何衡量组织规模？为什么说大规模的组织通常是更为正规化的组织？

（9）组织规模如何影响组织结构？

（10）组织在不同的生命周期面临什么样的问题？如何设计与生命周期相匹配的组织结构？

（11）举例说明一个企业的组织文化是如何形成的？

（12）文化在组织的运行中发挥什么作用？

（13）举例分析一个组织的文化类型如何与环境和战略相匹配？

（14）人员素质对组织设计有哪些影响？

3. 实操训练题

（1）选择一个你熟悉的企业，分析这家企业的内外部环境和该企业处于生命周期的哪一个阶段，并说明企业是如何度过生命周期中的危机的？

（2）运用生命周期理论对你所在的学校进行分析，该学校目前处于生命周期的哪个阶段？它采取了何种方式度过其中的危机？

4. 案例分析题

请扫描二维码，阅读案例原文，然后回答每个案例后面的问题。

案例分析题原文

课程思政指南

课程思政教学设计（一）

教学内容	思政元素	教学设计
早期的组织管理思想	民族自豪感、文化自信	引导学生学习中国古代的组织管理思想，从中汲取东方管理智慧，强化民族自豪感，增强文化自信

续表

教学内容	思政元素	教学设计
环境、战略与组织结构设计	国情、时政	了解"一带一路"倡议、"乡村振兴"等战略出台的背景,分析环境、战略对于组织结构设计的影响,以及对组织发展的重大意义,引导学生树立制度自信
组织文化	社会主义核心价值观、文化认同感、整体与部分的关系	收集学校校史资料,总结建校以来取得的成果,分析学校文化在学校发展过程中的作用,理解组织文化的形成及其功能等方面的知识。分析校园文化融入社会主义核心价值观的情况,塑造积极向上的校园文化。 通过讲授中国组织文化建设的实践,运用海尔、海信、联想、华为、阿里、腾讯国内知名企业的组织文化建设案例研究,让学生认识到企业的社会责任和爱国情怀,学习优秀企业的优秀文化,教育学生奋发图强,不断创新,提高国家的技术发展水平,帮助学生树立团队与协作意识,提高道德品质,为成为中国特色社会主义事业合格建设者、可靠接班人奠定思想基础。 布置小组作业:以新时代特色社会主义核心价值观和学校校训为依据,设计班级文化

项目4 组织结构设计的方法

现代大规模生产的基础不是原材料和机器,而是组织的运行机制,这里指的是人的组织而不是机器的组织。

——〔美〕彼得·德鲁克

 学习目标

了解职能的概念和内涵;掌握职能设计的概念、作用和内容;掌握基本职能设计、关键职能设计的工作内容与方法;领会管理幅度和管理层次的互动关系;了解影响管理幅度设计、管理层次设计的因素,掌握管理幅度设计、管理层次设计的方法;了解影响集权与分权的因素,掌握集权与分权程度的确定方法;了解部门化设计的原则和依据;掌握部门化的方法;明确职权关系的定义和特点,掌握职权配置的原则;明确影响组织横向协调的主要因素,掌握组织横向协调的基本方式。

 项目导入

Q 公司的组织结构设计问题

Q 公司是经市人民政府批准,于 2001 年 4 月建立的市直属综合性投资公司。主要承担政府重大建设项目的投融资;接受政府授权持有并运作国有股权;自主开展资本运营,促进资产跨地区、跨行业、跨部门、跨所有制的流动和重组。

Q 公司采用集团公司的组织形式,目前有 6 个部门,分别是研究发展部、资本运营部、投资开发部、财务融资部、人力资源部和总经理工作部。目前,Q 公司的"一把手"是新上任的王总经理。他进入企业后的第一件事,就是了解企业内部管理的现状,发现企业当前的优势和劣势,并借助外部第三方专业咨询公司的力量,对组织结构及管控模式进行初步调研和分析,并提出组织结构新的方案。

咨询公司对 Q 公司的临时组织——项目专家组和专家咨询委员会的组织职能与管控模式进行分析时,发现这两个临时组织的内部管理存在两方面的问题:一是项目专家组和专家咨询委员会职责模糊、界限不清;二是项目专家组无固定人员维持工作,一般只在投资项目时聘用兼职专家,临时性工作由总经理工作部代理,但是临时性的业务越来越多,总经理都不堪重负。

思考讨论题:
1. Q 公司的组织结构有哪些合理的地方?又有哪些不合理的地方?

2. 如果你是咨询公司成员，你对 Q 公司组织结构调整有何建议？

本章从职能设计、层次结构设计、部门化设计、横向协调设计四个方面具体介绍如何进行组织结构设计。

任务 4.1 职 能 设 计

职能设计得是否正确合理，将对整个组织能否顺利有效地运转产生重大影响；职能设计得是否科学合理，也影响着组织结构是否科学有效。因此，职能设计是组织设计的前提和基础，也是开展组织结构设计的第一步工作，在组织设计中发挥着桥梁作用。

4.1.1 职能概述

1. 职能的概念与内涵

一般地讲，组织设计应从组织的职能分析入手。职能亦称管理职能，有两种较普遍的解释。① 职能是指组织管理系统在特定环境中保持正常运转，保证组织生存和发展所必须具备的功能。因此，职能是组织存在的基础和意义所在。这是从组织管理系统与外部环境联系的角度的观点。② 从组织管理系统的具体工作内容和工作过程的角度看，职能是对组织管理的具体业务活动所做的理论概括。这里前一种解释是从职能作用方面来进行的，而后一种是从职能的具体表现和实际内容来解释的。

可以从两方面把握职能的内涵。① 职能是一个组织存在的前提，是实现组织战略目标的根本保证。如一个企业设立了质量管理部，那么，就必须正确设计质管部的职能，其职能不能是片面的、单一的，而应该是综合的、全面的，质量管理部所应承担的职能一定包括提升全员质量意识、改变全员质量观念、制定质量管理规章、制定质量检验规则、完善质量控制流程、实施全员质量培训、实施全程质量检验与巡查、进行质量督导与改善等。如果一个企业的质量管理部门没有明确应该承担的这些职能，仅仅只是开展了产品质量检验和判断，那么，由于其质量管理职能的缺失，该企业的产品质量一定不能得到很好的保证和提高，这势必影响企业目标的实现和战略的达成，也自然是一种不合理的职能设计。② 职能是岗位责任的基础。职能不同于职责。职责只是单个岗位的责任；职能是组织整体的责任。职能是具体岗位及其责任划分的依据和基础，组织职能必须是由多个岗位来承载完成的，职能包含组织内部做事的责任和流程。如果一家企业管理混乱，那一定是责任无法落实，即责任分配不到位，可能是组织职能设计不合理所致。"锅里无水，碗里自然会汤少。"所以，组织在部门、岗位职责设计之前必须正确进行职能设计。

2. 职能的分类

组织职能划分具有相对性，可以采用不同的分类标准，从不同角度加以分类。以企业组织为例，在组织设计中，常用的、可操作性较强的分类方法有以下几种（见表 4–1）。

表 4-1　企业组织职能分类方法

分类标准	职能种类
管理层次	高层职能、中层职能、基层职能
管理范围	对外职能、对内职能
管理过程	决策、计划、组织、领导、控制等职能
管理分工	工作管理、技术管理、供销管理、人力资源管理、财务管理等职能
业务性质	职业性职能、综合性职能、服务性职能
重要程度	关键职能、次要职能
作用发挥	决策性职能、执行性职能、监督保证性职能
归属关系	基本职能、派生职能
职权性质	直线职能、参谋职能
公共性	公共性职能、非公共性职能

4.1.2　职能设计的概念、作用和内容

1. 职能设计的概念

所谓职能设计，就是对为完成组织目标所需要的各项业务活动进行总体设计，确定各项经营管理职能及职能结构，并层层分解为各个管理层次、管理部门、管理职务和岗位的具体的业务工作。换句话说，职能设计就是确定实现组织战略目标所需要从事的管理职能，尤其是关键职能，并进一步分解落实到各项具体的管理业务工作上，从而为组织战略和目标的执行提供组织上的可靠保证，并为组织框架结构，如管理层次、职能部门、工作岗位设计提供科学依据。也就是说，职能设计是对组织的总体任务进行设计，确定组织的各项职能及职能间关系，并将其分解为各个部门、岗位的工作和职责。职能设计的合理性、科学性和有效性决定着组织结构的合理性、科学性和有效性。如果职能设计不合理，那就需要进行调整，对其增减、弱化、取消或变革，否则组织设计就丧失了前提和基础。

面对当今激烈而复杂多变的竞争环境，每一个企业都要有自己独具特色的经营战略，都需要开展区别于其他企业的一些独特的业务活动，因而不同企业的组织结构各不相同。所以，进行组织设计时，必须分析组织应该开展哪些职能活动以及职能间的关系。现代组织设计在进行组织框架设计之前应先进行职能分析和设计，这是组织理论与设计的发展和进步。

2. 职能设计的作用

做好职能设计工作是进行组织设计的基础，有序有效的职能设计能够解除组织设计的后顾之忧，这就是职能设计在组织设计过程中所起的作用。职能设计将企业战略与组织结构的框架紧密连接在一起，起着承上启下的作用，具体来讲，职能设计对组织结构设计的作用主要表现在以下两个方面。

1）组织战略只有依赖职能设计才能与组织结构产生具体的联系

"战略决定结构"是组织设计必须遵循的一条基本原则。在组织设计中，人们不可能从组织战略中直接推导出具体的组织结构，二者之间只有通过职能设计这个环节，才能建立起具

体联系。战略是组织的纲领性行动方案，是对组织长期发展所做的总体规划，绝非哪一个部门能够独立承担的。只有将战略任务与目标进行分解，根据逐个目标的要求明确相应的职能，才能明确组织应该设置哪些部门、单位和岗位，以执行这些职能，从而确保组织战略任务和战略目标的完成。

2）组织框架结构要和职能设计相适应

一个组织之所以要设置这样或那样的部门，并不是盲目的，而是根据一定需要建立的。这些需要即组织为了实现目标所必须开展的业务活动。或者说，只有首先明确组织应该具备哪些职能、应该开展哪些业务活动，才能知道组织需要设置哪些部门。因此，组织的各种职能是引起部门设置的原因，是进行组织设计的依据。

可见，职能设计发挥着联系组织战略和组织结构的桥梁作用，具有承上启下的作用，这里的"上"，指的就是企业战略任务与目标；"下"指企业组织结构的框架，即承担各项管理职能的层次、部门、职务和岗位。一方面，职能设计对"上"能把实现企业目标所必须进行的各项职能，特别是关键职能加以明确，通过进一步的职能分解，使企业战略目标转化和落实到组织成员的具体业务上来；另一方面，职能设计对"下"能将这些业务活动科学地加以归类，构成一系列既相互联系又相互区别的职能，从而为组织框架设计、管理层次、部门、职务和岗位的设置提供客观依据。

3. 职能设计的内容

从企业的角度看，组织的职能设计主要包括以下内容。

1）职能分析

进行职能分析，要对企业整个管理系统或个别管理系统的全部职能进行分析，分析应从内容、性质、相互关系和分工等多个角度进行，确保整个分析过程的客观性，紧跟企业随着环境变化所发生的条件变化，由此总结出整个企业的职能结构，展开探讨并提出应对方案。

在这种状态下的职能分析，可以整体上把握企业所需的职能结构的不同性质和特点，在全部的职能中，哪些是关键职能，哪些又是企业必备的基本职能；为了应对企业持续发展所应展现出的与其他企业与众不同的特点，又需要哪些特殊职能将经营战略和核心业务流程紧密联系，以及将各个职能合理分配给企业纵向和横向的各个部门去执行。

2）职能整理

此项任务的重点是将上一步骤分析出的企业全部职能进行归纳，通过反复的探讨和推论，总结出企业现有的职能结构状况，找出与企业全部业务活动不符的职能问题，提出解决方案加以改进。需要注意的是，问题是通过与企业实际所需的职能结构相对比发现的。

3）职能分解

职能分解是将企业的每一个职能细分为可以具体实施并被员工接受的各项管理业务活动的过程。只有这种具体的工作内容才能对企业职能结构的整改起到作用，在此基础之上进一步合理地设计企业发展所需要的职能和部门，将各职能和企业活动所牵涉的业务归类并进行分配设定。在这里，职能分解任务的顺利完成采用逐级分解的方法，即首先将分析出的企业所有的具体职能进行罗列，随后围绕这些具体职能展开详细的管理工作，最后将这些工作任务转化为具体业务活动。

上述职能设计是对新企业来讲的。对老企业而言，职能调整是职能设计最明显的表现。例如，对企业发展起到关键作用的职能新增或强化，取消或弱化无关紧要的职能，调整企业重叠或脱节的职能，企业现有文件规定的职能与企业实际执行的职能往往有相当大的差距，因此需要先调查、描述和分析企业实际执行的一套管理职能，然后根据有关权变因素做出相应的职能调整。[①]

4.1.3 基本职能设计

从事生产经营活动是企业的核心工作，为了使企业生存并逐步发展壮大，在具备一些基本的生产经营和管理的职能基础上，必须对自身生产所需的人、财、物等经营资源和供、产、销等动态环节过程进行系统、有效的管理。每个企业起点不同，发展历程也不同，不能用一般性的基本职能设置统一要求每个企业都去实施和执行。总体来讲，基本职能的设计与调整的目的就是要建构柔性组织，动态地反映外在环境变化的要求，并且能够在组织演化成长的过程中，有效积聚新的组织资源要素，同时协调好组织中部门与部门之间、人员与任务之间的关系，使员工明确自己在组织中应有的权力和应担负的责任，有效地保证组织活动的开展，最终保证组织目标的实现。组织在对基本职能进行设计与调整时，通常要从以下四个方面的因素出发进行基本职能的设计与调整。

1. 按行业特点进行基本职能设计

行业是社会分工的产物，是根据同类产品（或生产）划分的工业类型，每个行业的基本特性各不相同，每一个企业都归属于某个行业。行业不同意味着各企业投入的资源、生产技术过程、产出过程、市场需求、竞争状态、销售与服务方式等各不相同，因此，行业特点是影响组织基本职能设计的一个重要因素。组织在进行基本职能设计的过程中，要考虑所处的行业特点。具体表现在以下几个方面。

1）是否有必要增加新的基本职能

由于各行业在资源投入、制造过程和产出等方面存在差异，行业特点会对组织职能产生有别于一般要求的特殊要求。绿水青山就是金山银山。当今社会提倡绿色发展、可持续发展，像一些石油化工、冶金、电力等企业，如果用原有技术继续进行生产，必将产生大量有损于环境的有害物质，违背社会发展的潮流，因此，这类企业应该考虑将环境管理（环境监测、治理、改善等）以及资源的综合利用列为企业重点发展的基本职能。石油、天然气、煤炭、矿山、林业等工业企业，面对资源有限性的压力，资源保护、勘探、储备等资源管理工作是必不可少的基本职能。而一些烟酒企业和食品企业，本着促进发展，提高产品质量，使原始的农业生产实现现代化的目的，采用合作经营和网络营销的方式，优化甚至建立原料生产基地，扩大经营合作范围。综上，在这些特殊的企业中，增加并健全有关特殊的、新的基本职能极为重要。

2）是否有必要细化某些基本职能

在生产经营过程中必然涉及大量的业务活动，需要进行专业化的分工，达到细化基本职能的目的。例如，现代钢铁联合企业的生产过程，涉及原料能源运输、冶炼、轧制、综合利用、成品出厂和外部协作等多项复杂的管理工作，生产流程长，运行速度快，投资大，生产经营规模大。仅能源就包括水、电、风、气等几种能源介质的生产、运输和供应；各种原科和成品的年吞吐量高达数百万吨甚至上千万吨；厂内外运输方式和运输设备多，工作量大；

---

① 相飞，杜同爱. 组织设计与工作分析［M］. 北京：中国人民大学出版社，2021.

外协范围广、单位多。在这种条件下，钢铁联合企业只有细化生产管理职能，才能适应生产过程复杂性的要求，因此，原料管理、运输管理、设备管理、外协管理等领域，适合独立成为同生产紧密相关的几个基本职能。

3）是否有必要简化某些基本职能

如果一个行业生产经营过程中某一阶段的业务的管理职能比较简单，就可以考虑不一定要作为独立的基本职能。如发电的产出是电能，通过电网直接输送给用户，不像其他行业那样，必须经过市场营销和激烈的竞争才能实现产品的价值。因此，在有些国家或地区，电力生产企业的销售职能尽管依然存在，但与市场营销工作既重要又很繁重的企业有很大的差距，电力生产企业应设置得更加简单，没有必要设专门的市场营销部，可将自身的市场营销业务并入生产、财务等直接相关的基本职能中，以减少人力、物力的浪费。

4）是否有必要强化某些基本职能

所谓强化某些基本职能，就是指要充实某一基本职能的业务活动内容，使其能够充分地发挥作用。如某企业在创业初期，虽然也拥有产品研发职能，但投资力度小。随着企业不断发展，市场竞争日益激烈，产品研发和创新变得越来越重要，因此，只有强化产品研发职能才能保证企业的进一步发展，该企业应加大对产品研发、人才和资金的投资力度。

2. 按技术特点进行基本职能设计

技术是企业发展的关键。企业生产产品或提供服务所需要的原材料等初始资源只有通过技术才能实现转化，企业所拥有的技术不同，所进行的职能设计也就不同。企业的基本职能随着企业对生产需要的技术升级换代应做出相应的调整。

1）技术水平高低影响组织基本职能的设计

通常来说，企业技术不同，所对应的基本职能设置也不同，技术越复杂，企业的基本职能也随之提高。如采用简陋设备的企业与运用现代化、自动化水平高的成套设备的企业相比，有关技术职能的设计是不同的，设备管理职能及设备管理部门的设置对后者来说是非常重要的，而对于前者而言，就没有必要投入大量资金设置设备管理部。

2）技术实力强弱是组织基本职能设计要考虑的重要因素

技术实力强弱程度不同，意味着企业需要开展的职能不同。如果企业的技术实力较弱，那么企业应该着重于产品与技术选择、健全并强化人才资源开发及技术引进等基本职能；如果企业的技术实力较强，那么，保护技术专利、进行技术商品贸易、组建技术联盟和开展自主研发等方面的管理职能就必须健全起来。

3. 按外部环境特点进行基本职能设计

伴随市场经济的发展，企业与外部环境的联系日益广泛和密切。企业的运行离不开社会环境。经济、政治、文化以及技术等这些间接影响组织管理目标的环境称为一般环境，政府、顾客、竞争对手、供应商等直接影响组织管理目标的具体环境称为特定环境。无论是一般环境还是特定环境，企业的所作所为都应根据这些环境的变化相应变化，产生独具特色的组织职能。

1）考虑是否有必要增加有关加强对外联系的基本职能

当外部环境的复杂性提高时，应增设有关加强对外联系的基本职能，以促进组织与环境的互动与交流，获取有利于组织的信息。信息的重要性在当今社会不言而喻，有些组织为了获取必要的信息，会专门聘请外部专家组成信息情报部门，及时了解外界环境动态，为企业相关的决策提供可靠依据，使组织反应更加灵活。例如，企业加强公共关系职能，积极与各类公众交流和沟通，可为企业树立良好形象、提高企业知名度和信誉度。

2）通过组织职能的设计与调整尽量减小组织自身要素资源对环境的过度依赖性

组织需要从外界获取原材料、劳动力和资金等资源用于产品产出，此时外部环境的资源状况左右企业的生存。如果外界的关键组织资源充足，可供企业使用，企业发展顺畅；如果外界的关键组织资源不充足，企业获取资源就会非常被动，企业发展受到阻碍。因此，企业应想方设法削弱这种限制，减少组织自身要素资源对环境的过度依赖，适当设计与调整组织职能，使企业与外部环境之间产生良性互动。

此外，企业应该考虑各项基本职能是否有必要充实某些业务活动内容，以加强企业与外部环境各影响因素之间的联系和协调。如销售管理职能，既要有推销产品的职能，也要开展收集、了解和反馈用户意见和要求等职能以推动适销对路的新产品研发。

4. 按其他要素进行基本职能设计

除以上因素外，组织规模、组织形式等要素也对企业组织结构和基本职能产生不容忽视的影响，需要进行必要的分析。

1）组织规模的影响

组织规模对组织基本职能设计也存在制约作用。组织规模越大，管理工作越复杂，工作量越大，组织的基本职能应该划分得细一些、多一些。这是因为，对于较大的组织规模来说，只有细化专业分工，才能承受繁重的工作负荷，才能提高管理工作效率及其经济性，使组织获得持续的竞争力。如大企业的基本职能要多于中小企业。

2）组织形式的影响

现代企业的组织形式多种多样，并在不断发展。因此，企业在进行基本职能设计时，要根据组织形式的特点区别对待。如独立经营的企业要自己进行原材料供应、产品生产、销售等，基本职能较完整。如果进行联合经营，企业则主要从事生产活动，而销售职能则依靠商业或外贸企业去实现。合资企业则必须增加体现和保护各方面所有者利益的有关职能，成立董事会、监事会等机构，而独资经营企业就没有必要设立诸如董事会等机构。

经过上述几个方面对基本职能的分析和调整，最后应列出组织基本职能的全部清单。这一成果既是指导下一步有关管理层次和部门化设计工作的依据，也是全部组织设计工作完成之后，评价设计方案的标准之一。因为只有能够全面履行这些基本职能的组织结构，才是科学合理的。

4.1.4 关键职能设计

组织同时被多个基本职能包围，每个基本职能所处的地位、对组织发展所起的作用是不同的，总有主次、重要和非重要之分。在这些职能之中，某些职能与其他基本职能比起来，对组织战略目标所起的作用是关键的，则称这些对企业战略目标起着关键作用的基本职能为关键职能。美国管理学家德鲁克在其《管理——任务、责任、实践》一书中阐述关键职能时，曾把企业组织结构比喻为一幢建筑物。他指出，各项管理职能如同建筑物的砖瓦材料和各种构件，而关键职能就好比是建筑物中承担负荷量最大的那部分构件。实践也证明，任何一家卓有成效的公司，一定能非常明确其关键职能，并把关键职能配置在企业组织结构的中心地位。

所谓关键职能设计，就是根据组织的任务和战略，在众多的基本职能中找出一两个对实现组织战略起关键作用的职能，以便在职能设计中突出关键职能的作用，把它置于组织框架的中心地位，以保证强有力地发挥关键职能对实现组织战略的促进作用。找到并优化关键性的基本职能，设置关键职能部门并将其置于整个企业管理系统的中心，对于组织战略的实现所起的作用是无可置疑的。因组织领导者精力有限，如果把这些基本职能都放在同等关注的位置，分不清主次，眉毛胡子一把抓，不仅不能保障企业总目标的实现，反而会因分配到每个基本职能的精力较少，组织管理效率较低甚至内部职能部门发生冲突。为此需要赋予关键职能部门更大的权责，重点保证关键职能部门资源充足，并且由总经理亲自掌控关键职能部门。突出关键职能是成功企业的一个共同特征，也是区别不同管理模式的一个主要标志。

那么，哪项基本职能应该成为企业的关键职能呢？一般地，组织的关键职能是由组织战略、组织所处的行业和组织所面临的环境等因素决定的。如果两家企业所采取的战略分别是低成本战略和差异化战略，那么这两家企业的关键职能则不同，前者的关键职能是降低成本，后者则是产品创新。

1. 关键职能设计的要求

突出关键职能是成功企业的一个共同特征，也是区别不同管理模式的一个主要标志。总体上，关键职能设计就是要根据企业的目标和战略，在众多的基本职能中找出一个或少数几个对实现企业战略起关键作用的职能，并突出关键职能的作用，把它置于企业组织结构的中心地位，以保证关键职能对企业战略的促进作用。具体而言，关键职能设计应满足以下几个方面的要求。

1）要在组织各项基本职能中找出关键职能

作为组织的关键职能，它应该是那个能够体现企业经营宗旨并必须得到出色履行的基本职能。为了保证对关键职能分析的正确性，组织设计人员应认真思考以下三个问题：① 为了达到组织的战略目标，需要哪些职能必须得到出色的履行？② 哪些职能履行不佳，会使组织遭受严重损失，甚至危及组织的生存？③ 组织的宗旨以及体现这一宗旨的具有重要价值的活动是什么？这些问题提醒我们，某项职能是否应列为关键职能，不在于它需要多少资金和人员才能维持组织运转，决定性的依据是它在实现企业战略任务和战略目标中的关键作用。

2）把关键职能部门置于整个组织管理系统的中心地位

关键职能设计的重要内容还表现在要明确承担关键职能的重要部门，否则，即使组织各项基本职能健全，却抓不住主要矛盾，难以将有限资源用于关键职能部门，导致平均使用力量和平均分配资源，或者互相争当主角，造成摩擦与内耗以及效率的低下。为保证关键职能部门的核心作用，需要赋予关键职能部门更大的权力，包括决策权、指挥权、否决权。

3）资源配置要向关键职能部门倾斜

组织资源具有稀缺性，因此，组织管理者应首先保证关键职能部门对资源的需求。关键职能设计的目的就是将有限资源向对完成组织战略目标起关键作用的重要职能部门倾斜，而不是在各职能部门中平均分配资源。

4）重用关键职能部门负责人

关键职能部门应该由公司总经理亲自掌控，且应该提拔关键职能部门负责人到公司高层领导岗位上去历练，形成对组织职能部门的更好引导，这样才能突出关键职能部门对于组织战略目标实现的重要作用。

2. 关键职能设计模式

以企业组织为例,关键职能设计表现为多种模式,从而形成不同类型的组织结构。

1)以质量管理为关键职能的组织结构

以优质取胜的经营战略是企业外部环境和内部条件共同决定的结果,是企业可持续发展的根本。对于生产电视机、汽车、飞机等产品的企业来说,质量管理是其关键职能,由此构成以质量管理为中心的组织结构(见图4-1)。在以质量管理为中心的组织结构模式中,建立以总经理为首的质量管理领导小组,下设的质量管理机构(TQC室)为日常管理机构,其地位比其他职能部门(生产、技术、销售等)要高一个层次,是直属总经理的决策性机构,对其他职能部门拥有指挥权和否决权。

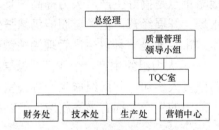

图4-1 以质量管理为关键职能的组织结构

2)以技术开发管理为关键职能的组织结构

对于生产电子计算机、精密电子仪器等高技术产品的企业而言,其生存与发展主要取决于企业能否开发出技术上更先进的换代产品和满足顾客潜在需求的新产品。因此,这类企业的关键职能为技术开发,其组织结构以技术开发为中心,其模式如图4-2所示。在这类组织结构中,技术开发领导小组及其日常办事机构(技术开发部)处于经营决策层,其任务主要是研究制定企业技术开发的目标、发展战略规划,并组织和监督其实施,并在人员配备和资金分配上处于优先地位。

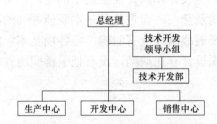

图4-2 以技术开发管理为关键职能的组织结构

3)以市场营销为关键职能的组织结构

对于生产日用消费品以及小五金之类简单工具的企业来说,它们运用的是常规技术,容易掌握,生产厂家很多,市场经常处于供过于求的状况,各生产厂家在竞争中不容易建立质量和价格优势,这就需要把市场营销放在关键位置上,故形成以市场营销为中心的组织结构。在这类组织结构中,市场营销部门的地位被提高到决策性的管理层次。其模式如图4-3所示。

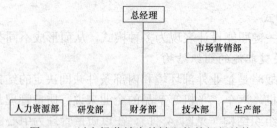

图 4-3 以市场营销为关键职能的组织结构

4）以生产管理为关键职能的组织结构

对某些企业来说,提高产量是其生存和发展的决定性因素,如我国油田、煤矿、发电厂、钢铁厂等工业企业,企业的战略重点是搞好生产,大力提高产量。因此,伴随我国市场经济的发展,它们虽然也要面向市场、开展经营,但关键职能仍然是生产管理,其他各项基本职能要围绕生产管理来开展工作。图4-4是一种以生产管理为关键职能的油田企业的组织结构模式,从图4-4中可以看出,为了大力组织生产,企业高层领导机构以总经理为首,由那些与生产密切相关的各主要部门负责人参加,共同组成生产办公室,统一组织和指挥生产。生产办公室及总调度中心在整个油田的生产上拥有最高权威,能够指挥同生产有密切关系的各个职能部门。

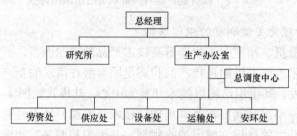

图 4-4 以生产管理为关键职能的组织结构

以上是几种常见的关键职能设计模式。需要指出的是,在实际工作中,有些企业的组织结构设计并没有突出关键职能及部门,而是几种基本职能并列的结构。这种情况的出现可能有两方面原因:一是企业的发展战略还没有明确,将各项基本职能的重要性视作相似,企业没有明确关键职能;二是组织设计存在缺陷,没有把关键职能置于组织结构的核心地位,从而突出关键职能的作用。

4.1.5 职能分解

职能分解就是将确定的基本职能和关键职能逐步分解细化为具体的、可操作的管理业务活动,也就是细化为二级、三级等职能,从而为各个管理层次、部门、职务以至岗位规定相应的管理职能。通过职能分解,组织的全部职能转化为管理人员的工作内容,组织的战略任务与目标才能最终得以落实。

采取逐级分解的方法,即可完成职能分解的任务。"逐级分解"一般可分为三级,职能分析工作所列出的基本职能为一级职能;为完成一级职能而必须开展的管理工作为二级职能;将二级职能分解,就可具体化为业务活动,为三级职能。如表4-2所示,是某企业生产管理职能的分解举例。

表 4-2　生产管理职能的分解举例

一级职能	二级职能	三级职能
生产管理	生产计划	编制年度生产计划
		编制月度生产计划
		编制产品生产标准
	生产指挥	生产调度
		生产作业统计
	生产控制	仓储盘点
		质量控制

任务 4.2　层次结构设计

层次结构设计又称纵向组织结构设计，其主要任务是确定组织的管理层次，以及这些层次之间的相互关系，包括管理幅度设计、管理层次设计、集权和分权设计。

4.2.1　管理幅度设计

对组织管理幅度进行设计，要分析影响组织管理幅度的因素，在厘清组织管理幅度设计的要素与重要性的基础上，运用正确的设计方法进行有针对性的设计，这样方能做到游刃有余。

1. 影响管理幅度设计的因素

决定管理幅度大小的客观因素，从理论上加以抽象概括，可以归结为以下几个方面。

1）上下级关系的复杂程度

上下级关系的复杂程度是影响组织管理幅度的一个极其重要的因素。上下级关系越复杂，管理幅度应该越小；反之，管理幅度就越大。衡量上下级关系复杂程度的标志有三个。① 关系的数量。如果撇开上下级关系的具体内容，那么，关系数量的多少和复杂程度成正比，数量越少则关系越简单，越多则越复杂。② 相互接触的频率。它和上下级关系的复杂程度也是成正比的，接触的频率越高，复杂程度就越高；反之，复杂程度则越低。③ 相互接触所需花费的时间。上下级关系复杂程度之所以影响管理幅度，原因在于复杂程度高则要求领导者付出更多的精力，即劳动。因此，关系的数量及其频率的高低固然可以反映劳动耗费的多少，但有时是不准确的。例如，每次联系所处理的问题都极为简单、容易，尽管关系的数量大、频率高，领导者也能轻松地完成自己的任务。因此，与关系数量及频率相比，上下级接触所需花费的时间是衡量关系复杂程度的更重要的标志。需要花费的时间越多，表明上下级关系越复杂，领导者为实现有效领导所需付出的劳动就越多，管理幅度的扩展就越会受到强有力的制约。

2）工作性质

现代管理理论强调对人力资源的开发利用要研究人力资源本身，同时也要重视对工作的分析。相应地，在设计管理幅度这一人事结构的时候，要着重考量工作的性质，分析工作性质的差异，包括工作的重要性、工作的变化性以及下级人员工作的相似性。

如果工作很重要，管理幅度应当窄些；而对于不太重要的工作，管理幅度则可以宽些。

如果工作复杂、多变，创新属性成分占比高，就需要经常接触，深入调查、反复磋商，相应地，管理者需要投入的精力就更大，管理幅度窄些为好；而对于例行性的工作，管理幅度则可以宽些。

下属承担的工作越相似，越便于上级管理人员进行管理，相应的管理幅度就可以更大一些，反之则应相应减小管理幅度。因此，基层班组长的管理幅度往往大于上层领导的管理幅度。

3）管理方式

美国心理学家道格拉斯·麦格雷戈 1957 年提出人性假设与管理方式理论，即 X 理论和 Y 理论。麦格雷戈把传统管理学称为"X 理论"，他自己的管理学说称为"Y 理论"。

X 理论认为人们有消极的工作源动力，多数人天生懒惰，尽一切可能逃避工作；多数人没有抱负，宁愿被领导批评、怕负责任，视个人安全高于一切；对多数人必须采取强迫命令，软硬兼施的管理措施。Y 理论的看法则相反，认为人们有积极的工作源动力，一般人并不天生厌恶工作，多数人愿意对工作负责，并有相当程度的想象力和创造才能；控制和惩罚不是使人实现企业目标的唯一办法，还可以通过满足员工爱的需要、尊重的需要和自我实现的需要，使个人和组织目标融合一致，达到提高生产率的目的。

管理者持 X 理论，还是 Y 理论，直接决定着管理幅度的大小。如果信奉 Y 理论，推行相应的管理方式，则可极大地提升下级的工作能力，管理幅度自然得以加大；若管理者实行 X 理论，推行相应的管理方式，结果必然相反。

4）组织计划与控制的明确性

如果工作计划制订得比较详细具体，能将组织目标很好地分解为具体的个体目标，切实可行，那么下级人员更容易明确自己的具体目标和工作任务，不必事事向领导请示，由领导来裁决哪些事项更有利于组织目标的实现。此时上级的管理幅度就可相应扩大些。

执行情况的反馈与检查难易度，是与管理幅度相匹配的。如果检查的标准具体无争议，控制的技术先进、及时，能够反映组织的实时情况，那么可以及时发现偏离组织目标的行为，管理者可以及时对下属的行为予以管理，下级也可以随时依照相应的指标对自己的行为进行调节与纠正。此时管理幅度可以相应扩大些，反之应当对制度中的管理幅度比例予以调整或缩小。

此外，信息沟通的效率与效果、组织变革的速度，也与组织管理幅度的设置有密切联系。学术界对组织内信息沟通有许多研究贡献，在组织幅度层面，信息沟通效率越高，则越有利于管理者与执行者之间沟通与了解彼此的想法和工作进展，相应的管理幅度就可以扩大些。在组织信息化过程中，技术一度起到了决定性作用，但是最近研究表明，制度的设计与管理幅度的安排也会对信息的沟通效率产生一定的影响。①

5）人员素质与培训

人员素质对管理幅度的影响体现在领导者和下属人员两个层次。领导者如果精力充沛、

---

① 萧鸣政，张满，张占武. 组织设计与工作分析[M]. 北京：高等教育出版社，2019.

效率高、管理经验丰富,则管理幅度可以相应扩大,反之应相应缩小。下属人员素质高,能够准确及时地把握上级意图,对任务有较高的执行力,有一定的主动性,且在组织的实际运行中能较好地完成组织任务,出现失职的概率下降,要求管理者对其指导和咨询的时间也会减少,那么管理幅度可以相应扩大,否则只能缩小,进行人员培训与调整。

在人员培训方面,下属人员所受的培训越好,管理者处理上下级关系所需的时间和接触的频率就越少。因此,对于经过正规、全面培训的下级,管理幅度可相应加宽。与此同时,受过良好教育的专业技术人员,如工程师、设计师等无须过多地监督,管理幅度相对更为宽大。

6)空间分布

随着市场经济的发展,企业的规模和市场范围日益扩大,在空间分布上呈现出不断发展的趋势。在目前的技术条件下,下属单位和人员不在同一地区,会增加上级管理工作的难度和复杂性,因此,在设计管理幅度时,还必须考虑下属单位或人员在空间分布上的相似性,特别是对那些地区性公司、全国性公司和跨国公司来说,这一点尤为重要。一般下属空间分布的相似性小,即相互之间的距离远,社会经济文化环境差别大,管理幅度就不宜过宽;反之,下属空间分布的相似性大,则有利于管理幅度的扩大。但我们也应注意,随着信息技术的迅猛发展,上下级之间可以借助现代通信手段保持密切联系,及时有效地解决有关问题,大大减少了跨地区管理的难度,这也为拓宽管理幅度提供了条件。

7)组织文化

组织文化的研究,在当前组织的学术研究中占据相当大的比例。组织人员的学习能力和服从品质对管理幅度具有显著影响。以西方组织和中国组织做对比,自由主义思想影响下的组织文化较为强调个体,而中国的组织文化尤为强调集体。相应的管理幅度在合资企业、外企组织与中国公共组织部门中,就独立性与责任心发挥来说,前者的管理幅度可以相对扩大,而后者则应当依据其他因素扩大和缩小。但就服从性作用机制发挥来说,后者的管理幅度可以大些,前者的管理幅度应该小些。因此,组织文化也是影响组织管理幅度设计的一个重要因素。

广义地说,凡是影响上下级关系的因素都会对管理幅度产生作用。各种因素在不同组织、不同时期的影响力是有很大不同的,在设计管理幅度时,必须进行具体分析。

2. 管理幅度设计的方法

目前,确定组织管理幅度的方法并不多,常用的有以下两种。

1)经验统计法

经验统计法是通过对不同类型企业的管理幅度进行抽样调查,以调查所得的统计数据为参照,再结合企业的具体情况去确定管理幅度。

经验统计法虽然简便易行,但有明显的局限性。它缺少对影响特定企业管理幅度诸因素的具体分析,特别是定量分析,仅仅通过实证的数据调研,以此作为设计组织的管理幅度的依据。该方法只是简单地套用其他组织的管理幅度标准,因而主观判断的成分很大,提出的管理幅度建议难免与本组织的实际情况不符,有相应出入,甚至出现较大的误差,无法实现科学的管理幅度设计。例如,有人调查过美国10家大型企业,其最高总经理的管理幅度为1~24人,中位数为8~9人;另外一次调查发现41家中型企业总经理的管理幅度的中位数却是6~7人。

2）变量测评法

变量测评法是将影响管理幅度的各种因素作为变量，采用定性与定量分析相结合的做法来确定组织管理幅度的方法。其具体步骤与方法如下。

(1) 确定影响管理幅度的主要变量。由于组织的具体情况差别很大，影响管理幅度的若干主要变量可能有所不同，因而需要从多种因素中选择，并确定对本组织影响较大的主要变量。例如，美国洛克希德导弹与航天公司（以下简称洛克希德公司）通过研究分析与验证，把以下6个变量作为主要变量，即职能相似性、地区相近性、职能复杂性、指导与控制工作量、协调工作量、计划工作量。

(2) 确定各变量对上级领导人工作负荷的影响程度。为了定量反映各个变量对上级领导人工作负荷的影响程度，首先要按照每个变量本身的差异程度将其划分为若干个等级，如洛克希德公司把每个变量分成5个等级；然后根据处于不同等级的变量对上级工作负荷的影响程度，分别给予相应的权数。权数越大，则表示这个等级上的变量对管理幅度的影响越大。洛克希德公司对前述6个变量所确定的权数如表4-3所示。

表4-3 管理幅度各变量对主管工作负荷的影响程度

等级	1	2	3	4	5
职能相似性	完全相同 1	基本相同 2	相似 3	基本不同 4	根本不同 5
地区相近性	都在一起 1	在同一办公楼 2	在同单位的不同办公楼 3	在同一地区，但不在同一厂区 4	在不同地区 5
职能复杂性	简单重复 1	常规工作 2	稍具复杂性 6	复杂多变 8	高度复杂多变 10
指导与控制工作量	指导与控制工作量少 3	有限的指导与控制 6	定期性的指导与控制 9	经常持续的指导与控制 12	始终严格的指导与控制 15
协调工作量	同别人工作没有关联 2	与别人工作有一定关联 4	适度、易控的关联 6	相当紧密的关联 8	相互接触面广且情况多变 10
计划工作量	范围与复杂性小 2	范围与复杂性有限 4	范围与复杂性较广 6	在政策指导下需努力去制订计划 8	范围与政策均不明确，要求付出极大的努力 10

由表4-3可以看出，各个不同等级的变量对管理幅度的影响程度用权数来表示，最低是1，最高是15。这些权数是洛克希德公司对中层一级管理和部门主任一级中150个实例进行分析而得出的，并且还和若干在声誉和绩效方面堪称管理得法的公司所采用的计量标准核对过，因而具有相当的科学性。这个实例告诉我们，权数应该通过实验资料，经过反复研究和比较分析来确定，以尽量减少主观评价的不精确成分。

(3) 确定各变量对管理幅度总的影响程度。运用上一步得到的权数表，对照组织各变量的实际情况,确定该组织各变量应取的权数,再将其加总得到一个总数值,然后根据主管人员拥有的助理人数及其工作内容,对这个总数值加以修正,即得到决定管理幅度大小的总权数。这个总权数越大,意味着领导者的工作负荷越重,管理幅度就应该越小。修正总数值时,系数一般取 0~1 之间的小数。主管人员拥有的助理人数越多,系数就越小。例如,有 1 位助手的主管人员的系数为 0.9;有 2 位助手的为 0.8,以此类推。助手的工作内容也影响修正系数。配备有分担一部分主管工作的直线助理,采用系数 0.7;在计划和控制方面的参谋助理可用 0.75 或 0.85 的系数。

(4) 确定具体的管理幅度。在确定好变量对管理幅度总影响程度的量值后,接下来便可以在此基础上进行具体的管理幅度设计。将计算出的主管人员的总权数所对应的管理幅度标准值,与之前实际的管理幅度对比,就可以判定组织目前幅度是相对较大还是较小。如果组织是新建立的,可以直接依据总权数提出设置管理幅度的相关建议。至此,管理幅度的分析与计算即告完成。

管理幅度的标准值是以那些被公认为组织与管理得法,并具有较大幅度的企业为实例、经过统计分析而提出的。表 4-4 是洛克希德公司所采用的标准值。

表 4-4 管理幅度的标准值

影响管理幅度诸变量的权数和	建议的标准管理幅度人数
40~42	4~5
37~39	4~6
34~36	4~7
31~33	5~8
28~30	6~9
25~27	7~10
22~24	8~11

变量测评法同经验统计法相比,由于全面考虑了影响特定组织的管理幅度的主要因素,并进行了定量分析,而不是简单搬用其他企业的标准,所以,它所规定的管理幅度更为科学、合理。当然,也不可否认,变量测评法在选择主要变量、确定各个变量的影响程度时,设计人员主观评价仍在起一定的作用,这就难免产生一定的误差。

由于上述两种方法工作量较大,一般用于中高层次管理幅度的设计。因为一般情况下需要考虑的因素较少,伸缩性很大,不必做如此详细的定量分析,建立在定性分析基础上即可。

4.2.2 管理层次设计

1. 管理层次设计的影响因素

有效管理幅度是决定管理层次的一个基本因素,但并非唯一的因素。因此,在规定了管理幅度之后,还不能直接根据它和管理层次的反比关系,简单地将管理层次确定下来,完成管理层次的设计任务,还需要考虑以下因素。

1) 纵向职能分工

管理层次的实质是组织内部纵向分工的表现形式，各个层次承担不同的管理职能。一般来说，有多少等级层次，就有多少管理层次，管理层次越多，说明组织结构在纵向上的分布越复杂。在进行层次设计时，首先要根据纵向职能分工，确定基本的管理层次，然后再根据管理幅度设计提供的数据和其他影响因素进一步分析、测算具体的层次划分。

2) 组织效率

现代化大生产和市场经济要求组织具有高效率，如果管理层次少，致使主管人员领导的下属人数过多，超过有效管理幅度，那就必然降低组织效率。如果管理层次过多，管理费用将随着管理人员和协调工作量的增加而增加，信息上传下达的效率和效果会下降，计划和控制工作将复杂化，这同样会降低组织效率，这就是说，管理层次过多或过少，均不符合提高组织效率的客观要求。所以管理层次的多少要以提高组织效率为目标来确定，寻找恰当的数目才行。

管理学家德鲁克曾指出："组织不良最常见的病症，也就是最严重的病症，便是管理的层次太多，组织结构设计中最为基本的原则是，尽量减少管理层次，尽量形成最短的指挥链。"在近期研究中，"扁平化"组织结构的概念被认为是符合现代组织效率的重要结构设计理念，与传统的金字塔形结构予以区分。扁平式组织实际上就是在组织规模已定、选择管理层次较少而管理幅度较大的一种组织结构形态。它首先产生于工商企业之中，具体是指"让员工打破现有的部门界限，绕过原来的中间管理层次，直接面向顾客和向公司总体目标负责，从而以群体和协作的优势赢得市场主导地位的组织"。由此解释可知，扁平化组织最基本的特征就是：简化管理层次，精干组织结构；注重权力下放，强调自我管理；实行信息共享，重视横向联系。①

3) 组织规模

在生产规模大、技术复杂的大型企业中，由于管理业务的复杂性，为保证企业组织内部的管理层次能够促进组织绩效与组织目标的达成，企业纵向职能分工应细一些，管理层次要多一些。大型企业从总经理到一般员工，中间层次可能有五到六个，中型企业可能有三到四个。如果是企业规模较小、技术简单的小型企业，就可实行集中管理，通常只要设置两到三个管理层次就可以了。企业的规模一定程度上与管理层次成正比，但是也存在一些经营简单的企业，其管理层次相对简单，也是为了适应其组织发展需要，因此在组织设计中对管理层次的设计要具体情况具体分析。

4) 内部沟通

各个层次之间的信息沟通是组织运行所必不可少的。如果企业内部的信息沟通有效程度高，便可以缩短企业上下的距离，使企业最高领导能够迅速而有效地获取来自基层的各种信息，也使企业基层组织能够准确快速地获得来自高层的各种信息。这样自然就可以减少管理层次。

5) 组织变革

组织不是一成不变的，必须根据内外部条件进行适时的变革。变革速度慢，即企业的内部政策和各项措施比较稳定，组织成员对此也较为熟悉，能够发现处理各类问题，因此企业

---

① 孟桢. 论组织扁平化及其在组织变革中的运用 [J]. 湖南社会科学，2008（4）：223-225.

只要设置较少的管理层次就行了；反之，如果组织变革的速度快、频率高，政策措施经常变动，就需要加强管理工作，这将导致管理层次的增加。

2. 管理层次的设计方法

我们可以在回顾组织管理层次设计理论，分析判断组织需要进行金字塔形结构设计还是扁平化设计的基础上，根据有效管理幅度及其他制约管理层次的因素，提出管理层次设计方案。具体地，可以按照以下步骤进行。

1）按照组织的纵向职能分工，确定基本的管理层次

在集中经营、集中管理的组织中，如果组织的规模较小，技术简单，通常只需要设置经营决策层、管理层和作业管理层；如果组织的规模较大，采用的技术较复杂，管理层次就要多一些。

在分散经营、分散管理的组织中，总公司和分公司是两大管理层次，总公司和分公司中，还分别存在各自的管理层次，如总公司的战略决策层、专业管理层，分公司的经营决策层、专业管理层和作业管理层等。

2）按照有效的管理幅度推算具体的管理层次

假设某一组织的员工有1 000人，中、高层有效的管理幅度为5～8人，基层的有效管理幅度为10～15人，则可以推算出该组织的管理层次为3～4层。因为，按较大的管理幅度计算，则第一层的人数为8人，第二层为8×8=64人，第三层为64×15=960人，全部人员加起来为8+64+960=1 032人。有三个层次已经包含了组织的所有人员，故设三个组织层次即可。若按较小的管理幅度计算，则第一层5人，第二层为5×5=25人，第三层为25×5=125人，第四层为125×10=1 250人。前三个层次只包含了155人，必须设置第四个层次才能包含所有的组织成员。

3）按照提高组织运行效率的要求，确定具体的管理层次

根据管理幅度来确定组织层次，可以防止因上级的管理幅度过大而导致管理效率降低。但这还不够，因为影响效率的还有下属的积极性和完成任务的能力等。所以，确定具体的管理层次，应将这两方面结合起来通盘考虑。对于下属来说，高效率的组织应当是：下级有明确而充分的职权，能够参与决策，了解组织目标；能够提供安全和岗位，使每个人都有发展的机会；能够依靠小集体的团结和协作，完成组织赋予的工作任务；等等。

就上面的例子而言，如果设置较多的层次，即四层，那么主管人员与其下属组成的集体就会相对较小；而设置三个层次，情况则相反。它们对于提高组织效率各有利弊，组织设计人员要根据企业的实际条件加以权衡，看看哪个方案更能满足提高组织效率的要求，以决定取舍。假定设置四个管理层次，由于中高层主管职务增多、增加了人员的晋升机会，从而有利于满足人员的成就感，产生激励作用；由于集体较小，易于保持团结，有更多的参与管理的条件，并易于统一思想而减少决策时间；虽然集体较小，各种特长的人员可能配备不齐，但该企业管理工作并不复杂，不会束缚下级的手脚。因而总的来看是利多弊少，这样就可以确定设置四个管理层次。否则，就应采用三个管理层次的方案。

4）按照组织的不同部门的特点，对个别层次加以调整

组织整体管理层次的确定可以按上述方法进行，对某些比较特殊的部门可以跳开这个框框，单独作管理层次局部的调整。对需要发挥下属主观能动性及创造性的部门，相应地可以减少管理层次，增强下属与上级的沟通联系。而对于要求技术复杂、环境变化快、人员素质低、

需要加强控制的部门,则可以增加管理层次。例如,技术开发部门,若层次多,主管人员多,就不利于发挥科技人员的创造性,必须适当减少层次。而有的生产单位技术复杂,生产节奏较快,人员素质又较低,需要加强控制,在这样的条件下,适当增加组织管理层次则是必要的。

设计管理层次需要注意的三个问题

(1)虽然较多的管理层次设计能够减少领导者承担的工作量,增加人员的晋升机会,满足了下属的成就感,但是要避免出现过多的岗位设置导致的人浮于事。副职过多便是我国组织中普遍存在的问题。表现形式为官多兵少,这样会造成组织纵向结构的层次过多,机构臃肿,多头指挥导致下级无所适从,发生事情相互推诿的情况。

(2)关于组织的高层结构与扁平化结构问题,曾是组织设计争论的热点。高层结构设计是传统组织设计的重要组成部分,扁平化为近代学术研究所重视。孰优孰劣,要以权变的观点选择最适合组织的设计方案。

(3)设计管理层次触及组织内既有利益格局时,要以组织存续为前提,从组织文化等多方面对组织的管理层次进行渐进调整。①

由上可知,层次设计并非一项简单的工作,它涉及管理幅度以及其他多方面的因素,层次设计时应该对这些因素进行综合考量。既然层次无定数且影响设计的因素众多,那么何为成功的层次设计呢?可以依据以下四条经验法则对层次设计结果进行评判:"每一层次必须做到灵活应变,使管理者能在迅速变化的环境中制订出计划;促进组织内部各单位间的协调;拥有合适的控制机制和责任机制;赋予管理者充分配置组织资源的能力以便实现业务目标。"②

4.2.3 集权与分权

撤销各地销售办事处之后

某公司在各省市都有销售办事处,这些办事处开销很大,总公司觉得控制不住,就把所有办事处都撤销了。公司总经理提出了一个口号叫作"大企业、大营销、大财务"。原来叫分散求生存,现在叫集中求发展,营销权、财务权全部集中在北京的总部。这样一来,原来的弊病消除了,但又产生了新的问题,报销全部要总经理签字,总经理每天8点到8点半专门签字,他的办公室排起了长队,单位运行效率很低。外地客户打电话买产品,北京营销公司要专门派一位员工坐飞机去洽谈合同;签了合同,营销人员再飞回北京,向领导报告。货不

---

① 萧鸣政,张满,张占武. 组织设计与工作分析[M]. 北京:高等教育出版社,2019.
② 斯坦福. 组织设计指南[M]. 笪鸿安,冯云霞,译. 大连:东北财经大学出版社,2009.

在销售部门，营销公司要凭总经理的批条才能发货。这样一个流程最快也要一周，效率如此低下，原来的客户纷纷另觅合作伙伴。

【点评】这家公司存在的一个主要问题就是没有正确处理好分权与集权的关系。在一个组织内，是集权程度高一些好还是分权程度高一些好，这既不能凭主观意愿去确定，也不存在普遍适用的标准模式可供选择。集权与分权的程度是相对的，不存在完全的集权，也不存在完全的分权。

企业在进行组织结构设计的过程中，确定企业中各单位之间责权利关系是整个企业组织设计的重要问题之一。处理各单位的权力集中程度即管理者进行集权与分权的工作，此项工作也可以称为企业管理体制设计或企业组织体制设计。

1. 影响集权与分权的因素

为使组织能够有效地运转，必须明确集权或分权的影响因素。对于一个企业来讲，集权程度是高些好还是低些好，既没有普遍适用的标准模式。也不能从主观愿望出发去选择，要根据影响集权与分权程度的客观因素实事求是地加以确定。这些客观因素可概括为以下四个方面。

1）产品结构及生产技术特点

这是来自组织内部的影响集权与分权程度的基本因素。若企业产品单一，设备更新换代速度慢，生产产品需要大批量、持续不断地进行，则各环节需要频繁联系和沟通，确保产品按期完成，这就需要管理者进行集中化、统一化的引导，即需要集权才能实现，组织高层就应集权多一些。有的企业业务涉及较广，从事跨行业多种经营，各种产品的生产所需技术不同，市场和销售渠道也各不相同，在这种情况下，只有加大分权程度，才能使企业不同产品的生产单位根据行业特点灵活经营。

2）环境及经营战略

环境因素是在外部影响集权与分权程度的基本因素。当今世界变化加快，技术不断升级、行业竞争日益激烈、资金来源的不确定性都影响着决策者对于企业集权与分权的判断，环境越复杂，越难把握有利于企业的准确可靠的消息。为了使企业规避风险，获得在危险环境中不可多得的机遇，要实行分权管理，给予下属在恰当的行为范围内自由决策的权力，增加企业的灵活性以应对风险。如果企业面对的环境平稳，那么可以适当增加权力的集中程度，进行规范化管理。

与环境相联系的是经营战略，战略不同，将对集权与分权产生直接影响。常见的企业所采取的战略是：稳定型战略、增长型战略和收缩型战略。采取稳定型战略的企业可以适当增加企业集权程度。采取收缩型战略的企业应加强集权，以便集中组织资源，攻克重点问题。采取增长型战略，则需要企业注重分权，充分发挥下级的主动性和创造性，为企业开拓更多的、更大的市场。

3）组织规模

规模越大，经营管理越复杂，要做的决策就越多；同时企业规模越大，所需设置的管理层次和部门相应越多，这使横向协调越来越困难，高层也就越不容易及时掌握基层情况。因此，决策权如果过于集中，就会延误决策时间，降低决策效率，还会因情况不明而导致决策失误。所以，规模大的组织，除了那些由产品结构和生产技术特点所决定的适合高度集权的组织，一般都需要不同程度地扩大分权。

4）组织管理水平和人员素质

有些组织经过长期发展，形成了一整套适合自己情况的管理方式、制度和方法，各方面管理水平都较高，这就为增加分权的内容和程度提供了有利条件；反之，若组织内部管理水平参差不齐或者水平都较差，为了保证整个组织步调一致、协同动作，就需要加强集权。

组织管理水平的高低最终取决于人员素质。如果各级员工素质好，既有经验和能力，又有强烈的责任心和进取心，分权程度自然可以加大；如果缺乏优秀的管理人才，员工素质低，分权就会受到限制。

客观地看，决定分权程度的因素大部分来自组织内部，但也包括一些外部因素，如政治、经济因素。这些外部因素不确定时，常促使企业组织集权，另外，在困难时期和竞争加剧的情况下，也会助长企业走向集权。

2. 处理集权与分权关系的原则

处理集权与分权关系，一定要坚持集权与分权相结合的原则。企业的成功离不开谨慎的集权和大胆的放权，要想使企业各方面达到平衡，需要将必要的权力集中、非必要的权力恰当交于下级人员，真正做到收放自如，以极具灵活性和适应性的状态应对外界环境的变化。可见，任何组织进行高层和中下层之间的责权分工，都应保持必要的集权，也要有必要的分权，使二者形成符合该组织具体条件的平衡状态，哪一方面都不可过度膨胀。

组织设计者之所以把集权与分权相结合作为一项基本原则来指导组织层次设计，基于三点原因：① 集权与分权相结合是企业存在的基本条件；② 集权与分权相结合是企业保持统一性和灵活性的客观要求；③ 集权与分权相结合是保证二者取长补短的基本结构形式。

集权与分权虽然是矛盾的，但又是互补的。绝对的集权与分权是不存在的，只有很好地将二者结合起来，企业才能生存和发展。

3. 集权与分权程度的确定方法

1）以企业自身发展历程为依据确定

企业在经历创业期、成长期、成熟期和衰退期时应采取不同的集权与分权程度。

（1）创业期。企业初创时期，对于市场和客户的确定都还处于探索阶段，这时的企业领导应该给予员工更多的自主空间，让员工发挥自己的主观能动性，对市场和客户积极探索。所以，在这个阶段，企业领导对于下属的管理应采用指导性计划。

（2）成长期。随着市场和客户的基本确定，企业接下来要做的就是如何进一步巩固企业形象，提升企业产品质量和服务质量。企业在这个阶段其性质已经基本确定，企业的生产和经营也都已经制订了较为具体和明确的计划。在这个阶段，企业内部如果还是实行比较自由自主的管理方式就很容易出现意见分歧，从而影响企业发展的统一的合力的形成。所以企业在这一阶段就应该加强最高领导人的集权化管理，对企业内部的人、事、物、财等资源都做到统一筹划、统一调度，加强企业内部的各种规章制度，让企业生产进入产业化发展道路，同时加强企业统一预算。

（3）成熟期。到企业完全到达发展的成熟期之后，企业的运作更加的稳定，企业的一切运作按部就班地进行,这个阶段仍然比较适合进行有计划性的集权化管理。

(4) 衰退期。企业一旦从成熟期进入衰退期,就必须就企业的发展目标及现有资源的规划进行重新的、通盘的考虑。在这个阶段由于企业本身所制订的具体计划和制度已经开始阻碍企业的转型和升级,此时企业需要做的就是不再用过于苛刻的企业条例约束员工的行为,要制定更能有效激发员工主动性和积极性的制度,要放宽管理,要让员工最大限度地寻找企业发展的可能性和机会,让员工帮助企业度过危机,帮助企业尽快从衰退期进入下一个发展期。

2) 以企业规模为依据确定

如果一家企业只有3～5人,员工的一举一动老板都能尽收眼底,这种情况下自然没有必要进行分权管理。但是像现在的许多跨国企业,人数达到数十万,如果这样的情况下还是由最高领导一人独揽大权,下属管理者就算远在天边也还是要每天早请示晚汇报的话,这样的企业生命力也不会太强。但是这并不是说企业规模大就一定要进行长期的分权管理,这个还是要结合企业生命周期的发展特点来定。现在比较科学的说法是,当企业年销售额(以千万元计算)到了5和10的倍数,就应该进行一次集权和分权的调整。

3) 以企业结构为依据确定

(1) 单一化企业。单一化企业只是专门从事某一领域的生产经营,而且因为企业经营单一,所以公司领导对该专业自然具备了非常丰富的经验和心得,对于消费者的消费习惯和行为方式也了然于心,所以就算出现"一言堂"的局面,也不会出现太大的问题。

(2) 多元化企业。多元化企业就应该加大分权力度,因为不管是多德高望重的领导,其在多元化经营的模式下,也不可能成为百事通,所以多元化经营的企业必须将管理权力分散给下属不同领域的公司,让它们根据自身特点各行其是,各司其职。

小案例

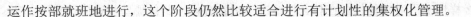

授权的5种方法

4. 集权与分权的抉择

不同行业、不同企业的内外部条件各不相同,集权与分权的平衡程度应有所差异,即使是同一个企业,对于不同的单位也应采取不同的处理措施,不能因循守旧。

近年来在管理实践中许多组织都通过分权来提升管理效率和提高员工满意度。这既体现了现代社会以人为本、民主自治等理念,更与要求组织在复杂多变环境下灵活、迅速地做出反应的管理思想是一致的。在大公司中,基层管理人员更贴近生产实践,对贴近市场的问题自然也比高层管理者更能及时了解,分权管理模式有助于组织适应变幻莫测的外部环境。

需要记住的是,不同程度的分权可以并存于组织内部的不同部门。如瑞士著名的食品公司雀巢就很好地将分权和集权用在了不同的部门。公司将营销权力分散给地方以保证市场响应等分权优势的发挥,但对生产、物流、供应链管理则进行集权管理,这样便于控制成本并有效地避免了分权给组织管理带来的错综复杂。

对于组织而言,管理者对分权的考虑已经变得成熟和理性,重要的已不再是一个组织该不该实行分权,而是应该分权到什么程度的问题。其中,最根本的参考依据就是,当分权有助于企业的员工达到他们的目的时,分权才有价值。

企业管理中到底应该采用集权还是分权,这需要根据企业的实际情况而定。虽然组织的集权化程度没有普适标准,但不可主观臆测,任意分配权力。组织的特点各有不同,需要考虑和研究在什么样情况下适宜集权、在什么样情况下适宜分权，具体哪些权责应该集中、哪些权责应该分散，不可一概而论。有一个关键点需要明确，就是集权和分权管理是处于不断的交替过程中的，不管企业发展得如何好，如果一直沿用一种管理方式必然会带来一些问题。

此外，在当今信息时代，由于信息技术的飞速发展及广泛应用，组织的集权与分权也有了新的变化趋势。

任务 4.3　部门化设计

部门化设计就是指确定组织管理部门的设置和职权配置。部门是指承担一定管理和业务职能的组织单元，它是一些相关职位的集合。进行部门划分的过程便是部门化，即将组织中种类繁多的任务活动按照一定的原则加以分类和组合。

进行部门化设计，实质就是进行管理业务的组合，即按照一定的方式，遵循一定的指导原则，将实现组织目标所需开展的各种各样的管理业务加以科学分类和合理组合，分别设置相应的管理部门来承担，并授予该部门从事这些管理业务所必需的各种职权。表面上看部门化是一个从整体到部分的过程，它主要表现为先构思总体组织架构，然后划分部门，并在部门内放入相应岗位，但部门化实质上是一个从部分到整体的工作岗位（或职位）整合过程。因为同一层级的部门通常是相互并列的横向关系，部门化是组织结构的横向分工，部门化的目的在于通过横向分工使组织能够有效地管理资源和提供产品或服务，部门化的结果是形成了组织横向的权责分工以及协调机制，所以部门化设计也称横向组织结构设计。

4.3.1　部门化设计的原则和依据

1. 部门化设计的原则

部门化本身不是目的，而仅仅是达到目的的一种手段，每种部门化方法都有其优缺点，所以在实际的运用中，每个组织都应根据自己的特定条件，选择能取得最佳效果的划分方法。应该指出的是，划分方法的选择不是唯一的，并不一定要求各个层次的业务部门整齐划一。在很多的情况下，常常采用混合的方法来划分部门，即在一个组织内或同一个组织层次上采用两种或两种以上的划分方法。现实中并不存在最好的部门划分模式，也没有能够确定最佳部门化模式的固定原则。但是，在选择最适宜的部门化模式时，确实需要些有用的指导性原则。

1）目标原则

部门化本身只是工具而不是目的，是否实行部门化以及实行什么样的部门化，应该都是以有助于组织目标的最终实现为前提和准绳，部门的划分不应以部门利益和个别人利益为主导，部门的设立应避免牺牲组织整体利益，更不能追求时髦的部门化形式。

2）精简原则

所谓精简就是以有效地实现组织目标为前提，力求将部门精简至最少，以降低管理成本和减少部门隔离。部门设计时，要充分运用专业化的优点，进行合理的分工。一般来说，部门越多，费用越高，而且部门的增多会使组织的协调手段更为复杂，协调的费用更为昂贵，不能过分强调专业化部门，使其无限制地增多，组织结构一定要力求精简，部门必须在保证实现组织目标前提下力求最少。

3）合理原则

部门化设计合理原则是指各部门职能定位清楚、合理，保证各部门之间的任务指派达到平衡，相应的职权和资源也要合理配置，力求管理与协调的便利。管理者应明确各部门所进行的具体业务活动以及各部门的相关人员承担哪些责任。部门划分重要的是在科学合理地确定企业总体职能的基础上，进一步归纳整理，分别设置对应的部门，赋予每个部门相应的责任，保证各部门所承担的职能不重不漏，且组织中各部门职务的指派应达到平衡，避免忙闲不均、工作量分摊不均。有相互制约关系的部门应该分设，如监督部门就要与业务部门分开，这样就可以避免监督人员的偏袒，真正发挥监督的作用。综合来看，部门划分的首要工作是能够清晰地进行职能定位，做好合理的部门分工。如何做到分工不交叉、不堆叠，可以遵从空间位置进行区别，也可以遵从价值链的顺序分解职能，还可以按照企业活动产出结果的完整性进行业务归并，甚至可以依据是否有利于企业管理进行整合。

4）弹性原则

部门的设置应该可以随着业务的需要或者环境的改变而有所调整，适时推动组织变革，以保持组织结构的弹性和避免结构僵化。

管理者要具有前瞻性和大局意识，应该特别注意组织战略和具体条件（环境、技术等权变因素）的变化对组织造成的影响。让组织成功避免受到环境的损害，最基本的工作便是时不时地对组织结构进行考量，根据环境变化调整部门，在一定时期划分的部门，没有永久性的"商标"，应随业务的需要而及时增设和撤销，去糟粕、取精华，必要时还可推动组织变革，重新划分部门。组织管理者何时考虑进行调整和变革？通常来说，在组织具备以下症状的情况下。① 决策迟缓或决策质量下降。组织高层决策者任务太多，不把权力授予下级帮助自己分担责任，或者受人力、人际关系所限，不能及时获取反映企业变革的信号。② 组织不能对外部环境变化做出反应。部门相关人员缺乏创新，资源得不到有效利用，部门之间缺乏有效的共同交流和协调配合，都易造成此种现象的发生。③ 组织内部冲突加剧。部门之间的职能划分不清楚，完成组织目标任务所需要的资源得不到充足供应，更会加剧部门矛盾，此时组织迫切需要一个新部门来缓和冲突。①

此外，在数字化社会、信息化社会，人们的工作和生活方式极大改变，引起企业管理深刻的变革，部门划分的方式也需要根据信息技术的应用重新规划。如电子商务的兴起改变了传统商业活动的运作方式，也改变了销售部门内部以及销售与生产、物流配送部门之间协作关系的性质，它要求企业以信息技术为基础来构建新的组织结构体系。信息技术的应用还使大型企业组织共享的物流系统和建立支持性职能平台成为可能，促进了横向职能的综合化，企业的部门划分方式也需要重新思考和设计。

2. 部门化设计的依据②

1）工作流程的依赖性

对于生产型或操作型任务，很多组织会考虑其生产工序的自然依赖性来划分部门，将

---

① 相飞，杜同爱. 组织设计与工作分析 [M]. 北京：中国人民大学出版社，2021.
② 柯江林. 组织设计与变革 [M]. 北京：北京师范大学出版社，2018.

工作流程上具有紧密关系的岗位整合成部门,有利于工作流程上各环节的整体管理和相互衔接。

2)专业化

将相同专业的人员集中在一个部门可以使他们相互学习,这不仅有助于各自专业水平的提高,同时也符合"规模经济"的原则。一个组织对特定的知识和技能需要越迫切,则在划分部门时,对此类知识和技能的考虑也必将着力更深。

3)效率

部门划分的方式会直接影响管理费用。任何新增一个部门,都需要增加相应的管理费用和提供必要的工作支持。因此,在决定部门设置的时候必须考虑是否可以带来更多的经营成果和更大的生产效益。例如,工厂中每个部门都需要进行维修维护工作,但是否有必要给各部门都配备单独的维修工组,还是成立一个为全厂提供集中服务的维修部会更好,这恐怕就要考虑到成本与效益的问题。

4)人的因素

在划分部门的时候决不能忽略人性需求。正像霍桑实验中发现的那样,"社会人"具有人际需求。通常人们愿意与志趣相投的人一起工作,可以讲,非正式组织的问题、人际关系的问题,员工对组织形态的态度都会直接决定部门设置能否取得理想的效果。在性格方面,外向的人多半喜欢市场营销或公关类的工作,而善于逻辑分析的人恐怕更愿意从事技术类相关的工作。至于把相同类型的人分开好还是划归到一个部门好,要依情况而定。例如,有些大学的文化崇尚多元化与交叉性,院系的设置比较宏大,而有的大学强调专业性,学院的划分多而专业划分窄。

综上可见,组织在进行部门设计的时候不仅要充分考虑工作流程、效率、专业化等客观因素,还要对组织中的主观因素,即人的因素给予深入的关注。正如明茨伯格所言:"所有上层结构的设计,最终都是客观因素及主观因素之间相互妥协而形成的。"[1]

4.3.2 部门化的方法

部门化是划分部门的基本方式,是将许许多多的业务活动按照一定的原则加以归类。部门化有多种方法,但必须强调的是并不存在适合于所有情况的唯一的最佳方法。可以说,每一种划分方法都有其优缺点,到底应采取哪一种,取决于组织在特定情境下如何才能获得最佳的结果。

1. 按职能划分部门

根据单位和职位在组织中的基本职能来划分部门。这种划分方法是应用最广泛的方法之一,几乎所有类型组织都会根据职能划分部门。因为任何一个企事业组织都有其存在的目的,那么也必然具有相应的职能。按职能划分部门,其实质就是按管理业务活动的性质与技能相似性,把全部管理业务活动分类。例如,在制造业企业中,把一切同产品生产制造相关的活动划归生产部门;一切同市场营销有关的活动(包括推销和营销)划归销售部门;一切设

---

[1] 明茨伯格. 卓有成效的组织[M]. 魏清江,译. 北京:中国人民大学出版社,2007.

增补、选拔和培训人员的活动纳入人事部门；一切与资金筹措、保管和支出有关的活动分配给财务部门，等等。当然，由于各个组织的活动领域并不相同，不同组织对同一职能的重要程度也不同等原因，实际运行中相同的职能部门在不同类型的组织中可能会有不同的具体名称。按职能划分部门和工作的结果，使传统的直线型组织演变为职能型组织。

按职能划分部门的优点是将同类专家和拥有相同技能、知识和观念的人员组合在一起，从而提高了效率，促进了知识和技能的纵深发展，实现了职能部门内部的规模经济；缺点是职能部门间的沟通不良，缺乏对组织总体目标的认识。

2. 按产品划分部门

这是指根据产品（或服务）的类型来划分部门的一种方法。采用多元化经营战略的大企业通常采用该方法，它们通过产品事业部式的组织结构划分部门，每一条产品线都可能对应着单独的事业部。这种方法往往是随着企业规模的扩大而被采用。在多元化生产的组织中，管理工作异常复杂，管理幅度的限制使他们难以通过增加直接下属的办法来解决问题，因而此时按照产品来重新组织企业活动就成为必要。像美国通用汽车公司、杜邦公司和福特公司等，都先后按这种部门划分方法进行了管理组织改组。按产品划分部门的办法同样可以在部门内部得到应用。如通用汽车公司的凯迪拉克分部就是按汽车的型号规格划分生产厂家；批发企业中的销售部也常按纺织品、家具和电子产品等来细分部门；在商业银行中，对于其投资业务也可以划分为证券投资、房地产投资及信托投资等。

按产品划分部门的优点是可促进特定产品或服务的专门化经营，适应不确定环境中的快速发展，适合于提供多种产品的大型组织；缺点是职能重复设置，各产品线协调困难，对组织整体目标缺乏认识。

3. 按地区划分部门

按地区划分是以组织经营活动的地理区域作为根据，把特定区域范围内该组织的全部活动集中起来形成一个部门，并委派相应的管理者，形成区域性的部门。对于一个地理范围分布较广的组织，按地区进行部门化是十分重要的。如美国电话电报公司在早期都是按地区设立分公司——中南贝尔公司、新英格兰贝尔公司、太平洋贝尔公司、山地贝尔公司等。该公司在 1984 年进行组织结构改组后，新组建的 7 个贝尔公司都继续保留了按地区设置的做法。许多跨国公司经营业务遍布海外各国，也经常采用按地区划分部门的办法设置组织。我国深圳南方制药厂在推销其"999"系列药品过程中，先后设立了三九德国公司、三九美国圣仙公司、三九马来西亚公司、三九俄罗斯公司等 13 家海外分公司。

按地域划分部门，有利于特定区域内组织工作效率的提高，方便管理者根据当地实际情况进行活动和管理，同时，也有助于组织管理者综合管理能力和协调能力的增强。生产的当地化还会降低运输费用，缩短交货时间，这将带来管理成本的下降。最后，这种划分方法有利于培养能力全面的管理者。但这种方法容易使区域性部门自成一体，形成"地方割据局面"和滋生"地方保护主义"，不利于各区域之间的合作，增加了组织总体控制和管理的难度和成本。最后，这种划分方法对管理者的全面管理能力也提出了更高的要求。

4. 按顾客划分部门

顾客部门化越来越受到重视。按顾客划分部门是指组织为了更好地满足客户需求，将与某类特定顾客有关的各种活动结合起来成立部门。如企业组织的销售部门，可按此方法划分为大公司客户部、中小企业部和个人用户部等下属部门。这种方法由于更密切地贴近客户，能够满足顾客特殊而又多样化的需求，因此被许多不同类型的组织，尤其是服务型组织经常使用。例如，银行为了给不同的顾客提供服务，设立商业信贷部、农业信贷部和普通消费者信贷部等。

根据顾客进行部门划分的基础是假定同一顾客群有着共同的问题和需要，只有专注于这些问题的部门才能提供最好的服务。顾客部门化的优点是能够按照顾客的性质和特点，提供相应的产品和服务，更好地满足特定客户的需求；缺点是职能重复配置，对组织整体目标缺乏认识，不利于跨部门的资源共享和协调。

5. 按流程划分部门

许多制造业厂商及连续生产型企业，由于人员、材料、设备比较集中或业务流程具有非常明显的连续性或流程性，它们会把完成任务的过程分解成若干阶段，按照工作或业务流程来划分部门。如某机械制造企业划分出铸造车间、锻造车间、机械加工车间、装配车间的等部门。

按流程划分部门的优点是注重团队合作，对组织目标认识清楚，有利于充分发挥专业技术人员的特长，充分利用专业技术和技能，提高了效率，有利于组织获得规模经济的优势。另外，也简化了培训，容易在组织内部形成良好的学习氛围，会产生较明显的学习经验曲线效应。不足之处是各部门之间沟通协作困难，容易强调局部利益而忽视整体目标，并且权责相对集中，不利于管理人才的培养。此外，该方法使用的范围较为局限，在一些工作程序连贯性不强的组织不易被实施。

6. 按时间划分部门

在有些组织中由于顾客需求、技术设备或其他方面的一些原因，使得正常的工作日制度难以满足组织运转要求，这时便可采用轮班制和按照工作时间组建相应的部门。这种根据时间来划分组织业务活动的部门化方式多见于一些需要日夜连续、不间断地提供服务或进行生产的特殊单位，如医院、消防、钢铁等行业的组织。按时间划分部门的最大优点是使设备设施得到最大利用、顾客特殊时段的需求得到最大满足。它的主要缺点是夜间工作使人疲劳困乏，也不方便监督，容易导致安全事故，此外，员工昼伏夜出的不正常工作状态易引起家庭矛盾。

7. 部门化方法的混合使用

不同的部门化都有其优缺点，为了使以上部门化方法发挥其最大优势，许多组织在设计部门时不一定只选择其中的一种划分方法，而是在一个组织层级上采用两种或更多种部门划分方法的混合式结构，尤其是大型组织更是如此。例如，日本有家大型电子企业组建的事业部结构，其各事业部内部是按照职能进行组织的，制造单位则按过程来组织，销售系统分设为七个地区部，而地区部下又进一步分设四个顾客组。图4-5展示了一家跨国公司对部门化方法的混合运用。[①]组织先是根据地区划分部门、各地区又根据产品不同划分部门，在每个产品事业部中，又根据职能划分部门，之后生产部门根据过程来划分部门。

---

① 明茨伯格. 卓有成效的组织 [M]. 魏清江，译. 北京：中国人民大学出版社，2007.

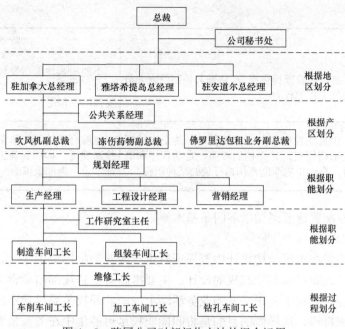

图4-5 跨国公司对部门化方法的混合运用

小贴士

部门化方式应该与时俱进

部门划分需要顺应组织发展阶段，不断调整。在组织发展初期，业务简单，分工模糊，结构扁平，成员主要是以非正式组织形式进行交流，这时无须部门化。随着组织进一步发展，业务变得复杂，成员大量扩充，彼此间需要密切协作，部门化则成为一种要求。这一时期的部门化主要以职能划分为显著特点。当组织受到高速发展所带来的各种内外部冲击时，单一的部门划分方式无法满足复杂管理的要求，这个阶段的部门化通常以混合形式表现出来。[1]

4.3.3 职权关系设计

职权关系，是指组织作为一个分工与协作的整体，各部门和主管人员进行业务活动所涉及上下左右的关系，其主要包括直线职权、参谋职权及职能职权三种类型。其定义和特点如表4-5所示。

表4-5 主要职权关系的定义和特点

职权关系类型	定义	特点
直线职权	上级指挥下级的权力。在组织结构图上，这种职权关系用一条由上级部门或人员直通下级部门或人员的直线来表示	上级有指挥命令权，下级必须贯彻执行。下级对自己的直线上级负责，并报告工作

---

[1] 柯江林. 组织设计与变革 [M]. 北京：北京师范大学出版社，2018.

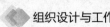

续表

职权关系类型	定义	特点
参谋职权	提出建议或提供服务，协助其他部门或人员做好工作的权力	不能向其他部门发号施令，而是帮助其工作，为整个企业或某些部门提供服务，发挥助手作用
职能职权	由直线管理者向自己辖属以外的个人或职能部门授权，允许他们按照一定的程序和制度，在一定的职能范围内行使的某种职权	能够分担领导工作负担，并且加快信息传递速度，提高管理工作效率，同时也保证了企业内部政策的一致性

上述三类职权配置需要遵循以下四条基本原则[①]。

1. 维护统一原则

维护统一原则指在组织结构设计中要保证对生产经营的指挥集中统一，不要造成多头领导。难点在于对参谋职权和职能职权的设计。主要措施有：直线部门负责人对本部门工作拥有决定权；把职能职权用于真正必要的业务活动上；职能职权关系尽量不超越直线主管人员下属的第一级组织机构。这样做的目的是将职能职权尽可能集中在关系最为接近的机构，以保证直线指挥系统的统一。

2. 保证权责一致原则

由于权力是履行责任的必要条件，所以职权设计必须贯彻权责一致的原则，保证各级主管人员的职责和权力相对应，有多大责任就有多大权力。主要措施有：决策权、指挥权和用人权相统一；运用贡献分析法，正确处理直线职权、参谋职权和职能职权的关系；从事提供成果的业务活动的部门及主管人员应享有直线职权；从事支援性业务活动的部门及主管人员应享有参谋职权和职能职权。

3. 让参谋机构切实发挥作用的原则

实行强制参谋制度时，参谋人员提出的建议，直线指挥人员虽然有权决定取舍，但无权拒绝听取；直线人员在制定重要的决策和计划之前，必须征询参谋机构的意见，无权省略这一程序。

授予参谋机构和人员越级报告权时，参谋机构和人员具有一定的独立性，鼓励他们发表真知灼见，使企业领导避免重大失误。

4. 对职权做出明确规定原则

具体措施有：对各部门及主管人员的职责进行全面具体的说明；组织设计中必须用科学、确切的语言进行职务的描述，不会产生歧义；以书面形式明文规定。常借助于图表，如组织结构图、职务权限表、职务说明书等。

此外，要重视职能部门的综合化。专业分工与协作原则是组织设计应遵循的基本原则之一，但分工过细，也会带来一系列缺点。分工超过一定限度，反而会使管理效率下降。

---

① 朱颖俊. 组织设计与工作分析[M]. 北京：北京大学出版社，2018.

任务 4.4　横向协调设计

明茨伯格的协调方式理论

明茨伯格指出,协调方式不是一成不变的,随着企业规模的扩大、企业人员的增加、分工的细化、工作复杂性的提高,协调方式也随之发展变化。

(1)相互调整方式。当工作人员很少,例如,只有两个人在工作中彼此协作,这时的协调方式比较简单,只需双方直接接触,调整彼此的工作。这种协调方式不必借助规章和条例,通常只需双方进行简单的口头交换意见,甚至只要通过手势、面部表情就能彼此达成默契。

(2)直接监督方式。当协作劳动的人数增多,例如,增加到5~6人甚至10人以上时,这时协调工作就复杂了,不仅个人彼此间要协调,而且要求全体人员的行为都符合统一的要求。这样,只依靠个人之间相互调整方式就不够了,必须有一名管理者负责统一指挥和监督每个人的活动,以达到整体的协调一致。运用这种方式时,虽然也可借助口头沟通来交换意见、保持统一,但因人数增多就显得难以应付,于是,运用规章制度、书面文件来协调工作的比重就逐步增加了。

(3)标准化方式。标准化协调方式可具体分为四种情况。① 工作过程标准化。对工作过程的内容、程序和要求作出详细规定,也就是制定和贯彻标准化的工艺操作规程和管理工作规程(标准),以实现各项业务活动的协调一致。② 工作成果标准化(产出标准化)。如果工作过程不易分解,无法规定标准化的工作内容和程序,则可改为控制产出的成果,即对工作过程的最后成果作出标准化的规定。不管作业者按照怎样的程序从事自己的工作,只要产出的成果达到一定的标准,就能保证前后工序的业务活动协调一致。③ 工作技能标准化。如果工作过程和产出的成果都无法预先规定标准,这时,只能控制工作过程投入这一头,即对工作人员技能素质实施控制。这种方式就是对从事某一工作所必须具备的知识、能力、经验等作出标准化的规定,在招收人员时或录用后,定期加以检查和考核,由此来保证工作过程和成果达到统一要求。④ 规范的标准化。这是指贯穿在工作中的规范受到控制,以使每个成员都依据一套相同的信念或准则行使自己的职责。

组织各个职能的确定、各部门的划分以及各个业务活动都是为实现企业的目标服务的,通过建立高效的协调机制,来保证组织统一化的同时运营更加顺畅协同。日益激烈的竞争环境,迫使组织为了获得核心竞争优势,必须不断加强组织内部各部门之间的协作以及本部门与其他部门之间的交流沟通,使各方面横向协调更灵活、更高效。

良好的横向协调促进无边界组织的建立,提高组织运作的有效性,是组织运营中极为重要的一环。不良的横向协调加剧组织运作的困难,解决此问题就需要找出造成横向协调不良的因素有哪些,以此为依据进一步采取适当的措施。通常来说,主要有组织结构、组织运行和人际关系这三种因素影响组织的横向协调。在组织结构方面,不完善的组织结构和机构设置以及不清晰的职权关系都会造成组织横向联系的障碍。在组织运行方面，组织在运作的过程中，不科学的工作流程以及不合理的工作标准等都会成为横向协调困难的因素。在人际关系方面，人是组织的主体，组织的一切活动都由人进行设计和安排，如果人与人之间相处不和谐，存在误解甚至有敌意，即使再优良的组织其运作也会受阻。[①]有了这三种影响组织横向协调的主要因素，相应的解决问题的方式自然形成，基本方式包括制度性方式、结构性方式和人际关系方式。

4.4.1 制度性方式

这种方式是在原有组织结构的基础上进行的改变，但不改变人员以及组织机构，只是进一步完善组织的运行规则和形式，科学化、合理化企业的工作标准、工作方法和工作流程。各种各样的业务活动组成企业的整个生产活动，有的业务活动经常重复发生，称为例常性工作；有的业务活动只是偶尔发生，称为例外性工作。对于这两种不同类型的工作，企业应该采用不同的制度性方式，在管理工作标准化制度、例会制度、工序服从制度、跨部门直接沟通、联合办公、现场调度中进行合适的选择。

1. 管理工作标准化制度

我国一些企业实行管理工作规范化、标准化。实践经验表明，这种方式对于建立正常的生产秩序和工作秩序，对于各部门统一标准、协调配合，有着显著作用，是一种非常实用的横向协调方式。例如，天津石化建立了被称为"一号制度"的制度全生命周期管理流程。该流程采用"统分"管理模式，即进行统一的标准化制度模板编制，并遵循一套全生命周期过程控制管理。制度全生命周期管理包括"分专业立项、起草""相关单位预审、会签""三部门（法律、企管、信息）审核""两办（总经理办公室、党委办公室）签发""分专业宣贯、执行、监督、检查""归口部门（企管部）考核、评估""整体动态优化"等环节。制度全生命周期流程管理就像一条生产流水线，在制度编制、执行和监督检查过程中，按照归属关系进行分口专业管理，通过各个环节的有效管控和落实，打造出一个个标准化的制度，形成一套完整的天津石化标准化制度管理体系。标准化改造后的制度文本，使天津石化管理流程更加清晰，业务专业化得到进一步加强。各专业管理部室借助制度梳理和制度流程改造的契机，全面梳理本部门业务管理流程，查找管理"短板"，进行整体性优化和统筹编辑，最终固化为标准化制度，有力地促进了各专业管理水平的提升。

2. 例会制度

为了促进部门之间的交流与合作，很多组织会定期召开由上级领导主持的、关联部门领导参与的例会。这种例会时间上混合了相互调节与直接监督的协调方式，部门间会平等沟通，但当双方遇到难以协调的冲突时，共同上级将直接出面决策并进行执行监督。

例会实际上也是一种工作标准，例会特别适用于虽然重复发生，但需要根据变化着的条件而随机处理的管理问题。

3. 工序服从制度

工序服从制度是现代组织设计在生产作业管理方面的一种有效制度。工序服从，就是在基层生产管理中，根据各工序在生产流程中的地位和作用，实行相关工序横向之间的指挥和

---

① 相飞，杜同爱. 组织设计与工作分析 [M]. 北京：中国人民大学出版社，2021.

服从。即上工序服从于下工序并为下工序服务；一般工序服从于核心工序并为核心工序服务；辅助作业服从于主体作业并为主体作业服务，等等。

实行工序服从，突破了传统管理中单纯依靠"顶头上司"进行垂直指挥的方式，从而大大提高了工作效率。但它又不破坏指挥统一的原则，因为这种横向指挥是由其各自的领导在一定范围内授权下进行的。

4. 跨部门直接沟通

跨部门直接沟通是指双方部门直接沟通，无须请示上级主管领导。进行跨部门沟通的原因主要有以下几个方面。① 任务协调。各部门的领导可能每个月都要在一起开会讨论各部门将要为系统目标的实现做出多大贡献，进行工作分配安排。② 问题解决。各部门成员可能会一起商讨当前工作中遇到的问题，如如何处理预算削减造成的威胁，等等。他们在其中可能会使用头脑风暴技术。③ 信息分享。一个部门的员工可能会定期与其他部门的员工进行会谈，给他们提出一些新的想法。④ 冲突解决。各部门成员可能会开会讨论部门间的冲突问题，以便解决问题。

跨部门直接沟通的好处是快速及时，该方式适合那些偶发性的无章可循但又比较容易处理、对全局影响不大的例外性工作。当然这种方式尽管比较自由，但也不完全没有约束，跟谁沟通、以何种程序和方式沟通、要不要跟领导打招呼、要不要书面记录等需要综合考虑，甚至有些组织（如政府部门）还有相应的制度规范。此外，因为没有领导出面，也可能出现各部门踢皮球的现象。因此，为了保持跨部门沟通顺畅和维护组织利益，组织可以适当做一些原则性规定。

5. 联合办公和现场调度

对于组织遇到的紧急的、影响面较广的例外性工作，涉及多个部门，需要协商一致、共同行动，但因情况较为特殊，如时间紧迫、不能迟延；或关系复杂，存在某些人事矛盾，不宜采用跨部门直接沟通方式。在这种条件下，组织联合办公、现场调度，则能较快地克服横向联系中的种种障碍，及时达成一致意见，提高办事效率。例如，在地震救援中，我们可以看到政府多部门联合办公的场景；在企业大型施工现场，也会出现类似的情况。

4.4.2 结构性方式

当横向协调不能仅仅通过完善组织的运行规则和形式解决时，可以认为是组织机构设置出现了问题，那么上述制度性方式就起不到效果，对症下药才能解决问题，即调整和改善现有的组织机构设置。结构性方式包括设置联络员岗位，建立任务小组或委员会，设立专职协调部门，采用矩阵型结构等。

1. 设置联络员

在组织的某个部门中安排一名联络员专职负责与其他须紧密联系的部门进行沟通并实现协调，例如，研发部门和生产部门之间就需要设置联络员角色，因为两者的相互依赖性较强，研发部门所开发的新产品必须与既定的生产设施条件相适应。为了搞好双方的协作，研发部门可委派一名联络员在新产品开发过程中就不断地与生产部门沟通，以便使研发方案更符合生产设备的技术性能。又如，研发部门和销售部门之间也需要经常沟通，销售部门根据获取的销售信息为研发部门提供产品开发的最新信息，包括产品的样式、功能。如研发部门要开发老年人手机这一新产品，需要考虑的因素很多，如功能、材料、人机界面、健康环保理念，等等。这就要求必须考虑到老年人的生理、心理、行为、思维等特点以及不同材料的物理化学性能、现代科技和人机工程学中的许多方面。针对不同特点和不同情况采取不同的设计手段，才能开发出真正适合老年人的手机产品。老年人手机的特点在于拥有很大的按键和很大的屏幕，大面积的按键能够保证让手脚并不灵活而且视力不好的老年人也能进行很精确的操作。这些信息可以通过研发部门派往企业销售部门的联络员反馈获得。

当然，如果组织有需要，也可以设立独立的联络员或协调员岗位（甚至有时成立一个专门的协调部门），其不隶属于任何一个职能部门，而是独立于各部门之外，独立地行使职能，负责多个部门之间的协调，因而协调力量更大。

2. 建立任务小组或委员会

联络员通常只适用于两三个部门间的协调，当这种联系扩展到多个部门时，就需要更为复杂的手段，如成立任务小组或委员会，任务小组由与某项任务有密切关系的各部门代表组成，他们经过磋商后达成一致决定，然后分头行动和密切配合，在临时任务完成后解散小组。例如，企业开发新产品时，可以把设计、生产、采购、销售等部门的有关人员组织起来，成立任务小组，以便协调这些部门的工作。

任务小组通常人数较少，一般有一个小组领导人或组长，在小组存在期间一直担任小组的领导工作。但领导方式按照每一时期的工作逻辑及工作进展的特殊阶段而定。在小组中没有上下级之分，只有高级人员和普通人员的区别。

倘若多个部门间需要长时间和高强度的协调时，也可以设立永久性的委员会，例如，很多药品、化工企业为长期不懈地狠抓产品质量成立了 TQC 委员会这样的常设机构。

临时性任务小组或委员会，能够通过直接的横向协调解决问题，速度快，又比较灵活，尤其对于突发性的临时工作，是一种有效的协调方式。

3. 设立专职协调部门

组织内部某些部门问题丛生就应该设置专门部门解决问题，比如企业组织劳动关系不和谐，严重影响企业生产经营，就应设置劳动关系协调部门。劳动关系协调部门是负责用人单位和员工双方利益协调机制、诉求表达机制、矛盾调处机制、权益保障机制的职能部门。劳动关系协调工作责任重、专业性强，不仅要求从业人员具有认真负责的态度、客观公正的意识，更要具备劳动关系和劳动保障法律方面的专业知识以及娴熟的沟通与交流技能。国家规定规模以上企业必须配备劳动关系协调部门，专门从事劳动标准宣传以及管理劳动合同，参与集体协商、预防与处理劳动争议等协调劳动关系的工作。

4. 采用矩阵结构

矩阵结构是一种有效的、被经常使用的横向联系手段。组织在开展大型的项目或开发新产品时一般会采用矩阵结构。例如，在任务 2.3 "组织结构的形式"中所介绍的，在矩阵型组织结构中设置有纵向职能部门与横向管理系统，从而把完成共同任务的各有关职能部门人员组织起来，便于及时沟通信息、交换意见、相互配合。当然，这种组织结构容易造成职能部门与管理部门的冲突，需要两者做好沟通工作。

 小案例

KWH 大连公司的项目协调组

KWH 大连公司是芬兰 KWH 集团在华设立的一家合资企业，公司主要产品是聚乙烯塑料管。在发展初期，面对优异的市场环境，公司销量很快增加，知名度也得到提高。但随着国家标准的颁布实施，塑料管道行业加入了许多新的竞争者，使公司的优势大打折扣。近来，在公司内部还发生了这种情况：销售经理总是抱怨生产部门生产不及时，不能按时向客户交货；生产经理也抱怨销售部门不懂生产过程，任意向客户许诺交货期，从而导致生产计划紊乱，不能按时供货。

经过认真仔细的分析和调查研究，公司总经理苏先生认为，出现这种情况的主要原因是：部门之间缺乏必要的协作和沟通，销售员因经常出差在外，不能及时、准确地将客户信息反馈给生产部门，从而使得生产作业计划的安排有时不能满足客户对交货期的需要。

为更好地协调销售、生产等部门之间的关系，公司成立了一个项目协调小组，主要由总经理助理、销售经理、生产部经理、质量保证部经理组成。项目协调组成立之后，公司各部门之间的协作和沟通得以加强，企业的灵活性和适应性大大增强，也使得公司在随后抓住了一些重要的市场机会。

思考讨论题：
1. 你认为项目协调组的工作应该集中在哪些方面？
2. 本案例对你有何启发？

4.4.3 人际关系方式

在组织实际运营过程中，人际关系因素对组织协作的影响不容忽视。如果仅凭制度性方式和结构性方式来调节部门和人员之间的权责关系，远远不能解决问题。要想更加全面地使部门与部门之间、人与人之间协调配合，还需要人际关系方式作为补充。

1. 大办公室制

大办公室制，即把许多职能科室甚至企业的全部职能机构都集中在一个大办公室内实行集体办公。大办公室制具有以下作用。① 办公室要进一步深化对岗位职责的研究，并以制度条文的形式对岗位职责进行描述，详细地记载目标岗位的任职条件、工作职责、工作的主要内容以及工作完成状况下的基本状态等。② 办公室要制定和规范岗位标准用语、标准工作流程等，以此来规范和引导职工在具体工作中的行为。③ 要强化调研制度。以此为基础客观公正地向领导做出反馈。④ 要建立跟踪调查制度，及时将发现的问题和总结的好经验，向决策层反映。⑤ 要进一步强化全员学习，建立健全培训制度。⑥ 要健全协作制度，强调同事之间、不同科室之间的沟通和协调。⑦ 要建立"以人为本"的管理制度。办公室工作具有铁一般的纪律，但也必须有人性化的一面，提高办公室的凝聚力。⑧ 要进一步完善工作效能考核评价制度，建立完善的评价考核指标体系，并明确相应标准。

2. 职工联谊组织

联谊会等职工联谊组织，充分展现职工良好的精神风貌和团结协作的精神，有利于促进彼此之间的了解，增进了友谊，增强了凝聚力和向心力，是员工间沟通思想，交流信息，增进友谊，相互学习的园地。利用对待非正式组织的方式，对于有利于企业发展、与企业目标一致的职工联谊组织开展的职工之间的联谊活动，予以各方面的支持与鼓励，通过联谊活动，职工相互沟通，相互支持，交流感情，改善关系，在友谊基础上加强横向协调，在横向协调中增进友谊，让职工们有归属感，排除后顾之忧，把更多的精力用于工作中。这也使各种联谊组织成为企业中加强横向协调的重要桥梁，发挥了行政组织起不到的作用。

3. 学习型班组组织

在知识经济时代，知识是企业发展的最重要和最关键的资源，创新是企业可持续发展的关键，这就越来越突显出学习的重要性。学习型班组将有效提升班组创造未来的能力，进而塑造企业创造未来的能力。班组成员要树立主动学习、终身学习、以"习"为重点、工作学习化的新的学习观。同时，要开展班组学习，通过班组学习补充和掌握新的知识和技能，班组成员之间通过沟通交流总结经验，加快创新技术的应用推广。还要营造良好的学习氛围，以人为本，开展多样化的学习实践活动。在班组内形成比、学、赶、帮、超的良好学习氛围，调动班组成员在实践中学习、以学习促进实践的积极性，激发班组的创新潜能，从而大大提升班组的整体创新创效能力，提升整个班组的凝聚力和战斗力。学习型班组一般下设自主管理、生产管理、设备管理、安全卫生、标准化等委员会，每个委员会下设相应的课题组。学习型班组组织建设工作做好了，班组的管理就会和谐顺畅，班组就会充满生机活力，广大职工的积极性和创造力就能得到充分发挥，企业的可持续发展能力就会大大增强。

4. 组织领导接待职工来访制

这是各级人员疏通反映意见、宣泄不满的正式渠道，是改善和优化职工心理环境的一种有效制度。职工在工作和生活中，不可能事事顺心，处处满意，遇有困难和麻烦，心境不佳，满腹牢骚，乃人之常情。如果不能及时化解和消除这种不良情绪，在需要与他人协作完成的工作任务中，就很容易发生矛盾甚至激烈冲突。因此，组织设计就有必要采取一定的组织形式，为各级人员建立一个反映意见、宣泄种种不满和怨气的正式渠道，以便把解决思想问题和实际问题结合起来，使职工真正感到组织的温暖，用感情纽带把职工的心连在一起，最终达到齐心协力做好工作的目的。组织领导接待职工群众来访制度的建立，使组织领导者可通过认真听取职工意见，了解他们遇到的困难，借此获取信息，有针对性地了解企业发展动态，进一步密切组织上下级关系，促进员工心情愉悦，营造企业和谐发展的良好氛围。

随着以人为本的理念逐渐深入，一些企业设置让员工宣泄不满的专门机构，分配专门人员负责，定期了解员工的心理问题，及时提出解决策略予以疏导，如此一来，即使暂时没有帮助员工解决问题，员工也在此过程中感受到了重视，从侧面消除员工的消极情绪，潜移默化地为企业生产经营扫清障碍。相比国外一些企业设立的精神放松室以及心理健康室等，我国企业在应对同样的问题时，采用企业领导接待职工来访制，使领导者有更多的机会能够更加亲近地与员工面对面地交流沟通，更有利于问题的解决，增进员工与领导的感情，使组织成为和谐融洽的大家庭。

实训设计

你的组织结构设计

为了更好地理解组织结构在你日常生活中的重要意义，请做下面的练习。

请选择下面的一种组织，展开你的组织工作：

1. 一家打印复印店
2. 一家旅行社
3. 一家海边旅游胜地的运动器械（如喷气式水艇或机动雪橇）出租店
4. 一家面包房

背景知识

组织是获得一定的权力以影响不可靠的环境的一种方式。环境为组织提供了各种投入物，包括原材料、人力资源、财力资源等。组织则利用技术生产出某种产品或服务。这些产出要输送给顾客，即必须尽力培育的一组特定的人群。环境和技术的复杂性决定了组织的复杂性。

策划你的组织

1. 用几句话写出组织的使命或目的。
2. 为实现这一使命需要做哪些具体的事情？
3. 根据上一题的具体列项，画出组织图。图中各职位将完成某一特定的任务，或者对某种结果负责。
4. 你的组织将进入第 3 年的运营。业务非常成功，你打算在几公里之外的地方开设第二个业务点。你在两个商业点同时经营业务会遇到什么问题？画一个组织结构图，将两个商业点都包括进去。
5. 5 年过去了，你的商业点已经在两个城市增加到了 5 个，你如何同时经营这 5 个商业点？在运营中会出现什么样的控制和协调问题？更新你的组织结构图，解释你为什么这么做。
6. 20 年以后，你的商业点已经延伸到 5 个省，发展为 25 个，有哪些事情和问题需要通过组织结构来处理？为现在的组织画一张组织结构图指明谁对顾客满意度负责、你如何获知顾客需求、信息流如何在组织中流动等。

（资料来源：达芙特. 组织理论与设计：第 12 版［M］. 王凤斌，石凤斌，张秀萍，等译. 北京：清华大学出版社，2017. 有改动。）

课后练习题

1. 自测题

请扫描二维码（内含若干填空题、判断题、单选题、多选题），你可以在线自测并查看答案。

自测题

2. 思考题

（1）为什么职能设计是组织设计的第一道工序？它的理论意义和实践意义何在？
（2）组织职能设计的内容是什么？在设计时应考虑哪些因素？
（3）影响管理层次、管理幅度的因素有哪些？
（4）如何确定合理的管理幅度？
（5）组织层次结构设计中影响分权的因素有哪些？
（6）集权和分权有何关系？在组织设计时应如何合理分权？
（7）管理者可以采取哪些方式进行部门划分？
（8）职权配置的原则有哪些？

（9）组织的横向协调有哪些方式？

3. 实操训练题

（1）某小型电子公司，约有1 000名员工，技术和管理都比较简单，请为这家公司设计管理层次，并从组织效率的角度来说明理由。

（2）请结合所学知识，就以下内容开展小组讨论。

在企业领导方式上，柳传志认为当企业规模小的时候事必躬亲、全力以赴，或者刚开始做一件全新的事情时身先士卒是十分必要的。那个时候，领导是演员，要自己去演。但是当企业上了一定的规模以后，企业领导一定要退下来。"要做大事，非得退下来，用人去做。如果我一直身先士卒，就没有今天的联想了，我现在已经退到了制片人的角色。现在包括主持策划，都由年轻人自己负责，我只是谈谈未来的工作方向。"柳传志如是说。

（3）请结合所学知识，就以下问题开展小组讨论。

让职能机构有职有权才能发挥组织统一指挥的问题，但这样又可能产生职能机构干扰甚至削弱直线组织统一指挥的问题，在组织设计中，可以采取哪些措施防止这一问题的出现？

4. 案例分析题

请扫描二维码，阅读案例原文，然后回答每个案例后面的问题。

案例分析题原文

课程思政指南

课程思政教学设计（二）

教学内容	思政元素	教学设计
组织设计及其意义	党史、改革开放史	介绍中共党史，让学生了解我党在历史演进中组织模式的演化，认识党是如何组织群众，是如何组织军队获得胜利，如让学生了解"三湾改编"过程中，如何在组织架构上确立我党对军队的绝对领导。 查阅改革开放以来我国进行的若干次重大体制改革，分析每次改革的原因和改革内容，讨论组织结构调整对组织发展的重要意义，培养学生的爱国、爱党情怀
组织设计的要素与原则	传统文化、文化自信、责任意识、团队意识	以中国古代中央官制设计演变过程为例，介绍组织设计的基本要素，了解中国古代文化发展，提升文化自信；介绍组织设计的原则，在分工协作原则中强调团队配合的理念，在权责对等原则中强调权力与责任的对应关系，加强学生责任担当意识
组织结构设计方法	创新精神、使命感、爱国情怀	以华为公司为例，分析其组织结构设计以及变革的历程，讨论组织结构设计的必要性和可行性，培养学生自强不息，不断创新的精神

模块 2　工作分析篇

人力资源管理实践的一项重要任务就是全面了解组织内各类工作的特征，以及工作对任职人员的要求，这正是工作分析的主要内容。可以说，工作分析是现代人力资源开发与管理中最为基础，也是最为核心的一项工作，是一项非常重要的人力资源管理技术，是人力资源管理的基石，是几乎所有人力资源管理活动的起点和依据，它决定着企业定岗定编定员、薪酬福利、体系设置、绩效管理、招聘选拔、教育培训与职业发展等各项管理内涵和职能，是保证组织生产效率和员工满意度的基础性工作。

　　科学、准确的工作分析，不但能准确、系统地刻画出工作岗位的性质、内容等，而且在此基础上可以建立起任职资格制度和职务等级制度，从而为人力资源管理的其他制度，如绩效考核、薪酬管理职业规划、招聘选拔与培训开发等制度的制定和建立提供依据和保障。所以，就某种角度而言，工作分析是人力资源管理从理论过渡到技术应用的桥梁和纽带。把准了工作分析，也就抓住了人力资源管理从理论到实践的关键。如果人力资源管理活动没有工作分析的支撑，它就会在很大程度上失去科学性、公平性和合理性，就是海市蜃楼般的假想式管理。

　　工作分析是一个复杂的系统工程，实施条件包括组织结构相对稳定、各部门职责相对明确、工作流程相对清晰等。工作分析就是要收集整个组织的部门、流程、岗位等的信息并整理分析，对相应岗位的工作做出明确的区分，确定完成该工作所需的行为、条件、人员。在"互联网+"时代，组织如何利用一双慧眼选出最适合的人才，并做到人岗匹配呢？首先，在工作分析的基础上，需要提炼相应岗位人才的胜任素质并积极构建其胜任素质模型。其次，在简历筛选、笔试、面试的基础上，必须进行相应的精准测评，包括人格特质、人岗匹配程度及素质能力等的测评。最后，结合相应岗位优秀主管的特质，分析何种特质和素质能力的专才可配合其达到完美工作效能，不仅实现人与岗位匹配，而且实现人与人匹配。

　　本模块主要探讨工作分析的基本内涵、工作分析的实施、工作分析的方法、工作分析的结果以及工作分析的应用等问题。

项目5　认识工作分析

非才而据,咎悔必至。

——《三国志·吴书》

  学习目标

掌握工作的定义、工作分析的含义；掌握工作分析的内容、特征、目的、原则和作用；领会工作分析有关专业术语及其相互关系；了解工作分析的发展历程、面临的挑战及发展趋势。

  项目导入

机油洒地，责任在谁

黄海公司开业尚不足两个月就在内部人员工作职责、权限的划分上接连出现了问题。

先是在组装车间，一个包装工将大量机油洒在操作台周围的地板上，正在一旁的班组长见状立即走上前要求这名工人打扫干净。不料这名工人一口回绝道："我的职责是包装产品，这远比清扫重要，你应该让勤杂工处理这样的工作。况且，我的工作责任中没有要求我打扫卫生。"班组长无奈，只得去找勤杂工，而勤杂工不在。据说，勤杂工只有在正班工人下班后才会开始清理厂房。于是，班组长只好自己动手，将地板打扫干净。第二天，班组长向车间主任请求处分包装工，得到了同意。谁料人事部门不但不予支持，反而警告车间主任不要越权。车间主任感到不解，认为人事部的规定不合理，并向生产部的李主管反映了这一情况，请求得到支持。班组长更是满腹委屈，感觉自己还不如员工的地位高，竟成了员工的服务员。他反问道："我的职责中也没有要求我打扫卫生吧？"

这样一来，公司生产部门与人事部门之间以及生产部门内部就出现了矛盾，李主管觉得自己的车间主任受了委屈，就与人事部张部长进行协商。张部长让人事秘书小李拿来职位说明书一起分析。包装工的职位说明书规定："包装工以产品包装工作为中心职责，负责保持工作平台以及周围设备处于可操作状态。"勤杂工的职位说明书规定："勤杂工负责打扫车间，整理物品，保持厂房内外的整洁有序。为了保证不影响生产，工作时间为生产休息时刻。"班组长的职位说明书规定："班组长主要负责使班组的生产有序、高效，并协调内部工作关系。"车间主任的职责更笼统："车间主任负责本车间生产任务的完成，并且可以采取相应的措施对员工加以激励。"人事部门的职责主要包括人员的招聘、选拔、培训、考核、辞退、奖惩、工资福利等。因为员工奖惩权归人事部门，因此，人事部坚持认为，生产部门对员工的处分决定是越权。生产部门则认为，对员工的奖惩应由自己决定，否则难以领导员工开展工作，难以对员工进行有效的管理。班组长更是感到委屈，并声称要辞职。

思考题：
1. 黄海公司运行和管理的混乱，根源在哪里？
2. 如何才能避免运行和管理出现类似的问题？

在上述案例中，我们可以清晰地看到公司运行和管理的混乱，根源在于各岗位工作职责的界定不清，一旦出了问题，相互扯皮，推卸责任。如何解决这些问题呢？其中一个重要的途径就是做工作分析。通过工作分析来收集各部门和岗位的有关工作的各种信息，确定组织中各个岗位的内涵和用人要求，做到人事相宜、人职匹配。本章将从有关工作分析的一系列基本问题开始，揭开这块人力资源管理大厦基石的面纱。

任务 5.1　工作分析的含义、内容与特征

明确工作分析的含义、内容与特征，才能更好地为进行工作分析奠定坚实的基础。

5.1.1　工作分析的含义

在探讨工作分析的含义之前，首先要弄清工作这一概念。

1. 工作的定义

有大量的研究学者和实践管理者对"工作"一词进行了界定，其中，被广为采纳的定义是："工作"是分配给一位特定个体去执行一系列任务要素的集合，这是狭义的工作定义。从广义上来看，工作是指个人在组织中全部角色的总和，包括其职业发展通道。在此，我们往往以广义的工作作为基本命题的出发点。

从组织的角度看，可以从以下几个方面来理解工作这一概念。

1) 工作是组织最基本的活动单元

一座大厦是由一砖一瓦砌成的，一个组织也是由一个一个工作构成的。工作是组织中最基本也是最小的结构单元，它是组织中最小的相对独立体。每一种工作，从本质上来说是不同的，它们具有支撑组织有效达到目标的不同的功能。

2) 工作是相对独立的职责、职权的统一体

工作不仅是系统相互联系的任务组合，也是一个相对独立的职责与职权的统一体。职责和职权都来自组织的授予，"在职就拥有，离职就失去"，而这种授予是顺利履行工作所必需的。组织中的员工完成任务是履行组织所赋予的职责，而职权是其履行职责的组织保障。

3) 工作是同类职位的总称

工作（或职务）是同种岗位（或职位）的总称。从严格意义上来讲，工作相当于职务，岗位相当于职位。但是在现实情况下，工作、职务、岗位、职位往往交替使用。例如，某公司有三名前台接待人员，前台接待员是一个工作，它提供了三个职位。

工作是从组织中分解出来的，是理性设计的结果。一般来说，工作的设计是逻辑分组和同类性分组的产物，因此，在组织中没有相同的工作。但是，工作存在类似的状态。如果一个组织结构复杂而且庞大，分工的细化程度越高，工作的类似性程度就越高；然而在一个小

型的或者组织边界不清晰的组织中，工作的类似性程度就低。有时为了便于管理，我们把相似性工作作为一个工作族来进行管理。

4）工作是部门、业务组成和组织划分的信息基础

组织的划分与部门业务的分割，往往是以工作的信息为基础的。部门的职责是由具体的工作支持的，业务的划分也是以流程的逻辑相关性或活动的同类性为基础的。因此，工作分析所提取的信息，不仅是管理工作的重要基础，也是管理组织的重要基础。

5）工作是人进入组织的中介

由于工业化的发展，人们脱离了生产资料，因而导致人不再具有与生俱来的就业权利。人是通过工作的中介进入组织的，这就是我们经常说的：为事求人而不是因人设事。在传统产业，人进入组织是为履行工作职责的，因此对进入组织中的人是有要求的，这些要求（能力与经验）是履行工作职责所产生的。当然，这种工业化的思考就是标准化，以其不变的工作来管理变化的人（市场化、流动的人）。

6）工作与组织相互支持

组织目标是工作分解的基础，工作是构成组织的基本单元。当组织发生变革的时候，工作的分配也将发生改变；同时，随着工作流程的改变及工具与技术的进步，工作的内涵和外延都可能发生变化，而这种变化最终会导致组织分工方式和管理方式的改变。值得一提的是，当今时代，各种工作之间的界限变得越来越模糊，静态的、个人化的工作越来越多地为角色和流程所代替。

2. 工作分析的定义与含义

1）工作分析的定义

关于工作分析，自20世纪60年代以来，国内外学者结合各自领域对其展开研究，但至今对工作分析概念的界定不尽一致（见表5-1）。

表5-1 工作分析的定义

学者	定义
蒂芬和麦考密克	工作分析是针对某种目的、通过某种手段来收集和分析与工作相关的各种信息的过程。这是从广义的角度对工作分析下的定义
高佩德和艾奇森	工作分析是组织的一项管理活动，它旨在通过收集、分析、综合整理有关工作方面的信息，为组织计划、组织设计、人力资源管理和其他管理职能提供基础性服务
加里·德斯勒	工作分析是对企业中各项职务工作的目的、性质、内容、责任、方式、标准、环境及工作人员任职资格，包括知识、能力等方面进行周密的调查研究，并加以系统准确的描述，为其管理活动提供客观依据的活动
小亚瑟·W. 舍曼	工作分析是遵循一系列事先确定好的步骤，进行一系列的工作调查来收集工作岗位的信息，确定工作的职责、任务或活动的过程
罗伯特·L. 马希斯	工作分析是一种系统地收集、分析与职位有关的各种信息的方法
R. 韦恩·蒙迪	工作分析是确定完成各项工作所需的技能、职责和知识的系统过程
付亚和和孙健敏	工作分析实质上是全面了解工作并提取有关工作全面信息的基础性管理活动。这是从组织管理活动角度提出的概念

续表

学者	定义
戴良铁和姜全海	工作分析也称职务分析、职位说明，是指对某一职位工作的内容及相关因素做全面的、有系统的、有组织的描写或记载
邓宝山	工作分析是收集、分析工作信息，对工作进行描述和规范的过程。工作分析的结果有两个，即工作描述和工作规范。工作描述是对工作内容本身进行书面说明，包括工作名称、工作任务和工作职责等。工作规范是对从事工作的人员要求做书面说明，包括完成工作所需的知识、技能、经验、其他个人特质等
朱晔	工作分析是西欧国家的叫法，美国学者称为岗位评价。他认为，工作分析就是通过岗位调查和工作写实，对企业内各类岗位的性质、任务、职责、劳动条件和环境，以及员工承担本岗位工作应具备的资格条件进行系统的描述、分析和研究的一门技术
安鸿章	工作分析是对企业各类岗位的性质、任务、职责、劳动条件和环境，以及员工承担本岗位任务应具备的资格条件所进行的系统分析和研究，并制定出岗位规范、工作说明书等人事文件的过程
萧鸣政	工作分析也叫作职务分析，是指采用科学的方法或技术全面了解一项工作或提取关于一项工作的全面信息的活动。工作分析即分析者对每个同类岗位工作的结构因素及其相互关系进行分解、比较与综合，确定该岗位的工作要素特点、性质与要求的过程
赵琛微	工作分析是人力资源管理的一项核心基础职能，是应用科学的方法，收集、分析、确定组织中职位的定位、目标、工作内容、职责权限、工作关系、业绩标准、人员要求等基本因素的过程
彭剑锋	工作分析是一种基础性的组织与人力资源管理工具，以战略为导向，以组织为基础，与流程相衔接，对职位信息进行收集、整理、分析与综合的一系列程序、技术与方法，其成果以工作说明书、职位分析报告等为主要表现形式
李树斌	工作分析是以企业中各类劳动者的工作岗位为对象，采用科学的方法，经过系统的岗位调查，收集有关工作岗位的信息及进行科学的岗位分析、评定，制定出岗位规范、工作说明书、岗位分类图等各种人力资源管理文件，为员工招聘、调配考核、培训、升降、奖罚以及确定劳动报酬等提供客观依据

在组织中，每一个工作岗位都有它的工作名称、工作地点、劳动对象和劳动资料。工作分析的第一步，就是要了解特定岗位的具体内容。通过工作调查，在取得有关信息的基础上，对岗位的名称、性质、任务、程序、内外部环境和条件等做出比较系统的描述，并加以规范化。因此，工作分析又被称为工作描述。将工作描述的各种资料与有关人员的能力、经验、兴趣、个性的心理测量数据结合在一起，就能确定人员的任用标准，为企业人力资源管理工作提供可靠的依据。

一个组织要有效地进行人力资源管理，一个重要的前提就是要了解各种工作的特点以及能胜任各种工作的人员的特点，而这就是工作分析的主要内容。换言之，工作分析是一种在组织内执行的管理活动，专注于收集、分析、整合工作相关信息，为组织规划与设计、人力资源管理及其他管理职能奠定基础。[①]

总之，我们可以给工作分析下这样一个定义：工作分析是利用科学的技术和手段，直接

---

① 李中斌，等. 工作分析理论与实务 [M]. 4版. 大连：东北财经大学出版社，2021.

收集、比较、分析、综合与工作相关的信息并以一种格式将之描述出来，为组织的发展战略和组织规划、人力资源管理及其他管理行为提供基本依据的管理活动。[①]工作分析并不是简单地收集信息，而是强调收集信息的过程。其收集信息的过程是分门别类地对信息进行处理，从中找出这些信息的内在逻辑并据此确定职务性质的过程。工作分析的结果也不是零散的信息的堆积，而是经过辨别、分析、判断、整理和综合后得出的关于职务和任职者的整体性质的结论。

工作分析既是人力资源管理的基本工具，又是一个动态变化的过程，随着企业的发展和组织结构的调整，应适时修正。只有把这项工作做好，基础才能扎实，人力资源管理才能有根有据，实现"人本管理"才有坚实的基石。

2）工作分析的含义

具体来说，工作分析就是为管理活动提供与职位相关的各种信息。秦书华在《如何做好职务分析》中，介绍工作分析的含义主要体现为"6W+2H"。

Who：谁做，即谁从事此项工作，责任人是谁，是指对从事某项工作的人的要求。主要包括：从事这项工作的人应具备什么样的身体素质？从事这项工作的人必须具备哪些知识和技能？从事这项工作的人至少应接受过哪些教育和培训？从事这项工作的人至少应具备什么样的经验？从事这项工作的人在个性特征上应具备哪些特点？从事这项工作的人在其他方面应具备什么样的条件？

What：做什么，即任职者所从事的工作活动。主要包括：任职者所要完成的工作活动是什么？任职者的这些活动会产生什么样的结果或产品？任职者的工作结果要达到什么样的标准？

Whom：为谁做，是指在工作中所有与从事该职务的人有直接关系的人，如直接上级、下级、同事和客户，有怎样的关系。主要包括：工作要向谁请示和汇报？向谁提供信息或工作结果？可以指挥和监控何人？

Why：为什么做，指任职者的工作目的，也就是这项工作在整个组织中的作用，以及职务对任职者的意义所在。主要包括：做这项工作的目的是什么？这项工作与组织中的其他工作有什么联系？对其他工作有什么影响？

When：何时做，即工作的时间要求，指在什么时间从事各项工作活动。主要包括：哪些工作活动是有固定时间的？在什么时候做？哪些工作活动是每天必做的？哪些工作活动是每周必做的？哪些工作活动是每月必做的？

Where：在哪里做，即工作的地点、环境等，表示从事工作活动的环境。主要包括：工作的社会环境，包括工作所处的文化环境（如跨文化的环境）、工作群体中的人数、完成工作所要求的人际交往的数量和程度、环境的稳定性等。工作的自然环境，包括地点（室内与户外）、温度、光线、噪声、安全条件等。

How：如何做，即如何从事此项工作，是指任职者怎样从事工作活动以获得预期的结果。主要包括：从事工作活动的一般程序是怎样的？工作中要使用哪些工具？操纵什么机器设备？工作中所涉及的文件或记录有哪些？工作中应重点控制的环节是哪些？应遵循哪些工作规范？为从事该职务所需要的职权是怎样的？

---

① 葛玉辉. 工作分析［M］. 北京：电子工业出版社，2020.

How much：多少成本，即任职者完成整个工作活动需要多少成本，任职者要预估大致成本，进行科学的经费预算，以保证工作活动的正常开展。

归纳起来，通过工作分析，我们主要回答或者解决以下两个问题。①"某个职位是做什么的"，这实际上就是工作描述，这个问题与职位上的工作活动有关，包括职位名称、职位职责、职位要求、工作环境及工作条件等一系列内容。②"什么样的人最适合这个职位"，这是任职资格的内容，这个问题与任职者的资格有关，包括专业、年龄、必要的知识和能力、必需的证书、工作经历及心理方面的要求。

工作分析的活动主体是工作分析者，包括工作分析小组（专家组）、工作分析对象的直接领导和工作任职者；工作分析活动的客体是整个组织体系；工作分析的基本对象是工作。工作分析通过对具体的工作环节乃至行业状况的全面分析来制定工作说明书等工作分析文件。

小贴士

"不拉马的士兵"的职责

第二次世界大战时，有一位将军去视察军队。每到一处，士兵们无不英姿飒爽、军纪严整，将军非常满意。当他走到炮兵团的时候，炮兵进行演习，从填料、瞄准到射击，每个炮兵都合作得天衣无缝，但是将军发现了一个奇怪的现象。在每个炮兵班里，总有这么一个兵，笔直地站在大炮旁，自始至终，一动不动。将军非常奇怪，这个兵究竟是干什么的，他的职责是什么，他为什么要站在那里？

将军问炮兵团长，团长回答："报告将军，我们是按照上级的要求设置这个岗位的。"将军问炮兵班长，班长回答："报告将军，每一个士兵都严格按照上级指示和文件精神进行操练。"将军问这个兵，士兵回答："报告将军，我是完全按照要求的职责和动作来做的。"将军对这些回答都不满意，他又问了很多很多人。半年之后，他终于明白了。在汽车发明前，大炮是用马来拉的。每次射炮时，震天的炮声会惊了马。为了保证战马在射炮时保持原位，不把大炮拉走而设置了这个非常重要的岗位：专门拉马的士兵。一个世纪过去了，人类社会飞速发展，汽车已代替了战马活跃在战场上。汽车是肯定不会受惊的，拉马的士兵却保留了下来。伴随着一次次战役，拉马的士兵忠实履行陪伴在每一座大炮旁的职责。

思考讨论题：

如果你是负责军队工作分析的人员，你将如何处理这个岗位的去留？

5.1.2 工作分析的内容及其专业术语

1. 工作分析的内容

工作分析的内容是指工作分析的各项指标，即与工作有关的各方面信息。工作分析内容的确定是进行工作分析的一个最重要和最基本的环节，它是工作分析人员进行工作分析的依据，是工作分析落到实处的保障，只有明确了工作分析的各项内容，针对列出的各项工作指标来进行有关工作信息的收集，做起来才更有针对性，最后形成的工作分析文件的信度和效度才会更高。工作分析的内容取决于工作分析的目的和用途。不同阶段、不同组织的工作分析的内容和侧重点是不一样的。一般情况下，工作分析的内容包括以下方面。

1）工作名称分析

工作名称是一组在职责上相同的工作的总称。工作名称反映了工作的性质和特点。一个确切的工作名称不仅使人们对该工作有感官上的认识，还能够反映工作的内涵和外延。工作名称既要指明工作所处的范围，如所在部门、所在地点等，又要反映工作的任务和职责。如人力资源部经理这一名称包含了以下信息：该工作属于职能部门——人力资源管理部门；该工作的职务是经理；该工作的人员是人力资源部门主管，全面负责该部门的工作。

2）工作任务分析

任务是工作活动中为达到一定目标的行为组合，如打字、复印、编制报表等行为都是任务。任务可以是脑力活动，也可以是体力活动，或者是二者结合。任务中的体力活动是可以观察和测量的，而脑力活动需要通过专门技术来了解。

所谓工作任务分析，就是针对各项任务的性质、内容、目标，执行任务的程序、方法，所用设备材料等情况进行调查分析归纳整理，使之系统化、清晰化的过程。在进行工作任务分析时，要调查的问题有：① 本工作目标是什么？② 本工作岗位的任务有哪些？③ 每项任务具体工作内容是什么？④ 每项任务在工作量中所占的百分比；⑤ 完成每项任务需要执行哪些规章制度（操作手册、工作标准等）；⑥ 完成工作任务需要使用哪些设备、工具和原材料？⑦ 完成任务所需的劳动分工与协作方式（独立完成还是多人完成、工作时间、工作班制等）；⑧ 完成各项任务过程中是否经常被某些不确定性的任务打断？⑨ 其他需要补充说明与任务有关的问题。通过对这些问题的调查，可以了解岗位的性质和特点，以便对工作岗位有一个整体描述，因此，工作任务分析是工作分析的前提和基础。

3）工作职责分析

工作职责是指一个岗位所需要完成的工作内容以及应当承担的责任范围，它是组织为完成某项任务而确立的，由工种、职务、职称和等级等内容组成。工作职责是确定任职资格的依据，是绩效评估的基础和对象，也是在招聘过程中评估应聘者能否胜任工作的基础。工作职责分析包括对工作任务范围的分析和对工作责任重要程度的分析，大体可分为管理责任和非管理责任两类，分析的内容包括资产的使用和保管、完成工作任务的数量和质量要求、工作流程、监督管理和被监督管理等。

4）工作流程分析

工作流程是指组织中的成员为了完成某一特定任务所需要做的一系列相关工作。工作流程是工作效率的保证。管理学界认为，流程决定效率，流程影响效益。在现代化企业中，分工越来越细，不同部门、不同岗位间的协作越来越重要。清晰的工作流程能够使企业各项业务管理工作良性开展，明确每项任务的责任人，有助于管理者清楚地认识到工作是如何完成的，从而保证企业的高效运转。

5）工作权限分析

工作权限分析应该根据权责对等的原则，核查任职者是否具备完成任务所需要的权限。如果权力大于责任，可能会造成任职者滥用职权，而如果权力小于责任，则会导致任职者无法顺利完成工作任务。在企业管理实践中，后一种情况更为多见。例如，一些企业的基层管理人员往往没有对下属员工行使考核、奖励、惩罚的权力，工作职责的履行因此无法得到保障。

6）工作关系分析

组织中的每个岗位都有其独特的职责和功能，并与其他岗位之间存在一种不可分割的联系。因此，各个岗位必须明确与其他岗位的协作关系，尤其是其上下级岗位的关系。例如，一个工作岗位在企业中，哪些是其上级岗位，要接受何种监督管理；哪些是其下级岗位，负有何种监督管理责任；与哪些工作岗位有协作关系，协作的内容与方式如何等。通过对该工作关系的分析，可以了解工作岗位在组织工作中的位置和在工作流程中所发挥的作用。

7）工作环境分析

工作环境分析主要是考虑工作环境中对劳动者的生产率和身心健康有影响的因素。通过对工作环境中各种有害因素进行评估和分析，可以确定岗位工作环境条件对劳动者生产效率和健康的影响程度，并能确定相对应的补偿。例如，公司应该说明一项工作是否具有危险性，在工作描述和工作规范中应该反映出这点。在某些危险的工作中，工人为了安全地完成工作，也需要了解与此相关的危险信息。

8）任职资格分析

对任职者的资格条件分析包括知识水平、技能要求、工作经验、心理素质、教育水平、培训及生理因素等方面的分析。

（1）知识水平分析。知识水平分析是指对胜任岗位工作所需要的基本知识及其应当达到的水平进行分析，如教育水平、专业知识、管理知识、法律法规、外语水平等知识以及掌握程度。这些知识可以通过正规的学校教育获得，也可以通过自学、岗位培训等获得。如某检验人员岗位的知识水平要求包括：① 熟悉起重机的生产制造及检验方面的专业知识；② 具有检验操作技能的专业知识；③ 熟悉检验业务、流程及相关法律法规、技术标准。

（2）技能要求分析。技能是指掌握和运用某种专门技术的能力。按其性质和表现特点，可区分为动作技能和心智技能两种。动作技能，即人的手脚躯体所实现的一系列实际动作，如操纵机械设备。心智技能是指人的头脑中所实现的一系列认识活动，它涉及感知、记忆、想象、思维等心理活动，特别以抽象思维为主。[①]如某检验人员的技能要求包括：① 具有正确使用常用检验检测方法、工具，得出检验结论的能力；② 具有对系统设备维修、维保的能力；③ 能够熟练使用办公设备及软件；④ 具有较强的学习能力、语言表达能力、思维判断能力；⑤ 具有较强的顾客服务意识和顾客服务管理能力；⑥ 具有较强的责任感，能秉公办事，工作态度严谨；⑦ 能根据设备实际使用情况，对设备存在的问题提出改造建议。

（3）工作经验分析。工作经验是人们通过亲身参与生产或工作实践所获得的直接经验。不同的岗位对员工的要求也不同，它不仅表现在知识水平上，还表现在需要本岗位人员具备一定的感知判断力和领悟力，这些能力的取得必须依靠工作经历的积累，这也就构成了工作经验分析的任务。

工作经验分析包括工作熟练程度、工作方法和工作水平。在进行工作经验分析时要了解以下内容：① 完成岗位任务对于工作经验的依赖程度；② 工作经验对于管理的重要性；③ 工作经验的获得方式。如某公司薪酬主管岗位要求任职人员"具有至少 5 年同类岗位的工作经验"。而某超市销售岗位人员的任职要求是"具有一年以上相关销售经验"。

（4）心理素质分析。工作人员在完成岗位任务的过程中，不仅需要具备一定的知识技能和工作经验，还要具备较好的心理素质。心理素质分析包括职业道德、责任心、工作积极性、工作态度、兴趣等方面的分析。

---

① 安鸿章. 工作岗位研究 [M]. 北京：中国传媒大学出版社，2005.

如果招聘者不知道胜任某项工作所必需的资格条件，那么对员工的招聘和选择就将漫无目的，而且通过任职资格条件分析，可以有目的地对员工进行培训和开发，帮助他们为升迁到更高的工作职位做好准备。在现代化大生产中，社会分工越来越细，人们所掌握的知识、技能越来越受到工作经验的局限，因此，在任职资格条件中，工作经验越来越受到重视。

2. 工作分析的专业术语

小贴士
麦克利兰的胜任特征模型

工作分析有关的专业术语包括工作要素、任务、职责、职位、职务、职业等。职务是由许多主要职责在重要性与数量上相当的一组职位或岗位组成的。这些岗位或职位的性质、类别、环境、条件基本相似。职位和职务是两个完全不同的概念。一个企业可以有若干个相同的职务，但不会有重复的职位，否则便会形成职责或职权重叠的现象，并出现管理问题。在系统阐述工作分析的基本原理、原则和方法之前，下面先对工作分析所引用的各种概念以及与之相关的一些名词术语加以说明。

1）工作要素

工作要素是指工作活动中不能再继续分解的最小单位。工作要素是形成职责的信息来源和分析基础，并不直接体现于职位说明书中。例如，酒店里负责接待客人的服务人员，在客人刚刚来到酒店时要帮助客人运送行李，而运送行李的这项工作中就包含将行李搬运到行李推车上、推动行李推车、打开客房的行李架、将行李搬到行李架上四个工作要素。

2）任务

任务是指为达到某一特定目的所进行的一系列活动，它可由一个或多个工作要素组成，是工作活动中达到某一工作目的的要素集合，是职位分析的基本单位，是对工作职责的进一步分解。例如，打印一封英文信，最后要达到打印的目的，必须系统地操作：① 熟悉每个英文单词；② 在计算机中拼出相应的单词；③ 辨认与修改语法错误；④ 将写好的英文信打印出来。打印英文信这项任务是上述四个工作要素的集合。再如，员工加工零件、转一笔账、将数据录入计算机、将若干物料运送到某一工作地点等。在一定时间内需要由一名员工承担一系列相同或相近的任务时，一个工作岗位也就产生了。

3）职责

职责是指员工在工作岗位上需要完成的主要任务或大部分任务。它可由一个或多个任务组成。职责是职务与责任的统一，专指须由一名员工担负的各项任务组成的工作活动。例如，营销部经理要实现新产品推广的职责，就需要完成一系列任务，包括制定新产品推广策略、组织新产品推广活动和培训新产品推广人员等；人力资源专员的职责之一是"工资调查"，这一职责由设计调查问卷、发放问卷、分析问卷、整理结果、将结果反馈给被调查对象等任务组成。

职责常常用任职者的行动加上行动的目标来加以表达。例如，维护客户关系，以保持和提升公司在客户中的形象。

4）职位

职位是指一定时间内某个人所担负一项或多项相互联系的任务和职责的集合，它是组织的基本构成单位。例如，打字员需打字、复印、维修保养打印机、选购打印纸等。再如，市场部经理、培训主管等都是职位。职位是根据某项工作需要的人数而定的，即在一个组织里，有多少个职位就有多少名员工。例如，某办公室需要两名秘书，则设两个秘书职位。

职位具有三个要素：① 职务，指按规定担任的工作或为实现某一目的而从事的明确的工作行为；② 职权，指依法赋予职位的某种权力，以保证履行职责，完成工作任务；③ 责任，指担任一定职位的人对其工作标准与要求的同意或承诺。

职位具有五个特点：① 职位是任务与职责的集合，是人与事有机结合的基本单元；② 职位的数量是有限的，职位数量又被称作编制；③ 职位不是终身的，可以专任，也可以兼任，可以是常设的，也可以是临时的；④ 职位一般不随人走；⑤ 职位可以按不同标准加以分类。

职位是已经指派给某人的职务，是在企业层建立的。在建立了职务之后，必须建立必要的职位，职位继承了相应职务中所包含的任务，但它也可有额外、特定的任务。不同的职位可执行一个职务中相同的任务，一个职位可由一个人或多人担任，也可以是空缺的（如果存在职位空缺）。例如，对于助理职务，可以定义采购助理、财务助理、行政助理等。采购助理、财务助理、行政助理这些都是职务，不是职位或者岗位，职位是"部门+职务"，例如，人力资源部副经理王强。应该注意的是，职位是以"事"为中心确定的，强调的是人所担任的岗位，而不是担任这个岗位的人。

 小贴士

岗位和职位有区别吗？

人力资源管理经常讲到的岗位与职位在实际意义上相比，没有太大的区别。其区别主要有两点。①"职位"适用于一些知识密集型企业或管理方面的岗位；"岗位"适用于劳动密集型企业或劳动密集型岗位。例如，工人就不称职位，而称岗位。② 岗位的含义更广泛。无论是高层人员还是低层人员，都可称为岗位；职位只适用于高层人员。

5）职务

职务是指主要职责在重要性与数量上相当的一组职位的集合或统称。例如，开发工程师就是一种职务，秘书也是一种职务。职务实际上与工作是同义的。在企业中，一种职务可以有一个职位，也可以有多个职位。例如，企业中的法律顾问这种职务，可能只有一个职位，而开发工程师这种职务，可能就有多个职位。也就是说，职务是对企业中工作责任的总分类。企业中每个职务是唯一的，但可有一个或多个员工拥有该职务。例如，可在企业中建立一个秘书职务，然后定义20位员工拥有该职务。其他如经理、助理等都是职务。显然，经理为职务，人力资源部经理为职位。

 小贴士

职务与职称的区别

职称的说法源于职务名称，从理论上来说，职称是指反映专业技术人员的专业技术水平、能力以及成就的等级称号。就学术方面而言，职称又具有岗位的性质。专业技术人员拥有何种专业技术职称，表明了他具有何种学术水平或从事何种岗位，专业技术职称象征着一定的身份。而职务则是劳动者在工作单位所任的头衔。职称是经过国家的相关考核认定才能获得的，职务由劳动者所在单位任命即可。

6）工作

工作是一个常用的词语，其含义极为复杂。但是，工作是组织的基本单位这一观点已达成共识，从这一点出发，可以将各项工作区别开来。

（1）工作的特征。工作有四个基本特征。① 工作由物质、理念和人力资源构成。② 工作者和组织保持着一种互利的关系。组织可以获得资源，而工作者可利用资源为组织制造产品、提供服务。③ 工作是组织的基石，是形成工作团队、科室甚至更大部门的基础。④ 工作是连接人与组织的纽带，没有正式或非正式的工作任务也就没有组织。

（2）不同工作的差别。虽然所有的工作都具备以上的特征，但没有任何两项工作是完全一样的。不同工作的差别可以通过如下六个因素区别开来：① 使命，即每项工作为组织提供独特的产品和服务；② 物质资源，即在工作中使用的机器、工具、设备、辅助设施以及原材料；③ 人员特征，即员工在完成工作时所需具备的知识、技能、能力以及其他素质；④ 方法，即将资源转化为可用产品的流程和技术；⑤ 行为，即体现于工作中的人性；⑥ 地位，即工作在组织管理阶层中所处的位置。

7）职业

职业是指个人在社会中所从事的作为主要生活来源的工作，它是不同时间内不同组织中工作要求相似或职责相近的职位集合。工作和职业的区别主要在于其范围不同。前者的范围较窄，一般限于某一组织内部，而后者是跨行业、跨部门的，如会计师、工程师、推销员、采购员等。

8）职系

职系由两项或两项以上的工作组成，是职责繁简难易程度、责任轻重及所需资格条件不同但工作性质充分相似的所有职位的集合。职系是最基本的岗位业务分类，一个职系相当于一个专门职业。例如，人事行政、社会行政、财税行政、保险行政等均属于不同职系，销售工作和财会工作也属于不同职系。

9）其他专业术语

① 职权，也称权限，是指为了保证职责的有效履行，任职者必须具备的对某事项进行决策的范围和程度。它常常用"具有批准……事项的权限"来进行表达。例如，具有批准超出预算 5 000 元以内的费用支出的财务权限。

小贴士

个人职权与个人权力的区别

严格意义上来讲，组织中的个人职权和个人权力是两个不同的概念。职权是职务范围内的管理权限，与职位相关，它是影响决策过程的一种手段，而权力是一个人影响决策的能力，它包括组织赋予的职权和个人非正式权力，由此可见，权力是比职权更宽泛的概念，在实际工作中，二者不能混淆。

② 任职资格。任职资格是指为了保证工作目标的实现，任职者必须具备的知识、技能与能力要求。它常常以胜任职位所需要的学历、专业、工作经验、工作技能、能力（素质）等加以表达。

③ 业绩标准。业绩标准是指与职位的工作职责相对应的对职责完成的质量与效果进行评价的客观标准。例如，人力资源经理的业绩标准常包括员工满意度、空岗率、培训计划的完成率等。

④ 职级。职级是指同一职系中职责繁简难易程度、责任轻重及任职条件充分相似的所有职位的集合，它常常与管理层级相联系。例如，部门副经理就是一个职级。

⑤ 职等。职等是指不同职系之间，职责繁简难易程度、责任轻重及任职条件充分相似的所有职位的集合。

⑥ 职业生涯。职业生涯是指一个人在其工作生活中所经历的一系列职位、工作或职业。

⑦ 责任。责任是指分内应做的事，即员工在职务规定的范围内应尽职尽责、保质保量地完成任务。

⑧ 工作族。工作族是指两项或两项以上工作的集合。一个工作族是由性质相同的若干项工作组成的。例如，销售工作和生产工作分别是两个工作族。

 小贴士

工作分析的三个层次

（1）组织层次。工作分析是为一系列组织和管理职能提供信息基础的一个工具，也是组织中最小、最基本的组成单元。因此，在组织上，工作分析能确定组织的总体目标，也能对组织内外的环境进行分析，从而更好地维持和发展组织的管理活动。

（2）作业层次。作业层次主要指的是在组织的作业部门展开的工作分析。指系统收集反映工作特征的数据，核定期望绩效标准，观测实际的作业过程。这一过程能确定总体的理想绩效与实际绩效的差异，这个层次的分析单位是以部门或工作水平为表征的。

（3）个人层次。工作分析为人员甄选、员工培训与开发等一系列职能活动提供支持，其主要分析实现理想绩效所需要的知识、技能、能力等，分析个人在这些方面与期望状态的差异。

5.1.3 工作分析的特征

工作分析作为企业的一项基础性工作，为企业人力资源管理及其他管理提供基本依据和参考。学者李中斌总结，工作分析具有以下几个主要特征。

1. 工作分析以岗位为基本出发点

岗位是企业最基本的细胞，它是由企业的战略目标和组织结构所决定的，有什么样的战略，就要求有什么样的岗位体系与之相对应，就要求有相应的职责、权限、领导关系和任职资格与之相匹配。工作分析就是以岗位为基本出发点，围绕岗位进行分析，对岗位构成的五要素（工作、岗位主持人、职责与职权、环境、激励与约束机制）进行分析、综合，最后制定出最适合本岗位要求的工作分析文件。

2. 工作分析是一个系统地调查、分析、评价的过程

由于工作分析是一项基础性工作，它涉及企业的所有岗位，而且进行工作分析就要对岗位的所有信息进行深入、彻底地调查、研究，综合评价并高度概括出岗位的职责、权限、任职资格要求等一系列内容。在这个过程中，如果没有系统、科学的调查、分析、评价的过程与方法，工作分析就犹如建在沙滩上的大厦，根基不牢。因此，在进行工作分析之前要进行系统的设计，制订科学的方案；在实施工作分析的过程中，要根据实际情况系统调整方案和方法；在制定工作分析文件时也要从系统的角度出发，综合考虑各方面因素。只有这样，工作分析才能取得令人满意的结果。所以说，工作分析是一个系统地调查、分析、评价的过程。

3. 工作分析要求企业全员参与

工作分析不仅涉及面广，而且在整个过程中都要求企业全体员工能够积极参与和大力配合，保证工作分析顺利进行。在进行工作分析之前，要对全体员工大力宣传工作分析的作用和意义，使员工对工作分析抱有积极的态度，全力配合工作分析小组的工作；在工作分析的过程中涉及现场观察、访谈、问卷调查等内容，均需要岗位主持人（员工）的合作；在工作分析结束形成工作分析文件后，还要得到岗位主持人的认可，以作为其日后工作的依据。由此可以看出，在工作分析的过程中如果没有广大员工的参与和配合，工作分析结果的准确性以及工作分析的过程都会受到不同程度的影响，甚至导致工作分析的失败。

4. 工作分析是一个动态过程

岗位在组织中处于一种相对稳定的状态——它通常是稳定的，但当组织的使命和目标发生改变时，岗位的职责、功能和价值也常常会发生相应的变化。因此，工作分析应该是一个动态的过程。尤其是当今面临瞬息万变的市场，企业更要根据市场的需要不断调整自己的战略目标，随之而来的就是岗位系统的变化或是岗位职责的变化，这就要求及时进行工作分析，将工作分析的基础工作做稳、做实。

任务 5.2　工作分析的目的、原则与作用

5.2.1　工作分析的目的

任何一个岗位都是由工作、岗位主持人、职责与职权、环境、激励与约束机制五个要素构成的，工作分析对于岗位的五个构成要素都要涉及，并且都要进行深入细致的分析，以便提供人员甄选标准，设置培训课程，以及解决人与操作系统迅速、有效配合并优化业务流程的问题，使企业所拥有的人与物能形成经济有效的系统，达到有效利用人力、物力资源的目的。工作分析的目的是收集人力资源管理所需的一切有关员工及工作状况的详细资料，为企业有关人力资源决策提供依据。

1. 了解工作的五大特征

1）工作的输出特征

工作的输出特征也就是一项工作的最终结果表现形式，如工作分析这项工作最终形成的职位说明书、任职说明书。员工的工作最终可能表现为产品或服务等。通过这些来具体界定每个工作岗位的工作职责和工作任务，并以此为前提来确定绩效考核的标准。

2）工作的输入特征

工作的输入特征是指为了获得上述结果，应当输入什么内容，包括人力资源、资金、信息，以及设备和工具等物质资源，只有明确了这些才能确定工作的来源和工作条件。

3）工作的转换特征

工作的转换特征主要是指一项工作是如何从输入状态转化为输出状态的，转化的程序、技术、方法是什么，在这个过程中员工的行为起到什么作用，发生哪些影响，这些也是进行工作分析所必须了解的内容。

4）工作的关联特征

工作的关联特征是指每个职位在企业中的位置是什么，工作的职责和权限是什么，该工作与企业中的哪些部门或岗位发生联系等，这些是工作分析中界定工作关系和任职资格的基础。

5）工作的动态特征

由于外部条件的变化，每个工作岗位的工作任务和职责都是不断变化的。这就是工作的动态性，在实际的工作分析过程中，要考虑到的可变因素有人员因素、时间因素和情景因素等。

2. 相关调查和分析

将工作分析的目的具体展开，可以分为 8 个问题的调查和 4 个方面的分析。8 个问题的调查是指前面提到的"6W+2H"，而 4 个方面的分析具体内容如下。

1）工作名称分析

工作名称分析包括对工作特征的揭示与概括、工作名称的选择与表述的分析。要促使工作的名称与含义在整个组织中表示特定而一致的意义，实现工作用语的标准化。

2）工作规范分析

工作规范分析包括对工作任务和责任、工作关系与工作强度的分析。工作规范明确了工作要求，有助于建立适当的指导与培训内容；确定了工作之间的相互关系，有利于合理的晋升、调动与指派。

3）工作环境分析

工作环境分析包括对工作的物理环境、安全环境与社会环境的分析。工作环境分析获得有关工作与环境的实际情况，有利于组织发现导致员工不满、工作效率下降的原因；辨明影响安全的主要因素，有利于及时采取有效措施，将危险降至最低。

4）工作条件分析

工作条件分析包括对从事该工作的员工所必备的知识、经验、操作技能和心理素质的分析。工作条件分析明确了员工录用与上岗的最低条件，为制订人力资源计划、制定考核程序及方法提供依据。

5.2.2 工作分析的原则

为了提高工作分析的科学性、合理性，在企业中实施工作分析应注意遵循以下几个原则。

1. 目的性原则

工作分析是目的性很强的工作，在工作分析前，要明确其目的。工作分析的目的不同，其规模、投入、侧重点会有很大差异。如果是新筹建企业的工作分析，那么其所分析的职位就是广泛而系统的；如果只是招聘某个职位的人员，那么针对该职位的工作分析就非常具体，分析规模也很小。在所分析职位数量相同的情况下，工作分析所服务的职能不同、工作分析的详略和侧重点也就不同。如果工作分析是为了整体的人力资源管理，则工作分析应该系统而详尽；如果工作分析的目的在于明确工作职责，那么重点在于工作范围、工作职能、工作任务的划分；如果工作分析的目的在于招聘人才，那么重点在于任职资料的界定；如果工作分析的目的在于决定薪酬的标准，那么重点在于工作责任、工作量、工作环境、工作条件等因素的界定。

2. 客观性原则

工作分析着重于对某职务现状的信息收集和分析，强调对当前客观事实的了解，而不是对现状的判断。工作分析人员的任务是尽可能地获取和传递事实资料，而将判断的工作留给工作说明书的最终用户去做。在强调客观性的同时，也要注意在分析过程中，不要仅仅罗列出问卷或访谈中所得到的原始信息；在分析过程中，要将工作分解为几个重要的组成部分，审查后将其重新组合，整理出规整的分析结果。

3. 系统性原则

任何一个组织都是相对独立的系统。在对每一个岗位进行分析时都要将其放在企业系统中去考虑，从总体的相互联系上进行系统性分析研究，在职能分解的基础上进行岗位设置和工作分析。

4. 职位性原则

职位性原则，即职位导向原则。工作分析过程同时涉及具体的职位特征和该职位任职者的特征，尽管如此，工作分析的核心仍是职位而非任职者。不管谁来承担该职位的工作，该职位的职责、工作内容、工作关系、工作环境、任职资格等属性都是相同的。否则，就可能出现因人设岗的情形，也有可能使当前的任职者考虑到自身利害关系而不如实反映工作分析过程中出现的问题。工作分析并不关心具体任职者的情况，而是只关心职位的特征，当前任职者之所以被涉及，仅仅是因为其通常最了解该职位的情况。

5. 动态性原则

企业所处的环境是不断变化的，尤其是随着高新技术的应用和普及，员工能力和需求层次也有了很大的提高。不断变化的环境要求工作分析不仅能够体现大背景下工作内容和性质的发展趋势，而且还要符合组织的具体特性及发展目标。动态性原则就是要求将环境变化因素、企业战略以及特定工作的未来发展趋势纳入工作分析当中，经常性地对工作分析结果进行调整和修订，以期充分适应企业的未来发展和需求。

可见，任何工作分析都是以当前工作为依据的，因此工作分析的结果只适用于某一特定时间范围内的职务现状。工作说明书在时间特性上不能含混不清，随着时间的推移和企业的变革，要及时更新工作分析结果。具体部门在运作工作说明书时也要看清其编制时间、以免产生误导。

🔷 小案例

某公司人力资源部总监与研发部经理的对话

某公司人力资源部总监对研发部经理说："我决定不了你需要何种计算程序的设计师，但我确定下来的每位候选人都非常精通 FORTRAN 语言，这也是工作描述中所列出的要求。"

研发部经理说:"的确如此,但是在10年前我们就已经不使用FORTRAN语言了。我们需要的是精通最新软件的人,而不是你给我的这些所谓能够胜任的人。"

思考讨论题:
公司的工作分析结果适用于任何时候吗?

6. 经济性原则

工作分析是耗时、耗力、耗财的工作。规模较大的工作分析,不仅需要组织内部人力资源专员、有关职位任职者、相关部门负责人参与,还可能需要外聘管理咨询公司的专家。这个过程可能会影响组织的工作,使日常生产活动无法正常进行,从而造成一定的经济损失。外部咨询公司的参与需要较高的费用,也会给企业带来一定的经济负担。因此,在开展工作分析时,应本着经济性原则,在工作分析方法、工作分析程序等方面实现成本—效益的最优化,使岗位设置、岗位职责的分配最优化,从而实现组织资源最高效率的优化配置,以较小的投入获得最佳的工作分析结果。

7. 标准化原则

工作分析中的标准化原则指的是工作分析的内容、方法、程序、因素、指标的标准化,并且在工作分析基础上形成的人力资源管理文件也要标准化。标准化要求建立一个统一的标准从而能够对任职的人员进行公平、公正的管理。

8. 应用性原则

工作分析本身是一项牵涉面较广的工作,而工作分析的应用则更是"牵一发而动全身"的活动。现代组织要重视工作分析,为管理的规范化奠定基础,更要把工作分析的结果落到实处,切实在企业中导入岗位规范和工作说明书。由于工作分析导入应用时会引发许多员工在工作权限和利益方面的调整,往往会使他们产生较强的抵触心理。为了做好这项工作,一方面要有管理制度方面的保障,要做好宣传和培训工作,调动各级管理人员和员工广泛参与的热情;另一方面工作分析结果本身的实用性和可操作性也要有充分的保障。因此,要以一种务实的态度深入、细致地做好工作分析。

5.2.3 工作分析的作用

1. 工作分析在战略与组织管理中的作用

工作分析对于组织管理具有非常重要的作用,尤其对于企业战略的落地与组织的优化具有十分重要的意义。

小案例

失败的工作分析

1)实现战略传递

通过工作分析,可以明确职位设置的目的,从而明确该职位如何来为组织整体创造价值、如何来支持企业的战略目标与部门目标,从而使组织的战略在直线指挥系统上能够得以落实。

2)明确职位边界

通过工作分析,可以明确界定职位的职责与权限,消除职位之间在职责上的相互重叠,从而尽可能地避免由于职位边界不清导致的扯皮推诿,并且防止职位之间的职责真空,使组织的每项工作都能够得以落实。

3)提高流程效率

通过工作分析,可以理顺职位与其流程上下游环节的关系,明确职位在流程中的角色与权限，消除由于职位设置或者职位界定的原因所导致的流程不畅、效率低下等现象。

4）实现权责对等

通过工作分析，可以根据职位的职责来确定或者调整组织的分权体系，从而在职位层面上使权责一致找到落脚点。

5）强化职业化管理

通过工作分析，在明确职位的职责、权限、任职资格等的基础上，形成该职位工作的基本规范，从而为员工职业化素养的培养打下良好的基础。

◆ 小案例

工作分析与组织调整

案例1：一家小型通信技术公司，邀请外部专家对其28名在职人员的职位进行"职位分析"。在对由员工及其上级提供的工作信息进行研究后，外部专家发现，维护客户服务信息系统的工作任务和职责被分到了3个不同员工的职位上，这导致他们在更新客户付款信息、安排技术服务方面的延迟。经过组织调整，公司将所有与客户服务相关的工作分到其中两名员工的职位上，由他们分别承担独立的两部分任务，而另一名员工则全面负责客户记录更新、沟通客户信息的工作。

案例2：某企业销售部客户经理（销售代表）将相当一部分时间花在处理文字事务上，没能及时、主动地与客户进行沟通。职位分析揭示了这种现状，并且通过设立专门的文员岗位处理销售部门所有的文字事务来解决这一问题。这样，享受高薪的销售代表们能够有更多的时间从事实际的销售工作，为企业创造更高的价值。

思考讨论题：

请结合以上两个小案例，谈谈工作分析在其中发挥了怎样的作用？

2. 工作分析在人力资源管理中的作用

工作分析是人力资源管理的一项重要的基础性工作，它的作用具体表现在以下几个方面。

1）有利于人力资源规划

每个组织对于本单位内部的人员配备和工作安排，都必须有一个合理的计划。当内部或外部环境发生改变时，组织也应当根据工作或生产的发展趋势相应地调整人力资源规划。工作分析是人力资源需求分析的第一步。工作分析信息可以帮助组织确定未来的工作需求，以及完成这些工作的人员需求。

2）有利于人员招聘、甄选和任用

工作分析是企业员工招聘、甄选和任用的基本前提。工作分析所形成的人力资源文件，如工作描述的主要内容是说明有关工作的静态和动态的特点，工作规范对担任此类工作应具备的知识、工作技能、能力、个性品质等方面做了详细的规定，这都有利于组织在招聘、甄选和任用时，明确招聘条件和甄选的考察内容，选择正确的考察方式，避免盲目性，寻找并发现真正适应工作

究竟选谁做销售主管？

岗位、能为企业做贡献的候选人，保证了"为事择人、任人唯贤、专业对口、事得其人"。

3）有利于员工培训与开发

通过工作分析，企业可以明确从事某项工作所应具备的知识、技能和其他各种条件。这些条件，当前从事各项工作的员工并非人人都能满足，这就需要企业根据工作分析的结果，参照员工的实际工作绩效，制订和设计培训方案，有区别、有针对性地安排培训内容和方法，以提高员工的工作技能，进而提高工作效率。

4）有利于绩效考核

绩效考核的实质是将员工的实际产出与预定的标准进行考核比较，找出差距，改进下一阶段的绩效水平。绩效考核与对员工的晋升和奖惩等直接相关，如果缺乏科学、客观的依据，将直接影响员工的积极性。通过工作分析得到的对工作职责和任职资格要求的详细描述，为制定各项工作的客观标准、设计合理的绩效考核指标提供了科学的依据。工作职责描绘得越详尽、明确和具体，绩效指标就越容易制定，从而确保绩效考核的信度和效度，提高绩效考核过程的客观性和公正性。同时，客观、明确、具体的绩效考核指标，也有利于降低考核人与被考核人之间的分歧和争议，使绩效考核工作更加有效。

5）有利于工作评价

工作分析是工作评价的前提，工作评价以工作分析为基础，根据工作分析提供的工作职责和要求等方面的信息，对工作的技能、强度、责任，以及环境等因素进行综合评估，确定不同工作在组织内的相对价值排序。

6）有利于薪酬设计

薪酬体系包括三种类型，即职位薪酬体系、能力薪酬体系和业绩薪酬体系，后两者是以第一种类型即职位薪酬为基础的。有效的职位评价是建立职位薪酬体系的基础。所以，无论建立哪种类型的薪酬体系，都要以职位评价为基础。而如前所述，职位评价又是以工作分析为基础的，因此，工作分析对于薪酬体系设计的作用就在于，工作分析通过职位评价来间接地支持薪酬体系的设计。通过工作分析与职位评价，可以优化组织内部的薪酬结构，提高薪酬体系的内部公平性和科学性。在基于职位的薪酬体系中，报酬通常都是与职位的技能、强度、责任，以及环境等因素联系在一起的，而这些因素在不同职位中的信息都必须通过工作分析才能确定。

7）有利于劳动定额管理

劳动定额是企业在一定的生产技术条件下，采用多种方法，对生产某种产品或完成某项工作任务的劳动消耗量所预先规定的限额。无论是从理论渊源、考察的对象和范围、研究的内容和方法上看，还是从基本功能来看，工作分析、职位评价与劳动定额管理之间存在许多共同点。例如，工作日写实、测时、工时抽样等定额测定方法，都在工作分析中得到了运用。

8）有利于定编定员

科学合理的定编定员有助于组织机构实现精简、统一与高效，杜绝人员浪费，实现劳动者与生产资料的最佳配置，促进组织经济效益的提高。目前尚有相当多的组织没有定员标准，普遍存在机构臃肿、人员膨胀、效率低下等问题。究其原因，一个重要方面就是这些组织工作分析工作不利，尚未建立起职位评价与工作分类制度，使机构的设置缺乏真实可靠的客观依据，人员安排和使用没有统一严格、详细具体的质量要求。

9）有利于职业生涯规划

员工职业生涯发展是组织存在与发展的必要条件和动力来源,并与组织的发展相互促进。设置职业生涯阶梯为员工职业发展提供必要的条件,是组织应尽的责任和义务。通过工作分析,能根据各岗位的不同特点将其进行划分,形成不同的工作类别或工作族,这为建立职业生涯阶梯提供了基础。通过工作分析建立的任职资格体系能够清楚地界定各阶梯中每个职位等级所需的业绩标准与知识能力标准,从而建立起一条或多条科学并具有激励性的职业上升途径,制定有效的职业生涯规划。

小案例

T 公司该怎么办

T 股份有限公司成立于 2018 年,主营食品制造。近年来公司不断发展壮大,下属员工从十几人增长到了几百人。公司人力资源部门为了充分激励员工的工作积极性,同时为了实现组织目标和工作计划安排,开展了工作分析工作,并在岗位说明书中为销售部员工制定了销售上限和下限。比如,销售经理每个月的上限为 10 万元,下限为 20 万元;销售业务员每个月的上限为 60 万元,下限为 10 万元。达到了上限后,公司将额外给予包括奖金、休假、实物在内的奖励;若没完成下限,则需要罚扣当月奖金,并将任务顺延至下个月,三个月未能完成计划任务的将被辞退。但是,由于经济不稳定造成消费市场颓靡,再加上互联网对线下销售的冲击,使得在线下零售的 T 公司的销售员工,最终都难以完成计划任务,公司面临着管理上的巨大困境。管理层思考是否要按照原本的规定解聘大量未达标的员工?

思考讨论题:

(1) T 公司进行工作分析并且与薪酬奖励制度挂钩的过程中,存在什么问题?

(2) 如果你是 T 公司人力资源部负责人,你准备采取何种措施扭转公司当下的困境。

任务 5.3　工作分析的产生与发展

大多事物都是经过不断发展、演变而来的。经过一代又一代思想家、科学家及普通工人的研究和实践,才有了如今的工作分析。同时,由于工作分析在社会实践中被广泛运用,其也必将不断发展下去。

5.3.1　中外早期工作分析思想

1. 中国早期工作分析思想

中国古代已经有了工作分析思想与应用的历史,与西方国家相比,我国学者的研究和实践更为系统全面,而且要早 1 000 多年。

公元前 700 年,春秋时期的政治家管仲(前 723—前 645)最早论述分工,提出著名的"四民分业定居论",主张将社会职业划分为"士、农、工、商"四大行业,让人们按行业分别聚居在固定的区域。"处商就市井,处农就田野",客观上有利于同一职业从业人员之间交流,提高技术水平,促进职业的发展。

战国末期思想家荀况（前313—前238）把分工称为"曲辨"，特别强调分工的整体功能。他认为，人类强于动物的地方不在于个体的能力，而在于群体的能力与智慧。就个体来说，力不若牛，走不若马。群体的力量产生于合理而科学的分工，只有社会确定了合理而科学的分工，人们才能有序地工作，发挥出群体的共同能力。

2. 外国早期工作分析思想

古代希腊哲学家柏拉图（前427—前347）在《理想国》中，详细论述了社会职业的分工。他认为国家起源于劳动分工，因而将理想国中的公民分为治国者、武士、劳动者三个等级，分别代表智慧、勇敢和欲望三种品性。三个等级各司其职，各安其位。在这样的国家中，治国者均是德高望重的哲学家。他认为，建筑工匠、农民、鞋匠、纺织工人和其他工人适当地专门化，做他们力所能及的工作，并尽心竭力地为社会服务。柏拉图关于工作分析的思想可以概括为四点：① 个人与个人之间在工作才能方面存在差异性；② 工作与工作之间在具体要求方面存在差异性；③ 要让每个人根据自己的天生才能，在适当的时间内只做一件事，不做别的工作，这样他将能做得更多、更出色并且更容易；④ 我们最为重要的管理工作目标，是让每个人从事最适合他的工作，以取得最高的工作效率。

柏拉图的社会职业分工的思想为后来的工作分析奠定了基础。了解各种不同的工作及工作对人的要求，让合适的人从事合适的工作，将成为日后工作分析及整个人力资源管理关注的基本问题。

苏格拉底论社会与职业

一个正义的社会必须认识清楚三件事情。第一件事情是，不同的人在从事工作的资质方面是存在个体差异的，这就意味着不同的人员之间是存在能力差异的。第二件事情是，不同的职业需要具备不同资质的人来完成。第三件事情是，一个社会要想取得高质量的绩效，就必须努力把每个人都安排到最适合他们资质发挥的职业上。换句话说，一个社会（或一个组织）要想取得成功，就必须获取与工作要求有关的详细信息（通过工作分析来实现），并且还必须实现这些工作要求与个人的资质之间的相互匹配（通过人员甄选来实现）。

【点评】尽管苏格拉底所关注的是范围更大的整个社会，但是对于一个希望实现高质量绩效的组织来说，理解这一点并努力去实现工作要求与人之间的匹配是尤为重要的。尤其是在当今充满竞争的市场上，这一点特别值得关注。因此，通过工作分析获取工作信息就显得至关重要了，它不仅对于人力资源管理者有用，对于直线管理人员也是很有价值的。

英国经济学创始人亚当·斯密（1723—1790）在《国民财富的性质和原因的研究》一书中提出分工理论。他认为，分工的起源是人的才能具有自然差异，而这起因于人类独有的交换与易货倾向。交换及易货系属私利行为，其利益取决于分工，假定个人乐于专业化及提高生产力，有剩余产品之交换行为，促使个人增加财富，此过程将扩大社会生产，促进社会繁荣，并达到私利与公益之调和。他认为，分工促进劳动生产力的原因有：① 劳动者的技巧因专业而日进；② 由一种工作转到另一种工作，通常会浪费不少时间，有了分工，就可以免除这种损失；③ 许多简化劳动和缩减劳动的机械发明，只有在分工的基础上方才可能实现。

5.3.2 工作分析的早期发展

1. 狄德罗的工作分析

丹尼斯·狄德罗是18世纪的法国启蒙思想家。1747年在为德国一家翻译协会编纂百科全书的过程中，他实施了一次工作分析，据说这使他成为历史上大规模实施工作分析第一人。他实施工作分析的目的是系统、翔实地掌握有关贸易、艺术以及手工业等方面的资料。在此过程中，他不仅了解工作的信息，还试着自己绘制机器图版和制作说明书。他至少绘制了600张图片，把收集到的每种贸易的事实资料列在图片旁边加以解释。他简化了原有工作流程，并将收集的资料进行了系统化处理，从而大大优化了原有的工作程序。狄德罗的工作分析思想为以后的工作分析实践提供了直接的经验和参考。

2. 泰勒的科学管理

在1.3.2节提到的，被尊为"科学管理之父"的美国管理学家泰勒是现代工作分析理论的奠基者，泰勒的"时间动作研究"被认为是科学工作分析的开始。所谓时间动作研究，就是将工作划分成若干部分并分别计时，通过分析，对各种活动的时间及顺序进行重新规划，从而制定出标准化的工作程序和方法。这些标准化的工作程序和方法在从事该工作的工人中推行，可以达到提高生产效率的目的。泰勒在其著作中以"铁块搬运"实例讨论了通过将工作分成若干部分进行计时来提高劳动效率的事实。他采用十分严格的计时方法，分析搬运过程中的每个环节，包括从堆垛中搬起铁块直到空手返回堆垛，时间精确到（1/100）s。泰勒认为，通过对工作时间严格的调查分析并以此为基础规定适当的工作绩效标准，可以大大提高工作效率。后来，泰勒又对他的理论作了修正，指出制定工作时间量表的方法能够为工人充分发挥工作积极性和主动性、获取物质奖励提供依据。泰勒在1911年出版的《科学管理原理》一书中指出，若要对组织进行科学的管理，就必须对组织中的每份工作进行系统的研究，从而科学地选拔和培训工人，实现管理效率的最大化。

3. 明斯特伯格的工作分析

工作分析是人员选拔和测评的主要手段和必要程序。20世纪初，与人员选拔和测评密切相关的工业心理学得到迅速发展。雨果·明斯特伯格是工业心理学的主要创始人，被尊称为"工业心理学之父"。他的研究和思想对后来的工业研究和工业心理学的发展产生了深远的影响。

明斯特伯格将心理学运用到工业研究中，开创了对工作中的个人进行科学研究以使其生产率和心理适应达到最大化的工业心理学研究领域。如明斯特伯格对电车司机这一工作进行了安全方面的研究。他在实验室中模拟电车司机操作的情景，对影响司机操作的各个因素及安全因素进行探讨。明斯特伯格在其1913年发表的著作《心理学和工业效率》中，强烈要求加强管理的科学性，呼吁应当更好地理解心理学成果，并将它运用于工业效率中。他呼吁，我们决不能忘记，通过心理上的适应和改善心理条件来提高工业效率，不仅符合工厂主的利益，更符合职工的利益，他们的劳动时间可以缩短，工资可以增加，生活水平可以提高。他主张用心理测试来选拔员工，用学习理论来评价培训技术的开发。人员选拔和测评在商业领域的广泛运用，促进了工作分析的迅速发展。

4. 吉尔布雷斯夫妇的工作分析

"动作研究之父"弗兰克·吉尔布雷斯是科学管理运动的创始人之一。他的妻子是被誉为"管理的第一夫人"的心理学家丽莲·吉尔布雷斯，吉尔布雷斯夫妇的动作研究、疲劳研究等对工作分析的发展起到了巨大的推动作用。

弗兰克·吉尔布雷斯提出一种在实验室中进行工作分析的程序方法，该方法通过合适的设备来研究如何减少多余的动作，最大限度地提高劳动生产率。动作研究的第一步是对动作进行分解，比如，将拿工具这个动作分解为 17 个基本动作，寻找、选择、抓取、移动、定位、装备、使用、拆卸、检验、预对、放手、空运、延迟（不可避免）、故延（可避免）、休息、计划、夹持等。弗兰克·吉尔布雷斯把这些基本动作定义为"动素"，动素是不可再分的。他还把动作研究扩展到疲劳研究领域，并从建筑业扩大到一般制造业。除了动作研究，弗兰克·吉尔布雷斯还探讨了工作、工人和工作环境之间的相互影响。

吉尔布雷斯夫妇发现对残疾老兵进行正确的工作培训并重新设计工作方法很有必要，因为他们很难像健全的职员一样进行高效的工作。据此，吉尔布雷斯夫妇提出，对于从事同一工作而具有不同特点的工人，应为他们设计不同的工作方法以达到提高劳动生产率的目的。

◆ 小贴士

"动作研究"溯源

1885 年，吉尔布雷斯 17 岁，受雇于一名制造商，他发现工人造屋砌砖时所用的工作方法及工作的快与慢，互不相同。究竟用何种方法最经济、最有效，实在应加以研讨。于是吉尔布雷斯对工人砌砖的动作进行分析。他发现工人每砌一砖，率先用左手俯下身子去拾取，同时翻动砖块，选择砖块最佳的一面，准备等到堆砌的时候，放置外向。这一动作完毕后，右手开始铲起泥灰，敷于堆砌处，左手置放砖块后，右手又用铲泥灰的工具敲击几下，以起到固定的作用。这一周期性动作，经过吉尔布雷斯细心研讨，并拍成影片，详加分析，发现工人俯身拾砖，很容易疲劳；左手取砖时，右手闲散，也不是有效的方法；再有敲砖的动作，也属于多余。

吉尔布雷斯经过多次试验，总结出新的砌砖方法：当砖块运到工作场地时，先命令一般的工人（其工资较低）加以挑选，然后放到一个木框内。每个木框里可以装 90 块砖，将每块砖最好的一面或一端以统一的方向放置好，然后把木框悬挂在工人身体左侧，等工人用左手取砖的时候，右手可以取泥灰，同时改善泥灰的浓度，使砖置放在泥灰上的时候，无须敲击就可以直接定位。砌砖的动作改善后，工人们的工作量成倍增加，他们砌每块砖的动作由之前的 18 次减少到 5 次。工人们经过训练后，旧方法每小时只能砌 120 块砖，而用新的方法则可以砌 350 块砖，工作效率增加了近 200%。经过吉尔布雷斯的动作分析确定了最好的砌砖方法，由此发展成为日后的动作研究。

5.3.3 工作分析的近代发展

两次世界大战的爆发推动了工业心理学的发展，尤其是促进了心理学在人员分类和人员安置中的应用。随着工业心理学的发展，广大学者取得了一系列工作分析及其应用的成果。

1. 宾汉的工作分析

美国应用心理学先驱宾汉将工作分析作为工业心理学的分支来进行研究，在卡耐基工程学院创建了应用心理学系，他的研究成果对于大规模工作分析和职位评价的发展产生了深远的影响。

第一次世界大战期间，宾汉担任美军人员分类委员会的执行秘书，进行了以解决人员配置问题为目的的工作分析方法论的研究。20世纪20年代后期，美国国家教委接受宾汉的建议，开展了一项优秀职工任职资格的课题研究。该项研究的负责人曼恩提出，在记录工作时只记录某项工作所需的知识和技能，不考虑且不深究工作所需的文凭和培训过程。这种记录方式被称为"用途记录"，它可以有效减少直觉误差。1931年，宾汉推动了美国国家就业局为服务大众而开展的职业调查项目的发展，该项目成为后来工作分析计划的基础。第二次世界大战期间，他担任美国军队人事分类咨询委员会主席，该委员会的组建是为了适应军队分类与训练的需求。该委员会最早的任务之一是完善一项测验，即根据新兵学习士兵职责的能力将他们分成五类，最后得到《陆军普通分类测验》（AGCT），这是团体测验史的一个里程碑，有1 200万名士兵依据这一测验被分派执行不同的军事工作。宾汉所著《能力和能力测验》一书是该领域的一部经典著作。

2. 斯科特等人的工作分析

斯科特是美国著名的工业心理学家，在20世纪20年代，他通过对军队工作的系统研究，成功地将工作分析运用于军人的测试和选拔。斯科特制定了军衔资格标准，同时他领导的委员会通过工作分析编制了"军官任职技能说明书""入伍申请书""人员调查表"，并在军人考评之前进行工作分析，从而促进了军队面谈考评的科学化。

之后，斯科特又将研究成果移植到企业和政府部门，他与克洛西尔合作创办了斯科特公司，并共同发表了《人事管理》一书，两位作者在书中详尽介绍了他们如何将军队中的研究成果应用到工业生产经营中。书中最重要的一个实例是克洛西尔撰写的将工作分析法应用于联邦政府公职人员的职业介绍。1922年，美国内政改革委员会派克洛西尔到俄亥俄州的迪顿市对1 200名工人所从事的237种工作进行工作分析，得到了以下几个成果：① 工作任务的描述重点是工作的作用和管理者的作用，而非具体的操作细节，因为这些细节经常误导人；② 工作分析员为获取可观的分析资料，应向被调查者详尽解释工作分析的目的；③ 工作分析员应避免让工人承担无前途的工作；④ 为了获取就业管理的最佳方法，工作分析员要对管理者和职员进行多次访谈。

值得一提的是，在进行这项研究时，克洛西尔获得了美国内政改革委员会委员艾玛·巴鲁什的密切配合。下面将介绍巴鲁什等人的研究。

3. 巴鲁什的工作分析

艾玛·巴鲁什通过对工作中影响薪酬的要素进行深入研究，把工作分析成功地应用于美国国会"工薪法案"的设计中，提出了工作等级划分的方法，并将其应用于《工薪划分法案》。1919年，美国内政改革委员会派巴鲁什参加国会工薪划分联合委员会。巴鲁什对10 400名公职人员进行了问卷调查，收集了有关政府职位任务的事实资料，通过逻辑分类与等级划分，得出了分析结果。1923年，美国国会根据巴鲁什的研究结果，通过了《工资划分法案》，并批准在华盛顿特区试行。

巴鲁什的研究特点是着眼于影响工作的普遍因素，忽略偶然的个别因素。例如，某个工人用三角学原理测出一条线的长度，而大多数工人利用现成表格即可达到同样目的。这样，巴鲁什认为在评定此项工作的等级与相应的工资水平时就不应将三角学原理作为一项工作技能来考虑，而应以全体工人的通用技能为标准。

4. 其他学者和研究机构的工作分析

这个时期，美国的一些研究机构对工作分析做出了以下贡献。① 对"职业""职务""任务""工作""职责"等工作分析的基本概念进行了系统的定义。工作分析用语逐步规范化，为工作分析的进步发展奠定了基础。② 为职业能力评价提出了一套有关工作能力的指数体系。第一项为体能，划分为五个等级；重体力劳动者所要求的体能是最高的五级，轻体力劳动者所要求的体能是最低的一级。第二项为能量消耗的速率，也划分为五个等级，并绘制于工作心理图表中。③ 编制了《职业大辞典》。《职业大辞典》以对工人的知识、技能等最基本的要求为标准来划分各项工作的职位等级，在社会中受到广泛好评。《职业大辞典》对国民经济中的各类工作进行了详细阐述，成为实现工作分析的重要参考工具。④ 对美国各行各业的职业技能标准做出明确的规定，并将其划分为共有部分和特定部分。

5.3.4 工作分析的现代发展

第二次世界大战后，许多理论对工作分析的发展和完善做出了很大贡献。20世纪70年代，工作分析成为西方发达国家人力资源管理现代化的标志之一，并被人力资源管理专家视为人力资源管理最基本的职能。

1. 工作分析方法的开发和探索

在这一阶段，各种系统的工作分析方法被开发出来并得到了广泛应用。具有代表性的工作分析系统有职位分析问卷法（PAQ）、任务清单/综合职业数据分析法、能力需求尺度分析方法、行为一致性分析方法、职能工作分析法、健康委员会动机研究方法、工作要素法、临界特质分析方法、综合性工作分析系统、工作执行调查系统和职业测定系统等。

2. 在工作评价中的应用

工作分析的研究结果相当大一部分用作工作评价的基础和标准。在奥蒂斯与伦卡特合著的《工作评价》一书中，就强调工作评价是将工作分析价值提高到一个新层次的关键。工作评价中职位相对价值的确定依赖于工作分析提供的关于职位特征的信息。为此，西方发达国家一些专业组织和大型管理咨询公司在传统工作评价方法的基础上，开发了更具定量分析特点的评价技术。著名的方法有 Hay-MSL 指导图像表象法、尤威科欧尔形象法、直接统一意见法、传递评价法和要素评价法等。

3. 在劳动纠纷处理中的应用

工作分析不仅在岗位评价、人员招聘、薪酬管理等方面被广泛应用，还被作为劳资纠纷处理的法律之本。劳动立法对工作分析的发展影响深远，科学的工作分析对支持人力资源管理实践的合法性相当重要。从1964年的《民权法案》开始，美国政府陆续通过了《公平劳动标准法案》《同工同酬法案》《职业安全与健康法案》等一系列的法案，针对劳动关系中的歧视行为进行了详细的规定，法律都在客观上要求组织进行有效的工作分析。为了避免劳资双方的法律纠纷，资方必须在招聘、考核、薪酬、调动等活动中，证明其所采用的标准、程序、方法与工作具有高度的相关性。而工作分析是达到这项要求的必要手段，各个组织都比以前更加重视工作分析的研究和应用，从而促进了工作分析的发展。

4. 在人员录用生理条件方面的应用

残疾人就业问题和工效学促进了工作分析方法的发展。工作设计、工具和设备设计、工作方法设计和工作流程设计等领域的问题，既依赖于工作分析，又促进工作分析的发展。沙特尔利用吉尔布雷斯夫妇的研究成果，对残疾人的求职与工作进行了研究，设计了工作目标与任职者生理资格的评估清单，与后来设计的工作环境清单一起完善了医疗人员分析系统，使其成为整个工作分析过程的必要组成部分。按照这一系统，对求职者的医学检查只需按照评估清单罗列的项目和要求执行即可，这比进行全面的体检更为有效。

5.3.5 工作分析在我国的发展

1. 工作分析的起源

我国的工作分析起源于人事心理学领域的研究。1916年，清华大学为了指导学生选择职业，在学校开展了职业指导。1921年，中华职业教育社采用自制职业心理测试对学生进行测验。20世纪30年代还成立了"人事心理学会"，当时主要是以测量作为淘汰人员的依据，并未真正研究人力资源的合理使用和科学人事制度的建立。

2. 工作分析研究的历史

1949年新中国成立后，我国工作分析研究主要集中于企业岗位研究，其发展主要表现在岗位责任制、岗位工资制的建立和发展上。

新中国成立初期，我国国民经济处于恢复时期。这一时期，企业在民主改革的基础上进行了生产管理的改革，初步建立了生产责任制以及合理劳动定额。在工作分析方面，主要吸收苏联企业管理的经验，在中苏共管的中国长春铁路公司普遍采用了工时定额标准，按八小时工作制和岗位劳动繁简难易程度，确定出各类岗位的定员标准。全面实行生产责任制，确定了每个岗位的职责，并以此为基础，在直接生产人员中实行了八级工资制和计件工资制，取得了较好的效果。1953—1960年，我国将生产责任制扩展到技术设计、工艺、设备、安全、材料工具保管等职能科室。1961—1965年，在党中央"调整、巩固、充实、提高"八字方针指引下，颁布《国营工业企业工作条例（草案）》《企业计时奖励工资暂行条例》《企业计件工资暂行条例》等指导性文件，恢复和健全了严格的岗位责任制。1966—1975年，企业管理制度遭到破坏。1975年，针对整个工业存在的散和乱的问题，7月中旬，国务院委托国家计委起草《关于加快工业发展的若干问题》（简称"工业二十条"），全面恢复和健全了岗位责任制。

从我国企业管理的实际情况来看，纺织企业工作分析的历史较长，效果也很显著。纺织企业开展工作分析是从推行岗位工资制开始的。1951年，纺织工业部根据棉纺织运转工的劳动特点，在《棉纺织工人工资制度调整方案（草稿）》中提出：对实行计件工资的纺织运转工人，按照各工种技术难易、责任大小、劳动轻重和劳动条件，分别确定不同的工资标准，采取一个工种拟定一个工资标准的办法，建立"独立的工资率"，也就是岗位工资制。建立岗位工资制的前提是工作分析和工作评价。当时是采用评分法对各岗位进行评价，然后再确定出各工种的工资等级系数和工资标准。其具体方法如下。① 在实行计件的纺织运转工种中选择代表性工种，多数是细纱挡车工或织布挡车工。按照技术难易、责任大小、劳动轻重、劳动条件四个因素与实行等级工资制的有关工种相比较，找出相近的工种并确定代表性工种的岗位工资标准。② 对于实行计件的其他工种，则按上述四个因素与代表性工种进行综合比较的方法或分项评分的办法进行岗位评价。1956年，在全国工资改革中，纺织工业部又在工作评价的基础上对所属纺织企业分地区制定了纺织运转工人工资标准,无论计时、计件,全部纳入统一的工资标准,这进一步完善了"一岗一薪"的岗位工资制。

3. 工作分析的新发展

工作分析在我国的真正发展,始于改革开放以后,尽管起步较晚,但由于广大科技工作者和管理学界同人的共同努力,它已获得迅速发展。西方所采用的工作分析方法,也已被介绍并应用到实际工作中。

1979年以后,随着经济体制改革的不断深入,我国企业管理逐步走向科学化、合理化、标准化的轨道,一些企业创造出了许多先进的管理方法。例如,首钢公司从1981年开始,在企业内部将岗位责任制发展为经济责任制,制定了明确的标准、责任、程序和考核办法,形成了一套科学的管理办法。首钢公司还实行岗位技能工资制,之后又构建了以岗位价值为特征的薪酬分配体系。鞍钢集团在20世纪80年代对全公司43个厂矿的7 429个生产岗位进行了岗位分析与评价,确定了定额标准,合理体现了岗位差别,建立了科学的工资奖励制度。

改革开放以来,我国开展了比较系统的劳动心理学研究,但职务分析的研究仍处于起步阶段,这时心理学家进行了使工人适应工作要求的研究以及工效学方面的研究。例如,1984—1985年,为了探索干部的德才和工作绩效的科学评定方法,心理学家在杭州开展了有关企业管理干部职务分析和测评的研究,他们运用个案法、工作日记法、问卷调查法和现职干部评定法等,对企业各个层次和部门的干部工作任务和职务特征进行了比较全面的分析,主要包括工作内容、技术难度、工作时间、工作负荷和人际关系等方面。这些研究明确了企业各级管理者的职责,初步确定了任职者需要具备的心理素质、知识和能力等条件,为各级管理者的选拔、培训、考核、调动、晋升提供了评判标准。

4. 工作分析研究的现状与展望

企业管理在我国经历了70多年的风风雨雨,国家有关部门也为一些体力劳动强度大、高温作业、接触毒物作业等的特殊岗位制定了国家标准,但至今还没有一部系统的有关岗位研究的法规,更没有具体而系统的评价标准,只有在个别行业中制定的岗位评价标准。例如,铁道部从1991年5月到1992年12月,历时600天,在全行业开展岗位劳动评价工作,培训骨干1 400多人,购置设备200余万元,组织测评人员3 000多人,取得12万余个评价数据,最终制定了《铁道行业岗位劳动评价工作手册》,将其作为以后具体的岗位研究工作的参考标准。铁道部的这项举措开创了我国铁路劳动工资管理史的先例,是经验管理向科学管理转变的开始。经过几年实践,该标准被证明是比较科学、合理的,符合铁道行业的实际。铁道部在岗位研究方面走在了其他行业的前面。但是,这个岗位评价标准有一个严重的缺陷:只适用于工人,不适用于干部,对干部的各项管理工作的评价仍然缺乏系统性和客观性。另外,纺织行业、钢铁行业等各自的评价标准也都存在这个问题,而且各行业之间也缺乏交流和沟通。因此,我国的岗位研究工作有待进一步发展。

随着时代的不断发展,中国各个地区、各个行业发展水平差异很大,各种类型企业的管理水平参差不齐,中国企业应该根据自己所处的不同阶段来选择适应自身特点的管理方法,工作分析同样如此。从最简单的工作分析方法到最近发展的新方法在我国都有着广阔的应用空间。很多管理基础薄弱的企业需要从最基本的工作做起,应用工作分析的各种基本方法,构建管理平台,提高管理的规范化、科学化水平。有一定管理基础的企业可以开发利用现代工作分析系统方法,提高工作分析的效率。理论工作人员应加强对工作分析理论与方法的研究,研究开发具有中国特色的工作分析系统,使工作分析的理论与方法本土化,进而积极指导中国的企业人力资源管理实践。

5.3.6 工作分析面临的挑战

如今企业的竞争环境和运营模式发生了根本性变化,同时也对企业的战略、组织与人力资源管理产生了巨大的冲击。工作分析作为现代组织与人力资源管理的基础,在当今时代面临更大的挑战和新的发展趋势。

工作分析作为一种人力资源管理活动,包括主体、客体和对象,其主体是工作分析者,客体是整个组织体系,对象是工作。实践中,我国企业开展工作分析所遇到的挑战大多是源于这些方面。

1. 工作分析者面临的挑战

作为工作分析活动的主体,工作分析者的业务素质、责任心以及实践能力等对企业开展工作分析有着重要的影响。工作分析者通常有三类:外部专家、主管、本职员工。开展工作分析,三类人各有优劣势:外部专家业务素质高,能够保证工作分析的客观性,但成本太高;主管对工作熟悉,并能从整体上系统把握工作所需的技能和要求,但需要对其进行培训,费时、费力;本职员工对工作最熟悉,但也要对其进行培训,同时出于对个人利益的考虑,员工有夸大本职工作责任的嫌疑。因此,企业不得不在效率和成本之间进行博弈:一方面,为了保证工作分析结果的信度和效度,尽可能地选择较宽泛的人员组合;另一方面,过多的工作分析造成了成本的飙升。我国企业在工作分析者的选择上往往依赖于外部专家,轻视本职员工的参与。外部专家参与的确有利于企业工作分析的开展,但企业仅借助于专家所产生的工作分析结论其全面性值得商榷。另外,外部专家相较于企业人员,对于企业战略的认知程度远远不够,其所开展的工作分析的战略性价值大大降低。在当前强调人力资源战略管理的时代,我国企业选择工作分析者标准亟待优化。

2. 组织体系面临的挑战

作为分析客体,组织体系承载着工作分析的内部环境建设,为工作分析的开展提供系统性的思考框架。组织体系的发展变化,往往预示着工作分析时机的到来。现代社会信息瞬息万变,社会处于快速的发展变化中。面对外部环境的巨变,企业内部的小环境也随之发生变化,组织体系的改变势在必行。开展工作分析,为组织体系的构建提供基础资料以适应环境,成为众多企业的选择。因而从实际上来讲,探讨工作分析在组织体系面临的挑战,本质上是工作分析如何适应动态环境的问题。改革开放以来,我国企业得到了长足发展,但在企业由小变大、由大变强的过程中遇到了重重桎梏。其中,工作分析的缺失就是一块主要的"短板",其短板效应在我国当前企业发展过程中日益明显。"中国企业岗位管理现状调查报告"显示我国企业对工作分析重要性的认识具有高度一致性,但是在实践中对工作分析的动态管理却缺乏足够的认识。许多企业试图"毕其功于一役",一次工作分析便万事大吉;工作说明书也常常束之高阁,无人问津。

3. 工作本身面临的挑战

1)职位界定变得更加宽泛

工作分析的目标是寻找工作之间的内在差异,而诸多差异的核心则在于工作的目标与职责之间的不同,正是在这一前提下,传统的工作分析都

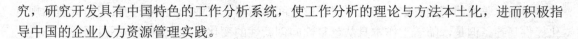

小案例

从两支龙舟队看组织结构问题的重要性

强调对职位职责的明确界定，通过厘清职位之间的职责、权限的边界来为组织与管理的规范化提供基础。但是，随着工作本身从重复性向创新性的变化，知识型工作不再强调这一点，而是允许，甚至鼓励职位之间的职责与权限的重叠，以打破组织内部的本位主义与局限思考，激发员工的创新能力与意识。那么，在边界模糊的条件之下，什么样的工作内容应该包含于工作说明书中，什么样的工作内容不应该包含于工作说明书中，将成为难以确定的问题。同时，对职责的明确界定，是否会进一步加深任职者的视野固化？是否会抑制员工的创造性与活力？这些问题都将对工作说明书本身的存在价值与意义提出挑战。

2）团队工作或项目工作取代传统的个人职位

在团队设计下，不存在定义狭隘的工作。如今，部门的工作通常与团队捆绑在一起。这些团队成员的技能，在深度和广度上往往超过传统工作的要求。过去，一个组织中可能有100种独立的职位类别。在团队设计下，可能只有不到10个定义宽泛的团队角色。另外，团队成员都是按照角色界定来开展工作，团队成员的工作交叉、职能互动，团队之间的成员交换与互动，是团队创造力的根源之一。因此，在团队中将不再存在固定的、稳定的职位，这样，传统的工作分析就失去了研究与分析的对象。国外管理学者已将社会技术方法运用到工作分析中。社会技术方法不再强调科层控制，把管理的职能转移到团队。工作分析的传统形式存在局限，在社会技术型组织中亟待使用新的工作方法。

3）现代的工作分析方法需要扩大职位信息的来源

从管理层权力向客户权力，从上级协调向同级协调的转移，使得传统的以对任职者本人及其上级进行调查来收集岗位信息的方法，已不能全面把握岗位工作内容与任职要求，因此，工作分析发展的一大趋势，是要将该职位的内在顾客与外在顾客，业务流程的上下游环节都纳入工作分析的信息来源中，形成对职位全面的信息收集与判断。

4）工作条件的变化

一方面是价值观的变化，价值观会间接地影响人们的工作取向、工作地点以及工作时间。许多受过高等教育的人渴望从事的工作富有挑战性且有意义。他们认为，工作是对自我的挑战和个人自我发展的手段，同时，也是为他人谋福利的工具，这会影响到他们从事工作的态度和目的。此外，越来越多的年轻人形成了"享受生活"的态度，必将对他们的工作方式产生深远的影响。另一方面，随着教育年限的延长以及教育水平的提高，企业内部员工的平均年龄在逐渐增长。许多职业男性与女性比例已基本相当，如律师和心理学家；企业国际化以及本土化战略的推行，促使企业内部劳动力日益多元化。社会环境的变化对工作的影响，可能有三方面：其一，工作适应人，而不是人适应工作；其二，受过高等教育的员工的个人发展及他们在工作中接受的挑战会越来越复杂；其三，在工作中不同背景的员工之间的沟通与交流显得越来越重要。

5.3.7 工作分析的发展趋势

当今，工作的稳定性、工作方式以及工作对任职者的要求等方面都发生着巨大的变革。在这种情况下，工作分析必然也要随之变化和发展。工作分析的未来发展趋势主要体现在以下几个方面。

1. 工作分析战略化

当一项工作被新创建出来或者正在遭受巨大变革时，就要着眼于未来，基于组织战略，针对"未来的职位"进行工作分析,并识别出组织的核心竞争力,建立胜任特征模型,帮助组织赢得竞争优势。美国的本杰明·施耐德和安德烈亚·考茨提出了"战略性工作分析",该方法的目的是界定所预测到的未来职位所需要的任务和 KSAO(知识、技能、能力以及其他个人特质)指标。该方法大体包括以下步骤:① 对现有职位进行分析,从而识别出目前的任务和 KSAO 指标;② 将了解该职位的主题专家(如任职者、主管)及组织中其他对发生变革的职位具有深刻了解的人组织起来,共同讨论未来变化(如技术性变革)对该职位会有怎样的影响,并收集他们对未来任务和 KSAO 的一些设想;③ 识别对该职位现在和将来判断的差别,分离出所预料到的发生最大变革的任务和 KSAO,这些信息是招聘未来职位任职者的基础。

由此可见,整个过程的关键因素是正确挑选主题专家,因为是由他们对未来职位的变化进行预测。如果当前职位正在经历变革,则可以要求职位的任职者、主管及其他专家预测工作活动和 KSAO 的变革。如果被分析的职位是要被创造出来的,则可以选择组织中对职位变化有远见的人,或者也可以挑选组织外拥有关于变革的专业技术知识的人,比如,熟悉组织战略和技术变革的人,以及与所预测的新职位相似的职位的任职者和主管。

由于职位、技术和组织快速、持续地变化,有人建议要识别出基于组织的核心竞争力,即需要放宽视野,结合组织战略,考虑组织的长期需要,更广泛地界定员工应具备的 KSAO。这些核心竞争力由跨工作任务的特性组成,并且体现组织文化。通常不断变化的内外部环境要求员工具备的核心竞争力有:学习能力、自我管理、激励、团队合作性、适应能力、社交能力以及在压力下工作的能力等。实际上,这种理念提倡的是以稳定的组织要求为基础,而非以不断变化的职位要求为基础开展工作分析。

2. 工作分析信息来源扩大化

对工作分析信息的获取来说,尽管任职者是最常见的信息来源,但是任职者之外的其他信息来源也变得日益重要。这包括以下三个方面。

1)客户

员工和客户之间的关系变得日益紧密和重要,客户对工作业绩的衡量标准具有至关重要的影响,所以自然就成为工作分析的重要信息来源。有许多企业采取"秘密客户"的方式来收集服务质量的信息。"秘密客户"是由企业雇用的乔装成顾客的人员。员工在向"秘密客户"提供服务时,并不知道他们本身也是雇员。通过系统地培训,"秘密客户"能够观察客户服务人员的服务行为,所以,就服务性工作来说,"秘密客户"可以成为很好的工作分析信息来源。

2)专家

任职者对他们从事的工作并不能总是做出最好的判断,特别是与自己利益息息相关时,更是如此。而岗位培训专家则对工作负荷、工作环境等影响工作的许多因素都比较了解,例如,拥有心理学背景的专家对工作的心理压力就能做出准确的评估。与任职者相比,专家对工作有更为准确的判断。

3)计算机

虽然人对任务和工作内容的反应比简单的知觉判断复杂得多,但是计算机仿真系统的引入能够分析操作人员的业绩。所以,计算机模型将日渐成为工作分析数据的又一来源。

3. 工作分析技术信息化

传统的工作分析一般采用人工方法进行。随着新技术的发展，计算机网络技术也可以运用于工作分析，工作分析技术趋向于高科技化。具体来说包括以下三个方面。

1）计算机网络

因特网和企业内部的局域网对数据收集有着广泛而深入的影响。现在的任务清单或其他类型的纸笔调查将逐渐被网络所代替，特别是那些需要应用计算机的工作。这使被调查者可以将信息直接输入计算机，省去了打印以及邮寄等烦琐的手续。

2）电子业绩监督

计算机能够监视员工的工作过程，可以对工作做出详细的分析。但是，计算机却不能理解所记录的内容，也就是说，计算机并不知道人们在工作中做什么。这种设想在不久的将来也会实现，那时计算机能够告诉我们某人是否在写信、编写代码，或者从因特网上下载文件等与工作相关或不相关的活动。人工智能的增强，将会使电子业绩监督变得越来越普遍。

3）预测

当进行分析的工作还不存在时，就不能对任职者进行观察、访谈或问卷调查。在这种情况下，只能对工作进行猜测。解决方法之一就是请工作小组列出现在和未来的任务，小组成员必须想象未来的工作是什么样，然后说明工作流程。

4. 对客户进行工作分析

西方一些在管理上走在前列的公司开始认识到，管理客户和管理员工二者之间存在许多共同之处。美国服务管理专家彼德·米尔斯甚至建议，需要将客户看作组织的"不完全的员工"，提出对客户进行工作分析。为了让客户的满意度达到最大化，西方许多组织纷纷开始对自己的客户实施工作分析。如果将客户看作组织内"不完全的员工"，就要用人力资源管理的做法管理他们。本杰明·施耐德和戴维·伯文教授建议组织使用工作分析的方法来评价当前客户的作用，并且编写客户如何发挥理想作用的说明书。

对客户进行工作分析，可以帮助组织确定能够增加或降低组织盈利的那些客户行为和能力。详细的工作分析结果，描述了组织需要客户具有一些什么样的行为和能力，然后组织可以确定是否能够采用一些方法对客户的行为加以改进。通过选择不同的客户（如到不同的市场上去销售），培训客户（如给他们更好的指导），促使他们积极做出组织希望的客户行为（如改变服务的结构）。

5. 角色说明书取代职位说明书

传统的工作分析是在竞争环境、组织机构和岗位相对稳定及可以预见的时代里发展起来的。然而，现代的工作分析受到了挑战。随着经济全球化趋势和科学技术的迅猛发展，组织面临的内外部环境在剧烈变化，使得组织的结构、工作模式、工作性质、工作对员工的要求等都随之发生急剧变化：组织结构从等级化逐渐趋于扁平化与弹性化；工作本身从确定性向不确定性、从重复性向创新性转变；建立了跨专业的自我管理团队，在团队成员之间出现工作交叉和职能互动；从偏重对任职者的体能要求到越来越重视对复合型、知识型和创新型员工的吸引、培养和使用；从强调职位之间明确的职责、权限边界转变为允许甚至鼓励职位之间的职责与权限的重叠，打破组织内部的本位主义与局限思考，激发员工的创新能力以及以客户为中心的服务意识。

工作越来越庞杂,员工从一个项目转到另一个项目,从一个团队转到另一个团队,工作职责也变得模糊,这一系列变化使得工作分析的结果性文件——职位说明书不得不变得越来越含糊,工作名称变得越发没有意义。因此,西方一些专业人力资源工作者提出,应当用"角色(作用)分析"这个术语来代替传统的针对岗位的工作分析。他们提倡抛弃传统的职位说明书,代之以角色说明书;提倡在进行工作分析和编写说明书的时候,将重点放在角色(作用)上。这一点是与更加强调结果而非过程的理念相一致的。

对于那些以团队方式而非以个人为基础来开展工作的组织而言,这种从关注"岗位"转变到关注角色(作用)的趋势是不可挡的。这种趋势尤其在IT(信息技术)企业更为明显,其员工的工作模式发生改变,出现跨团队、跨职能合作,甚至虚拟工作团队。在团队工作的环境中,某个团队成员所从事的工作可能要取决于团队中其他人的才能和兴趣。团队作为一个整体被指定完成某项工作,并且对该工作负责。因此,工作分析要研究团队内各角色的工作流程,以判断产品和服务的改变及其对团队成员的要求。通过工作分析说明一个人作为团队成员所发挥的作用,可能比说明其个人岗位职责更为有用。所以,企业由过去对员工在点上的定位过渡到现在在区域上的定位。人在企业中的位置也由点定位转变到区间定位,即角色定位。虽然有人说,随着组织的变革和工作职责边界的逐渐消失,工作分析可能已经过时,甚至工作分析的成果将会葬送工作分析本身。但我们相信,只要存在工作,就会存在工作分析,因为工作分析是理解工作本身的最佳方法。工作分析在未来并不会消亡,而是会适应组织的变革继续在人力资源管理活动中发挥其独特的基础性作用。

实训设计

案例讨论实训

实训目的:掌握工作分析的含义、原则和作用,正确处理工作分析过程中发生的问题。

实训程序:

(1)老师将全班学生分成若干小组,5~8人为一组,各组一起阅读下述案例情景,然后小组讨论,回答下列问题。

(2)每组成员对案例情景进行诊断,对需要开展工作分析的企业进行判断,分析是否需要以及如何进行工作分析。

(3)针对下列问题,每组有10分钟的讨论时间,讨论结束后,每组将有3分钟来陈述所形成的观点和答案,所有小组陈述完毕后,老师分享并讲解现实中的工作分析实践。

案例情景:

2011年5月密西西比河的洪水袭击了位于密西西比州维克斯堡的奥普蒂玛空气过滤器公司。很多房屋被洪水冲垮。公司发现不得不雇用三组全新的员工。这里的问题在于:那些老员工对自己的工作十分了解,此前从没有人会自讨没趣地去为他们起草职位描述。当30名新员工就位时,他们彻底困惑了,不知道自己应该做什么以及如何去做。

对位于其他州的客户来说,此次洪水很快就成了旧闻,他们只想买到空气过滤器,不愿意听任何借口。总裁费尔·曼为此绞尽脑汁。他现在只有30名新员工、10名老员工以及原来的工厂厂长美比莱恩。他决定去找来自当地一所大学商学院的顾问琳达·罗伊谈谈。罗伊立即让公司的那些老员工填写了一份职位调查问卷,在问卷上列出了他们需要履行的所有工作职责。这下争论立即爆发:曼和美比莱恩都认为,这些老员工为了使自己的工作显得更加重要而夸大其词,而老员工却坚持认为自己的回答真实地反映了实际承担的工作职责。与此同时,客户还在吵嚷着要求公司尽快提供空气过滤器。

(资料来源:德斯勒. 人力资源管理:第14版[M]. 刘昕,译. 北京:中国人民大学出版社,2017.)

相关讨论:

(1)曼和罗伊应该忽视老员工的抗议,用自己认为恰当的方式来编写职位描述吗?为什么?你将如何解决这些分歧?

(2)你将如何进行工作分析?曼现在应该做些什么?

课后练习题

1. 自测题

请扫描二维码(内含若干填空题、判断题、单选题、多选题),您可以在线自测并查看答案。

自测题

2. 思考题

(1)什么是工作?应该如何理解工作分析的概念?

(2)工作分析的含义和特征是什么?

(3)简述工作分析的有关专业术语。

(4)工作分析的目的和原则是什么?

(5)工作分析的内容是什么?

(6)工作分析的作用主要体现在哪些方面?

(7)简述工作分析产生和发展中的关键人物及其观点。

(8)工作分析面临的挑战有哪些?

(9)简述工作分析的发展趋势。

(10)请结合我国实际,谈谈我国企业的工作分析的现状和存在的问题。

(11)通过本章的学习,谈谈你对工作分析的认识和理解。

3. 实操训练题

(1)某公司的招聘广告如下:"采购员:男,40岁以下,大专以上学历,两年相关工作经验,熟悉本公司业务者优先。"

请从工作分析的角度分析该广告存在什么问题?会造成哪些后果?

(2)请在线观影《中国合伙人》后,简要阐述公司在不同发展阶段如何进行工作分析以及制定企业发展战略。

案例分析题原文

4. 案例分析题

请扫描二维码,阅读案例原文,然后回答每个案例后面的问题。

课程思政指南

工作分析课程思政设计

内容	授课要点	课程思政融入点
工作分析	1. 工作分析的概念、作用和流程 2. 工作分析方法 3. 工作说明书的编写要求和内容设计	1. 强化学生的大局意识、责任意识、担当意识,建立"文明""和谐"的工作氛围; 2. 培养学生团队合作意识和诚信意识; 3. 培养学生爱岗敬业,具备良好的心理素质和良好的观察、记忆、判断、思维能力

项目6 工作分析实施

非其人而处其位者,其祸必速。

——《晋书·载记第二十二》

学习目标

掌握工作分析实施的时机;明确工作分析信息的来源;掌握工作分析的基本流程;明确工作分析前的准备工作;明确工作分析实施阶段的各项工作;了解工作信息分析结果的形成、应用与评价。

项目导入

孙经理工作分析实施中的问题

A公司的人力资源部的孙经理在工作中发现,不同部门之间存在很强的推诿、扯皮现象,工作流程也很不合理。因而,孙经理准备上报总经理,希望进行工作分析,重新制定岗位说明书,并更新组织的架构。

公司批准孙经理的方案后,他立即建立了工作分析项目组,带领小组成员开始资料收集工作,并深入一线对员工进行访谈,但一路下来收到的反馈非常不理想。很多员工开始抱怨工作分析给自己安排了不合理的任务,错误地判断了自己的工作数量和工作质量,工作分析就是吃饱了没事干,非但不能有效地优化组织架构、增加企业效益,反而劳民伤财,付出了成本,又干扰了员工正常的工作秩序。孙经理的工作分析刚开始就遇到了很大的阻力,不得不终止。

思考题:

1. 孙经理在工作分析过程中是否采取了合理有效的措施?工作分析开展受阻,问题究竟出在什么地方?

2. 除了标准化的分析流程,还存在其他因素影响工作分析的实施吗?

工作分析是一个对工作进行全面评价的过程,它既是组织有领导地进行的一项政策性很强的工作,又是一个全面的技术性很强的分析过程。这样一项在企业内开展的非常复杂、烦琐并极具挑战性的工作要想取得成功,并不是一件容易的事。对企业和人力资源管理人员来说,工作分析必须遵循一定的流程,既要讲究方法,又要讲究技巧,从而避免资料收集错误而影响到整个人力资源管理的运作效果。同时，工作分析不是人力资源管理部门单独就能完成的，需要企业领导、每个部门甚至每位员工的积极配合。

任务 6.1　工作分析实施概述

6.1.1　工作分析实施的时机

工作分析是人力资源管理的一项常规性的工作。一家企业在某个时期进行的工作分析及形成的工作说明书并非一成不变。因此，应根据企业内外部环境的变化，对工作做出适当的调整，以适应新的发展需要。一般来说，在下列几种情况下，企业要把握时机开展工作分析活动。

1. 企业新建立时

企业建立之初，面临着很多的问题需要解决，如组织结构的设计、工作岗位的设置、人员的招聘、规章制度的制定等，这些都是企业生产经营活动正常运行的前提，而此时进行工作分析，最迫切的需要主要表现在人员招聘方面。如果没有可参考的标准，企业招不到合适的人，那么企业的一切活动都无法开展。

新建的企业由于很多工作职位还处于空缺状态，所以有必要依据企业的组织结构来形成一个粗略的工作分析。在这个阶段，工作分析的初步结果能满足企业招聘所需的工作描述及任职资格要求即可，而更为详细的工作分析可在企业稳定后再进行。可见，对新建的企业进行工作分析，可为后续的人力资源管理工作奠定基础。

2. 工作发生变动时

由于企业战略的调整、业务的发展或新技术的应用等，而使工作内容和性质发生较大的变化时，就需要重新进行工作分析，及时更新说明变动的工作部分。工作的变动主要表现在工作职责变更及任职资格要求变更两方面。必须明白，工作分析不是一成不变的，在工作发生变动时，要及时进行新的工作分析，以确保所获工作信息及时、有效、真实客观。

3. 制度建立和修改时

由于建立制度的需要，比如招聘、薪酬、培训、绩效考核的制度建立时，就需要进行相关的工作分析。有了工作分析这个基础，其后的工作便能顺利展开。通过工作分析，可以明确一项工作的具体内容，以及该工作与其他工作的关系，从而确定从事这项工作的人员所必须具备的任职资格，进而用来决定招聘人才的标准；通过工作分析，可以明确各个岗位在企业中的地位，其任职者所承担的责任、能力和知识等，从而为制定合理的薪酬制度提供重要依据；通过工作分析，可以明确培训的必要性，从而根据具体要求制订培训计划；通过工作分析，可以得出员工绩效考核的标准，为考核提供尺度，为晋升提供依据，从而减少绩效考核的主观因素。

4. 存在问题隐患时

对于工作分析，很多企业没有给予足够的重视，所以导致很多问题发生。例如，缺乏明确的工作说明，以至于员工对工作职责要求模糊不清；虽然有书面的工作说明，但与实际情况不符，很难遵照它去实施。另外，企业中经常有职责不清、推诿扯皮的现象。所以，工作分析不能停留在形式上，而要从实质上开展，这样更有利于问题的防范与解决。

小案例

杂乱的人力资源体系如何整合

W公司是我国中部省份的一家房地产开发公司，近年来，随着该公司的迅速发展和壮大、员工人数大大增加，众多的人力资源管理问题逐步凸显出来。例如，在人员招聘方面，人力资源部给出的招聘标准比较含糊，招聘主管无法准确地加以理解，这使得招来的员工大多不尽如人意。许多岗位不能做到人事匹配，员工的能力无法得到充分发挥，这严重挫伤了员工的士气，影响了员工的工作效率。该公司员工的晋升决定以前由总经理直接做出，而现在公司规模扩大了，总经理几乎没有时间与基层员工及部门主管打交道，其员工及部门主管的晋升只能根据部门经理的意见来决定，这使得在晋升过程中，上级和下属之间的私人感情成了影响晋升的决定性因素，许多优秀的员工由于不能获得晋升而另谋高就。面对上述种种问题，公司领导责成人力资源部门进行人力资源管理变革。变革首先从工作分析开始，而工作分析究竟如何开展，如何抓住工作分析过程中的关键点，是摆在W公司人力资源管理人员面前的首要难题。

【点评】W公司的迅速发展使得公司的人力资源管理活动发生了质的变化，即改变了过去单纯依靠人的管理模式，由经验式管理转变为规范的制度化管理。而公司人力资源管理的规范化、制度化的基础，就是工作分析。为此，W公司应该成立专门的工作小组，有计划地对公司的关键岗位进行科学的工作分析，明确工作职责范围、工作标准和用人条件等，并在此基础上建立有效的人力资源管理体系。

6.1.2 工作分析信息的来源

工作分析所需要收集的信息基本上可以归纳为前文所述的"6W+2H"。那么，我们从哪里来获得这些信息呢？一般可以从以下四个方面获得。

1. 书面资料

一些组织里都有关于现任职位的资料记录、岗位说明以及供招聘用的广告等，这些资料对工作分析非常有用。

2. 任职者的报告

一种方式是通过访谈，要求任职者自己描述所做的主要工作以及这些工作是如何完成的。这种访谈对现任职位的分析非常重要。但很难保证所有工作方面都在访谈中涉及，而且任职者本人所提供的信息难免会有失客观和有所偏差（这也许是由于记忆的失误造成的）或者故意弄虚作假。另一种方式是要任职者写工作日志和记录。由于这是在工作中完成的，就可以避免主观性和由于记忆偏差而造成的失误。但这种方法也有弊端，就是过于费时。

3. 同事的报告

除直接从任职者那里获得有关的资料外，也可以从任职者的上级、下属等处获得资料。同事的报告有助于提供一个对比，也有助于弥补仅从任职者处获得的资料的不足的弊端。

4. 直接观察

到任职者的现场进行直接观察也是一种获取有关工作信息的方法。尽管工作分析人员出现在任职者的工作现场对于任职者的工作会造成一定的影响，但这种方法仍能提供一些其他方法所不能提供的信息。

除此之外，工作分析的资料还可以来自顾客和用户等处。尽管信息的来源多种多样，但作为工作分析人员，还是应该尽可能寻求最可靠的信息来源，以避免信息的失真。

6.1.3 工作分析的基本流程

工作分析流程一般包括四个阶段（见图6-1），具体内容后文将分节详细介绍。

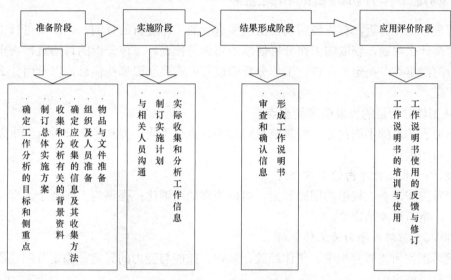

图6-1 工作分析流程

小贴士

工作分析前需要明确的几个问题

工作分析是一项耗时费力且对组织产生重大影响的工作，因此，在正式实施工作分析之前，必须明确以下几个问题。

1. 有无必要实施工作分析

实施工作分析要耗费大量的时间、精力与财力，有可能给组织带来巨大变化。因此在做决定之前，应考虑实施工作分析的时机，结合组织实际，预测组织实施工作分析的成本与可以获得的收益。

2. 工作分析的目的

不同的组织情况决定了工作分析的目的不同，而不同的工作分析目的将决定在调查、分析过程中需要收集的信息的侧重点、采用的方法、形成的工作分析结果及结果的用途等。因此，在实施工作分析前，首先应建立目标导向的工作分析系统。

3. 应选择什么样的工作分析实施主体

应从组织实际的人力、物力、财力以及组织文化出发，在人力资源部、组织内各部门以及外部咨询机构三者间选择，确定实施主体。实施主体的选择结果可能对工作分析的效果产生很大影响。

任务 6.2 准备阶段

工作分析的准备阶段,是整个工作分析的基础性阶段,准备得越充分,以后的各项工作就越主动、越便于展开,所以必须抓实抓细。

6.2.1 确定工作分析的目的和侧重点

要想进行工作分析,首先要明确目前所要进行的工作分析的目的,也就是进行工作分析主要想解决什么问题,获取的工作分析信息的用途是什么。工作分析的目的直接决定了进行工作分析的侧重点,决定了在进行工作分析的过程中需要获取哪些信息,以及用什么方法获得这些信息。

1. 从工作分析目的出发确定侧重点

工作分析的目的不同决定了收集信息时的侧重点也不同。要从工作分析目的出发确定收集信息时的侧重点。

1)以组织优化为导向的工作分析

强调对工作职责、权限的明确界定,岗位边界的明晰化;强调将工作置于流程与战略分解体系中,重点思考其定位。

2)以人员招聘为导向的工作分析

强调对工作所需教育程度、工作经验、知识、技能与能力的界定;确定各项任职资格要求的具体等级或水平。

3)以员工培训为导向的工作分析

强调岗位的入职培训与在职培训内容的初步界定;为制订公司员工培训方案提供参考和依据。

4)以员工职业发展为导向的工作分析

强调员工可晋升岗位与轮岗的初步确定;为制定公司岗位职业发展路径提供参考和依据。

5)以绩效考核为导向的工作分析

强调对工作职责以及责任细分的准确界定;为制定衡量工作完成效果的指标提供依据。

6)以薪酬设计为导向的工作分析

强调对与薪酬决策有关的工作特征的评价分析如岗位定位,所需知识、技能,任务的复杂程度,工作环境等。

2. 对工作分析的精确程度做出规定

考虑工作分析的目的时还应考虑所要做的工作分析的精确程度。在做工作分析时,是将工作分解成一个个极其精细的部分(例如"手臂倾斜 90 度、脚向前移动 20 厘米"),还是在一个比较概括的水平上进行(例如"做金融决策""对员工说话"等)。当然此例子是两个极端情况,但在工作分析之前还是要对分析的精确程度做出规定。工作的种类、复杂程度不同,工作分析的精确程度也不同。同时,为了确保所收集的信息的质量,我们必须事先确定信息收集的种类和范围。

3. 确定所要分析的职位有哪些

我们还应注意确定所要分析的职位有哪些，因为当一个组织中的职位特别多时，常常需要选取具有代表性、典型性的职位进行分析。对于相似的职位，并不一定需要对每个职位都进行分析，只选取其中的一部分进行分析即可。

6.2.2 制订总体的实施方案

在确定目标和侧重点后，工作分析活动需要组织各方面积极配合并收集大量的相关信息，事先制订详细的工作分析总体的实施方案，以便有计划、有步骤、有条理地开展工作分析工作，这个方案同时也是工作分析的蓝图。通常，工作分析总体的实施方案主要包括以下七个方面的内容。

1. 工作分析的目标、任务与意义

明确工作分析的总目标、总任务及意义，有助于从整体上把握工作分析的方向、明确职位工作任务的重点，做到有的放矢。

2. 工作分析的实施步骤及时间安排

工作分析是一项系统工程，涉及人员较多，组织者应事先安排好各项工作的进程和时间，以免与其他工作因人员、时间、地点等因素发生冲突，影响工作分析的顺利开展。

3. 工作分析小组成员构成

工作分析小组一般由人力资源部工作人员、相关部门经理、企业高层领导组成，必要时还可以聘请外部专家。小组成员确定后，还应明确各自的工作职责和工作权限，以保证工作分析工作能有序、顺利地进行。

4. 工作分析所需信息的确定

收集工作分析需要的信息应该围绕目标展开。目标不同，其任务的侧重点也会不同。工作分析目标直接明确了方向和任务，以此为基础可避免收集到不必要的信息造成资源浪费。

5. 现存资料的收集与分析

工作分析所需收集的信息和资料，一部分可能是企业已有的，因此不必花费额外的时间进行实地收集。这部分资料包括组织结构图、工作流程图、职位说明书等，可以在此基础上根据组织的动态发展进行更新和改进。

6. 信息收集方法与渠道

在选择收集职位信息的方法和渠道时，要考虑工作分析的目的、职位特点、企业的客观条件等因素。选择合适有效的信息收集方法可以加快信息收集的进程，为工作分析活动节省大量的时间。

7. 工作分析成果

工作分析的直接结果是形成职位描述。它可以作为人力资源工作中招聘、培训、绩效考核和薪酬制定等工作的依据和标准。

此外，在制订实施方案时，还应注意规范用语。在工作分析的过程中，信息的表达方式可能是多种多样的，对于一个问题的理解和解释也是不尽相同的。为了保证不同工作分析人员收集上来的信息的一致性，减少因用语不同所造成的误差，我们要事先讨论并规范工作分析中的用语。

小贴士

某公司2022年度工作分析实施程序

某公司2022年度工作分析主要分为4个阶段进行,即准备阶段、实施阶段、结果形成阶段、应用与反馈阶段(见表6-1)。

表6-1 某公司2022年度工作分析实施程序

阶段	主要工作
准备阶段 (4月10日—4月20日)	1. 对现有资料进行分析研究; 2. 选择待分析的工作职位; 3. 选择工作分析的方法; 4. 设计调查用的工具; 5. 制订总体的实施方案
实施阶段 (4月21日—5月21日)	1. 召开员工大会,进行宣传动员; 2. 向员工发放调查表、工作日志表; 3. 实地访谈和现场观察
结果形成阶段 (5月22日—6月1日)	1. 对收集所得信息进行归纳与整理; 2. 与有关人员确认信息; 3. 编写工作说明书
应用与反馈阶段 (6月2日—6月10日)	1. 将工作分析所得结果反馈给员工和其直接主管; 2. 获取反馈意见; 3. 对工作说明书的内容进行调整和修改

6.2.3 收集和分析信息的背景资料

在工作分析中,有些信息需要实地去收集,而有些现存的背景资料对于工作分析也是非常重要的,不能忽视。对工作分析有参考价值的背景资料主要包括组织中的有关资料和国家职业分类标准或国际职业分类标准。

1. 组织中的有关资料

1)组织结构图

组织结构通常是通过组织结构图描绘出来的,图中既包括了纵向的报告关系,也包括了一些横向的职能职责。而组织结构通常包括以下两个方面。① 组织结构的维度。组织结构的两个最为关键的维度是集中化和部门化,集中化指的是决策权力集中于组织结构图上层的程度。它与将决策权分配到组织结构图较低层次上的做法(也就是决策权的分散化)是相反的。部门化指的是在多大程度上根据职能的相似性或者工作流程的相似性对各个工作单位进行分类。② 组织结构的形式。尽管可能存在无数种把集中化和部门化结合在一起的方式,但是在组织中最常见的却是两种结构形式——职能结构和事业部结构。

2)流程图

组织结构对创造产出的不同个人以及工作单位之间的静态关系提供了一个全面的概念,而工作流程设计对于投入转化为产出的动态关系提供了一种纵向的透视。相较而言,流程图比组织结构图更为详尽,它表明工作之间是如何彼此联系起来的。图6-2是彼此相关的四项工作的流程图,需要注意的是技师的工作。①工作分析会对其承担的中枢作用感兴趣,组织结构所提供的是粗略的框架,而流程图则提供了特定工作的更为详尽的分析,在采用实际的工作分析收集方法之前,应该参考这种详尽的资料。

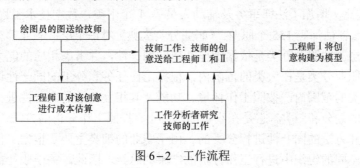

图6-2　工作流程

3)部门职能说明书

部门职能说明书规定了组织中一个部门的使命和职能,而工作分析就是要将部门的职能分解到下属的职位上去。仔细研究现有的部门职能说明,可以帮助我们将部门的职能全面有效地分解到部门内部的各个职位上。通常,部门职能说明书如表6-2所示。

表6-2　部门职能说明书

部门名称:人力资源部	部门负责人:人力资源部经理	直接主管:行政副总
部门设置	人力资源部经理招聘专员、培训专员、薪酬福利专员	
部门使命	人力资源部负责建立和健全人力资源开发与管理体系,并确保其得到持续、有效的实施与发展,为各部门提供人力资源管理服务和支持	
部门主要职能	① 拟订人力资源管理规范; ② 制定人力资源规划,进行人力资源供给与需求分析; ③ 实施工作分析,编写工作说明书; ④ 实施人员招聘、甄选、评估工作; ⑤ 组织实施集团的绩效考核工作; ⑥ 建立与调整薪酬福利体系; ⑦ 分析培训需求,拟定培训计划,组织实施培训	

4)组织中现有的工作说明资料

在刚组建的组织中,并没有进行过工作分析,其工作说明资料仅仅是公司的规章及招聘广告等少量资料;而在已存在一段时间的组织中,关于工作描述方面的资料则要多些,有很多组织都定期或不定期地实施过工作分析,因此在这些组织中一般会有一些现成的职位职责、工作描述等资料。这些现有的资料尽管可能不尽完善,或者由于工作的变化已经与现在的实际情况不符,但仍会提供工作的一些基本信息,因此仍然具有参考价值。

2. 职业分类标准

职业分类就是采用一定的标准,依据一定的分类原则,对从业人员所从事的各种社会职

---

① 龚尚猛,周亚新. 工作分析的理论、方法及运用[M]. 3版. 上海:上海财经大学出版社,2015.

业进行全面、系统的划分与归类，职业分类的基本依据是工作性质的同一性。2022 年 11 月，人力资源和社会保障部新修订的《中华人民共和国职业分类大典》（2022 年版）（以下简称《职业分类大典》）正式发布，据统计，新版《职业分类大典》将职业分为大类（8 个）、中类（79 个）、小类（449 个）、细类（职业，1 636 个）四个层次，依次体现由粗到细的职业类型，与 2015 年版大典相比，增加了法律事务及辅助人员等 4 个中类，数字技术工程技术人员等 15 个小类，碳汇计量评估师等 155 个职业。《职业分类大典》对每个层次职业都有不同的划分原则和方法：大类层次的职业分类是依据工作性质的同一性，并考虑相应的能力水平进行分类的；中类层次的职业分类是在大类的范围内，根据工作任务和分工的同一性进行的；小类的职业分类是在中类的范围内，按照工作环境、功能及其相互关系的同一性进行的；细类的职业分类即为职业的划分和归类，它是在小类的基础上，按照工作分析的方法，根据工艺技术、对象、操作流程和方法的同一性进行分类的。由于职业的细类主要是根据工作分析方法得出的，它是在许多不同的组织中进行工作分析的结果的总结，因此，关于职业细类的描述对于进行工作分析非常重要。

在《职业分类大典》中，每个职业的功能按照对资料、对人、对物的关系进行标准化编码（见表 6-3）。

表 6-3 职业功能编码标度

程度	资料	人	物
复杂 ↕ 简单	0 综合 1 调整 2 分析 3 汇编 4 加工 5 复制 6 比较 7 服务	0 指导 1 谈判 2 教育 3 监督 4 转换 5 劝解 6 交谈—示意 7 服务 8 接受指示、帮助	0 创意 1 精密加工 2 操作控制 3 驾驶、操作 4 处理 5 照料 6 反馈—回馈 7 掌握

> **小贴士**
>
> ### 出纳（财务人员）职位描述
>
> 211.362-18 出纳（财务人员）
>
> 收进和支出资金，并保存资金的记录和财务交易中的可转让票据。
>
> 接收现金和支票并存在银行中，核对数目，检查支票背书；核对签名和余额之后将支票兑现；将交易的记录输入计算机，并出具计算机生成的收据；安排日常的现金供应，计算将要入账的现金；平衡现金支票，对账；开新账户，提取存款；使用打字机、复印机，准备支票和其他财务文件。
>
> GOE：07.03.01   STRENGTH：L   GED：R4M3 L3   SVP：5

在上面的职位描述中,第一行的数字表示的是职业代码。前3位数字表示分类编码。第4位到第6位表示对职位所从事的活动的评定,第4位表示与资料的关系,第5位表示与人的关系,第6位表示与物的关系。在上面这个"出纳"职位中,与资料的关系是"汇编",与人的关系是"交谈—示意",与物的关系是"操作控制"。在上面的符号和数字中,"GOE"表示按照职业兴趣、能力倾向等对职业进行分类;"07.03.01"表示"商业细节,财务细节,支出与收进";"STRENGTH"表示职业所需的体力程度;"L"表示轻度体力活动;"GED"表示教育水平;"R"表示推理能力水平;"M"表示数学能力水平;"L"表示语言能力水平;均分为1~6分,6分表示最高的水平,1分表示最低的水平;"SVP"表示从事该职业所需的经验;"5"表示6个月到1年的经验。

总之,我们在进行工作分析时,首先可以查阅《职业分类大典》,找到类似的职位描述,然后进行适当的参考、借鉴。但一定要注意,不可照搬现有的资料,只可将现有的资料作为参考,因为《职业分类大典》中的职位描述并不是针对某个具体组织中的职位。很多情况下,在不同的组织中,名称相同的职位其具体的职责、任职要求等都有很大的差异。因此,应针对具体组织中的实际情况做出具体的分析。

6.2.4 确定要收集的信息及其收集方法

1. 确定要收集的信息

从对现有资料的分析中,我们已经得到了部分准备分析的职位的基本信息。但是,对于工作具有关键作用的大量的信息,往往无法从现有的资料中获得,需要从实际的调查研究中得到。正因为实际调研的作用十分重要,所以在实施工作分析调研之前,我们需要事先考虑好需要收集哪些信息。一般而言,工作分析所需要的基本数据的类型和范围取决于工作分析的目的、工作分析的时间约束和预算约束等因素。确定要收集哪些信息,可以从以下几个方面加以考虑:① 根据工作分析的目标和侧重点,确定要收集哪些信息;② 根据对现有资料的研究,找出一些需重点调研的信息或需进一步澄清的信息;③ 按照"6W+2H"的内容来考虑,看看每个方面需要收集的信息有哪些。

美国的《职位名称词典》和职业信息网络

小贴士

教授的工作内容信息

1. 广泛层次
职能或职责
教授的工作内容信息
定义:工作任职者的主要责任范围,如教授的职能是教学、研究和为大学/社区服务等。
2. 中间层次任务
任务
定义:在完成该项工作的某项职能时工作人员做什么。
工作行为
定义:一项不是具体任务的重要活动;这样的行为在完成各种任务的时候会有所表现。

如"沟通",在完成好几项任务(如讲课和会见学生等)时,教授会表现这种行为。

3. 具体层次

子任务

定义:在完成一项任务时所执行的步骤。例如,讲课的任务由好几项子任务组成,如朗读课文和其他有关材料、决定传输什么信息以及确定这一信息怎样才能以一种清晰和有趣的方式传输过去等。

关键事件

定义:区别有效与无效工作绩效的具体活动。如在解释困难的概念时,教授采用了好几个例子,试图以最为清晰和形象的语言把概念解释清楚。

2. 确定收集信息的方法

收集工作信息的方法多种多样。有定性的方法,也有定量的方法;有以考察工作为中心的方法,也有以考察任职者特征为中心的方法。那么在具体进行工作分析时,如何选择最有效的方法呢?

实际上,每一种收集工作信息的方法都有独特之处,也有其适合的场合,但也有不足之处,因而不存在一种普遍适用的或最佳的方法。在进行工作分析时,应该根据具体的目的和实际情况,有针对性地选择一种或几种方法,这样才能取得较好的效果。一般而言,在进行工作分析时,工作分析者都是选用几种方法加以综合运用,从而最有效地发挥各种方法的优点,使得所收集的信息尽量全面。但方法的选择要考虑多种情况,不是越多越好,而是要恰到好处。

1)考虑所分析的职位的不同特点

在选择收集工作信息的方法时,要考虑所分析的职位的不同特点。不同的职位有不同的要求,有的职位的活动比较外显,以操作机械设备为主,对工作经验的要求相对要强些,如汽车驾驶员,那么这样的职位就可以使用现场观察法;而有的职位的活动以内隐的脑力活动为主,这样的职位对知识和智力要求就高些,如有机化学研究员,就不易进行观察,那么运用观察法对这样的职位收集工作信息就不适合。因此,职位不同,应该选用不同的工作分析方法和技术,以便更准确地对工作加以描述。

2)考虑实际条件的限制

选择收集工作信息的方法时,还应考虑实际条件的限制。有些方法虽然可以得到较多的信息,但可能由于花费的时间或财力较多而无法采用。例如,直接观察法可以较直接地从工作任职者处获得信息,而且观察者与被观察者之间可以进行交流,能够深入地挖掘工作的信息,但它花费的时间较多。而调查问卷的方法虽然获得的信息有限,但可以很多人同时回答,效率较高,很适合在时间要求紧迫的情况下采用。

3)考虑工作分析方法与人员的相互匹配性

选择收集工作信息的方法时,还应考虑工作分析方法及人员的相互匹配性。每种工作分析的方法都有其优缺点,每个企业的员工状态也不一样。在这种情况下,要综合运用多种方法,尽可能多地收集工作信息。例如,面谈法一般与观察法同时进行,辅之以调查问卷法,而不是单独进行。选定了收集工作信息的方法之后,就要着手准备所用方法的一些材料。例如,有的方法需要事先设计一定的程序或准备一定的文件,包括面谈的提纲、调查问卷、观察的记录表格等。

6.2.5 组织机构及人员方面的准备

工作分析的组织机构是工作分析的指导者和实施者,强有力的工作分析组织机构和精干的工作分析人员配备,将为工作分析的顺利开展和取得良好的结果提供重要保障。

1. 组建工作分析项目组

工作分析涉及业务流程链条,需要对流程上、中、下游各个环节进行有效梳理、调整和优化。这就需要对流程的相关节点所涉及的资源进行了解、探究和评价,通过系统性分析,才能形成促进企业价值链优化、部门职能改进、岗位职责精细化的信息资源库,助力开展工作分析。需要说明的是,工作分析并非单纯的一项任务,而是需要业务流程链条上有相关部门、岗位协调并举,这就需要所涉及的相关部门人员参与到工作分析过程当中,融合人与事的工作进程,以项目的形式推进,形成工作分析项目组。为了保证工作分析工作有序开展,通常可以参考以下原则和标准来成立工作分析项目组。

1)工作分析实施主体的选择

工作分析实施主体,是指具体实施工作分析,负责收集分析信息和编写结果性文件的部门或人员。工作分析作为一个完整的项目,涉及业务流程链条上诸多环节协同展开,因此,参与工作分析项目的人员也势必呈现多样性,不仅包括人力资源管理部门人员,还需要业务流程所涉及各个职能部门的相关责任人员参与进来,结合具体业务分析需要,也可能需要吸纳外部咨询机构人员,由此,工作分析实施主体呈现多元化,如表 6-4 所示。①在具体工作分析过程中,各个主体参与项目的维度、程度有所不同,对工作分析项目所发挥的作用也不尽一致,可以综合考虑专业水平、成本预算、公平性等,将各个主体有机地整合。

表 6-4 工作分析实施主体的三种选择

主体	说明	优点	缺点
组织内部人力资源部	以人力资源部门为主,其他部门配合组织内部	① 节省成本; ② 实施主体了解公司文化、战略和现状	① 耗费大量人力和时间; ② 如果工作分析方面的经验不丰富,会影响工作分析的信度
组织内部其他部门	由工作分析需求部门自己实施工作分析,人力资源部门提供支持	① 节省成本; ② 非常熟悉本部门工作,收集信息全面、专业	① 从人力资源管理的角度看,实施过程可能不甚规范,影响工作分析的实施效果; ② 形成的工作分析结果文件可能不专业,会影响工作分析的信度
咨询机构	聘请咨询机构实施工作分析,人力资源部门配合咨询顾问,协调问题,确保计划的实施	① 节省组织的人力; ② 处于第三方中立位置,员工易于接收工作分析结果,相对也容易给工作分析人员提供真实的信息; ③ 结果更加客观、有效、可信	① 耗费咨询费用; ② 咨询顾问不了解企业具体情况,组织需要花时间与他们进行企业文化、战略、管理等方面的沟通

---

① 朱勇国. 工作分析与研究 [M]. 北京:中国劳动社会保障出版社,2008.

2）确定工作分析参与人员

（1）确定工作分析参与人员时考虑的因素。在工作分析主体中，是否需要主导者，通常从内部、外部两个角度来考虑，即结合工作分析项目实际需要考虑究竟由企业内部部门人员或外部咨询机构人员来主导工作分析进程。从以往经验来看，这两种选择各有利弊，工作分析项目组可以综合考虑以下因素进行决策，如表 6-5 所示。[①]

表6-5 确定工作分析参与人员时考虑的因素

考虑因素	内容
工作分析目的	工作分析的目的、导向在一定程度上会影响工作分析主体的选择决策。对于某些目的，需要采用比较直接、常规的工作分析方法，组织内部可以自行解决；对于一些目标，例如运用于岗位评价、绩效考核、培训开发评估、招聘测试等方面，则要求相当专业的技术和科学的流程，必须由外部咨询机构来承担
工作分析方法要求	在工作分析业界，工作分析工具主要有两种类型——有专利权的商业工具和公开共享的工具，因此工作分析方法的不同将会影响工作分析主体的选择。一些信息收集方法（针对内部人员和外部人员）在效果方面将会产生明显的差异，比如访谈法等。工作分析筹备小组在决策时应考虑预期采用的工作分析方法的要求
培训对比	内部操作有利于培训内部员工，使组织自我开发和完善，便于工作分析的动态管理，外部咨询的培训效果往往较差。内部培训工作的进程和质量将会影响整个工作分析的过程和结果，往往会有相当的代价
质量对比	工作分析结果的质量对比主要取决于内部人员和外部咨询机构在工作分析领域的实力对比，一般外部咨询机构拥有专业技术上的优势，但对于组织的熟悉程度弱于组织内部人员，因此对于工作分析质量的预期取决于工作分析筹备小组对技术和经验的偏好和判断
成本对比	对于大多数组织来说，聘请外部咨询机构的成本是相当昂贵的，尤其是外部咨询机构的社会声誉有很高的附加值，因此首要考虑因素是内部操作和外部咨询的成本对比。外部咨询的成本主要是合同约定的各项费用，如咨询费、差旅费、交通费、住宿费等；内部操作的成本主要是员工薪资、机会成本、办公费用、培训费、购买工作分析工具费用，以及其他信息收集、使用费用等
时限对比	工作分析的时限是确定内部、外部的另一个考虑因素，由于外部咨询成本相对较高，阶段性、短期的工作分析可采用外部咨询的方式，长期的、动态的工作分析应采用内部操作的方式
可信度对比	一般而言，组织内部进行的工作分析由于分析师的内部人员身份，往往在过程和结果方面的公正性会受到组织高层和内部员工的挑战；在公正性方面，外部咨询机构具有相当的优势。由于外部咨询机构的专家身份，工作分析的过程和结果更具权威性，更能获得组织内部成员的信息和积极参与

（2）工作分析项目组成员任职资格的考查。工作分析项目组成员的专业素质、沟通能力、协作能力、管理能力等都可能影响工作分析项目成效。鉴于工作分析主体可能涉及组织内部或外部，客观、翔实地考查工作分析主体资质就显得尤为重要，考查维度如表 6-6 和表 6-7 所示。[②]

---

① 万希，等. 工作分析：人力资源管理的基石 [M]. 北京：电子工业出版社，2017.
② 同①.

表6-6　工作分析项目组成员任职资格

1. 具有对数据信息的收集、分析和处理能力；
2. 对工作分析所涉及的业务流程有较为全面的了解；
3. 对工作分析所涉及的业务部门人员有一定的了解；
4. 具有一定的工作分析知识、技能和经验；
5. 具有人力资源管理、社会心理学、管理学及工作分析设计专业领域的相关知识背景；
6. 具有访谈、笔记、协调、时间管理等技能，以及一定的文字和语言表达能力；
7. 具有理解力、分析力、观察力；
8. 具有团队合作、知识共建能力

表6-7　外部专家与内部专家优劣势比较

比较	外部专家	内部专家
优势	① 聘请外部专家来实施工作分析比在企业内部保留专职的工作分析人员更节省费用； ② 外部专家作为企业外部的人员，对企业内的问题分析会更加客观、可信； ③ 外部专家往往具有在不同企业中实施工作分析的丰富经验	① 来自企业内部的工作分析专家对企业工作流程和企业文化都有较详细的了解，在进行工作分析时可以节约大量时间，提高工作分析的速度； ② 由于都是企业内部员工，在进行工作分析时，员工出现抵触情绪的可能性比较小
劣势	① 外部专家对企业具体的工作业务流程缺乏了解，他们在进行工作分析之前要花大量时间去了解工作业务，这样可能会影响工作分析的进程； ② 有时，由于外部专家的介入，可能会对企业员工造成压力，对外部专家排斥，提供不正确的信息，影响工作分析的结果； ③ 外部专家对企业的方方面面都不了解，因此，工作分析所需的时间就会延长	① 企业进行工作分析的周期比较长，企业保留专职工作分析人员会增加企业的成本； ② 可能会出现近亲现象，企业内部员工对于本企业存在的一些问题看得不够透彻，不能客观、公正地看待问题； ③ 经验不如外部专家丰富

（3）确定工作分析项目组成员的数量。工作分析项目组成员的数量视情况而定。在涉及的工作数量多且难度大时，项目组成员的数量相对多一些；如果只涉及少数的工作数量且难度较小时，项目组成员的数量相对少一些。通常情况下，工作分析项目组成员的数量是单数，这样有利于工作分析结果的形成。

（4）明确工作分析项目组成员的工作职责。职责划分明晰，有助于项目组成员分工明确、协同并进，避免互相推诿现象产生，从而保证工作分析的效率和质量。

工作分析涉及企业的各个方面，工作分析项目组成员在一定职能范畴内扮演好各自在工作分析中的角色、协调分工、协作完成所辖任务，才能把工作分析做好，顺利实现工作分析任务目标。通常工作分析职责划分遵循一些基本原则，如表6-8所示。

表 6-8 工作分析项目组成员的各自职责

成员	职责
企业高层领导	① 根据组织发展的状况提出工作分析的必要性，并在组织内发起工作分析； ② 发布相关政策、指示和其他沟通，向组织传递有关信息，倡导工作分析； ③ 为执行工作分析进行授权，在组织内安排相应的工作人员以协调、组织工作分析过程； ④ 为实施计划建立时间框架，为工作分析过程明确时间要求； ⑤ 对工作分析中发现的一些平时难以解决的问题进行协调； ⑥ 为工作分析提供持续有形和无形的支持，动员全体员工配合人力资源部的工作，为工作分析的顺利进行铺平道路； ⑦ 担任工作分析结果验收者，任命他人或亲自进行工作分析结果的审核，使工作分析的结果与实际工作需要相结合
部门领导	① 动员本部门员工配合岗位信息调查工作； ② 协助人力资源部编制本部门工作说明书； ③ 制订工作分析的实施方案并执行； ④ 整体上掌控工作分析的实施情况； ⑤ 设计相关工具（如表单、调查表等）； ⑥ 提供技术上的支持； ⑦ 对内部员工进行工作分析培训； ⑧ 与其他部门协调与沟通，获取企业高层领导的支持和配合； ⑨ 岗位信息的收集、分析、整理； ⑩ 编制工作说明书
人力资源部门专业工作分析者	① 根据工作分析的目的和预期结果，开发信息收集方法，以最有效的方法获得所需信息； ② 在调查阶段收集数据、信息，分析所获结果； ③ 分析工作的进展，遇到问题时，专业工作分析者能从人力资源专业人士的角度研究和发现可达目的的因素，提供解决问题的方案； ④ 根据信息收集过程和信息分析过程的结果，准备或参加工作说明书等工作分析结果文件的编制； ⑤ 专业工作分析者一般以团队或工作委员会的形式工作，在团队中，专业工作分析者应该做到相互沟通、交流，以监督或协调工作委员会的工作； ⑥ 充分了解各方面的资料，并能从专业的角度解释工作分析的结果，在需要时应能参与工会谈判，向工会解释员工针对工作分析的过程和结果提出的有关问题； ⑦ 从各种相关的组织文档与技术资料，以及许多处于不同工作地点的不同任职者在不同主管的管理下工作时的信息中获取非常重要的信息，并能比较全面地考虑到与工作有关的各种法律问题
工作分析外部顾问	① 为管理层提出工作分析的建议，制订工作分析计划，审核和检查工作流程； ② 与工作分析人员一起工作或在数据收集和分析、编制工作说明书、建立系统的工作流程等方面提出建议； ③ 参与人力资源管理的其他方面的工作（工作评价等）； ④ 跟踪工作分析的全过程，使之能按预定计划进行
岗位任职者	① 参与数据收集，如填写调查问卷、参与工作分析面谈，尽可能地提供有关岗位的全面的、详尽的资料； ② 在企业政策允许的情况下，参与工作说明书草案的制订

（5）保持参与人员稳定的工作状态。项目运作的参与人员要有足够的时间和精力，保证为项目全力投入，具备完成项目的稳定性。工作分析是一项系统工程，涉及多专业端口、多

维度思考，参与人员结构化是促进项目顺利推进的根本保障。假设参与人员流动性强，则会使原本就需要多方协作的任务难以平行推进，造成运行内耗，因此，参与人员稳定的工作状态是工作分析任务实施的重要前提和基础。

（6）项目组遵循规范化准则。"没有规矩，不成方圆"，工作分析作为一项系统工程，非常需要规范化准则来指引项目组成员的言行。一套健康有序的程序和规则能够将业务流程的各个环节进行有机串联，将准确无误的信息传递给每名员工。可以说，规范化准则是保证工作分析成效的重要先决条件。

（7）培训工作分析项目组成员。工作分析项目组成员应是受过专门训练、掌握一定的工作分析方法与技巧的专业人员。从本质上看，通过培训可以使工作分析人员思想统一，就工作分析的程序、内容和最终的工作分析文件达成共识。培训的内容可以根据具体工作的实际情况进行选择，主要包括以下几个方面：① 整个工作分析流程和安排方面的培训；② 对工作分析对象背景知识的培训；③ 工作分析理论知识的培训；④ 沟通技能和相应的观察、记录能力的培训；⑤ 文字表达能力的培训。通过这些相关培训后，工作分析人员不但熟知工作分析的相关知识、熟悉所要分析的工作，而且实际动手能力会明显增强，能采取各种方法得到所需的资料，具有分析整合资料和处理信息的能力以及良好的语言表达能力，具有与专家、管理人员及各类员工进行面谈的能力，能够观察、记录与工作有关的资料及信息。

总之，工作分析项目组的素质及工作效率决定着工作分析的进度与质量，所以在组建工作分析项目组时要仔细慎重，不可马虎。

小贴士

顾客和工会在工作分析中的角色

1. 顾客的角色

顾客满意是组织十分重视的一个战略目标，组织进行工作分析时应该重视顾客意见，但在工作分析实践中，这种做法并不多见。从顾客中收集信息，与其说是一项人力资源管理工作，不如说是一项营销活动。比如，在大多数的便利店中，收银员与顾客之间的距离比两个收银员的距离近得多，而经理人员则远离现场。对于收银员这种工作来讲，组织在进行工作分析或者对员工的工作业绩进行评价时，就要考虑到顾客的意见，并充分重视顾客的视角。

2. 工会的角色

工会作为员工利益的代表，在工作分析过程中也起着一定的作用，有时能决定员工对工作分析结果的接受程度。因此，工作分析需要获得工会的积极支持，保证资料收集工作的顺利进行。在工作分析过程中，应该有工会任命的代表与工作分析人员一起参加，以保证工作分析的客观性。工会代表或工会授权的代表应该参与工作说明书的编制。工作分析的最终结果也需要工会成员参与审核和认可，表明工会对最终结果的态度，以提高员工对工作分析结果的认可度。如果工会代表认为工作分析的过程或结果会损害员工的利益，工会可能会代表员工的利益与管理层谈判。

（资料来源：李中斌，等. 工作分析理论与实务［M］. 4版. 大连：东北财经大学出版社，2021.）

2. 取得相关人员的支持和理解

工作分析是对原有业务流程的重新规划和调整，甚至是业务流程重组。特别是对处于动态不确定性环境中的企业而言，工作分析常伴随组织变革同步展开，其间可能涉及对原有工作规则的改变甚至打破。因此，工作分析实施不可避免地会触及相关部门级人员的利益，要推进工作分析，就需要得到这些相关部门及人员的支持与理解。

1）取得高层领导的支持和认可

高层领导的支持是顺利完成工作分析的重要保障。在工作说明书编写之前，要和公司的高层领导充分讨论，正确定位工作说明书的编写的意义和作用，并取得领导对工作分析的理解、支持和认同。可以采取工作汇报等方式，向领导讲解有关工作分析的目的、意义、工作方法等，赢得高层领导对工作分析方案的认可，以推进工作分析各个环节工作的展开。确保项目实施过程中，获取高层领导的认可，在思想动员、工作安排、人员配置等方面提供支持。

2）取得职能部门管理者的支持与配合

首先，职能部门的管理者是工作分析岗位任职者的上级，他们的态度会对员工产生一定的影响。其次，他们可以从组织全局的角度提供更多关于岗位的信息，弥补员工由于组织层级较低所提供信息的不足之处。再次，工作说明书的内容的审核与确认需要他们的支持与帮助。最后，职能部门的管理者是工作说明书的重要使用者之一，工作分析项目组需要得到他们在使用过程中的反馈信息，并对其进行进一步补充和完善。

3）取得员工的理解与支持

员工是岗位职责的具体执行者，工作分析牵动业务流程上各岗位职责，其调整需要员工的配合与协作，因此，员工的信任、支持与理解是顺利推进工作分析的有力保障。另外，员工还是工作分析成果（工作说明书）的执行者，获取员工的支持也有利于工作说明书的最终落地。

6.2.6 准备必要的物品和文件

为了顺利地实施工作分析，还要准备一些必要的物品与文件。这些物品与文件是顺利完成工作分析任务的物质保证。

1. 物品和文件的种类

1）物品的种类

工作分析过程中涉及的物品大致有以下三大类：

（1）文具。笔、纸、文件夹等。这些物品在整个过程中都会使用。

（2）工具设备。笔记本、录音笔、摄像机、相机、计时器、存储设备（U 盘或者移动硬盘）等工具。这些工具需要根据情况选择使用。例如，使用访谈法时可能会用到录音笔，使用观察法时可能会用到摄像机、计时器等器材。此外，还要明晰这些工具设备的来源情况，包括自备、租用、借用、岗位所在单位负责等情况。

（3）其他工具。例如，如果需要外出，车辆的准备情况等。

2）文件的种类

工作分析过程中涉及的文件大致包括以下几类：

（1）宣传文件。介绍工作分析目的、意义、方法等的文字材料或者幻灯片。可以在与公司高层领导、职能部门、直线经理、员工等群体进行沟通时使用，便于浏览或者演示。此外还有工作计划、具体方案等,便于工作分析小组成员掌握工作计划内容,调整自己的工作节奏与进度。

(2)工作表单。即工作分析中所需要的各类表单,包括观察记录表、访谈提纲等。这是收集、填写工作信息的工具,填写完成后的这些表单是进一步开展工作的基础性信息。为了防止遗漏,可以实现根据工作计划,列出所有需要的工作清单,然后由工作人员逐项整理与设计,完成各项准备工作。同时,这些工作也为最后进行文件的整理与归档提供了便利。

(3)相关岗位与人员信息。在确定了工作分析的部门和岗位后,要及时与有关部门、人员进行沟通。如果有必要,工作分析人员要将相关人员的部门、职位、岗位、联系方式等信息记录下来。这样一方面可以在开始实施时,对人员的情况有个基本了解,便于进行有效沟通;另一方面可以在需要进一步确认有关信息时,便于与相关人员进行联络。

2. 准备的工作步骤

物品与文件的准备工作可以按照以下步骤进行。首先,制定物品与文件清单(见表6-9、表6-10)。根据工作分析的计划和要求,列出所需要的物品清单,包括名称、型号、数量、用途、来源等,其中文字材料、PPT用于介绍工作分析的目的、意义、方法、注意事项等;工作计划、访谈提纲、访谈记录表、观察提纲、观察记录表、调查问卷用于收集工作分析所需信息,是开展工作分析的基础性信息;相关岗位人员信息表指与相关部门人员沟通所需制式化表单以及相关部门原有的职能说明、工作说明书等。其次,指定专人负责落实有关物品与文件的准备情况,确保在开展工作之前将全部物品准备好。例如,录音笔、摄像机是否可以正常使用,电源是否充足,是否有备用电池等,各类表格是否都已按规范完成设计并打印完毕。

表6-9 物品清单

用途	工作分析			
负责人	小明			
物品明细				
类别	名称	型号	数量	用途	来源
文具	笔				
	纸张				
	文件夹				
工具设备	笔记本				
	录音笔				
	摄像机				
	相机				
	计时器				
	存储设备				
其他文具	车辆				

表6-10 文件清单

分类		数量	负责人/部门
宣传文件	文字材料	1	
	PPT		
工作表单	工作计划		
	访谈提纲	2	
	访谈记录表	2	
	观察提纲	2	
	观察记录表	2	
	调查问卷		
相关岗位人员信息表			

3. 准备工作应遵循的原则

物品与文件的准备工作应把握以下四个原则。① 全面准备有关物品与文件,防止在工作分析实施过程中发现物品或文件不足。② 准备好的物品与文件要妥善保管,防止丢失。③ 具备成本意识。根据公司实际情况,选择合适的方式准备相关物品与文件,注意节约,防止造成浪费。④ 采取列表式的提示清单。在这些物品与文件的准备过程中,可以采取列表的方式,这样可以把物品与文件的名称、数量等信息清晰全面地展现出来。需要注意的是,这种分类的目的是提示工作分析人员准备必要的工具与文件,防止遗漏。在实际使用过程中,工作分析人员可根据情况灵活制定相关表单,完成该项准备工作。

任务6.3 实 施 阶 段

经过充分的准备之后,就可以进入工作分析的具体实施阶段。

6.3.1 与有关人员进行沟通

由于工作分析需要深入到具体的每个工作职位上,在进行这项工作的过程中必然要同大量的工作任职者和管理者发生关系,因此赢得他们的理解与支持是非常必要和重要的。在开始实施工作分析时,需要与涉及的人员进行沟通。这种沟通一般可以通过召集员工会议的形式进行,在会上可以由工作分析小组对有关人员进行宣传和动员。

与工作分析涉及的有关人员进行沟通主要有三个目的:① 让其了解工作分析的目的和意义,消除其内心的顾虑和压力,争取在实际收集信息时他们的支持与合作。可以向他们介绍工作分析对于开展工作的意义、对于管理工作的好处,提高他们的兴趣。另外,还要澄清他们对工作分析的一些认识。要让他们认识到工作分析的目的是针对工作的,是为了分析工作的一些特性,而不是评估工作任职者的表现,消除一些不必要的担心,让他们认识到工作分析的结果并不是给大家增加工作量,而是通过职责分工的明确和效率的提高,减轻大家的工作负担。② 让工作分析涉及的有关人员了解工作分析大致需要进行多长时间,大概的时间进度是怎样的。这样，他们就会了解自己大概会在什么时候花费多少时间进行配合，便于他们事先做好工作安排，留出足够的时间来配合工作分析。③ 让工作分析涉及的有关人员了解在工作分析中可能会使用到的方法，以及在各种方法中他们需要如何进行配合、如何提供信息，这样会使收集到的信息更加有效。

当然，组织中实施任何一项新的管理活动，都有可能使员工的情绪产生一些波动，工作分析也不例外。归纳下来，员工对工作分析的消极态度或情绪大致有以下几类：① 有抵触情绪，认为多一事不如少一事；② 不知道什么该说什么不该说，害怕说错会受到上级的责备；③ 不清楚这项工作能为自己带来什么。为了消除员工的抵触情绪和恐惧心理，做好事先的解释很关键。首先，应该在进行工作分析前做好充分的准备与铺垫，向员工解释工作分析的目的以及工作分析结果的用途。其次，通过培训教会员工如何配合工作分析也很重要。此外，工作分析的组织者和实施者应努力保证员工的利益在工作分析的过程中不被侵害。

6.3.2 制订具体的实施操作计划

在工作分析的准备阶段，已经有了工作分析的实施方案。但这样的方案，往往只是提供了大致的计划，在具体实施时，还应该有更细致的操作计划。

小贴士

在工作分析中如何渗透人本思想

在实施的操作计划中，应该列出具体的、精确的时间表，具体到在每个时间段，每个人的具体职责和任务是什么。对于接受访谈或调研的人，也应事先制订好时间表，以便其安排手头的工作或事务。

这一具体的实施操作计划，在执行的过程中可能还会做出一定的调整。一旦计划发生改变，应及时通知相关人员。

> ### 小贴士
>
> ### 工作分析实施计划草案
>
> **1. 工作时间**
>
> ××××年10月21日至11月30日
>
> **2. 小组成员**
>
> 组长：钟××
>
> 副组长：时××
>
> 组员：叶××、陈××、张××、王××、胡××、文××、曹××、周××、康××
>
> **3. 工作计划**
>
> 第一步：查阅资料，拟定访谈提纲和工作日志，小组成员进行工作任务分配。
>
> 负责人：钟××（10月21日至10月31日）。
>
> 工作成果：访谈提纲、工作日志、工作任务分配计划。
>
> 任务分配：本组共11人，按工作岗位分为4个组。
>
> 第一组：钟××、曹××、王××3人负责支局长、副书记、副局长、局长助理、会计、出纳、统计、质检、总务以及司机组和后勤组的18个职位的分析。
>
> 第二组：时××、文××、胡××3人负责营业部的13个职位的分析。

第三组:周××、康××两人负责快递组的8个职位的分析。

第四组:叶××、陈××、张××3人负责储蓄组、大宗组以及发行组和电信组的共14个职位的分析。

第二步:填写职务分析问卷和工作日志。

负责人:邮局领导(11月1日至11月8日)。

工作成果:填写好的职务分析问卷和工作日志。

第三步:小组成员阅读问卷、准备职位访谈、选定典型职位。

负责人:各分组组长(11月9日至11月15日)。

工作成果:详细的各职位访谈计划。

第四步:对邮局的典型、重要职位进行访谈。

负责人:各分组组长(11月16日至11月19日)。

工作成果:职位访谈报告。

第五步:组织编写工作说明书。

负责人:各分组组长(11月20日至11月23日)。

工作成果:各职位的工作说明书。

第六步:对每个工作说明书进行讨论。

负责人:钟××(11月24日至11月25日)。

工作成果:比较规范的工作说明书。

第七步:工作说明书交给专家审阅。

负责人:钟××(11月26日至11月28日)。

工作成果:审阅后的工作说明书。

第八步:修改工作说明书。

负责人:钟××(11月29日至11月30日)。

工作成果:规范的工作说明书。

具体安排见表6-11。

表6-11 工作分析计划

时间	任务	负责人	工作成果
10月21日至10月31日	1. 查阅资料; 2. 拟定访谈提纲和工作日志; 3. 小组成员进行工作任务分配	钟××	1. 访谈提纲; 2. 工作日志; 3. 工作任务分配表
11月1日至11月8日	填写职务分析问卷和工作日志	邮局领导	填写好的职务分析问卷和工作日志
11月9日至11月15日	小组成员阅读问卷、准备职位访谈、选定典型职位	各分组组长	详细的各职位访谈计划
11月16日至11月19日	对邮局典型、重要职位进行访谈	各分组组长	职位访谈报告
11月20日至11月23日	组织编写工作说明书	各分组组长	各职位的工作说明书
11月24日至11月25日	对每个工作说明书进行讨论	钟××	比较规范的工作说明书
11月26日至11月28日	工作说明书交给专家审阅	钟××	审阅后的工作说明书
11月29日至11月30日	修改工作说明书	钟××	规范的工作说明书

6.3.3 实际收集与分析工作信息

这一阶段是整个工作分析过程中的核心阶段，主要是按照事先选定的方法，根据既定的操作程序或计划收集与工作有关的各种信息，并对信息进行描述、分类、整理、转换和组织，使之成为书面的文字。

 小贴士

美国劳动部规定的 16 项基本分析项目

1. 工作内容；2. 工作职责；3. 有关工作的知识；4. 精神方面的机能；5. 灵巧正确的程度；6. 经验；7. 年龄；8. 教育；9. 技能培养；10. 见习制度；11. 和其他工作的联系；12. 身体动作；13. 作业环境；14. 作业对身体的影响；15. 身体毛病；16. 所需体质。

一般来说，对工作信息的收集和分析通常包括以下内容。

1. 职位名称分析

对职位的名称进行分析时，应注意使职位名称标准化，并符合人们一般的理解，使人们通过职位的名称可以了解职位的性质和内容。命名应准确，不易发生歧义；名称应具有美感，切忌粗俗。

2. 工作内容分析

工作内容分析是为了全面地认识、了解工作。其具体内容包括：

1）工作任务

明确规定某职位所要完成的工作活动或任务，完成工作的程序与方法，所使用的设备和材料。

2）工作责任与权限

以定量的方式确定工作的责任与权限。例如财务审批的金额、准假的天数等。

3）工作关系

了解和明确工作中的关联与协作关系。该职位会与哪些工作发生关联关系，会对哪些工作产生影响，受到哪些工作的制约，会与谁发生协作关系，可以在哪些职位范围内进行晋升和岗位轮换。

4）工作量

确定工作的标准活动量，规定劳动定额、绩效标准、工作循环周期等。

3. 工作环境分析

1）工作的物理环境

这包括环境中的温度、湿度、照明度、噪声、震动、异味、粉尘、辐射等，以及任职者与这些环境因素接触的时间。

2）工作安全环境

这包括工作的危险性、可能发生的事故、事故的发生率和发生原因、对身体的哪些部分易造成危害以及危害的程度、易患的职业病、患病率以及危害程度等。

3）社会环境

这包括工作地点的生活便利程度、环境的变化程度、环境的孤独程度、与他人交往的程度等。

4. 工作任职者的必备条件分析

确定工作任职者所应具有的最低资格条件，主要包括以下方面。

1）必备的知识

这包括最低学历要求，有关理论知识和技术的最低要求（如使用机器设备的操作方法、工艺流程、材料性能、安全知识、管理知识和技能等），对有关的政策、法令、规定或文件的了解和掌握程度等。

2）必备的经验

这包括过去从事同类工作的时间和成绩，应接受的专门训练的程度，完成有关工作活动的实际能力等。

3）必备的身体素质

这包括工作任职者应具备的行走、跑步、攀登、站立、平衡、旋转、弯腰、举重、推拉、握力、耐力、手指与手臂的灵巧、手眼协调性、感觉辨别力等方面的身体素质。

4）必备的操作能力

这包括通过典型的操作来规定从事该职位的工作所需的注意力、判断力、记忆力、组织能力、创造能力、决策能力等。

5）必备的个性特征

这包括工作任职者应具备的耐心、细心、沉着、诚实、主动性、责任感、支配性、情绪稳定性等方面的特点。

 小贴士

进行工作信息分析的注意事项

1. 对工作活动需要进行分析而不是简单罗列。分析时应当将某项职责分解为几个重要的部分，然后将其重新组合，而不是对任务或者活动进行简单罗列。

2. 工作分析针对的是工作而不是人。

3. 工作分析要以当前的工作为依据。工作分析是为了获取某个特定时间段的岗位情况，应当以当前的工作状况为基础进行分析，而不能加入对工作的设想。

此外，在工作分析的过程中，组织中不同层次的主管人员都要指导和参与工作信息的收集活动。所以，在争取得到主管人员理解和支持的同时，还应该让他们熟悉和掌握一定的收集工作分析信息的方式方法，从而使整个工作分析活动能够得以正常顺利地开展和进行。通常情况下，主管人员除了需要向下属说明工作分析的目的、方法、程序及对个人和组织的影响外，还可以选择两种方式来指导或参与对下属的工作职位有关信息的描述：第一种方式就是主管人员给予下属一定的指导（必要时与人力资源专业人士一起给予下属指导），然后由下属描述自己的工作职位的有关信息，此后再与下属讨论、分析、修订，完成后由人力资源部确认，并呈交高层领导审核。第二种方式就是由主管人员自己描述下属的工作职位的有关信息，完成后与下属讨论，经修订同意后再由人力资源部确认，并呈交高层领导审核。

采用第一种方式可以让下属有被尊重的感觉，会使他们产生较大的投入热情、积极性和责任感。但主管人员需要有较大的耐心，多花时间进行沟通并给予指导。第二种方式的好处是较省时，但主管人员必须充分了解下属的工作性质内容及应有的表现，还要获得下属对分派工作的认同。

无论主管人员采取哪种方式，人力资源部门都要给予必要的支持，例如，协助相关主管及其下属了解如何描述工作职位的有关信息，提供一些标准化的模板，帮助解决在收集工作职位信息中遇到的问题。

小案例

ABC 电气公司的工作分析

ABC 电气公司是一家非常知名的电气公司，为了更好地组织招聘工作，并对员工进行培训，他们很重视工作分析。公司中有的工作由于性质和要求不同，所以不需要太多的人来从事。对于这种工作，ABC 公司并没有将这些工作排斥在工作分析活动之外。人力资源部的经理说："一种工作既然在 ABC 存在，就有它的必然性，也有它存在的意义和重要性。我们看重的是工作本身，而不是说因为人少，就忽视它的存在。关键是要对我们的工作分析人员进行观念、思维模式以及方法技巧的培训。"

思考讨论题：

1. 现在很多人认为对员工较少的工作岗位没有必要进行分析，浪费人力、财力，从哪方面看都不划算。针对这种想法，您是怎么看的呢？

2. 关于对员工较少的工作岗位进行分析，您有什么更好的建议呢？

任务 6.4　结果形成阶段

工作分析结果通常为每个职位的工作说明书。在结果形成阶段，需要对收集来的信息进一步审查和确认，进而形成工作说明书。

6.4.1　与有关人员共同审查和确认工作信息

通过各种方法收集到的关于工作的信息，必须同工作的任职者和任职者的上级主管进行核对、审查和确认，才能避免偏差。经过这样的过程，一方面，可以修正初步收集到的信息中的不准确之处，使工作信息更为准确和完善；另一方面，由于工作任职者和任职者的上级主管是工作分析结果的主要使用者，请他们来审查和确认这些信息有助于他们对工作分析结果的理解和认可，为今后的使用奠定基础。另外，收集工作信息的人员可能并没有从事过所分析的工作，对工作中的一些实际问题和标准也不是很了解，而在这些方面，恰恰是工作任职者和任职者的上级主管更有发言权。让工作任职者和任职者的上级主管共同对工作信息提出意见，也有利于发现他们对工作的一些不一致的看法，使他们能有一次沟通的机会，以便协调他们的意见，便于今后更好地开展工作（见表6-12）。

表6-12　工作说明书意见反馈表

职务		部门	
意见	1. 2. 3. 职务直接领导： 部门（章） 年　月　日		

审查确认工作信息的方法

1. 测量法

测量是工作信息质量鉴定的一种常用手段，一般来说，测量就是按顺序给事物指派数字的过程。但在实际操作过程中，测量是将工作因素及其物质数量化的过程。在测量学中，区分因素与特质的差异是很重要的，例如，操作工的工作因素包括规则、机器和任务等，其中，规则所对应的特质包括责任大小、资源消耗和商标名称；机器所对应的特质包括清晰度、公平性、适用性；任务所对应的特质则主要包括难度、重要性等。需要强调的是，工作因素本身对工作分析的意义并不大，它的意义在于特质与特质之间的数量特征。当一种特质被数字标明并按照一定的顺序排列时，就变得可测量了。

2. 统计法

"统计"一词是由英文statistics翻译过来的，一般具有统计学、统计工作和统计资料三种含义。工作分析中的统计是指对工作信息的总体数量进行搜集、整理和分析的过程。为充分利用所收集的工作信息，工作分析人员需要将这些信息进行分类、整理并做出相应的处理，从而以此为依据进行判断和推理。

6.4.2　完成工作说明书编写

工作分析的真正目的是规范工作流程、明确工作职责与权限。因此，在收集资料后，工作分析人员应该在专家的指导下编写规范的工作说明书。

首先，根据对资料的分析，按照一定的格式编写工作说明书的初稿；

其次，将初稿反馈给相关的人员进行核实，意见不一致的地方应重点讨论，无法达成一致的应返回到工作分析阶段，重新进行分析；

最后，形成工作说明书定稿。

任务 6.5　应用评价阶段

工作说明书是根据企业的需要完成的规范性文件。编写出工作说明书之后，可以说工作分析的工作基本结束了，但是对工作分析结果的应用也是非常关键的。因为只有应用了工作分析结果，才能体现出工作分析的价值。在应用工作说明书的过程中，可能会发现一些重要问题，通过反馈，可以为后续的工作分析提出要求。工作说明书的利用率高，说明工作分析的成效大；反之，工作说明书的利用率低，不仅在人力、物力上造成浪费，还使有用的信息得不到正常的交流与使用。有些初次进行工作分析的企业会抱怨，实施工作分析消耗了大量人力、物力、财力，却没有多少成效，许多令人头痛的问题仍然没有解决，从而怀疑甚至否定工作分析的作用。其实，造成如此局面的原因往往不在于工作分析，而是组织在应用、反馈与修订工作分析的成果文件时出现了问题。因此，在这一阶段主要开展好工作分析结果应用与工作分析的评估、反馈两方面工作。

6.5.1　工作分析成果的应用

组织及相关工作人员需要了解工作分析成果在人力资源开发与管理中的作用，充分发挥其使用价值。

1. 工作分析结果运用的指导和培训

工作分析结果的呈现形式除了工作说明书外，还包括工作规范、职业分类、工作词典、工作定义、任务分析表等。要充分发挥工作分析成效，使其真正助力企业管理效能改进，就要使工作分析结果深入管理与工作现场当中，有针对性地解决现场问题，优化组织效能。应用工作分析结果时，为了使之顺利推行，有必要对其运用进行指导和培训，这也是工作分析整体程序中重要的一环。

工作说明书是专业人员编写的，而它的使用者是实际从事工作的人员。在进行工作说明书的使用培训时，一方面要让使用者了解工作说明书的意义与内容，了解工作说明书中各个部分的含义，明晰工作分析成果文件中相关条目的具体内容；另一方面要让使用者了解如何在工作中运用工作说明书，例如，如何在招聘员工时使用工作说明书，如何根据工作说明书与下属员工确定工作目标和标准，如何根据工作说明书考核员工并提出对员工培训的需求，等等。

编写职位招聘广告

企业的发展离不开优秀的人才，当企业的人才需求企业内部无法解决时，可以通过外部招聘的渠道吸纳人才，那么企业怎样才能招聘到所需的合适人才呢？当然可以依据空缺职位的任职资格条件进行筛选、录用。这样，可以保证企业招聘到合适的员工，并实现适人适岗、人尽其才、才尽其用。例如，某公司拟招聘中文秘书1名，在招聘工作之前，需要制定出选人的标准与要求，所以招聘广告的编写是关键。

表6-13是该公司"中文秘书"一职的工作规范,请您据此来编写这个职位的招聘广告。

表6-13　某公司"中文秘书"工作规范

一、职责概要

在一般监督下,完成文书工作。本岗位工作较为复杂,如汇总各种文件资料;准备各类数据资料,并编辑、汇总与分类;草拟各种报告、请示、文件、通知、公告;速记会议发言等

二、工作时间

一般在规定时间内完成,无须加班加点

三、资格条件

学历:大专以上

工作经验:做相关工作两年以上

熟练程度:熟练使用五笔输入法,打字速度每分钟100字左右

四、考核项目

1. 打字:每分钟100字左右,超过120字最为理想
2. 速记:每分钟至少100字,120字为合格
3. 核对稿件:每分钟最少80字,120字最为理想
4. 专门知识:《秘书学》《速记方法》《公文写作》等
5. 写作能力:语言通顺简洁,内容充实,结构严谨
6. 心理测验:考察情绪稳定性、接受外界信息的灵敏性、机警性

【要求】招聘广告要以工作规范来编写,不能主观臆断。同时,要注意招聘广告中不要出现"资料恕不退还""谢绝来电来访"的字样,也不要有任何歧视,包括性别歧视、年龄歧视、地区歧视、学历歧视、非名牌大学歧视等。

2. 完善工作说明书体系

工作说明书不仅是工作分析的重要成果,也是组织管理体系的重要组成部分,与企业运行相适应的工作说明书应当构建一整套管理体系,并且不断完善来推进企业效能优化,其体系建设主要可从以下方面加以考虑。

1)制定和完善应用性管理文件

要使工作说明书等工作分析成果顺利地在企业中得到推行,发挥对组织管理效能的支撑性作用,就需要制定与之相关的应用性管理文件。

2)建设信息管理机制

将大数据平台引入工作说明书体系建设,从组织结构直至员工管理的各个层面嵌入数字管理技术,持续关注组织、岗位及人员信息变化,通过大数据处理与分析,助力标准化、制度化的管理规范,以科学的计量模型挖掘管理规律,利用大数据驱动企业信息化建设,促进组织管理水平提升。

3)建立灵敏的信息反馈机制

组织的变化、岗位的调整、新技术的运用等都会引起工作内容与任职资格的变化,因此,必须及时了解和改进工作说明书的变化状态。一方面,人力资源部要定期检查追踪工作岗位信息的变化情况,通过专门的训练,使信息工作人员具有识别信息的能力;另一方面,严格规定反馈制度,各职能部门定期向人力资源部反馈相关信息,由人力资源部对各种数据信息做深入的分析,为进一步改进和完善工作说明书提供科学依据。

4）建设系统化工作说明书管理机制

建设系统化工作说明书管理机制，从设计、规划、分析、试用、反馈、修订、实施等全过程链条上深化工作说明书体系建设，紧密对接企业管理活动的各个环节，切实发挥其在人力资源管理等管理活动中的积极作用。

3. 严格执行工作分析的成果

按照工作分析的应用原则，组织应该严格执行工作分析的成果，对所有参与工作分析的职位都以成果文件进行约束，不能由于某些人为的因素就让某些职位、某些个人享有特权。有些企业只对基层职位执行成果文件，对中高层的部分职位要么减小执行力度敷衍了事，要么完全作为"抽屉文件"成为摆设，这样做的结果就是根本没有途径去解决问题。这种做法显然有违工作分析的应用原则，是完全不可取的。只有认真贯彻执行，才能真正让工作分析发挥作用。

4. 强化工作分析结果的应用

工作分析是人力资源管理活动的基础，它是组织进行公平管理的基础，工作分析提供的信息集中体现于工作说明书，它所提供的信息对员工的薪酬、考核、晋升、职业发展等具有直接的影响。

组织要强化工作分析结果在人力资源管理系统中的具体应用，在职位分类、工作设计与再设计、人力资源规划、招聘与录用、工作评价、绩效评价、员工培训、员工调动与安置、劳动安全等方面积极应用工作说明书，提高人力资源管理工作的实效性。一般来说，工作分析结果的应用都不是独立进行的，不同应用之间相互联系、互为支撑，例如，工作分类和工作评价常常是交织在一起的，两者又同时为绩效评价提供支持。

小案例

陈旧的工作说明书

孙经理是一家公司新任的人力资源部经理，这些天一直在熟悉公司的情况。他发现，关于员工自己岗位的职责，上级主管与员工的说法都不太一样，并且大家都对别人有些怨言。于是，他通知负责档案管理的小王，要求调阅公司的工作说明书。拿到工作说明书后，孙经理仔细一看，上面标明的时间竟然是2000年5月。于是，他问，"有没有最新的或修改过的这类文件？"小王回答说："孙经理，我自从接手这个工作，就没有人看过那些说明书。要不是您要看这些资料，估计它还放在文件柜里呢。"听到这些情况，孙经理陷入了沉思。

思考讨论题：
本案例对你有何启示？

6.5.2 工作分析的评价与反馈

工作分析任务完成后，要对整体工作分析工作进行评价与反馈。这不仅是了解本次工作是否达到预期目的，还有助于对本次任务执行的过程和环节进行改进和优化，为以后开展此项工作提供可借鉴的经验。

工作分析是实现某种管理目的的手段。对工作分析活动及其成果的评估，主要取决于工作分析成果使用者的意见。为了完成此项工作，可以从以下三个方面确定有关评价与反馈内容。

1. 工作分析的过程信息

这包括对工作分析过程的总体评价如何，是否满意，是否影响了他们的工作，如何改进等。

2. 工作分析的内容信息

这包括是否全面反映了工作的信息，是否体现了岗位性质与特征，是否科学界定了岗位的任职资格与条件等。

3. 工作分析的效果信息

对推行 6 个月以上的工作分析结果，必须进行效果评价。这包括是否达到预期目的，是否明确了岗位职责与相互关系，是否提高了工作绩效，是否规范了岗位的操作方式与流程等。

在应用工作分析的结果后，重点要查看工作分析的目标是否实现，是否解决了管理中亟须处理的问题，尤其要评估组织中的问题是否有改善，这包括：① 组织结构精干、反应迅速，运作高效；② 组织部门横向协调顺畅；③ 组织富有活力、年轻优秀人才工作热情高涨；④ 组织各部门形成为解决问题而互相支持的工作氛围；⑤ 组织人力编制结构合理；⑥ 组织员工职业生涯成长路径清晰、积极参加公司组织的培训；⑦ 组织员工工作积极主动；⑧ 组织中层技术管理骨干横向和纵向能够合理流动，能积极为公司经营成长献计献策；⑨ 组织团队合作能力强，新人融入快；⑩ 组织稳定，员工工作情绪稳定。

此外，在评估工作分析效果时，组织应该阐明工作分析带来的效益，以及计划和实施工作分析的投入产出比。这主要包括：① 人员服务机构是否为各部门、各单位提供了所需工作人员；② 现有技术设备是否得到了更为充分的利用；③ 劳动力流动率与事故发生率是否有所下降；④ 任职者是否提高了工作效率；⑤ 员工的满意度是否有所提升；⑥ 生产能力是否有所提高。

小案例

G 公司高层的决策

G 公司是中关村的一家从事软件开发与设计的股份有限公司。该公司在 2018 年 9 月进行了大规模的工作分析。根据分析结果，编写了各岗位的工作说明书。在初期，这个工作说明书确实给企业带来了方便，提高了效率，但从 2019 年 6 月开始，各部门主管就开始抱怨工作说明书中对人员的编制说明禁锢了部门及公司的发展。

公司组织专人对此进行了调研，结果发现：随着生产技术的发展，产品的生命周期已缩短（大约仅为 12 个月），而工作说明书降低了人力资源使用的弹性。当今软件开发所要求的知识更新速度加快，对任职人员的资格条件也会随之改变，工作说明书若不及时修改，根本起不了作用。所以 G 公司决定不再进行工作分析，也不再使用工作说明书等任何工作分析结果。

思考讨论题：

（1）G 公司废弃工作分析将会带来什么问题？

（2）工作分析当今社会所面临的困难主要有哪些？你认为该如何解决呢？

实训设计

案例讨论实训

实训目的：掌握工作分析的实施的流程，明确各阶段的主要工作。

实训程序：

（1）老师将全班学生分成若干小组，5~8人为一组，各组一起阅读下述案例情景，然后小组讨论，回答下列问题。

（2）每组成员对案例情景进行诊断，对需要进行工作分析的企业进行分析，设计工作分析的流程和内容。

（3）针对下列问题，每组有10分钟的讨论时间，讨论结束后，每组将有3分钟来陈述所形成的观点和答案，所有小组陈述完毕后，老师分享并讲解现实中的工作分析实践。

案例情景：

方圆公司是一家从事软件产品开发和服务的高科技企业，公司成立以来，业务一直在高速增长，人员的规模也不断扩大，目前员工人数已经达到120多人。

随着公司规模的扩大，管理层次比过去增加了，公司开始发现管理越来越吃力。很多总经理办公会安排下去的工作，总是不能如期按要求完成，在追究责任时也很困难，最终往往不了了之，或者是相关部门各打五十大板。员工也颇有微词，抱怨职责权限不明确，有利的事情大家抢着做，辛苦的事情人人往后躲，自己的业绩总是不能得到公司的客观评价，在激励方面也不能得到公平对待。因此公司中高层专门召开了一次会议，希望拿出解决方案改变目前的状况。经过讨论，大家一致认为问题出在业务流程不顺畅、组织结构不合理、部门和岗位职责不清晰等几个方面。对此，人力资源部经理提出了解决办法——优化流程、调整组织结构，着手进行工作分析，完善人力资源管理系统。

（资料来源：李强．战略性人力资源管理：工作分析［EB/OL］．（2022-04-24）［2023-04-18］．https：//max.book118.com/html/2022/0423/7144046062004114.shtm．）

相关讨论：

方圆公司的工作分析应该怎样做？

 课后练习题

1. 自测题

请扫描二维码（内含若干填空题、判断题、单选题、多选题），您可以在线自测并查看答案。

自测题

2. 思考题

（1）组织在何种情况下需要进行工作分析？

（2）简述工作分析的流程。

（3）工作分析信息采集的重点都有哪些？

（4）在选择工作信息收集的方法时应考虑哪些因素？

（5）工作分析的总体实施方案包含哪些方面内容？

（6）工作分析的实施在组织和人员方面需要做哪些准备？

（7）与参与工作分析的有关人员沟通的目的有哪些？

（8）在工作分析的结果形成阶段需要开展哪些工作？

（9）在工作分析的应用与评估阶段需要开展哪些工作？

（10）工作说明书的完成是否意味着工作分析工作的结束？为什么？

（11）你认为在工作分析过程中，工作分析人员需要注意哪些问题？

（12）请联系实际谈谈如何把工作分析落到实处。

3. 实操训练题

（1）C公司规模不断扩大，部门与组织体系有了新的整合。公司管理层决定对公司开展一次工作分析，对部门与岗位工作进行明确界定，为新业务的发展奠定良好的基础。在设计具体实施方案的时候，人事部出现了不同意见。有的认为，应该从收集基本信息开始；有的认为，应该直接进行访谈调查；有的认为，首先应该与各部门经理做个沟通；有的认为，应该与岗位任职者直接交流。

C公司究竟应该怎样开展工作分析呢？请分组讨论。

（2）浏览一下知名企业公众号中的工作分析相关文章，了解这些知名企业进行工作分析的流程，记录下来，与同学一起分享交流相关案例。

4. 案例分析题

请扫描二维码，阅读案例原文，然后回答每个案例后面的问题。

案例分析题原文

  课程思政指南

"组织设计与工作分析"课程思政的实现路径

如图6-3所示，"人力资源管理"课程思政首先要明确课程思政教学目标，在此基础上修订与完善课程教学大纲，并深入挖掘教学内容中的思政元素，实现专业知识与思政元素的有机融合；培育有育德能力和育德意识的教师队伍；采用先进的教育技术和多元的教学方法；构建多方位的教学评价体系，通过"四位一体"的课程思政实现路径，达到专业知识技能和价值引领的全方位育人要求的有机统一。

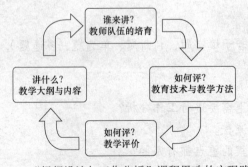

图6-3 "组织设计与工作分析"课程思政的实现路径

项目 7 　工作分析方法

最有价值的知识是关于方法的知识。

——〔英〕达尔文

学习目标

掌握各种工作分析方法的概念及其适用范围；掌握各种工作分析方法的优缺点；掌握各种工作分析方法的操作流程；熟悉各种工作分析方法的应用技巧；掌握各种工作分析方法比较、评价和选择的相关内容。

项目导入

E 公司工作分析的方法

E 公司是我国东部省份的一家大型零售企业。公司现有的组织结构是基于创业时的公司规划，随着业务扩张的需要逐渐扩充而形成的。在运行过程中，组织结构与业务上的矛盾已经逐渐凸显出来。部门之间、岗位之间的职责与权限缺乏明确的界定，推诿扯皮的现象不断发生。有的部门抱怨事情太多，人手不够，任务不能按时、按质、按量完成；有的部门又觉得人员冗杂，人浮于事，效率低下。面对企业存在的以上问题，人力资源部开始着手进行组织结构的变革，变革首先从进行工作分析、确定岗位价值开始。

首先，人力资源部开始寻找进行工作分析的工具与技术。在阅读了国内目前流行的基本工作分析书籍之后，从中选取了一份工作分析调查问卷，作为收集岗位信息的工具。其次，人力资源部将问卷发放到各个部门经理手中，同时在公司的内部网上发布了一份关于开展问卷调查的通知，要求各部门配合人力资源部的问卷调查工作。

据反映，问卷在被发放到各个部门经理手中之后，便一直搁置在他们的手中，并没有发下去。很多部门是直到人力资源部开始催收时才把问卷发下去。同时，由于大家都很忙，很多人在拿到问卷之后，都没有时间仔细思考，草草填写完事。还有很多人在外地出差，或者任务缠身，自己无法填写，而由同事代填。此外，据一些较为重视这次调查的员工反映，大家都不了解这次问卷调查的目的，也不理解问卷中那些生疏的专业术语，很多人想就疑难问题向人力资源部进行询问，可是也不知道具体该找谁。因此，在回答问卷时只能凭借自己的理解来填写，无法把握填写的规范和标准。一个星期之后，人力资源部收回了问卷，但发现，问卷填写的效果不太理想，有一部分问卷填写不全，还有一部分问卷答非所问；另外，有一部分问卷根本没有收上来。问卷调查没有发挥它应有的价值。

与此同时，人力资源部着手选取一些岗位进行访谈。但在试着访谈了几个岗位之后，发现访谈的效果也不好。人力资源部的主管负责对部门经理级以下的人员进行访谈，但在访谈中，出现的情况出乎意料。大部分时间都是被访谈人在发牢骚，指责公司的治理问题，抱怨自己的待遇不公等，而在谈到与岗位分析相关的内容时，被访谈人又顾虑重重，访谈结束之后，被访谈人都反映对该岗位的了解还是停留在模糊的阶段。

思考题：
E 公司所采用的工作分析方法存在哪些问题呢？

"工欲善其事，必先利其器"，作为人力资源管理的基础，工作分析有它科学的方法体系。工作分析的方法多种多样，但没有一种"最好的方法"，也就是说，没有一种方法适用于所有情况。只有根据具体的目的和实际情况，有针对性地选择最适用的方法及其组合，才能取得最佳效果。

任务 7.1　基础性工作分析方法

工作分析的基础性方法包括问卷法、访谈法、资料分析法、观察法、工作日志法和主题专家会议法等。

7.1.1　问卷法

常用的问卷法，即非定量问卷法，是工作分析中广泛运用的方法之一。它是通过让被调查职位的任职者、主管及其他相关人员填写调查问卷来获取所需工作信息，从而实现工作分析目的的一种工作分析方法。问卷调查操作简单，成本较低，因此大多数组织都采用这种方法来收集工作信息。

1. 问卷法的分类

工作分析所使用的调查问卷多种多样，根据不同的标准有不同的分类。

1）根据问卷适用的对象来分类

根据问卷适用的对象来分类，主要有通用的，即适合于各种职位的问卷（见表 7-1）；也有为特定的工作职位专门设计的指定工作分析问卷。

表 7-1　通用工作分析问卷（部分）

1. 职位名称_____。 2. 比较适合任此职的性别是_____（请选择，下同）。 　A. 男性　　　B. 女性　　　C. 男女均可 3. 最适合任此职的年龄是_____。 　A. 20 岁以下　B. 21～30 岁　C. 31～40 岁　D. 41～50 岁　E. 51 岁以上 4. 能胜任此职的文化程度是_____。 　A. 初中以下　B. 高中　　　C. 中专　　　D. 大学　　　E. 本科　　　F. 研究生 5. 此职位的工作地点在_____。 　A. 本地市区　B. 本地郊区　C. 外地市区　D. 外地郊区　E. 其他

续表

6. 此职的工作主要在_____（指75%以上时间）。 A. 室内　　　　B. 室外　　　　C. 室内外各占一半 7. 此职位工作信息的来源主要是_____。 A. 书面材料（文件、报告、书刊、各种材料等） B. 数字材料（包含各种数据、图表、财务数据等材料） C. 图片材料（设计草图、照片、X光照片、地图等） D. 模型装置（模型、模式、模板等） E. 视觉显示（数学显示、信号灯、仪器等） F. 测量装置（气压表、气温表等各种表具） G. 人员（消费者、客户、顾客等）

指定工作分析问卷适合于每一种指定的工作，问卷内容具有特殊性，一张问卷适合于一种工作，如表7－2所示。

表7－2　推销员工作分析问卷（部分）

说明以下职责在你的工作中的重要性（最重要的打10分，最不重要的打0分，标在右侧的横线上。） 1. 和客户保持联系_____。 2. 接待好每一个客户_____。 3. 详细介绍产品的性能_____。 4. 正确记住各种产品的价格_____。 5. 拒绝客户不正当的送礼_____。 6. 掌握必要的销售知识_____。 7. 善于微笑_____。 8. 送产品上门_____。 9. 参加在职培训_____。 10. 把客户有关质量问题反馈给有关部门_____。 11. 准备好各种推销工具_____。 12. 每天拜访预定的客户_____。 13. 在各种场合推销本企业产品_____。 14. 讲话口齿清楚_____。 15. 思路清晰_____。 16. 向经理汇报工作_____。 17. 每天总结自己的工作_____。 18. 每天锻炼身体_____。 19. 和同事保持良好关系_____。 20. 自己设计一些小型促销活动_____。 21. 不怕吃苦_____。

2）按照问卷的结构化程度分类

按照问卷的结构化程度分类，有结构化问卷和非结构化问卷。结构化问卷在一定的理论模型和假设前提下，按照结构化的要求设计的相对稳定的工作分问卷，一般采用封闭式的问题收集信息。结构化问卷具有较高的信度和效度，便于职位之间相互比较，如职位分析问卷（PAQ）和管理职位描述问卷（MPDQ）。非结构化问卷是目前国内使用较多的工作分析问卷形式，其特点在于可以全面、完整地收集信息，适用范围广，能根据不同的组织性质、特征进行个性化的设计，因此具有适应性强和灵活高效的优势。但是与结构化问卷相比，非结构化问卷的精度不高，随意性较强。非结构化问卷不仅是一种信息收集工具，而且包含了任职者和工作分析人员的信息加工过程，因而其分析过程更具互动性，分析结果更具智能性。

2. 问卷的构成

问卷一般由封面信、指导语、工作基本信息、问题与备选答案等内容构成。

1）封面信

封面信也叫开场白，旨在向被调查者介绍和说明调查者的身份、调查的内容、调查的目的和意义等。

2）指导语

指导语是用来指导被调查者填写问卷的一组说明，作用是对填表的方法、要求、注意事项等作一个总的说明。

3）工作基本信息

这主要包括任职者目前的基本信息，包括姓名、工作名称、所在部门、学历、工作经历、年龄、薪资水平等。

4）问题与备选答案

这是问卷的主体部分。问题所涉及的内容主要包括工作目的、工作职责、绩效标准、工作联系、组织架构、工作特征、任职资格、所需培训、职业生涯等方面。但在设计问卷时首先要考虑其用途，然后根据问卷的用途选择收集适当的信息内容。

问卷的问题一般可分为开放式问题和封闭式问题两类。

开放式问题，指不为被调查者提供具体答案，而由被调查者自由填答的问题。开放式问题的优点是被调查者可充分自由地按自己的方式表达意见，不受限制；缺点是要求回答者具有较高的知识水平和文字表达能力，问卷填写和信息的归纳整理所花时间和精力都很多，且只能进行定性分析，难于进行定量统计的分析和处理。

封闭式问题，指在提出问题的同时，也给出若干个答案，要求被调查者进行选择回答。封闭式问题的优点是填写方便，对被调查者的文字表达能力没有过高的要求，易于进行定量统计分析；缺点是失去了开放式问题的丰富多样的回答。

因此，一般的问卷都是将这两种方法结合起来使用，以封闭式问题为主，开放式问题为辅。

3. 问卷法的操作流程

通用问卷法的操作流程包括五个环节，依次是问卷设计、问卷试测、样本选择、问卷发放及回收、问卷处理及运用。

1）问卷设计

问卷法的第一步就是根据工作分析的目的和用途，设计个性化的调查问卷。问卷设计主要考虑问卷包含的项目、填写难度、填写说明、填写者文字水平、阅读难度、问卷长度等内容。问卷调查法能否应用成功，并达到相应的目的和效果，关键在于问卷问题的设计和问卷结构的安排是否合理。问卷中问题的设计需要注意以下几个方面。

（1）明确需要调查哪些内容，要获得何种信息，将信息转化为可操作的项目或问题。

（2）调查问卷的调查项目可根据工作分析的目的加以调整，内容可简可繁，二者的关系如表 7–3 所示。①

表 7–3 工作分析的目的与调查项目的关系

工作分析的目的	调查项目					
	工作目标活动内容	工作责任	工作复杂性	工作时间	劳动强度	工作危险性
工作描述	●	●		●	●	●
工作设计和再设计	●	●	●	●	●	●
对工作执行者的资格要求	●	●	●			
制订培训计划	●		●			●
人力资源开发	●		●			
进行工作比较	●	●	●	●	●	
工作绩效评估	●	●		●		
明确工作任务	●	●				

注："●"号代表工作分析的目的与调查项目相一致。

（3）在语言及提问方式上，要注意问题的语言要尽量简明扼要（必要时可附加说明），语义要明确，避免歧义，问题不能带有倾向性，不要用否定形式提问，不要直接询问敏感问题，注意采用不同形式提问，以提高回答者的兴趣。

（4）在问题的编排上，要注意把易于回答的问题放在前面，而难以回答的开放式问题放在后面；要按逻辑次序排列问题，如按时间先后顺序，或从外部到内部、从上级到下级等顺序排列。

（5）问题答案的设计要注意答案的穷尽性和互补性。穷尽性是指答案应包括所有可能的情况；互补性是指答案间不能相互重叠或相互包含，而应相互补充。

（6）在能达到调查目的的前提下，问题数目越少越好。问题数目的多少决定着整个问卷的长短。一份问卷有多少个问题，没有统一的标准，要根据研究的目的、内容、样本的大小、分析的方法、拥有的人力、时间等多方面的因素决定。一般来说，问卷越短越好，应限制在一般的被调查者 30 分钟以内能顺利完成为宜。

2）问卷试测

对于设计的问卷初稿在正式调查前应选取局部工作进行试测，针对试测过程中出现的问题及时加以修订和完善，避免正式调查时出现严重的结构性错误。

3）样本选择

针对某一具体工作进行分析时，若目标工作任职者较少（3 人以下），则全体任职者均为

---

① 葛玉辉. 工作分析 [M]. 北京：电子工业出版社，2020.

调查对象,若任职者较多,则应选取适当调查样本,选取样本时要注意典型性和代表性。出于经济性和可操作性的考虑,样本以3~5人为宜。

4)问卷发放及回收

在对选取的工作分析样本进行必要的工作分析辅导培训后,工作分析人员通过组织内部通信渠道(文件、OA系统等)发放工作分析调查问卷。

在问卷填写过程中,工作分析人员应及时跟踪相关人员填写状况,解答填写过程中出现的疑难问题,并通过中期研讨会的形式组织目标工作任职者交流填写心得,统一填写规范。

问卷填写完毕后,工作分析人员按照工作分析计划按时回收问卷。

5)问卷处理及运用

对于回收的问卷,工作分析人员应进行分析整理,剔除不合格问卷或对其重新进行调查;然后将相同工作的调查问卷进行比较分析,提炼正确信息,编制工作说明书。

4. 问卷法的优缺点

1)优点

问卷调查法速度快,节省时间,可以在工作之余填写,不会影响正常工作;调查范围广,可用于多种目的、多种用途的职务分析;调查样本量大,适用于需要对很多任职者进行调查的情况;调查的资源可以量化,由计算机进行数据管理;可同时在大范围内展开调查,能在相对较短的时间范围内通过大量的任职者获得较为准确的信息。

2)缺点

由于问卷调查法属于一种"背靠背"的调查方法,所以被调查者的工作态度与动机心理等较深层次的内容不易被了解。除此之外,问卷调查法还有很重要的一个缺点——问卷填写人员和专业分析人员都有可能曲解问卷中的文字信息。设计理想的调查问卷要花费较多时间,人力、物力、费用成本高,因此在问卷使用前,还需要进行测试,以了解员工对问卷中所提问题的理解程度。为避免误解,工作分析人员需要对问卷内容亲自解释和说明,这大大降低了工作效率。填写调查问卷是由被调查者单独完成的,缺少交流和沟通,因此被调查者可能不积极配合,不认真填写,从而影响调查的质量。

7.1.2 访谈法

访谈法是常用的工作分析方法之一,是指工作分析人员针对某项工作面对面地询问任职者及其主管、专家的意见或看法,工作分析人员可以对任职者的工作态度与工作动机等深层次内容进行详细的了解,并为其他工作分析方法提供资料。访谈法适用于各类工作分析,既适用于短时间可以把握的生理特征的分析,又适用于长时间才能把握的心理特征的分析,这种方法是对高层管理工作进行深度分析的最好的方法。

1. 访谈法的内容和类型

1)访谈法的内容

访谈法的内容包括工作目标、工作内容、工作性质和范围及工作负责人。

(1)工作目标。组织为什么设立这个职务?根据什么确定职务的薪酬?

(2)工作内容。任职者在组织中有多大的作用?其行动对组织会产生怎样的后果?

(3)工作性质和范围。这是访谈的核心,包括该工作在组织中的位置,其上下级职能的关系,所需要的一般技术知识、管理知识、人际关系知识,需要解决的问题的性质及其自主权。

（4）工作负责人。这主要涉及组织、战略政策、控制、执行等方面的内容。

2）访谈法的类型

访谈法主要有三种类型。

（1）个别员工访谈法，主要适用于各个员工的工作有明显差别、工作分析时间又比较充分的情况。

（2）群体访谈法，主要适用于多个员工从事同样或相近工作的情况。使用群体访谈法时，必须邀请这些工作承担者的上级主管人员在场或者事后向主管人员征求对所收集材料的看法。

（3）主管人员访谈法，指与一个或多个主管面谈，因为他们对工作分析非常了解，有助于缩短工作分析的时间。

2. 访谈法的优缺点

1）优点

（1）访谈是双方面对面地交流，因而对工作方面的信息了解得更深入，尤其可以对被访者进行心理特征分析，对其工作态度、工作动机等深层次内容有较详细、深刻的了解。

（2）应用面广，可以简单而迅速地收集多方面的工作分析信息。

（3）便于双方沟通，能够及时进行控制和引导，消除被访者疑虑。

（4）访谈者可根据实际情况及时地修正访谈提纲中的信息缺陷，并通过态度及个性特征判断信息的真实性及准确性，筛选信息，使得到的信息具体、准确，直观性强。

（5）能够使被访者更了解工作分析的目的和必要性，同时对工作进行系统性的思考、总结与提炼。

2）缺点

任何一种方法都不是完美的。访谈法也有一定的缺点。

（1）容易受到被访者个人因素的影响。被访者易将个人利益与访谈联系起来，尤其是对任职者本人进行访谈时，他们往往会夸大工作的重要性与难度。

（2）费时费力，工作成本较高。多轮访谈一般会占用被访者的正常工作时间，可能造成一定程度上的生产损失。

（3）对访谈者本人要求较高，需要访谈者接受有关访谈技巧的专项训练。如果访谈者不具备良好的访谈沟通技巧，则易导致工作信息收集不完全甚至失真。

小贴士

访谈时应遵循的原则

1. 营造良好的氛围，注意选择访谈时的地点。通常建议使用非正式的会议室（如公司休息室或茶室），如果使用正式会议室，则应尽量避免使用长条形会议桌。良好的环境能减轻被访者的心理负担，使其尽量给出准确的回答。

2. 让被访者畅所欲言。在访谈时尽量不打断被访者说话，任由被访者自由地对其工作进行描述，并允许被访者对工作或领导抱怨，缓解工作压力。

3. 提问要简洁，防止对被访者的诱导，同时提问时态度要诚恳。在提问时不使用拗口的问句或带有个人观点的提问，不能让对方从中猜测提问目的从而顺应提问目的回答问题。

4. 在进行访谈前要制定好提纲，以便把握整个访谈过程，当被访者偏离本次访谈中心过远时，可以委婉地将其拉回到访谈中心来。

3. 访谈法的流程

为了最大限度地控制访谈结果误差，在访谈过程中应遵循一定的流程，工作分析人员与任职者本人或其直接上级主管人员一起对所收集到的工作信息进行最后核查。这里参考学者李中斌等的相关研究梳理如下。

1）访谈准备阶段

（1）制订访谈计划。具体要从以下方面着手：确定访谈对象（任职者直接上级或从事本职位 6 个月以上的任职者）；选定合适的工作分析访谈方法（如访谈的结构化程度及访谈的形式）；确定访谈的时间、地点（访谈时间安排以不影响正常的工作为宜，访谈的地点应该保持安静、整洁、方便）；准备访谈所需要的材料和设备等。

（2）组建访谈小组。这包括以下内容。① 对工作分析团队进行分组。成立多个访谈小组，明确小组工作任务、目的及时间安排。② 确定小组每个成员的角色。由两人或两人以上同时对一个被访者进行访谈时，要确定主问和次问。访谈时可由主问负责整个访谈过程，其他成员负责整个过程的记录并在主问结束访谈时及时进行补充，也可给小组各成员分配不同的题目内容，如对部门进行访谈时，可由一人负责关于部门职责的访谈，另一人负责关于部门主要流程的访谈。③ 培训访谈人员。工作分析访谈是一项富有系统性的、技术性的工作，在准备阶段，应对访谈者进行系统的培训，内容包括：访谈的目的、意义及时间安排；访谈的技巧及注意事项。并不是每个人都可以主持好访谈，访谈需要一系列技巧，比如收集访谈的相关背景信息、积极倾听与沟通、引导被访者提供真实信息、对访谈内容随时进行准确记录等。应该事先有针对性地对访谈人员进行访谈技巧培训，尤其是专门针对工作分析的访谈技巧培训，这对获得有效的工作信息而言是非常重要的。一般来说，培训宜集中进行，在培训过程中可进行示范与模拟演练，既省时省力又能互相启发。

（3）编制访谈提纲。访谈过程中涉及的问题往往较多，为了避免遗漏，保证采集信息的质量，最好事先拟定一份较详细的访谈问卷或访谈提纲，这样便于记录、归纳和比较信息，并能更好地将访谈内容限制在与访谈目的有关的范围内。

编制访谈提纲要注意四个方面。① 针对不同的被访者设计不同的访谈提纲。对高层管理者的访谈，主要目的是了解企业的历史、文化、战略愿景、市场竞争状况、优劣势、机遇及挑战等。对中层管理者的访谈提纲，可根据直接目的稍做改变，如为编写部门职责说明书，可根据部门职责说明书的模板套用，只需稍微调整先后顺序及提问方式。② 重视最终目标，即工作分析的目的。如果最终目标是制定科学合理的薪酬体系，则访谈提纲必须包含对组织现有的薪酬结构包括薪资水平、等级和构成，以及市场同行业的工资水平等薪酬状况的了解。③ 查阅相关信息，包括企业内部及市场同行业甚至同部门、岗位的信息。在尽量熟知的情况下力争把握细节，针对细节提出问题。例如，对某企业供应部访谈时，了解到该企业还有一个物流部，两者之间看似有些职责交叉，所以可以加问"本部门和物流部的工作有交叉的现象吗"这一问题。再如，通过查看同行业有关供应部的资料可以了解到，在流程方面一般有物资采购流程、紧急订单采购流程、供货合同签订流程、退货流程及招标流程等，在绩效方面有库存成本控制等指标，所以应把这些内容列入访谈提纲内，加以访问。④ 合理设置访谈问题。访谈提纲中的问题分为开放式和封闭式两种,一般通过开放式问题收集各方面信息,作为打开被访者思路的依据,通过封闭式问题收集与职位相关的职责和任务信息,两者结合使用。在访谈提纲中可设置如"您先自我介绍,可以吗""请谈谈您的学习和工作经历"等问题,了解被访者的个性特征等,这样更能准确地判断被访者提供信息的准确性和真实性。

工作分析访谈提纲如表 7–4 所示。①

表 7–4　工作分析访谈提纲

职位名称		主管部门	
所属部门		工作地点	
间接主管		直接主管	
访谈对象		日期	
一、职位设置的目的 此职位的工作目标是什么;从公司角度看,这个职位具有什么意义和作用			
二、机构设置 ① 此职位直接为哪个部门或个人服务(行为或决策受哪个部门或职位的控制); ② 哪些职位与此职位同属一个部门; ③ 是否有直接的下属,有几个,他们分别是谁			
三、岗位描述 请您详细地描述一下您工作中的各项职责和为履行这些职责所进行的各项工作活动,包括您所采取的方法,使用的工具或设备等,以及您认为合适的工作标准			
主要工作职责	为履行职责所进行的工作活动或任务及时间比例	工作设备 辅助工具	工作标准
四、内外关系 ① 在公司内,此岗位与哪些岗位有频繁的工作联系?有哪些联系? ② 在公司外,此岗位与哪些部门或个人有频繁的工作联系?有哪些联系? ③ 你是否经常会见主管商讨或者汇报工作? ④ 主管对工作任务的完成情况是否起决定性作用			
五、工作中的问题(选问) ① 你认为此项工作对你最大的挑战是什么? ② 你对此项工作最满意和最不满意的地方分别是什么? ③ 此项工作需要解决的关键问题是什么? ④ 处理问题时有无指导或先例可参照?有哪些处理依据? ⑤ 你对哪些问题有自主权?哪些问题你需要提交给上级处理?(完成岗位工作有哪些权限,如招聘专员面试工作中拥有组织权,在建立公司招聘制度活动中拥有制定权等) ⑥ 你是否经常请求主管的帮助,或者主管是否经常检查或指导你的工作? ⑦ 你的主管如何知道你的工作内容? ⑧ 你是否有机会采取新方法解决问题? ⑨ 与其他部门协调配合方面存在哪些问题? ⑩ 集团公司如何才能留住人才?你个人对此有什么好的建议和对策?			

---

① 葛玉辉. 工作分析 [M]. 北京:电子工业出版社,2020.

续表

六、经验要求
本职位要求任职者具备哪些经验？是否需要参加培训？培训多久

七、能力与技能
① 心智要求。
② 特殊能力。（在哪些领域表现，如领导能力、激励能力、计划能力、人人际关系、协调能力、公共关系、分析能力、决策能力、书面表达、口头表达、谈判、演讲、与人沟通和交往、判断、接受指令等）
③ 个人素质（非智力因素，如细心、耐心、有责任感、忠诚等）

八、教育或知识要求
请确定下列教育或知识中哪些是必要的，或指出胜任该工作所需要的教育要求是什么

教育或知识要求	若是必须，标示"√"
任职者能够读写并理解基本的口头或书面的指令	
任职者能够理解并执行工作程序及理解上下级的关系	
任职者能够进行简单的数学运算和办公室设备的操作	
任职者能够理解并完成交给的任务，具备每分钟至少输入50个字的能力	
具备相近专业领域的一般知识	
具备商业管理与财政等方面的基础知识与技能	
具备商业管理与财政等方面的高级知识与技能	
其他方面的具体要求（法律法规、外语、学历、相关证书）	

九、身体素质和生理方面的要求
岗位要求任职者具备哪些身体素质和生理方面的要求

十、附加说明
对本职位还有哪些需要补充的说明（如晋升与职务轮换的可能性）

2）访谈实施阶段

访谈者运用访谈法来收集工作信息，需要具有一定的专业素养和实际操作经验，了解访谈过程中一些具体的注意事项和访谈技巧，对于访谈者更好地进行访谈和工作分析是很有帮助的。

（1）正式访谈之前的沟通。良好的开始能使访谈成功一半。沟通的目的在于与被访者建立良好的合作关系，打消其疑虑，取得信任。这包括以下方面。① 自我介绍，感谢被访者抽空接见，通报访谈时限。例如："您好，我叫××；来自××单位（如有其他成员，也要顺带介绍），这次我们是同项目组长××过来给我们××（企业）做一个××项目，现在想向您了解××方面的情况，耽误您××时间，好吗？"② 事先告知被访者，访谈过程中需要记录或录音，说明记录或录音的用途并重申将严格为访谈内容保密。③ 向被访者介绍工作分析及访谈的目的，消除被访者的疑虑，使其提供最真实的信息。一般来说，介绍工作分析的目的时，应尽量避免反复提到大多数被访者不是很了解也不感兴趣的"工作分析""职责"之类的话语，尽可能谈到"薪酬""晋升""培训"之类他们感兴趣的最终目标。

（2）尽量遵循访谈提纲。在整个访谈过程中，应根据具体情况不断修改和完善访谈提纲。要做到：① 当被访者跑题时，可用"不好意思，您刚才说的……是怎么一回事呢？"等语句，委婉地打断他并扭转话题，重新让讨论重点回到正题上；② 当被访者提出一个与访谈目的关系紧密的问题时，可加以追问，如"您能否举一些例子说明呢？"学会质疑，获得事例证明，鼓励被访者提出新观点。

（3）两人或两人以上访谈时，应注意主问和次问的分工配合。在访谈期间，由主问负责整个访谈过程，其他小组成员最好不要插问，到结束时再一一补充；根据情况不得不插问时，也要控制次数，不能太频繁，建议插问总数不超过三次。如果访谈时不分清主问和次问，会造成不良后果，产生极差的影响。小组成员各自提问，将使主问的权力丧失，导致主问访谈思路混乱，容易遗漏重大问题和重要细节，同时妨碍对访谈的记录，而且会扰乱被访者的思路，使之回答不全面。在访谈中扯远话题，会浪费时间，甚至会出现几个人一同出声发问的情况，造成尴尬局面。一般来说，几个人一起访谈的对象最好是中层以上的管理人员，目标是了解大概信息，对细节的把握最好是由一两个人慢慢访谈了解。工作分析团队内部首先要分清职责，做到既不耽误工作进度，又能让被访者放松心情，慢慢诉说。

（4）有效聆听并记录。要做到：① 细心聆听，学会从被访者的长篇大论中发现有价值的信息。注意被访者的潜台词，广泛地联想，找出没有用语言表达的线索。② 记录要点，不要奢求记住被访者说的每一句话，用关键词总结听到的信息。若记录不清楚或发现遗漏、含糊之处，应大胆地询问被访者，请对方补充或澄清，对重要信息可逐字重复，检验理解是否正确。

小贴士

应对被访者不同反应的策略

（5）结束访谈。这包括：① 提出最后一个开放式问题，如："有什么没谈到的问题您需要补充的吗？"② 总结要点，请被访者浏览核对访谈记录，并及时修改补充；③ 起立，握手，把对方送到门口，感谢被访者！"谢谢您！以后有不懂的还要向您请教，还希望能得到您的支持！"同时，向对方表达访谈很有意义，并就下一步工作达成共识。和对方建立融洽的关系以获得支持，为今后进一步访谈奠定基础。

（6）其他注意事项主要有以下几方面。① 初期对高层管理者访谈时最好让项目组所有成员都参与，充分了解高管的意图，让每位成员对组织的运营情况、战略及相关问题有较全面的了解，有利于后期工作的开展。② 对同一部门或同一被访者的访谈次数最好不超过三次。顺序为访谈—核对补充—敲定。一般对部门主管（访谈内容包括部门职责、流程及部门内岗位职责的核对）才需要进行三次访谈，第一次访谈时间可稍长，但最好控制在两个小时之内，第三次访谈则要尽快，十几分钟即可完成。这就要求访谈提纲的设计要尽量细致，有针对性。③ 通过点头或语气词表达自己的态度，如"对""嗯""我知道了"。与被访者保持适当的眼神交流，并重视非语言信息的交流，集中注意力，保持微笑，态度友好，营造良好的访谈气氛。④ 尊敬被访者，处处为被访者考虑，访谈时不迟到，注意对时间的控制，尽量不超时。⑤ 注意提问方式。要采取启发式提问，避免命令式提问，学会旁敲侧击，使被访者有交谈的意愿。⑥ 故意或敢于将自己的某些错误理解暴露在被访者面前，由被访者给予解答，这样会收到查漏补缺的效果，也能激发被访者表达的欲望。⑦ 对重大的原则问题，如当被访者对工作内容或管理者不满，向访谈者诉苦时，应避免发表个人观点和看法，要做到"引而不发"，但要认真倾听，并及时将谈话内容引回正题。⑧ 如需借用某些资料文件，应事先通知被访者，并及时、完好无损地返还。

小案例

访谈中的提问

"请谈谈你这份工作对公司的价值。"听到这样的问题,杨柳愣住了,该怎么回答呢?当然要说价值很大啦,怎么大呢?思索了半天,她也不知道该如何回答,只能说"我的工作是公司正常运转不可缺少的一个环节"。心中暗想,这回答还真是废话。不仅仅是杨柳,还有不少员工都在面谈中遭遇这样的"宏观"问题,员工们原本认为,人力资源部在了解情况进行工作分析后会对每个人的工作做个评价,谁知道,上来就让员工自己谈价值。这下可把大伙难住啦,说高了,一听就是空话;自谦一下,不等于让人家来炒鱿鱼吗?只好统一口径,简单几句话把进行工作分析的人打发走了。

思考讨论题:
1. 工作分析项目组人员的提问性存在什么问题?
2. 在采用访谈法的时候,工作分析项目组人员应该怎样向员工技巧性地提问呢?

3)访谈整理阶段

(1)及时兑现承诺。对被访者提出的难题要尽快做出解答和回复,本人无法解答的,在访谈后与项目组沟通,共同解决并及时回复,尤其必须在访谈时给予明确答复或解释,不要让被访者就同一问题讲述多次,对无须回访的人员(一般对员工个人的访谈无须回访),可通过部门主管传达。

(2)及时整理访谈记录。访谈时所做记录由于时间紧迫等原因,缺乏条理,不全面,访谈结束后应及时(最好是当天)整理并分析,筛选出有价值的信息。

整理访谈记录要注意以下方面。① 确保访谈信息的真实性和客观性,要能充分反映出被访者的主观看法。② 访谈纪要的内容要全面,主要包括:其一,背景介绍:访谈目的;参加人员、主问、地点、时间始末;被访者的背景,包括学习、工作经历,所在部门,岗位等;访谈气氛。其二,总结关键成果:被访者的判断和结论;访谈者的结论;支持结论的事实论据。③ 遵循 20/80 原则记录访谈要点,即 80%有价值的信息来源于 20%的访谈内容。④ 在访谈纪要中提及被访者对问题的反应和态度,不能仅局限于被访者的回答。⑤ 引用被访者原话,以此强调重要观点。⑥ 对被访者的观点和评论持必要的怀疑态度,根据对其个性特征、访谈时的态度及非语言信息的分析,筛选访谈信息,确定其真实性和准确性。

(3)与项目组分享访谈结果。向项目组介绍访谈纪要,找出访谈所反映的共同问题,讨论这些问题存在的背景、原因,思考解决方案。对问题分层分类,确定哪些需要进一步证实,哪些迫切需要解决,并讨论解决方案的可行性,明确下一步工作。

访谈法作为收集工作信息的一种主要手段,在工作分析中应用最广泛,具有不可替代的作用:一是获得通过观察法所不能获得的信息,二是对已获得的信息加以证实,三是可以为其他工作分析方法提供资料,如通过访谈法获取的信息有助于开发工作分析问卷等。

总之,工作分析访谈是一项富有系统性的、技术性的工作,访谈者必须熟知工作分析理论与技术,了解、掌握访谈技巧,必须牢记理论知识,多实践,丰富工作经验,提高专业素养，才能获得访谈的成功，继而为工作分析提供有价值的工作信息。①

7.1.3 资料分析法

资料分析法是一种经济而有效的信息收集方法。它是指通过查阅、参考、系统分析现存的与工作相关的文献资料来获取工作信息的一种工作分析方法。为了降低工作分析的成本，应当尽量利用现有的资料，但这种方法是对现有资料的分析提炼和总结加工，无法弥补原有资料的空缺，也无法验证原有描述的真伪，因此，资料分析法一般用于收集工作的原始信息，编制任务清单初稿，通常由资料分析法所得的信息都需通过其他方法进一步验证。

1. 资料分析法操作流程

资料分析法一般按以下几个步骤进行。① 确定工作分析对象，即要针对什么样的职位进行分析。② 确定信息来源。即选择可获得资料的渠道，可以来自组织，也可以来自个人，如员工、部门主管、企业高层领导等。③ 收集组织内部和外部的可利用的原始资料。来自组织内部的资料有企业的组织结构图、岗位责任制文本文件、现有的工作说明书、业务流程图、员工手册、组织管理制度等。另外，我们还可通过作业统计，如对每个生产工人的出勤、产量、质量、消耗情况的统计，对工人的工作内容、负荷有更深的了解，它是建立工作标准的重要依据。来自组织外部的资料一般是对外部类似组织的相关工作分析结果或原始信息分析提炼所得，也可以是职业名称辞典之类的工具书。通过这些资料，对每个工作的任务、责任、权利、任职资格等有一个大致的了解。④ 从所获资料中筛选出与所分析工作相关的信息，并对这些相关信息进行整理分析。进行文献资料的整理分析时，主要收集并分析如下内容：一是各项工作活动与任务；二是各项工作活动与任务的细节，重点是各项活动、任务的主动词，对于动作出现的先后可用数字为序号加以区分；三是资料分析中遇到的问题；四是引用的其他需要查阅的文献资料；五是知识、技能、能力要求；六是特殊环境要求（如工作危险、警告等）；七是工作中使用的设备；八是绩效标准；九是工作成果。⑤ 描述这些信息，为下一步工作分析提供参考。

2. 资料分析法的优点和缺点

1）优点

资料分析法是对现有资料进行改进，成本较低，方便灵活，可以随时改进。这种方法的工作分析成本较低，工作分析人员只需要调用历史和现在的动态资料即可开展工作分析，它对工作分析对象的工作时间、工作地点没有要求，也不会影响工作分析对象的当前工作。资料分析法通过资料邮寄和网上传送的方式进行，甚至不需要工作分析人员前往分析对象的工作地点，因此可以节省大量的工作分析成本。工作分析人员在获得工作分析所需要的全部资料后即可开始工作。由于许多历史资料特别是职位说明书中有很多可以直接利用的工作分析结果，因此采用资料分析法的工作效率较高。同时，职位的核心胜任力的一般结构尚在不断完善过程中，通过不断比较历史资料可以更好地总结实践经验。资料分析的结果可以数据化，作为信息化工作分析的基础数据，可以为工作分析的开展奠定基础。

2）缺点

资料分析法也有自身的缺点，它要求工作分析人员对岗位的工作内容具备一定的熟悉度。

---

① 李中斌. 工作分析理论与实务［M］. 4版. 大连：东北财经大学出版社，2021.

资料分析法减少了组织与任职者的直接交流,缺少第一手资料的反馈,容易流于表面化。在具体工作实践中,资料分析法可结合其他工作分析方法进行,弥补自身的不足。同时我们也应认识到,利用原有资料会使其他工作分析的方法进行得更加完善。

3. 采用资料分析法的注意事项

采用资料分析法需要注意以下事项。① 需要对资料所包含信息的真实性、可靠性和适当性进行判断。资料作为工作分析过程的外部信息来源,要想使其内容进入工作分析,首先就需要对其进行筛选和评价。外部信息尽管获取成本较低,但信息质量并不由工作分析主体所控制。同时,在外部信息的基础上再采用新的分析工具,也不能改变信息的质量。② 应当注意资料来源渠道的多元化。渠道来源越多,资料之间相互印证的可能性就越大,资料分析的有效性也就越高。收集资料应全面,要与选拔职位有较高的关联性。③ 应当对职位的工作任务、职责和责任形成规范的表述,以此作为后续分析工具应用的基础。④ 应当探讨职位的工作任务、职责和责任同职位胜任力之间的联系,但这种探讨仅限于提供两者之间的可能联系,并不能进行最终的判断。

小案例

资料分析法实例

表7-5是一份较完备的岗位责任制说明书,它可以为工作描述与任职说明提供许多有用的信息。①

表7-5 某炼铁厂计划科综合统计员的岗位责任制说明书

1. 职责 在科长的领导下,按照专业管理制度和上级有关规定,负责全厂生产、经济、技术指标的综合统计工作,归口数据管理。 2. 工作标准 (1)综合统计、编制报表图表。月报表于次月6日前做出,季、年报表分别于次月7日前、次年1月10日前做出,每月15日前图表上墙,每月28日前提出产品、品种及主要经济指标预测,准确率达99%。 (2)负责结算炼铁厂生产原料、燃料耗用量。每月1日与烧结厂、原料处结算烧结矿、废铁数量,做到准确无差错。 (3)负责收集国内外同行业有关生产经济指标等资料。每月20日前将16个单位的指标填入图表并上墙。 (4)负责统计分析,每月28日前完成。 (5)建立健全数据管理制度,建立厂级数据库,使全厂数据管理系统化、规范化。 3. 任职条件 必须熟悉上级有关统计规章制度、统计方法并严格执行,懂得炼铁生产工艺及主要设备生产能力,掌握企业管理的一般知识和工业统计理论知识及统计计算技能。

【点评】从这份岗位责任制说明书中,我们能得到工作职责、工作任务、绩效标准、工作成果及简单的任职条件等方面的相关信息,但没有规定该工作的其他要求,如工作的社会环境、自然环境、聘用条件、工作流程以及详细的、可操作的任职资格条件等。所以,应在对所获得信息进行核实的基础上,再添加一些必要的内容,以形成一份完整的工作说明书。

---

① 马国辉,张燕娣. 工作分析与应用[M]. 上海:华东理工大学出版社,2008.

7.1.4 观察法

观察法是一种传统的工作分析方法,指工作分析人员通过感官或利用其他工具对员工正常的工作状态进行观察记录,获取有关工作内容、工作环境以及人与工作的关系等信息,并通过对信息进行分析、汇总等方式得出工作分析结果的一种方法。

1. 观察法的类别

1)直接观察法

直接观察法即工作分析人员直接对员工工作的全过程进行观察。直接观察法适用于工作周期很短的职位。例如保洁员,他的工作基本上是以一天为一个周期,工作分析人员可以一整天跟随着保洁员进行直接工作观察。

2)阶段观察法

有些员工的工作周期较长,为了能完整地观察员工的所有工作内容,必须分阶段进行。比如行政文员,他需要在每年年终时筹备企业总结表彰大会。工作分析人员就必须在年终时再对该职位进行观察。有时由于时间跨度太长,工作分析工作无法拖延很长时间,这时采用"工作表演法"更为合适。

3)工作表演法

该方法对于工作周期很长和突发性事件较多的工作比较适合。例如保安工作,除了有正常的工作程序以外,还有很多突发事件需要处理,如盘问可疑人员等,工作分析人员可以让保安人员表演盘问的过程,来对该项工作进行观察。

小贴士

观察法的使用原则

第一,被观察者的工作应相对稳定,即在一定的时间内,工作内容、程序、对工作人员的要求不会发生明显的变化;

第二,适用于大量标准化、周期较短的以体力活动为主的工作,不适用于以脑力活动为主的工作;

第三,要注意工作行为样本的代表性,有时,有些行为在观察过程中可能未表现出来;

第四,观察人员尽可能不要引起被观察者的注意,不应干扰被观察者的工作;

第五,观察前要有详细的观察提纲和行为标准;

第六,观察时思考的问题应结构简单,并反映工作有关内容,避免机械记录;

第七,观察前,应用适当的方式将工作分析人员介绍给员工,使之能够被员工接受。

2. 观察法的操作流程

通用的工作分析观察法的流程包括三个阶段:观察前准备阶段,现场观察与记录阶段,数据整理、分析及应用阶段。

1)观察前准备阶段

(1)确定目标。观察前首先要明确观察目的,针对不同的目的,将会有不同的观察客体、结构化程度观察的关注点与之相对应。其次是要明确观察客体，观察的客体主要有个体、小组、团队组织四个层面。层面定位是指将所要观察的职位置于怎样的环境中来观察。一方面，我们应根据目标职位的影响范围来确定观察的层面，若目标职位涉及这个组织的运行，则将其置于组织层面，以此类推。例如，对于一条流水线主管人员工作的活动观察应置于整个小组的层面，而对于其中某个操作人员的观察在个体层面即可。另一方面，在确定观察的客体时，我们要根据观察的目的选择合适的观察客体所处的层面。一般情况下，由于描述性观察法需要收集全面完整的信息，因此应针对上述四个层面展开全面的观察；验证性观察法仅针对所要验证的信息，因此只根据验证信息所涉及的客体进行观察即可。

（2）选择观察对象。根据工作分析观察法的目的以及客体的定位，我们要在目标职位任职者中选择合适的观察对象。若目标职位任职者较少，这些任职者都将是观察对象；若目标职位任职者较多，从经济和便利的角度看，一般选择 3~5 位典型的任职者作为观察对象，同时应选取绩效水平较高的任职者作为观察对象。在选定对象的同时，应该对观察对象进行相关的培训，应向他们说明工作分析的目的、操作流程，以及最终的影响等，消除其戒备心理。工作分析人员切忌采用"暗中观察"的方法。尽管这种方法能够真实地反映观察对象的实际工作状况，但是这种方法是不道德的，会降低组织成员对组织的信任感，可能会导致工作分析的失败。

（3）选择合适的方法。结构化观察法规范、连贯、可信度高，缺点是僵化，易造成信息的缺失；非结构化观察法灵活、信息收集面宽，但指导性差、分析整理难度大。在现实操作过程中，为了避免两种极端方法的缺陷，我们综合使用两种方法，在两者之间寻找恰当的平衡点，既避免观察的盲目性，又保证观察的灵活性。

 小贴士

增加观察结构化程度的途径

明确观察的具体内容，例如观察人与机器的互动、某人特定的行为、工作任务中包含的动作以及非正式组织的运行等；

要求观察者固定观察地点；

固定观察的时间跨度；

开发结构化表格收集、记录、分析信息。

（4）确定时间地点。为了不影响组织日常运行，观察时间应事先确定。时间、地点的确定应遵循典型性、经济性、全面性、民主性的原则。

（5）确认设备工具。在观察过程中，将有大量的信息需要观察人员进行快速的整理记录，因此有必要采用一些辅助的手段帮助观察员进行记录，常用的设备包括录音机、摄像机等。如上所述，在对任职者进行录音、录像之前，应事先告知其目的和方式，避免各种负面影响。另外，其他计时、度量的工具应根据实际观察的需要予以配备。

（6）分析人员的选拔培训。在实地观察之前首先需要选拔观察分析人员，要求观察分析人员具备公正客观的态度，较强的沟通能力、文字表达能力以及对行为的理解把握能力，对于某些特殊的工作，需要有较强的体力等。然后对观察分析人员进行培训，目的是增强观察过程的可信度，收集更加准确可靠的信息，如培训质量的好坏。培训的内容主要包括工作分析的目的与特点的简介、研究设计的解释说明、观察法的操作及其要点等。培训的效果将直接关系到工作分析的质量，通过培训观察员，可以增加整个观察分析活动的规范性，同时通过集体讨论可以弥补观察方案中的不足之处，增强方案的可行性。

2）现场观察与记录阶段

（1）进入观察现场。上述准备工作就绪后，并非意味着观察可以顺利进行了，需要在进入工作现场时，做好一些前期铺垫工作，为观察的实施扫除一些影响因素。

（2）现场记录。在观察者与任职者之间建立良好的信任合作关系之后，即进入现场观察记录的阶段。观察记录质量的好坏对结果的影响是不言而喻的，因此在观察记录的过程中，观察分析一定要严格遵守观察记录的流程要求，本着严肃、敬业的态度，完成对目标职位每个环节的记录工作，现场观察中应注意以下问题：距离适中、适时交流、即时反馈。

3）数据整理、分析及应用阶段

观察结束后应对收集的信息数据进行归类整理，形成观察记录报告。数据整理根据采用不同的方法有不同的整理要求：对于结构化的观察结果，应按照计划要求，对收集的数据进行编码、录入计算机，以便分析；对于非结构化调查则应根据一定的逻辑顺序（如发生时间）进行整理排列，补齐观察过程中的缩写，形成一份描述性的报告，当然也可以加入个人判断。

对于结构化的观察结果，可以根据设计要求和实际情况采用各种统计分析方法进行统计分析。由于结构化观察法目前在国内运用相对较少，而且主要适用于可操作性职位，因此这里不再赘述。

3. 观察法的优缺点

1）优点

通过观察法，工作分析人员能够比较全面和深入地了解工作要求、工作内容、工作特征。这种方法适用于标准化、周期较短、以体力劳动为主的工作。

2）缺点

观察法不适用于以脑力劳动为主的工作，以及处理紧急情况的间歇性工作，如律师、教师、急救站的护士、经理、设计人员等。对于有些任职者而言，此方法难以接受，他们会觉得自己受到了监视或威胁，从而对工作分析人员产生反感，同时也可能造成操作动作变形，使工作分析人员不能得到有关任职资格要求的信息。观察法对工作分析人员有一定的要求，他们应经过一定的培训，了解工作性质，明确观察和记录的内容，这样才能确保基本信息不会被遗漏。此方法适用范围较小，局限性强。

7.1.5 工作日志法

工作日志法是由任职者自行进行的一种工作分析方法。该方法的基本依据是：任职者本人最了解所从事工作的情况与要求。因此，由任职者本人记录最为直接，而且所获信息可靠性较高，所需费用较少。

1. 工作日志法的定义

工作日志法又称工作写实法，是指任职者按时间顺序详细记录自己的工作内容与工作过程，然后经过归纳、分析，达到工作分析目的一种方法。

2. 工作日志法的流程

1）准备阶段

准备阶段的主要工作内容有以下几点。① 对现有的文献资料进行整理，确定收集信息的对象，包括职位和相应的任职者。② 工作分析人员设计一份详细的工作日志表。③ 辅导任职者填写工作日志。工作分析项目组召集任职者进行填写辅导，告诉他们如何规范填写工作日志。确定填写的时间跨度和每日的时间间隔。设计填写的总时间跨度，一般选取一个月至一个半月，根据职位的特点和所需要的信息而定。确定填写工作日志的时间间隔的原则是，在尽可能不影响日常工作的前提下记录完整、准确的工作信息。时间间隔过长会使任职者因为遗忘而提供错误的信息，甚至"创造"信息；时间间隔过短会使任职者因为填写工作日志而打乱工作节奏，影响工作的正常开展，从而也会导致信息失真。一般来说，每日填写的时间间隔为半小时。

2）填写阶段

在工作日志的填写过程中，应保证任职者按要求完成工作日志的填写工作，工作分析人员需要通过各种方法进行过程监控，如中期讲解、阶段成果分析、职位分析交流等。

小贴士

如何写好工作日志

工作日志的内容包括做什么、如何做与为什么做三个方面。在描述工作者做什么时，应以工作岗位的脑力和体力活动描述为特征。描述工作者如何做与为什么做时，应准确描述所在工作岗位的每一项工作活动内容和工作活动结果。需注意的是，为了保证填写内容的真实性和有效性，工作日志应该随时填写，比如，以10分钟、15分钟为一个周期，而不应该在下班前一次性填写。

3）整理阶段

通过工作日志法收集到的信息是相当多的，因此在整理阶段需要专业工作分析人员运用专业知识对所有信息进行统计、分类、提炼，以形成较为完整的工作框架。

具体要做到以下方面。① 提炼工作活动。工作日志整理的首要任务是从日常工作描述中提炼目标职位工作活动的内容。一般来说，根据各项活动不同的完成方式，采用标准的动词形式，将其划分为大致的活动板块，如"文件起草""手续办理""编制报表"等，然后按照各板块内部工作客体的不同对工作任务加以细化归类，形成对各项活动的大致描述。② 工作职责描述。在确定工作活动后，根据日志内容尤其是工作活动中的"动词"确定目标职位在工作活动中扮演的角色，结合工作对象、工作结果、重要性评价形成任职者在各项工作活动中的职责。③ 工作活动性质描述。区分工作活动的常规性和临时性，对于临时性的工作活动，应在工作描述中加以说明。④ 工作联系。将相同的工作联系客体进行归类，按照联系频率和重要性加以区分，并在职位说明书相应项目下填写。⑤ 工作地点描述。对工作地点进行统计分类，按照出现频率进行排列，对于特殊工作地点应详细说明。⑥ 工作时间描述。可采用相应的统计制图软件，制作目标职位时间—任务序列图表，确定工作时间的性质。

某公司的工作日志示例如表7-6所示。①

表7-6 某公司员工工作日志示例

(封面) 工作日志 姓名： 年龄： 岗位名称： 所属部门： 直接上级： 从事本职务工龄： 填写日期：自＿＿月＿＿日至＿＿月＿＿日 时间：8：00至12：00
(封二) 工作日志填写说明： ① 请在每天工作前将工作日志放在手边，按工作活动发生的顺序及时填写，切忌在一天工作结束后一并填写。 ② 要严格按照表格要求进行填写，不要遗漏那些细小的工作活动，以保证信息的完整性。 ③ 请提供真实的信息，以免损害您的利益。 ④ 请注意保留，以防丢失。感谢您的真诚合作！

(正文)　　　　　　　　　　　　　工作日志填写表

编号	工作名称	活动内容	对象	数量	活动时间	活动地点	工作联系	性质
1	借款	办理借出业务费手续	市场部××员工	1	8：00至8：15	办公室	市场部	常规
2	电话	洽谈××公司结算事宜	××公司	1	8：20至8：25	办公室	—	常规
3	报表	审阅合并会计报表	—	1页	8：30至9：10	办公室	本部门	常规
4	讨论	预算（工资、福利费、业绩奖）	部门内部人员	1	9：30至9：50	办公室	本部门	常规
...	...	...	...	...	...	...	...	...
14	讨论	讨论培训费用问题	人力资源部门培训专员	1	10：35至11：10	办公室	—	临时
15	传真	召开信用委员会会议通知	信用委员会成员	1	11：15至11：25	办公室	—	临时
16	撰文	驻外汽车驾驶员工资规定	—	1页	11：25至12：00	办公室	—	临时

填表人签字：

---

① 葛玉辉. 工作分析［M］. 北京：电子工业出版社，2020.

小案例

售后服务工程师一天的工作

北京一家网络服务公司人力资源部,专门对售后服务工程师(或者技术支持工程师)一天的工作进行了跟踪记录调查。调查人员事先做了充分的准备,准备好记录纸、表格。这家公司售后服务工程师每天的工作就是用电话回答客户提出的问题。在调查中,调查人员用表准确记录了第一个电话接了几分钟,第二个电话接了几分钟,保证调查的准确性。调查结果是,在一天时间里售后服务工程师一共接听了70个电话,其中最长的电话达14分钟,最短的电话3分钟。分析结果是,8个小时中大概6个小时都在接电话,加上中间去吃饭的时间,还有去洗手间的时间,应当说是任务排得很满。

思考讨论题:

根据上述资料,你认为售后服务工程师工作存在什么问题?应如何改进?

3. 工作日志法的优缺点

1)优点

工作日志法主要有以下优点:① 信息可靠性很高,适于确定有关工作职责、工作内容、工作关系、劳动强度等方面的信息;② 所需费用较少;③ 对于分析高水平与复杂的工作,显得比较经济有效。

2)缺点

工作日志法主要有以下缺点:① 将注意力集中于活动过程,而不是结果;② 使用这种方法必须做到,从事这一工作的人对此项工作的情况与要求最清楚;③ 适用范围小,只适用于工作循环周期较短、工作状态稳定、无大变化的岗位;④ 整理信息的工作量大,归纳工作烦琐;⑤ 工作执行人员在填写时,会因为不认真而遗漏很多工作内容从而影响分析结果,另外,在一定程度上,填写日志会影响正常工作;⑥ 若由第三者进行填写,人力投入量就会很大,不适于处理大量的岗位;⑦ 存在误差,需要对记录分析结果进行必要的检查。

7.1.6 主题专家会议法

主题专家会议法就是将主题专家召集起来,针对目标职位的相关信息展开讨论,以达到收集数据,验证、确认职位分析成果目的的过程。主题专家会议法在组织的活动中有着广泛的应用,如传统的德尔菲法等,它也是一种重要的工作分析方法。主题专家会议的过程就是与职位相关的人员集思广益的过程,通过组织的内部—外部、流程的上游—下游、时间上的过去—当前—将来等多方面、多层次的交流达到高度的协调和统一。因此,除了有收集信息的用途,主题专家会议还担负着最终确认职位分析成果,并加以推广运用的重要职能。主题专家会议成员组成如表7-7所示。

表7-7 主题专家会议成员组成

内部人员	任职者、直接主管、曾经任职者、内部客户、其他熟悉目标职位的人
外部人员	咨询专家、外部客户、其他组织标杆职位任职者

小贴士

主题专家会议法的具体形式

1. 专家会议调查法

专家会议调查法是根据市场预测的目的和要求，向一组经过挑选的有关专家提供一定的背景资料，通过会议的形式对预测对象及其前景进行评价。工作分析人员在综合专家分析判断的基础上，对市场趋势做出量的推断。进行市场预测时需要注意两点：一是选择的专家要合适，二是预测的组织工作要合理。

2. 头脑风暴法

组织各类专家相互交流意见，无拘无束地畅谈自己的想法、发表自己的意见，在头脑中进行智力碰撞，产生新的思想火花，使预测观点不断集中和深化，从而提炼出符合实际的预测方案。

3. 个人判断法

个人判断法是用规定程序对专家个人进行调查的方法。这种方法是依靠个别专家的专业知识和经验积累进行判断预测的。

4. 集体判断法

集体判断法是在个人判断法的基础上，通过会议进行集体的分析判断，将专家个人的见解综合起来，寻求较为一致的结论的预测方法。这种方法参加的人数多，所拥有的信息量远大于个人所拥有的信息量，因而能凝聚众多专家的智慧，避免个人判断法的不足，尤其是在一些重大问题的预测方面较为可行、可信。但是，参与集体判断的人员也可能受到感情、个性、时间及利益等因素的影响，不能充分或真实地表明自己的判断。

1. 主题专家会议法操作流程

主题专家会议法主要包括会议筹备和会议实施两个阶段。目的不同，主题专家会议实施的具体操作流程和内容安排就不同。因此，这里仅介绍会议筹备阶段需做好的几项主要工作。

1）确定会议主持人

选择一名称职的会议主持人对于保证会议的顺利开展有着重要的意义。作为主题专家会议的主持，除了像一般的会议主持人一样要有较强的表达能力、协调能力并驾驭整个会议的能力外，还需有一些特殊的要求。

主题专家会议的主持人最好是公司中与目标职位相关的中层主管人员，当然人力资源部的职位分析专业人士还需对其进行专业指导和培训。在实践中，主题专家会议主持人一般都应对目标职位有一定的了解，同时对会议将要使用的各种资料理解透彻，以便更好地推动会议的进程，达到预期效果。主题专家会议主持人的主要职责包括召集会议、调节进程、提出议题、决议、提供资料、调研复核和反馈。

当然，也有的主持人在会议中的参与程度较低，仅承担"后勤"工作，这时主持人就不必具备相关职位的知识。

2）选择主题专家

为了保证在充分收集信息的前提下，提高会议效率，会议的规模一般控制在5~8人为宜。

通常是根据会议的主要目的确定与会专家。如果进行会议的主要目的是职位设计，则参加会议的主题专家主要应为目标职位的上级、咨询专家、外部客户、其他组织标杆职位的任职者等；如果主要目的是确定任职资格，则与会专家主要是其上级、任职者、外部专家等。

3）准备会议相关材料和设施

为了使会议更加具有针对性，提高会议效率，会议主持人应事先准备好相关书面材料或其他媒体材料，例如需要确认的工作分析初稿、问卷、访谈提纲等。

4）会议组织与安排

主要工作是进行会场安排布置以及做好与会议相关的后勤准备工作，提前通知与会者，并协助其准备好会议所需的相关文件资料。

2. 主题专家会议法的优缺点及应注意的问题

1）主题专家会议法的优缺点

（1）主题专家会议法的优点：① 操作简单，成本低，适合各类组织开展；② 可以运用于工作分析的各个环节，具备多方沟通协调的功能，有利于工作分析结果最大限度得到组织的认同及后期的推广；③ 可用于定量估计。主题专家会议法可以将某些难以用数学模型定量化的因素考虑在内，在缺乏足够统计数据和原始资料的情况下，可以给出定量估计。

（2）主题专家会议法的缺点：① 结构化程度低，缺乏客观性；② 受到参会专家的知识水平及相关工作经验的制约。参加预测的人员必须是与预测问题有关的专家。所谓专家，在这里一般指具有专业知识、精通业务、在某些方面经验丰富、富有创造性和分析判断能力的人。

2）运用主题专家会议法应注意的问题

（1）要注意专家代表的选取，尽可能保证代表选取的结构合理，使专家们的意见具有更大的代表性。

（2）要注意避免权威人士左右与会专家的意见，尽可能让大家都有充分发表意见的机会，并不受他人意见的干扰。

（3）采用专家会议调查法进行市场预测应特别注意以下两个问题：一个是选择的专家人数要适当，专家要具有代表性并有丰富的知识和经验；另一个是预测的组织工作要合理。

（4）采用头脑风暴法时要注意不要批评别人的意见，要提倡自由奔放地思考，提出的方案越多越好，提倡在别人方案的基础上进行改进或与之结合。

（5）运用集体判断法，会议主持人要尊重每一位与会者，鼓励与会者各抒己见，使与会者在积极发言的同时保持谦虚恭敬的态度，对任何意见都不应带有倾向性。同时，还要掌握好会议的时间和节奏，既不能拖得太长，也不要草草收场，当话题分散或意见相持不下时，能适当提醒或调节会议的进程等。

（6）如果参加者相互认识，要从同一职位、职称或级别的人员中选取，领导人员不应参加，否则可能对参加者造成某种压力；如果参加者互不认识，可从不同职位、职称或级别的人员中选取。无论成员的职称或级别高低，都应同等对待。

（7）专家会议组织者最好是市场预测方面的专家，有较丰富的组织会议的能力。会议组织者要提前向与会专家提供有关的资料和调查提纲，讲清所要研究的问题和具体要求，以便使与会者有备而来。

（8）精心选择会议主持人，使与会专家能够充分发表意见。要有专人对各

小贴士

什么方法最合适

位专家的意见进行记录和整理，要注意对专家的意见进行科学归纳和总结，以便得出科学的结论。

（9）对于主题专家会议未形成决议的事项，应在会后有专人负责办理，然后将成果反馈给参会人员。

任务 7.2　系统性工作分析方法

工作分析的系统性方法是指在完成组织战略的制定和修整，并明确了各个职能部门及职位的功能和目标之后，以工作分析的基本方法为基础，从实施过程、问卷与量表使用、结果表达运用等方面体现出高度的结构化特征，通过量化的方式刻画出工作性质、工作特征的工作分析方法。工作分析的系统性方法的结果是形成工作说明书和工作规范的基础。系统性方法包括职位分析问卷法、管理人员职务描述问卷法、职能工作分析法、工作要素法。

7.2.1　职位分析问卷法

1. 职位分析问卷法的含义

职位分析问卷法（PAQ）是一种基于计算机的、以人为基础的适用性很强的系统性工作分析方法，是 1972 年美国普度大学教授 E.J.麦考密克等人用了 10 年时间开发出来的。此法主要用于定量分析，可以获取比较具体、详细、量化的职务信息。它的出现在当时有两种突破性的意义：此法开发出一种用以准确确定工作的任职资格的、一般性量化的方法；这种量化的方法可以用来为每个工作估计价值，进而为制定薪酬提供依据。

在职位分析问卷法的运用过程中，研究者发现此法提供的数据同样可以作为其他人力资源功能板块的信息基础，如工作分类、人岗匹配、工作设计、职业生涯规划、培训、绩效测评及职业咨询等。

2. 职位分析问卷的结构

一般的职位分析问卷包括 6 个部分，其中有 187 项工作元素（用来分析工作过程中任职者的活动特征），另外还有 7 项涉及薪资问题，共 194 项。职位分析问卷收集的六大类信息，分别为信息输入、体力活动、脑力处理、人际关系、工作情境和其他特征。其结构如表 7-8 所示。

表 7-8　职位分析问卷结构

分类	维度	内容	说明
信息输入	知觉解释	解释感觉到的事物	从何处及如何获得工作所需要的信息
	信息使用	使用各种已有的信息资源	
	知觉判断	对感觉到的事物进行判断	
	环境感知	了解各种环境条件	
	视觉信息获取	通过对设备、材料的观察获取信息	从何处及如何获得工作所需要的信息
	知觉运用	使用各种感知	

续表

分类	维度	内容	说明
体力活动	使用工具	使用各种机器、工具	工作中包含哪些体力活动、需要使用什么工具设备
	身体活动	工作过程中的身体活动	
	控制身体协调	操作控制机械、流程	
	技术性活动	从事技术性或技巧性活动	
	使用设备	使用大量的各种各样的装备、设备	
	手工活动	从事手工操作性的活动	
	身体协调性	身体一般性协调	
脑力处理	决策	进行决策	工作中有哪些推理、决策、计划、信息处理等脑力加工活动
	信息处理	加工信息处理	
人际关系	信息互换	相互交流相关信息	工作中需要与哪些人发生何种类型的工作联系
	一般私人接触	从事一般性私人联络和接触	
	监督/协调	从事监督等相关活动	
	工作交流	与工作相关的信息交流	
	公共接触	公共场合的相关接触	
工作情境	潜在压力环境	工作环境中是否存在压力和消极因素	工作发生的自然环境和社会环境
	自我要求环境	对自我严格要求的环境	
	工作潜在危险	工作中的危险因素	
其他特征	典型性	典型性工作时间和非典型性工作时间的比较	其他活动、条件和特征
	事务性工作	从事事务性工作	
	着装要求	自我选择着装与特定要求着装的比较	
	薪资浮动比率	浮动薪酬与固定薪酬的比率	
	规律性	有规律工作时间和无规律工作时间的比较	
	强制性	在某种环境下强制工作	
	结构性	从事结构性和非结构性工作活动	
	灵活性	迅速地适应工作活动、环境的变化	

职位分析问卷的工作要素描述的是包含在工作活动中的"人的行为",如工作中人的感觉、知觉、体力消耗、智力发挥和人际活动等。但是工作中的行为是相当丰富的,职位分析问卷旨在将工作中所有的要素概括出来,这也就带来了它在应用过程中的复杂性。

现行的职位分析问卷经过主要成分分析,可将工作元素聚集为30多个维度。通过对这些工作元素的评价，可以反映目标职位在各纬度上的特征。

在职位分析问卷法中工作分析人员要依据 6 个计分标准对每项工作要素进行衡量，对应的 6 种应用的等级量表如下所示：① 使用的范围（U）—个人使用该项目的程度；② 时间总量（T）—做事所需要的时间比例；③ 对工作的重要性（I）—问题所细分出来的活动对执行工作的重要性；④ 出现的可能性（P）—工作中身体遭受伤害的可能性程度；⑤ 可应用性（A）—某个项目是否可应用于该职位；⑥ 专用（S）—用于职位分析问卷中特别项目的专用等级量表。

每种等级量表包括 6 个级别，由下列评价点组成：N（无运用或几乎不）、1（少量或微小或几乎不）、2（偶尔或低）、3（一般或平均或不经常）、4（较重要或高或经常）、5（一般重要或极度或非常频繁）。

3. 职位分析问卷法的操作流程

职位分析问卷法在操作中包含 7 个步骤：明确工作分析目的、获取组织支持、确定收集信息的方式、培训人员、项目沟通、信息收集以及分析结果。

1）明确工作分析目的

工作分析并不是目的，而应用工作分析的结果、更好地实现某些人力资源管理职能才是工作分析的最终目的。工作分析的目的可以是建立甄选或晋升标准、确定培训需求、建立绩效评价要素或职业生涯规划等。

2）获取组织支持

获得任职者的支持甚至是管理层的支持，对于采用任何一种工作分析方法来说都很重要。首先，明确组织文化，针对不同的文化选择不同的信息收集方式；其次，确定工作分析的开展方式，明确是从高级职位往下开展还是从低级职位往上推进；最后，制订具体方案并交管理者审阅，获得管理层的重视与支持。

3）确定收集信息的方式

收集信息的方式一般有两种：一种是工作分析专业人员填写职位分析问卷、任职人员或直接主管提供工作信息的方式；另一种是任职人员直接填写职位分析问卷的方式。

4）培训人员

职位分析问卷法工作分析人员培训的内容是：熟悉工作分析本身（目的、意义、方法）、职位分析问卷的内容、操作步骤以及收集数据的技巧。

5）项目沟通

要获得任职者支持，首先要与任职者沟通，让任职者了解工作分析的目的和意义等。需要沟通的信息包括工作分析的目的、时间计划以及数据收集方式等。

6）信息收集

职位分析问卷法收集信息的方法很多，如访谈法、观察法、直接填写问卷法等。

7）分析结果

通过得到的问卷，不但可以明确各项工作对人员的任职要求，而且可以根据需要进行其他分析，如可以利用一些维度对一项工作进行评价。经过评价后，工作内容的概况就可以建立起来并用语言描述某个职位的特征了。当然这些分析可以利用计算机程序自动完成，也可以交给专门的工作分析服务机构去完成。

4. 职位分析问卷法的优缺点

1）优点

（1）该问卷为收集职位诸多方面的量化资料提供了一种标准化工具，标准化有助于确保不同的职位以相似的方式得到评估；由于收集到的是量化的、标准化的信息，能够就不同职位进行比较。特别是在计算机技术快速发展的今天，可以方便、快捷地通过计算机对任何一个职位的工作分析结果进行处理并与其他职位进行比较。

（2）该问卷提供了可靠的、有效的职位资料。经过几十年的历练和打磨，它已成为少数几个拥有广泛信度和效度的工具之一。其使用面相当广泛，可以对职位所必需的雇员任职资格进行估计，对于建立有效的人力资源甄选项目和人力资源开发项目是非常必要的。

（3）相对于其他工作分析系统来说，工作分析人员经过相关的培训，易操作。

2）缺点

（1）该问卷具有广泛的适用性，不是针对特定的任务专门设计的，因此，该问卷不能良好区分任务间的实质差异。

（2）该问卷对工作分析人员的学历要求较高，可以说只有经过专门工作分析培训的大学学历以上的人员才能有效使用此问卷。

（3）无论分析者对所分析的工作熟悉与否都能产生相同的结果。这一方面说明问卷的信度高，另一方面也令人产生对结果的怀疑。无论这样的缺点是否明显，这都使其应用受到了限制。

7.2.2 管理职位描述问卷法

1. 管理职务描述问卷的内容

管理职位描述问卷（MPDQ）是托诺和平托于1976年针对管理工作的特殊性而专门设计的，定型于1984年，与PAQ类似。它是利用工作清单专门针对管理职位而设计的一种工作分析方法，对管理者的工作进行定量化测试，涉及管理者所关心的问题、所承担的职责、所受的限制以及管理者的工作所具备的各种特征。在美国，它所分析的内容包括与管理者的主要职责密切相关的208项工作因素。

这208项可以精简为以下13个基本工作因素。① 产品、市场和财务计划：进行思考，结合实际情况制订计划以实现业务的长期增长和公司稳定发展的目标。② 其他组织单位和员工之间的相互协调：管理人员对自己没有直接控制权的员工个人和团队活动的协调。③ 内部事务控制：检查与控制公司的财务、人力以及其他资源。④ 产品和服务责任：控制产品和服务的技术，以保证生产的及时性，并保证生产质量。⑤ 公众和顾客关系：通过与人们直接接触的办法来树立和维护公司在用户与公众心中的良好形象和声誉。⑥ 高级咨询：发挥技术水平，解决公司遇到的特殊问题。⑦ 行为主动性：在几乎没有直接监督的情况下开展工作。⑧ 财务计划的批准：批准公司大额的财务流动。⑨ 职能服务：例如，保存记录，便于上级查询。⑩ 监督：通过与下属员工面对面的交流来实施计划、组织和控制。⑪ 复杂性及压力：在很大的压力下工作，在规定时间内完成所要求的任务。⑫ 高级财务职责：制定对公司绩效构成直接影响的大规模的财务投资决策和其他财务决策。⑬ 广泛的人力资源职责：公司的人力资源管理和影响员工的具有重大责任的其他政策活动。

使用MPDQ进行工作分析时，首先，要评定重要性，指出每项活动对职位的重要程度，以 0~4 分的区间记分，写在每个项目后面的空白处。注意，分析者要考虑的是该活动和其他职位活动相比的重要程度和发生次数的多少。其次，要进行评论，在后面的空白处写下分析者认为在该维度中还应该包括的其他工作。

2. 管理职位描述问卷法的优缺点

1）优点

管理职位描述问卷法弥补了 PAQ 难以对管理职位进行分析的不足；该方法通过计算机程序，在某种程度上降低了主观因素的影响，同时其最终报告大量以图标形式出现，信息充足，简单易懂，提高了人力资源管理的效率。

2）缺点

在分析技术性、专业性强的职位时不够具体，受工作类型及工作技术的限制；灵活性不足，各种管理分析维度是在对国外管理人员进行实证研究基础上形成的，在中国必将有个"本土化"的修订过程。

 小贴士

管理职位描述问卷法的应用

管理职位描述问卷法的应用主要体现在使用生成的分析报告开展相关的人力资源管理活动。以管理职位描述报告为例，根据任职者对问卷的填写，总结出被分析管理职位的工作内容，形成管理职位描述问卷法的第一份工作分析报告，即管理职位描述报告。该报告通常包括五个部分：该职位的财务管理职责和人力资源管理职责，根据重要程度排序的职位活动，内部与外部联系，决策的性质，所需知识、技术和能力的熟练程度。具体来说，让刚晋升管理职位的员工在最短的时间内熟悉自己的工作内容；为招聘甄选管理职位人员提供关于职位的信息，提高甄选的质量。另外，薪酬管理人员可以利用这些信息确定管理职位的相对价值，检验管理职位的薪酬水平和该岗位所承担的责任是否一致等。

7.2.3 职能工作分析法

1. 职能工作分析法的含义

职能工作分析法（FJA），又称功能性工作分析法，是由美国劳工部所属的美国培训与就业服务机构开发的，用于描述工作中的人、数据资料及物品等的特性，并在此基础上编写工作描述、工作说明书和工作规范的一种工作分析方法。最初，职能工作分析法是为了改善工作安排而服务的，为那些在地方就业机构登记要求就业的工人提供咨询和建议。随着职能工作分析技术的发展，现在已被众多企业和组织所采用。

职能工作分析既是界定任职者活动的概念性系统，也是衡量任职者活动水平的一种方法。职能工作分析法最基本的分析单元是任务，而不是工作本身。针对工作的每项任务要求，分析完整意义上的工作者在完成这一任务的过程中应当承担的职能，以获取通用技能、特定技能和适应性技能这三种技能相关的信息。

2. 职能工作分析的框架

职能工作分析的框架包括以下四个方面。

1）完成什么与该做什么

职能工作分析必须从根本上区分要完成什么工作和为了完成该工作应该做些什么，如果对这两个概念区分得不是很清楚，会造成工作行为和工作结果这两个方面的混淆，并直接导致工作者实际的工作行为和需要他们完成的工作行为被混淆。在实际工作分析中，可以通过填写任务陈述表来完成对某一具体任务的陈述，并在此基础上搜集其他信息。表7-9为任务陈述表范例。

表7-9 任务陈述表范例

项目	陈述
行为及动作	打印/眷写 形成信件
动作的目的	通过记录提供
信息来源	标准的信件形式
指导的性质	特定的信息
机器设备	按照现有的操作规范操作，但为了文字的清楚和通顺可以调整标准格式 打字机和相关的桌面设备
工作结果	待寄的信件

2）工作者的职能

所有工作都要求工作者在某种程度上与数据、人和事相关联，工作者与数据、人和事发生关系时所表现的工作行为，可以反映工作的特征和目的，以及人员的职能。实际上，每项工作任务描述都必须反映出工作者同数据、人和事最重要的关系，只有当这种关系不明显时才可以被忽略不计。

3）完整意义上的工作者

完整意义上的工作者是指同时拥有通用技能、特定技能和适应性技能这三种技能的工作者。所谓通用技能，是指人能够将人、事和信息有机联系在一起的能力。它受个人偏好和能力的影响，在任职者之间会存在差异。所谓特定技能，是指使工作者能够根据工作标准具有特定工作的能力。它表现在工作经验和所受培训等方面，并可以依据绩效指标将其分成不同等级。所谓适应性技能，是指工作者在工作环境影响下的应变能力。

4）工作系统

对工作系统的分析十分重要，工作系统是由工作者、工作组织和工作本身组成的，在任务描述中我们能够找到多项任务的结果累积形成的工作目标，进而能找到由多项工作目标累积形成的组织目标。从这个意义上来说，职能工作分析法不仅强调工作者的工作行为，而且直接关系到如何实现组织的目标。只有正确理解工作系统的目的，才能理解工作者的工作行为、任务和结果。因此，在运用职能工作分析法时应对组织的目标及工作系统进行分析，让员工明白组织对他的期望与要求。

3. 职能工作分析法操作流程

1）回顾现有的工作信息

这个步骤通常会花费1～3天的时间，这主要取决于可得到的信息量和时间的压力。现有的工作信息包括工作描述、培训材料和组织目标陈述等，从这些信息中可以深入了解工作语言、工作层次、固定的操作程序和组织的产出。

2)安排同主题专家小组会谈

同主题专家小组的会谈通常要持续1~2天的时间,选择的主题专家要尽可能广泛地代表工作者。

3)分发欢迎信

自我介绍后,工作分析人员向参会者分发一封欢迎信,介绍小组会谈的目的,重点强调会议及今后工作的主体是参会者,而工作分析人员仅仅是获取信息的促进者角色。

4)确定职能工作分析法任务描述的方向

确定任务描述的方向会花费20~30分钟,为主题专家提供任务陈述的格式和标准。

5)列出工作的产出

主题专家小组将工作的产出列出来,一般来说,大概需要15分钟。工作结果的形式主要有各种实物、报告、建议书、统计报表、决议、服务等。

6)列出任务

由主题专家对每一个工作结果进行描述,说明为了得到这个工作结果需要完成哪些任务,直到小组达成一致意见。

7)推敲任务库

每一个工作产出对应的任务都被列出来后,我们会发现有些任务会在几个工作产出中反复出现,如"沟通"。因此,工作分析人员要仔细推敲不同任务的相似之处和细微的差别,分析哪些任务应该作为其他任务的一部分而存在,而哪些任务可以拆分为多个部分。

8)产生绩效标准

完成了任务库之后,就要列出为了满意地完成任务工作者需要具备哪些素质,工作分析人员引导专家小组分析讨论甄选合适雇员的标准,并将标准进行排序,说明哪些素质特征是最为关键的。

9)编辑任务库

工作分析人员将所讨论的信息搜集起来,按照规定的格式对任务库进行编辑和加工,进一步梳理信息,疏通语句,斟酌用词,特别是动词的使用。

4. 职能工作分析法的优缺点

1)优点

(1)任务描述详细。职能工作分析法对工作的每项任务要求进行详细分析,对工作内容的描述非常全面具体,一般能涵盖工作所含内容的95%以上。

(2)等级划分清楚。职能工作分析法清晰地将任务落实到了与数据、人和事的关系上,并对工作进行归类和等级划分,为确定工作的报酬等级和培训内容提供了依据。

2)缺点

(1)费时费力。职能工作分析法对每项职位都要求做详细分析,因而撰写起来耗费大量的时间和精力。

(2)缺乏背景信息。职能工作分析法并不记录有关工作背景的信息,对于员工必备条件的描述也并不理想。

(3)操作复杂,难以把握。

运用职能工作分析法时需要注意的问题

（1）工作分析人员应该尽可能准备一些在职能工作分析格式下可得的信息，如果不能准备所有信息，也可以说明在哪些方面需要补充信息和向主题专家演示这部分信息。

（2）同主题专家小组会谈的会议室选址要尽可能离工作地点远一点，把对工作的影响减到最小。

（3）工作分析所列出的任务应能覆盖工作所含工作任务的95%以上，并确信没有遗漏重要的任务项。

（4）任务库即将完成之时，应该抄录一份给主题专家小组做最后的修改，纠正其中的不当之处。

7.2.4 工作要素法

1. 工作要素法的含义

工作要素法，是由美国人事管理事务处开发的一种典型的开放式人员导向性工作分析系统。这种基于工作要素的工作分析方法是在德国心理学家冯特（W.Wundt）所提出的基本原则的基础上建立起来的，即"在没有熟悉最简单的事物之前，我们不可能进一步了解到更复杂的现象"，对于工作本身来说，其最简单的方面就是组成该工作的各种要素或者成功地完成该工作所需具备的人员特征。工作要素法的目的是确定对成功完成特定领域的工作有显著成效的行为以及该行为的依据，这些显著要素一般通过主题专家组进行确定、描述和评估。工作要素法的分析对象不是某一具体的工作岗位，而是某一类具有相似特征的工作，如专业技术人员的工作。工作要素法所关注的工作要素非常广泛，包括知识、技术、能力、愿望、兴趣和个性特征等。要特别说明的是，并不需要像职位分析问卷法那样包含所有与工作相关的要素，只有那些对完成所研究工作有重要影响作用的要素才能被列入工作要素法的考虑之中。表7-10为工作要素举例。

表7-10 工作要素举例

（1）知识——如专业知识掌握程度、外语水平、知识面的宽窄等
（2）技能——如计算机运用、驾驶技术、叉车操作技术等
（3）能力——如口头表达能力、判断能力、管理能力等
（4）工作习惯——如对工作的热爱程度、承担超负荷的工作的意愿、工作时间不规律等
（5）个性特点——如自信、主动性、独立性、外向、内向等

2. 工作要素法的流程

1）收集影响目标工作实现的工作要素

一般由主题专家组成员采用头脑风暴法列举对目标工作的完成有显著影响的要素，并对这些工作要素进行反复推敲。工作要素的提出应该考虑完成目标工作所需要的知识技能、能力和个人特征，每个被提及的要素都应和这项工作相关联。同时，应确保这些工作要素能够覆盖目标工作的要求。

2）对收集的工作要素进行整理

对主题专家组通过头脑风暴法收集来的工作要素资料进行归类和筛选。归类就是将具有相同或者相近含义的工作要素整合在一起的过程，将具有相同或者相近含义的工作要素归入同一个类别，为每一个类别赋予相应的名称，并根据该类别所包含的工作要素的内容和特点对该类别进行明确的界定和解释。通过对资料进行筛选，形成初步的工作分析维度与子维度，在下一个步骤中可以对资料进行进一步的归类。在这个步骤结束时，工作分析人员将得到一个工作要素类属清单，如表7–11所示。①

表7–11 工作要素类属清单

维度	心理调节能力	突出的智力能力	鲜明的个性特征	特定的工作习惯	熟练的知识和技能	身体素质
界定	有效完成工作所需要的心理素质和能力	有效完成工作所需要的智力方面的能力和天赋	有效完成工作所需要的性格特点	有效完成工作所需要的行为习惯和意愿	有效完成工作所需要的更多是后天习得的知识和技能	有效完成工作所需要的身体特征
子维度	应付高压工作的能力、应对困难和挫折的能力、心理控制的能力、适应变化的能力、排遣孤独的能力、平抑不满的能力、忍耐力、勇气	抽象能力、判断能力、记忆能力、逻辑思维能力、推理能力、信息接收能力、快速思维能力、理解能力、想象力、创造力、敏感性	创新精神、独立性、团队合作性、自尊、毅力、成就动机高、自信、主动性、责任感、好奇、冒险意识、社交能力、亲和力、内向、外向、果断、谦虚	工作时间不规律、承担超负荷的工作、职业道德、学习愿望、同时处理多个问题的能力、注重工作细节、预先计划、多方面考虑、区分主次、自律	口头表达能力、书面表达能力、高学历、专业知识、专业技术、时间管理能力、外语运用能力、计算机运用能力、调查研究能力、沟通能力、组织能力	手工操作能力、体力、健康的体魄

3）划分工作分析维度及确定各类工作要素

通过对工作要素的初步归类和筛选，采用焦点小组的方法对工作分析的维度和子维度进行最终划分。在这一步，工作分析专家小组成员组成焦点小组。小组中的每个成员分别根据自己的标准，运用工作要素表对上一步所得出的工作分析要素进行独立的评估并确定维度。在这个过程中，焦点小组成员评估的工作要素是被打乱的。小组成员独立评价后，运用焦点小组讨论的方法，将各个子维度分别归类到不同的工作分析维度下。

3. 工作要素法的优缺点

1）优点

（1）开放性程度高。工作要素法研究的行为及其特征要素并不是作为完成该工作的工具的一部分来给出并固定的，而是由对所分析的工作非常熟悉的主题专家小组来确定与这一工作相适应的若干个性化的要素，并对它们进行描述、界定以及评估。工作要素法可以根据特定工作提取个性化的工作要素，可以比较准确、全面地提取影响某类工作的绩效水平的因素。

（2）可靠性高。与其他系统相比，工作要素法的操作方法和数值的标准转化过程具有一

---

① 葛玉辉. 工作分析[M]. 北京：电子工业出版社，2020.

定的客观性。

(3) 应用价值高。工作要素法对于人员招聘过程中的人员甄选以及确定培训需求具有重要的应用价值，其分析结果中的选拔性最低要求要素为人员甄选提供了可靠的依据，而培训要素则为企业确定员工培训需求找到了重要的来源。

2）缺点

(1) 初步确定目标工作的工作要素时，过于依赖工作分析人员来总结要素。工作分析人员对工作的看法不同，导致大量要素的出现，而有些要素对目标工作而言并不是很重要的因素，而是一些几乎适用于所有工作的要素，这无疑会导致许多无用工作，因为正常情况下，这些要素会被剔除。

(2) 评分过程比较复杂，需要强有力的指导与控制。

(3) 焦点小组成员在进行工作要素评价时，容易偏向于肯定回答，认为这些要素很重要，另一些要素也很重要，难以取舍。这主要是由于他们进行的是主观判断，没有一定的客观标准。这样做的后果是得出的分析结果（如最低要求要素、培训要素等）数量太多，难以突出重点，大大降低了工作分析结果应用在其他人力资源管理职能中的可操作性和最终效果。

 小贴士

运用工作要素法时需要注意的问题

(1) 主题专家小组的成员们在提出工作要素时应该从工作的各个方面反复地进行考虑，以确保这些工作要素可以完全覆盖目标工作的要求。

(2) 运用焦点小组的方法划分工作分析的维度与子维度时，每个成员应该根据自己的标准独立完成对工作要素的评估。此时，所要评估的工作分析要素类属清单中的工作要素是被打乱的且独立的。

(3) 将子维度归到相应的维度中时，要尽量建立在焦点小组成员意见一致的基础之上，如果成员之间有不同意见，则可以通过投票方式来决定。当各个不同的意见获得相同的票数时，可以将该子维度同时划归到不同的维度中。

7.2.5 临界特质分析法

1. 临界特质分析法的含义

临界特质分析法（TTAS），是完全以个人特质为导向的工作分析系统，目的是提供标准化的信息以辨别人们为基本完成和高效完成某类工作分别至少需要具备哪些品质和特征，临界特质分析法称这些品质和特征为临界特质。

研究者通过分析工作分析专家普里默夫、麦考密克等的研究成果，得出以下几点结论。① 每个工作都具有两方面的特征：一是任职者必须完成的工作任务和活动；二是为了完成这些工作任务需要满足的条件。一份完整的工作说明书必须包括与这项工作相关的所有任务、活动和要求。② 为了实现人员甄选、配置、开发和激励，一份工作说明书必须明确任职者完成工作所需要具备的特质。③ 为了便于辨别工作对任职者特质的要求，有必要开发一种特质库，这种特质库能用有限的特质描述涵盖所有工作和职业对任职者的要求。

临界特质分析法包含 5 大类工作范畴,定义了 12 种工作职能,提炼了 33 种特质因素(见表 7-12),这些特质因素可以涵盖从事任何一项工作所需要的所有特质。临界特质分析法对每个特质的含义都进行了严格的界定,以供分析人员判断。

表 7-12 临界特质分析系统特质指标

工作范畴	工作职能	特质因素	描述
身体特质	体力	力量	能举、拉和推较重的物体
		耐力	能长时间持续地耗费体力
	身体活动性	敏捷性	反应迅速、灵巧、协调性好
	感官	视力	视觉和色觉
		听力	能辨别出各种声响
智力特质	感知能力	感觉、知觉	能观察、辨别细微的事务
		注意力	在精力不集中的情况下仍能观察入微
		记忆力	能持久记忆需要的信息
	信息处理能力	理解力	能理解口头表达或书面表达的各种信息
		解决问题能力	能演绎和分析各种抽象的信息
		创造性	能产生新的想法或开发新的事物
学识特质	数学能力	计算能力	能解决与数学相关的问题
	交流	口头表达能力	口头表达清楚、简练
		书面表达能力	书面表达清楚、简练
	行动力	计划性	能合理安排活动日程
		决策能力	能果断选择行动方案
	信息与技能的应用	专业知识	能处理各种专业信息
		专业技能	能进行一系列复杂的专业活动
动机特质	适应能力	适应变化的能力	能自我调整、适应变化
		适应重复的能力	能忍受重复性活动
		应对压力的能力	能承担关键性、压力大的任务
		适应孤独的能力	能独立工作或忍受较少的人际交往
		适应恶劣环境的能力	能在炎热、严寒或嘈杂的环境下工作
		适应危险的能力	能在危险的环境下工作
	控制能力	独立性	能在较少的指导下完成工作
		毅力	能坚持一项工作任务直到完成
		主动性	主动工作并能在需要时承担责任
		诚实	遵守常规的道德与规范
		激情	有适当的上进心

续表

工作范畴	工作职能	特质因素	描述
社交特质	人际交往	仪表	衣着风貌达到适当得体的标准
		忍耐力	在紧张的气氛下也能与人和睦相处
		影响力	能影响别人
		合作力	能适应团队合作作业

从表7-12可以看出,对于临界特质分析系统而言,人的特质可以分为两大类:能力因素和态度因素。其中,身体特质、智力特质和学识特质属于能力特质,而动机特质和社交特质属于态度特质。

2. 临界特质分析法操作流程

完整的临界特质分析系统包括三种分析技术:临界特质分析、工作要求与任务分析、技术能力分析。在三种分析技术中临界特质分析是最重要的。

每个组织在运营过程中都会涉及各种各样的工作,如果为了选择出对组织有用的关键工作而分析所有的工作,这样庞大的工作量显然是不现实的。为了解决这个问题,可以选择使用职业矩阵法,它通过工作族、工作复杂程度和责任大小对工作进行分类,更加清晰地区分出哪些岗位可以使大部分较低层次的员工或者初入企业的人员经过学习进入企业的关键工作岗位。表7-13是职业矩阵示例。

表7-13 职业矩阵

等级	工作族		
	操作类	维修类	技术类
熟练的			
半熟练的			
熟悉的			

1)临界特质分析

实施临界特质分析,就是由任职者及其直接主管或者主题专家组成员对33种特质的三个指标(相关性、等级和实用性)进行评价。相关性是指哪些特质与工作岗位达到可接受或者优秀的绩效水平相关;等级是指某种特质的强度要求或者复杂程度;实用性是针对等级评价而言,要求任职者达到该工作所需要的等级是否具备可行性。例如,出色完成这个工作岗位上的工作,需要相关人员具备哪些特质(不包括受教育程度和经验年限等后天特征),需要达到哪种等级,要求的这些条件是否符合需要。具体而言,实施临界特质分析主要包括以下步骤。

(1)选择和培训分析团队成员。临界特质分析是由一组分析人员完成的,一般包括一名主持人和至少五名分析人员,称为临界特质分析团队。需要注意的是,如果分析人员少于五名,分析结果的信度将大打折扣。主持人通常由组织内熟悉TTAS、熟悉组织的职业矩阵及人力资源状况的人担任,其职责包括主持整个TTAS分析过程,监测分析人员评定的准确性、一致性和不同分析人员之间的一致性,按照一定的公式对临界特质分析卡进行整理和总结。选择完成团队成员之后就需要对这些人员进行工作分析的目的、方法以及临界特质分析的操作步骤与注意事项等方面的相关培训。

(2)完成临界特质分析卡。临界特质分析开始于临界特质分析卡的填写。临界特质分析卡的内容如表 7-14 所示。该卡通过以下三个步骤编制完成。

表 7-14 临界特质分析卡(由分析人员独立编写)

工作名称	技工	分析人姓名			迈克		
隶属部门	生产部门	分析日期					
特质范畴	特质	第一步			第二步		第三步	
		A	B	C	D	E	F	G
身体特质	力量	1	1	1	0	2	1	2
	耐力	1	1	1	1	2	1	2
	敏捷性	1	1	1	1	2	2	2
	视力	1	0	0				
	听力	1	0	0				
智力特质	感觉、知觉	1	1	1	1	2	2	2
	注意力	1	1	1	1	2	2	2
	记忆力	1	1	1	1	2	1	2
	理解力	1	1	1	1	1	2	1
	解决问题耐力	1	0	0	2	1	2	2
	创造性	0	0	0				
学识特质	计算能力	1	1	1	1	2	2	2
	口头表达能力	0	0	0				
	书面表达能力	1	0	0				
	计划性	1	0	0				
…	…	…	…	…	…	…	…	…
第一步 评定相关性	A 重要性:该特质是否对于完成本工作的某些职能很重要? 请选择 1(是)或 0(不是) B 独特性:对该特质的要求是否达到 1 级、2 级或 3 级? 请选择 1(是)或 0(不是) C 相关性:请填写 A 与 B 的乘积							
第二步 可接受绩效	D 特质等级:为达到可接受绩效应具备该特质的哪个等级? 请填写 0,1,2,3 E 实用性:预计多大比例的求职者能够达到该特质等级?如果高于 10%,请填写 2;1%~10%之间,请填写 1;1%以下,请填写 0							
第三步 优秀绩效	F 特质等级:为达到优秀绩效应具备该特质的哪个等级?请填写 0,1,2,3 G 实用性:预计多大比例的求职者能够达到该特质等级?如果高于 10%,请填写 2;1%~10%之间,请填写 1;低于 1%,请填写 0							

第一步，通过评定每个特质的重要性与独特性，评定它们与工作的相关性。特定特质对工作绩效的影响程度大，说明这个特质对工作来说是重要的。在招聘的人员和在职的人员中，具有这些特质的人占总人数的多少，即独特性。如果在可雇佣的群体中90%的人员都能拥有这种特质，那么这种特质就是0等级，即最普通的等级；具有独特性的特质则能达到特质等级的1，2或者3等级。判断该特质是否被目标工作所需要就计算重要性与独特性的乘积，如果乘积为0，即C值为0，那么此项特质将排除在目标工作的需求之外。

第二步，确定为达到可接受的绩效水平需要达到各相关特质的哪一等级。可接受的绩效水平指能够使任职者得到绩效工资的绩效水平。组织在确定相关特质等级时，需要将本组织实际发给任职者的工资水平与外部市场同等特质人员的工资特质予以对比，得出客观公正的绩效工资。如果组织不注重对外部市场状况进行参考，容易导致本组织同等特质的任职者拥有更低等级特质的工资，如此一来，不能给相关人员提供公平的环境氛围，造成优质人员的流失，不利于企业和员工的长远发展，使评定特质等级的工作变得毫无意义，浪费人力和物力。

第三步，确定任职者如果试图取得优秀绩效，他需要达到哪一等级的特质水平。优秀绩效的标准是任职者达到的绩效水平使他有晋升的可能或工资水平的提升。

（3）整理和总结临界特质分析卡。在分析人员完成临界特质分析卡的填写后，剩下的内容就由主持人来完成。主持人主要有两方面的工作：一是对临界特质分析卡进行检查。例如，检查临界特质分析卡是否有自相矛盾之处，程序上是否有不合要求的地方，以及分析人员之间是否存在一致性。二是按照TTAS的固定公式对临界特质分析卡进一步处理，将处理结果通过计算机进行汇总，得到临界特质的最终分析结果。需要注意的是，如果分析人员对于同一特质有些评定为0等级，有些评定为1等级，说明对于这一特质存在较大的差异，这就需要主持人展开讨论，集思广益，最终得出一致意见，解除这一特质的差异。主持人需要填写表7-15中的H，I，J三列，这三列是对分析人员的评定结果进行处理。

H，I，J值的来源：对每一个被分析人员评定为相关（C值为1）的特质，主持人要将D值和E值相乘，乘积填入H列；将F值和G值相乘，乘积填入I列；H值和I值的和便是J值。也有特殊情况，比如，如果F值大于D值，但是G值小于E值，则要将G值与H值相加作为I值，而不是将F值与G值的乘积作为I值。

在对所有分析人员的临界特质分析卡进行处理后，主持人需要再将处理结果通过计算机进行汇总，得到最终的特质分析结果。[①]

表7-15 临界特质分析卡（由主持人填写）

特质范畴	特质	第一步			第二步		第三步		主持人		
		A	B	C	D	E	F	G	H	I	J
身体特质	1. 力量	1	1	1	0	2	1	2	0	2	2
	2. 耐力	1	1	1	1	2	1	2	2	2	4
	3. 敏捷性	1	1	1	1	2	2	2	2	4	6

---

① 相飞，杜同爱. 组织设计与工作分析［M］. 北京：中国人民大学出版社，2021.

续表

特质范畴	特质	第一步			第二步		第三步		主持人		
		A	B	C	D	E	F	G	H	I	J
身体特质	4. 视力	1	0	0							
	5. 听力	1	0	0							
智力特质	6. 感觉、知觉	1	1	1	1	2	2	2	2	4	6
	7. 注意力	1	1	1	1	2	2	2	2	4	6
	8. 记忆力	1	1	1	1	2	1	2	2	2	4
	9. 理解力	1	1	1	1	1	2	1	1	2	3
	10. 解决问题耐力	1	1	1	2	1	2	2	2	4	6
	11. 创造性	0	0	0							
学识特质	12. 计算能力	1	1	1	1	2	2	2	2	4	6
	13. 口头表达能力	0	0	0							
	14. 书面表达能力	1	0	0							
	15. 计划性	1	0	0							
	16. 决策能力	1	0	0							
	17. 专业知识	1	1	1	1	2	1	2	2	2	4
	18. 专业技能	1	1	1	1	2	2	2	2	4	6
动机特制	19. 适应变化的能力	1	1	1	1	2	1	2	2	2	4
	20. 适应重复的能力	1	1	1	1	2	1	2	2	2	4
	21. 适应压力的能力	1	1	1	1	2	2	2	2	4	6
	22. 适应孤独的能力	0	0	0							
	23. 适应恶劣环境的能力	1	1	1	1	1	1	2	1	2	3
	24. 适应危险的能力	1	0	0							
	25. 独立性	1	1	1	1	2	1	2	2	2	4
	26. 毅力	1	0	1	1	2	1	2	2	2	4
	27. 主动性	1	1	1	1	2	2	2	2	4	6
	28. 诚实	1	1	1	1	2	1	2	2	2	4
	29. 激情	1	1	1	2	2	3	1	4	5	9
社交特质	30. 仪表	0	0	0							
	31. 忍耐力	1	0	0							
	32. 影响力	1	0	0							
	33. 合作力	1	1	1	1	2	1	2	2	2	4

2）工作要求与任务分析

临界特质分析是对任职者进行分析，而工作要求与任务分析是对工作本身进行分析。工作要求与任务分析技术是利用工作描述问卷，如任务清单等，对目标工作包含的任务和要求进行分析和描述。问卷由有代表性的任职者进行填写，问卷要求任职者用八分法判断问卷中每项工作任务或职责的重要性及在整个工作中所占比重。问卷结果将输入计算机进行聚类分析，从而确定哪些是目标工作的关键性工作任务和职责。

一般而言工作要求与任务分析的实施包括以下几个步骤：① 收集资料。在开始阶段，受过培训的工作分析专业人员要进行资料收集。通过访谈该工作的专业人士，或者通过阅读现有的工作描述资料以及其他书面材料收集所有关于工作职责的信息。工作分析：理论、方法与应用。② 设计工作描述问卷。在第一阶段收集到的信息将用于工作描述问卷的建立。在发放问卷进行调查之前，应将初步建立的描述问卷交与主题专家小组讨论。③ 问卷填写。在给予适当的指导后，有工作任职者独立地对问卷的每一项描述进行评定。④ 问卷分析。在问卷填写完之后，将用统计方法对问卷结果进行处理。⑤ 工作描述的初步结果。⑥ 比较临界特质分析与工作要求与任务分析的结论。对临界特质分析与工作要求与任务分析的分析结论进行比较，对于不一致的项目，需要通过主题专家小组的再次观察来最终确定。

3）技术能力分析

这种技术仅适用于分析对技术知识和技能有重要要求的工作。技术能力分析的目的在于明确完成技术性的工作职能所需具备的各种能力。其包括以下几个步骤：① 确定最低要求。在这一步中需要直接主管或其他主题专家小组成员各自独立对通过问卷分析确定的关键知识和关键技能进行评价，评价该技术知识或技能是否是员工刚上任就需要用的，是否需要员工在没有指导的情况下完成。② 确定培训需求要素。③ 形成技术能力说明书进行技术能力分析。说明书包括对目标的实现具有重要意义的技术知识和技能，新员工必须具备并能在没有指导的情况下独立应用的知识和技能，需要对新员工进行培训的知识技能等。

3. 临界特质分析法的优缺点

1）优点

在西方，TTAS 的要素广泛运用于各种类型的企业中，如银行、保险公司、零售企业、制造型企业、公共服务型企业以及政府部门。TTAS 被用来分析各种类型的职位，如管理者、一线主管、工程师、技术人员、生产人员、销售人员以及服务人员等，使用范围较广，分析结果也相对准确。

2）缺点

第一，实用性不强。临界特质分析法的引进和实施需要耗费大量的人力和财力，容易超出企业的实际能力。对企业而言，耗费如此巨大的资源实施临界特质分析法是不太现实的。

第二，灵活性不高。临界特质分析法限制了人为修改工作分析结果的自由，灵活性不高。

第三，过于复杂。临界特质分析法的技术背景、系统内部的逻辑性以及所依据的理念大大超出了人力资源专家和高层管理者的能力范围，它的理论以及所使用的工具和技术需要大量细致的研究才能保证正确的运用。

7.2.6 关键事件法

关键事件法又称关键事件技术（CIT），是指工作成功或失败的行为特征或事件。它是由美国学者弗拉纳根在 1954 年发展起来的,其主要原则是认定员工与职务有关的行为,并选择其中最重要、最关键的部分来评定结果。它首先从领导、员工或其他熟悉职务的人那里收集系列职务行为的事件,然后描述"特别好"或"特别坏"的职务绩效。这种方法考虑了职务的动态特点和静态特点。

1. 关键事件的特点

关键事件是由员工个人或团队的关键行为产生的,对个人或团队绩效产生决定性影响的行为结果。它能够反映个人的行为特征,能够表现出关键行为对工作本身、工作团队或其他部门产生了较大作用,对工作的发展有较深远的影响。

关键事件主要有三个特点:① 关键事件与个人绩效和组织绩效具有内在的必然联系,前者是原因,后者是结果;② 关键事件关注的是达成绩效目标过程中的行为或事件;③ 关键事件与组织认同的组织文化、胜任力特征和任职资格标准具有相关性,后者是对个人关键事件性质的判断依据。

记录关键事件应包括以下几方面的内容:① 导致事件发生的原因和背景;② 员工的特别有效或无效的行为;③ 关键行为的影响及后果;④ 员工自己能否支配或控制上述结果,即上述结果是否真的是由员工的行为引发的。

小案例

推销员工作的关键事件

· 推销员从顾客那里收到了关于某种型号的 U 盘质量的抱怨。他未能对事件加以调查和协调,致使劣质 U 盘被退到批发商或零售商处。虽说经济利益未受损失,但是顾客长时间耿耿于怀。

· 大批顾客对我们的 U 盘质量加以抱怨并决定购买我们竞争对手的 U 盘。公司证实了抱怨的原因并决定采取新的营销方案。推销员向顾客宣布了这一新举措并答应将在下一订单中实施。但是,他并未与批发商及时协调,致使批发商仍按原方案执行顾客订单。

· 推销员在街头看到一辆卡车上的设备可能会用到自己公司的产品,便尾随卡车找到了设备的使用地点,从而促成了一份新的订单的签订。

【点评】从上述内容可以看出,反映推销员绩效好的成功的关键事件有:推销员在街头看到卡车可能会使用该公司产品,就尾随其后并最终促成一份新订单。反映推销员绩效差的失败的关键事件有:推销员从顾客那里收到了某种型号的 U 盘质量的抱怨,但他未能对事件加以调查和协调;推销员未与批发商及时协调公司实施的新举措,致使批发商仍按原方案执行顾客订单。

2. 关键事件法操作流程

关键事件法首先要明确编写关键事件的标准,其次选择合适的方法获取关键事件,最后对关键事件做必要的整理和加工。

1)明确编写关键事件标准

关键事件的编写有四个标准:① 内容明确;② 行为导向清晰;③ 背景描述到位;④ 工

作结果合格。如果详细描述的行为是单一的，我们称为明确的行为。我们描述的行为必须是明确的、全面的和详细的，要让对工作有所了解的人能够想象出工作者是以何种方式进行工作的。事件描述应该提供足够多的背景描述，从而使人们能够准确地想象出行为发生的场景并判断行为是否有效，同时还要包含对结果的描述，因为行为结果是判断工作者行为是否有效的关键。

2）选择合适的方法获取关键事件

获取关键事件的方法主要有三种：工作会议法、访谈法和调查问卷法。通过这三种方法可以帮助工作人员获得能够体现工作绩效与行为的范例。

（1）工作会议法。工作会议是确定关键事件最普遍的方法，一般要组成6~12人的工作分析专家组，并由熟悉关键事件的专家主持会议。工作分析专家组主要由两部分人组成：一部分是那些有经验的管理者或有观察力的工作者，他们对要分析的工作比较熟悉，有充分的机会去观察任职者完成工作任务特别好和特别差的行为表现；另一部分是有经验的工作分析人员，一般来说，有五年以上工作经验的人员比较合适，此外，还应具备良好的口头表达能力和较强的好奇心。这些人对别人的工作比较关注，能获得更多的信息。

安排工作会议时首先要明确会议的目的，会议主持人向大家解释为什么要编写关键事件，如何编写关键事件，以及最终如何应用它们，使专家和编写者理解工作分析的目的。在明确了会议目的之后可先由主持人给出几个编写较好和较差的关键事件的例子，也可让编者试写一两个例子，然后按照关键事件的编写标准集体讨论，纠正其中的不当之处。最后，确定记录关键事件的方法：一是结构化方法，即分发关键事件记录表格，由工作分析专家按要求填写；二是非结构化方法。主持人准备一份简要全面的说明书，包括每一件事所包含信息的概况。当然主持人可以引导大家就关键事件进行讨论，把大家的发言记录下来，再按要求整理成文字。

（2）访谈法。访谈法也可以用于获取关键事件范例，通过与访谈对象更充分地接触和交流，获得更全面和深入的信息。但是，这种方法需要花费大量的时间和精力。有人曾进行统计发现，访谈法每个范例平均要花费10~15分钟，而在由10人组成的工作会议中，每个范例花费的时间不到访谈法的1/2。

小案例

通过面谈收集有效关键事件的形式

"请你回想一下你下属最近的行为，谈谈其中对你们的产品产量有重要影响的一件事。"（停顿，直至他表示他心目中确定有这么一件事）

"他们这一行动的结果使得产品在3月增加了1%，是吗？"

（如果回答"不"，就再问）"你再想想最近你的某个员工是不是做了某件事，才使得产量提高了这么多。"（当他表示心中确实想起这么一件事）

"当时是在什么情况下发生这件事的？"

"为什么这件事对你们影响这么大？"

"这件事是什么时候发生的？"

"这个人的具体工作是什么？"

"他做这种工作有多长时间了？"

"他的年龄是多大？"

【点评】访谈可以较好地进行关键事件信息的采集。在利用访谈法来获取关键事件范例时要创造合适的环境，如保密、安静等，防止与被访谈者的交流被打断，让被访谈者感觉舒适和放松。访谈时尽量使用类似于"怎样""为什么"等开放性问题，避免直接可以用"是""否"回答的问题，要保证表达的客观性并包含所有相关的细节，必要时用一些探索性的问题来获取补充的信息。被访谈者在描述行为发生的环境、反应和结果时，访谈者应该进行详细的记录。

一般情况下，访谈工作可以分为两个阶段进行：第一个阶段进行约1个小时的会谈，简单的自我介绍后讨论工作分析的目的和关键事件方法的性质，记录2~3个典型的范例；第二个阶段安排在3~5天之后，进行第二次会谈，请访谈对象描述他所注意到或想起的关键事件范例。

（3）调查问卷法。调查问卷法就节省分析人员的时间和精力而言是最为有效的，但是对调查对象有较高的要求，他们不仅要有较好的书面表达能力，而且对这项活动本身要有责任感。因此，这种方法比较适合律师、医生、经济学家等专业人士。

3）编辑关键事件

在关键事件收集好之后，必须对其进行编辑和加工，为下一步应用关键事件做好准备。首先，按照所确定的标准，检查每个范例的内容是否完整，前后格式是否一致。其次，要考虑范例的长度，范例太短不能保证提供全面的信息，范例太长则给阅读者带来困难，必须在这两点之间找到平衡点。最后，要考虑语言使用是否规范。

3. 关键事件法的优缺点

1）优点

（1）关键事件法在人力资源管理领域应用广泛，对员工在工作中表现出来的关键事件进行记录，为向下属提供绩效考核、绩效改善以及优秀绩效提供事实依据。

（2）能够确保对工作人员工作行为的记录是动态的，所依据的是员工在整个年度中的表现，而不是最近一段时间的表现，建立起更加准确的行为标准。

2）缺点

（1）使用关键事件法的前提是收集好关键事件，这需要大量的时间去收集关键事件，加以整理和分析，才可使用。

（2）关键事件法并不对工作提供一种完整的描述，比如，它无法描述工作职责、工作任务、工作背景和最低任职资格的情况，难以涉及中等绩效的员工的行为，遗漏了有关平均绩效水平的考量。

（3）使用关键事件法，对工作分析人员的专业程度和技术能力要求较高，需要熟悉相关行业，掌握行业规则，但在实际操作中满足要求较为困难，给实现预计目标带来一定的限制。

小训练

请对会计的工作进行调查,试着描述他们工作中的关键事件有哪些。

要求:

(1)调查的期限不宜过短。

(2)关键事件的数量应足够说明问题,不能太少。

(3)正反两方面的事件都要兼顾,不得偏颇。

任务 7.3　工作分析方法的比较、评价与选择

工作分析方法的多样性一方面为工作分析人员提供了多种方法选择,另一方面也增加了他们选择工作分析方法的难度。人们常常难以判断哪种方法的效率更高、更适用、更能有效地帮助解决组织内的特定问题。每种工作分析方法在实际应用中都各有侧重,任何一种工作分析方法都不是最好的。因此,工作分析人员在实践中通常并不仅仅使用一种方法,而是将多种方法结合起来使用,以达到更好的效果。比如,在分析事务性工作和管理工作时,工作分析人员可能会采用问卷调查法,并辅之以访谈和有限的观察。在分析生产性工作时,可能采用访谈法和广泛的观察法来获得必要的信息。充分、完整的工作分析需要投入大量的时间、精力和资金,所以必须对分析方法进行选择。如果选择时能根据需要和自身特点综合考虑,比较其利弊,则会使时间、精力和资金得到最有效的利用。

7.3.1　工作分析方法的比较

我们在前面介绍了多种工作分析方法。它们在分析导向、信息收集方法、分析方法上存在较大差异,因此在选择工作分析方法时,要关注各种不同的工作分析方法在不同类型的工作、不同的人力资源管理领域方面特殊的适用性和各种工作分析方法内在的性质所决定的在使用过程中各自不同的关注点。

1. 工作分析方法适用的工作类型比较

工作类型的内在与外在差异决定了必须从不同的角度入手,最大限度地了解和界定工作的内涵和外延。为了达到这一目的,必须根据各种工作分析工具方法的特点、属性加以适当选择。因此,鉴别和掌握各种工作分析方法的适用范围,是适合各种工作分析人员专业知识架构不可或缺的部分。各种工作分析方法的具体适用范围参见表 7-16。

表 7-16　各种工作分析方法适用的工作类型比较

工作分析方法	适用的工作类型
问卷法	各类工作,但对文字阅读、理解、表达能力较差的人不适用
访谈法	各类工作
资料分析法	各类工作
观察法	工作简单、标准化、重复性的操作类工人与基层文员
工作日志法	除工作循环周期长、技术含量高的专业性工作以外的各类工作

续表

工作分析方法	适用的工作类型
主题专家会议法	中高层管理职位及关键核心岗位
职位分析问卷法	操作工人职位和基层管理职位
管理职位描述问卷法	对组织内部不同层次的管理职位分析
职能工作分析法	各类工作
工作要素法	某一类具有相似特征的工作，如专业技术人员的工作
临界特质分析法	各类工作
关键事件法	周期较长、员工的行为对组织任务的完成具有重要影响的工作

2. 适用的人力资源管理职能领域比较

如前所述，工作分析是组织管理中的一项基础性工作，它的分析结果可以应用到人力资源管理的各个领域。但是，任何一种工作分析方法都不可能在所有的应用范围中表现出良好的效果，因此在选择工作分析方法时要考虑与人力资源管理职能领域的对应性，以充分发挥其效能。不同的工作分析方法在不同的应用领域中所表现出的不同价值见表7–17。

表7–17 工作分析方法适用的人力资源管理职能领域比较

人力资源管理职能领域	工作分析主要方法									
	观察法	资料分析法	访谈法	问卷法	工作日志法	主题专家会议法	关键事件法	职位分析问卷法	职能工作分析法	管理职位描述问卷法
工作描述			√	√	√	√			√	
工作分类			√					√	√	
工作评价				√		√				√
工作设计					√	√				
工作规范			√			√		√		√
绩效评估						√	√			
培训开发			√			√	√			√
人员流动						√			√	
人力资源规划			√			√		√		

3. 工作分析方法的使用关注点比较

工作分析方法的使用要受到外部许多因素的影响和制约，在选择工作分析方法时要考虑到这些起影响和制约作用的因素，以保证所选用的工作分析方法有其可行性。这些因素被称为工作分析方法使用的关注点。关注点主要有职位的多样性、样本的规模、标准化、成本、时间和信度等。例如出于对控制工作分析成本的考虑，大规模的访谈就受到局限，因为工作分析访谈需要消耗大量的人力、物力。工作分析方法的使用关注点比较见表7-18。

表7-18 工作分析方法的使用关注点比较

关注点	工作分析主要方法								
	观察法	资料分析法	访谈法	问卷法	工作日志法	主题专家会议法	关键事件法	职位分析问卷法	职能工作分析法
职位多样性			√	√					√
样本规模			√					√	√
标准化					√			√	
成本	√			√					
时间	√		√						
信度					√	√	√	√	

7.3.2 工作分析方法的评价

进行工作分析，面临多种方法之间的选择问题，而这一选择涉及对各种方法的适用范围和应用价值的评价。

1. 非结构化工作分析方法的评价

从理论上分析，非结构化的工作分析方法普遍存在以下不足：① 耗费时间和资金，所获资料往往只适用于一定时期和一定用途；② 收集的资料往往以叙述性的内容偏多，会因主观因素产生偏差；③ 以数据进行说明的不多，缺乏量化指标；④ 着重于对工作本身的细分和叙述，属于以工作为本的分析，对人员特质的了解有限；⑤ 只能比较不同工作实际内容的异同，不能详细了解其工作性质与对人员特质的要求。

就实际而言，各种方法都有其比较适用的场合，鲁佩于1956年在美国空军人事与训练研究中心（Air Force Personal and Training Research Center）所做的一项研究中，对12项工作应用5种不同方法，即集体访谈、个别访谈、观察、面谈讨论会以及问卷调查来收集有关资料，结果如下。① 个别访谈是最有效的、最值得信赖的收集信息的方法。分析员的人工时成本为中等，大致相当于5种方法的平均值。② 讨论会是人工时成本最高的方法，而观察与面谈次之。二者在获取工作信息（尤其是实际表现的工作活动）的效果上实际并无区别，但稍逊于个别访谈。③ 在报告工作活动的成绩上，集体访谈与问卷调查最不理想。前者得分约为个别访谈的2/3，而后者只有个别访谈的1/3。同时，问卷调查所获答案可信度较低。④ 就人力成本而言，问卷调查最节约，其次是集体访谈，个别访谈、观察与面谈、讨论会的成本依次提高。就数字的比较而言，如果问卷调查所耗费的人工时为1，则其他四种方法各为5（集体访谈）、5.6（个别访谈）、6.5（观察与面谈）、8.5（讨论会）。⑤ 综合运用这5种方法可显著提高收集资料的效率和效果，但也同时提高了人工时成本。

2. 结构化工作分析方法的评价

国外学者通常依据服务目的和实用性这两类标准对职位分析问卷法、管理职位描述问卷法、职能工作分析法和关键事件法进行评价（见表7-19）。

表 7-19 结构化工作分析方法的评价

标准		方法				附注:表中分值说明
		职位分析问卷法	管理职位描述问卷法	职能工作分析法	关键事件法	
目的	工作描述	4	4	5	3	目的栏说明: 1. 表示不能适用于该目的 2. 表示不太适用于该目的 3. 表示适用于该目的 4. 表示很适用于该目的 5. 表示十分适用于该目的
	工作分类与评价	5	4	5	2	
	招聘与任用	4	4	4	2	
	绩效考核	3	3	3	4	
	培训与发展	3	3	3	4	
	人力资源规划	4	4	4	4	
实用性	变通性和实用性	4	4	5	5	实用性栏说明: 1. 表示非常有限程度 2. 表示有限程度 3. 表示一般程度 4. 表示一般以上程度 5. 表示很大程度
	标准化	5	5	5	3	
	使用者接受性	4	4	4	4	
	使用者理解和参与性	4	4	4	5	
	必要的培训	3	3	3	4	
	使用设备	5	5	5	3	
	完成时间	4	4	4	3	
	信度和效度	4	4	4	4	
	服务目的	4	3	4	4	
	效用	4	4	4	3	

服务目的主要有:工作描述、工作分类与评价、招聘与任用、绩效考核、培训与发展、人力资源规划六项。这六种目的并不必然存在并列关系。一般情况下,工作描述、工作分类与评价是工作分析的直接目的。最能满足这些服务目的的工作分析方法是功能性工作分析法、访谈法、职位分析问卷法。招聘与任用、绩效考核、培训与发展、人力资源规划是工作分析的间接目的,但在某些情况下,它们也可能成为工作分析的直接目的。更能满足这些间接目的或单项目的的方法是关键事件法,而就招聘和任用目的而言,各种方法都可以应用。

实用性中各项标准及其含义如下:① 变通性和适应性,指分析各种不同工作时的适用程度;② 标准化,指对不同时间和不同来源收集到的岗位分析数据进行比较时的规范化程度;③ 使用者接受性,是实际使用者对该方法及其收集信息效用的接受程度;④ 使用者理解和参与性,指该方法的使用者或受该方法结果影响者对该方法的知晓程度和在收集工作信息中的参与程度;⑤ 必要的培训,是使用者在运用该方法时需要接受培训的程度;⑥ 使用设备,是该方法用于某种岗位分析时对设备的需要程度;⑦ 完成时间,是完成岗位分析任务并获得岗位分析结果所花费的时间;⑧ 信度和效度,是该方法所获得结果的一致性和描述工作特点及任职资格的准确性;⑨ 服务目的,是指该方法能为目的栏中的几种目的服务;⑩ 效用,是使用该方法在比较成本与收益之后得出的总的收益水平。

表7-19中对各种工作分析方法的评价只有相对意义，因为每种方法的分值是依据某一种具体的标准来评定的，一种按照某一标准评定为高分值的方法，按另一标准评定则可能获得低分值。

7.3.3 工作分析方法的选择

在选择工作分析方法时，关键是考虑方法和目的的匹配度、成本可行性及该方法对所研究情况的适用性，主要从组织整体的角度、所分析工作的角度、工作分析方法的角度和工作分析信息的角度进行选择。

1. 基于组织整体的角度

1）组织结构与技术

组织结构与技术对工作分析方法的选择有一定的影响。组织结构复杂的企业应采用综合多种方法的体系，因为简单的方法对分散在多个部门之中的职位难以进行切合实际的分析。例如，在企业中体力工作和非体力工作界限分明，就需要选择不同的工作分析方法。同时，技术因素也不容忽视。例如，研究实验部门和工厂采用的工作分析方法应有所不同、不仅要考虑目前的技术情况，还要考虑本产业技术进步的步伐和方向，因为不断更新的技术应用会快速改变工作职位的内容。

2）劳资关系

在企业的劳资关系中，首要的是经营者和员工代表的关系——是否存在正常的、相互信任的气氛。缺乏这种气氛，员工接受工作分析方法就会比较困难。如果全体员工对工作分析持怀疑态度，并把它视为一种管理游戏，那么工作分析就不能解决任何问题。因此，企业必须让员工支持工作分析并参与到工作分析的过程中。

3）管理方式

企业内部的管理方式也是影响选择及运用工作分析方法的因素之一。领导者的行为可以分为民主型和专制型两种。民主型的管理方式倾向于在整个企业中采用综合的工作分析方法，因为它鼓励员工关心企业的组织结构。专制型的管理方式主要以领导者的意志为主要考虑因素。管理方式对运用工作分析方法的主要影响体现为在多大程度上允许员工参与方案的设计和应用。

2. 基于所分析工作的角度

1）考虑所分析工作的特点

在进行工作分析时，企业要依据每项工作的特点，选择适合其自身的工作分析工具。观察法适用于大量标准化、工作内容和工作程序相对静止、周期较短、以体力活动为主的工作，如装配工人、保安人员等，不适用于工作周期长、脑力劳动较多的工作、户外工作以及处理紧急情况的间歇性工作等，如设计师、律师、急救站的护士、经理等。它常用于分析对抽象思维和推理能力的要求低、行为影响十分显著的工作。问卷法对于简单的体力劳动工作、脑力劳动工作、不确定因素很大的工作、复杂的管理工作都适用。访谈法则适用于对脑力劳动工作和体力劳动工作的分析。

2）结合企业业务流程

现代企业越来越重视通过面向市场与客户的流程变革，提高为客户创造价值的能力。作为流程衔接与传递的节点，任何职位都必须在流程中找到自身存在的价值和理由，必须根据流程来确定其工作内容与角色要求。然而，企业在开展工作分析时，大多缺乏对流程的系统分析，没有把握流程中职位与环境的互动联系，片面强调对职位内在要素的详尽描述，将完整的流程分割得支离破碎，造成工作分析与流程的脱节。因此，在选择恰当的工作分析方法时，要求工作分析必须与流程相呼应，有效梳理企业流程，明确当前对职位的要求以及每个职位在整个流程中的作用与定位，强调在企业关键流程中每个职位的意义与职责，以有效避免职责重叠与重新界定问题。通过和企业业务流程相结合的工作分析，企业可以对组织的内在各要素，包括部门、流程和职位，进行全面系统的梳理，提高组织与流程设计以及职位设置的合理性。

3. 基于工作分析方法的角度

1）考虑各方法的优缺点

工作分析的方法可以分为结构化方法和非结构化方法两大类。前者收集的有关工作信息以非计量的、叙述性的居多，主要目的是对工作信息做出书面记事性描述，主要有观察法、访谈法和工作日志法。后者一般采用问卷的形式，最大的特点是可以利用计算机对工作信息进行定量分析，主要有管理职位描述问卷法、功能性工作分析法、职位分析问卷法、关键事件法。不同的工作分析方法各有优缺点，在选择工作分析方法时，应该综合考虑，在其优缺点之间找到平衡。

2）考虑选择方法的成本效益

各种方法所要求的时间和费用不一样，所要求的分析人员的素质也不一样，由此产生成本差异。简言之，在选择一种工作分析方法时，必须明确以下几个方面的要求：① 究竟需要花费多少时间；② 如何获得能解决有关问题的资深专家的帮助；③ 如何证实专家的判断；④ 需要进行什么样的人事培训；⑤ 活动所需的总成本是多少。

4. 基于工作分析信息的角度

1）考虑工作分析信息的角度

工作分析信息的最终用途不同，选择的工作分析方法也有所不同。例如，当工作分析信息用于招聘时，就应该选用以任职者为导向的工作分析方法，它适用于确定与工作有关的个人特点（如能力、品质等），而不是任职者实际所做工作的细节。而以工作为导向的工作分析不仅包含任职者所做工作的细节，还包括将工作做到什么程度，这种方法目前已运用于各种培训课程中。当工作分析关注薪酬体系的建立时，就应该选择结构化的工作分析方法，这样有利于对不同工作的价值进行比较。

2）确保收集的信息的客观性和动态性

国外的研究表明，以任职者为导向的工作分析方法和以工作为导向的工作分析方法，因其标准化、结构化的性质，已被用户证实其收集的信息是可靠的、可接受的，具有较好的客观性。随着科学技术的发展、社会经济环境的变化及组织结构的改变，工作包含的任务、流程、所采用的技术以及对知识和技术的需求也会发生变化。工作分析必须反映出现实的种种变化，通过工作分析方法收集的信息应该由静态变为动态。

小训练

四海公司所做的工作分析目前面临着方法选择的问题。经过认真的研究和思考，决定对

"行政文员"的工作分析采取问卷调查法与观察法相结合的方法,对于"销售经理"的工作分析采用问卷调查法与访谈法相结合的方法。

你认为四海公司的工作分析方法选择正确吗?为什么?

实训设计

工作分析方法运用实训

实训目的:

掌握工作分析的基本方法——观察法、访谈法、问卷法等。

实训内容:

(1)以某企业为例,针对某一职务,自行设计访谈提纲,展开访谈,形成工作分析访谈表,获取进行工作分析的信息。

(2)以某企业为例,针对某一职务,自行设计调查问卷,发放问卷,获取进行工作分析的信息。

实训步骤:

(1)教师讲解工作分析的基本方法和工具。

(2)教师将学生分成4~6人一组,明确实训任务和实训内容,并协助联系合作企业,学生分组完成实训任务。

(3)学生分组对实训成果进行展示。

(4)教师对学生的任务完成情况进行总结和指导。

(资料来源:萧鸣政,张满,张占武.组织设计与工作分析[M].北京:高等教育出版社,2019.)

课后练习题

1. 自测题

请扫描二维码(内含若干填空题、判断题、单选题、多选题),您可以在线自测并查看答案。

自测题

2. 思考题

(1)工作分析常用的方法有哪些?

(2)问卷调查法的操作步骤是什么?

(3)访谈法的优缺点及适用范围是什么?

(4)如果你是一名工作分析人员,请问在工作分析的访谈中,如何做才能控制整理局面?

(5)资料分析法的操作流程是怎样的?

(6)观察法的操作流程是怎样的?

(7)工作日志法的优缺点是什么?

(8)运用主题专家会议法进行工作分析时,怎样选择主题专家?

(9)什么是职位分析问卷法?其操作流程是怎样的?

（10）管理职位描述问卷法的优缺点是什么？
（11）职能工作分析法的操作流程是怎样的？
（12）实施工作要素法应如何操作？
（13）什么是临界特质分析法，临界特质分析的优缺点是什么？
（14）什么是关键事件法？关键事件法应如何操作？
（15）如何对工作分析方法的使用进行比较和评价？
（16）如何选择工作分析方法？

3. 实操训练题

（1）如果你所在学校要重新对全校教职员工绩效考核制度进行一次修订，重点修订专职教师和高校辅导员这两类职位。学校希望通过此次工作分析，准确界定这两类职位的具体工作职责以及责任细分，提炼出操作简单、有效、适用的衡量工作完成效果的指标，并提供依据。请分组讨论应运用什么方法开展此项工作，其具体步骤应是怎样的？

（2）把全班同学分成6个工作分析的小组（每个小组负责一类岗位），根据以下背景材料，结合各岗位的不同特征，讨论各岗位适合的工作分析方法，并说出原因。学生在全班分组展示讨论结果，教师点评、总结，师生共同评出最佳表现组。

背景材料：爱家公司是一家多元化综合型跨国企业集团，历经多年的发展，企业已成为集电视、空调、冰箱、通信、网络、数码、芯片、能源、商用电子、电子产品、生活家电等产业，以研发、生产、销售、服务于一体的多元化、综合化集团。公司管理层逐渐意识到公司的管理制度在很多方面已经不能适应新的发展，希望通过工作分析，为公司人力资源管理工作打下基础。在此过程中，理顺和调整一些不合理的岗位职责设置，并将新增加的岗位信息及时补充进去。公司人才被分成了六大类，生产流水线上的工人、技术人员、销售人员、售后服务人员、研发人员和管理人员。

4. 案例分析题

请扫描二维码，阅读案例原文，然后回答每个案例后面的问题。

案例分析题原文

课程思政指南

创新"组织设计与工作分析"课程思政教学模式

在全面贯彻"大思政"育人的教育背景下，"思政教育+专业知识"的课堂教学新模式，对专业教师的整体素质及综合能力都提出了更高要求：即要从现实需求和实际出发，创新教学手段，引导学生从辩证唯物主义历史观，从个人融入社会和国家发展的高度，关心国家的长远发展，培养整体观和大局观，并学会用系统思维研究和分析问题。这意味着高校人才培养要以能力培养为目标，通过创新教学方法和教学手段，不断丰富思政教育的层次和内涵，实现学生整体能力的提升。

在"组织设计与工作分析"课程思政教学具体实践中，可综合采用案例教学、思政视频、思政微课、课堂讨论、启发式教学、角色互换、角色扮演、分组竞赛、即兴演讲、学习心得分享等多种形式，将课堂教学与思政教育紧密结合。"组织设计与工作分析"课堂教学创新形式主要包括：① 提炼和补充富有代表性的思政教育案例，特别是基于课程要素和知识点，深化和延伸专题课程思政典型案例；② 将微课和微视频引入课程教学，积极录制包括优秀组织文化、组织变革、企业价值观、管理伦理等在内的微课视频；③ 加强网络学堂课程思政建设，及时上传各类相关资料，持续提升思政教育效果；④ 加强课程思政的案例集、作业集建设，通过课后作业与练习等方式，助力思政教育目标的实现；⑤ 开展学生课程思政讲坛活动，通过分组汇报形式，定期邀请学生进行 5～10 分钟的课堂演讲，持续提升学生的思想理论素养。

创新的课程思政教学模式，不仅活跃了课堂氛围，而且提升了学生的管理伦理素养。实践结果表明，通过以上多种教学手段、形式和方法创新，教师实现了教与学的良性互动，有效强化了学生的专业知识学习，丰富了他们的知识结构层次，提升了"专业+道德"教育综合效果。

项目 8 工作说明书

千淘万漉虽辛苦，吹尽狂沙始到金。

——〔唐〕刘禹锡

 学习目标

掌握工作说明书的含义、作用；掌握工作说明书各项内容的编写要求；能够运用工作分析的理论知识编写工作说明书。熟悉工作说明书编写的要求和步骤；了解工作说明书的发展趋势。

 项目导入

工作说明书成为员工守则的一部分

泰山公司成立于 2000 年，是一家高新技术企业。经过几年的努力，公司发展到 15 个部门，300 名员工。各个部门的经理主要是通过外部招聘，或是内部重组时的人员调配而来，管理经验丰富。员工比较年轻，知识层次比较高。

由于企业目前正处于快速发展期，在各方面暴露出不少问题。① 人员紧张。由于公司业务的不断扩张，使得人员非常紧张。各部门存在一人兼多职的现象。② 部门间职责不清。作为一个新企业，仅 2004 年上半年公司组织结构就调整过 3 次。因时间仓促，导致部门之间职责划分不清，工作互有重叠，不时出现互相推诿的现象。③ 工资制度也不规范。高新技术行业以前是高工资领域，近年工资也略有调整，以适应竞争。公司拟通过规范工资制度，进一步调动员工工作积极性。

针对这些问题，公司领导决定通过咨询有关专家，明确各个部门职责。专家小组走访大量员工，并对公司的各种文献资料进行详细分析。最后，专家认为上述弊端的根源在于缺乏完备的工作分析。通过与公司高层的沟通，决定采用工作日志、问卷调查和现场观察的形式，制定工作说明书，即首先明确每一个岗位的职责、任职资格、工作性质和范围、岗位目标。

为此，专家和各个部门经理一起探讨部门的岗位设置，力求科学合理。在确定岗位后，开始发动全体员工对确定的岗位进行描述，在专家指导下制定工作说明书。通过工作说明书，明确了部门中每位员工的职责权限及所需资格条件。

思考题：

1. 工作说明书有何作用？
2. 如何编写工作说明书？

在选择适当的方法，收集了完整、准确的有关工作信息并进行分析后，就可以准备编写工作说明书。工作说明书是工作分析活动成果的表达和体现，是工作分析的一个重要环节。在形式上，工作描述和工作规范可以分成两份文件来写，有时候则合并在一份工作说明书中。本节主要介绍工作说明书的含义、作用、内容及其如何进行编写等内容。

任务 8.1　认识工作说明书

8.1.1　工作说明书的含义

工作说明书，又称职位说明书、岗位说明书，是关于工作是什么以及工作任职者具备什么资格的一种书面文件。工作说明书是工作分析的直接结果之一。在工作分析的各阶段，编制工作说明书的工作最复杂，它不是人力资源经理凭空想象出来的，而是在工作调查和分析的基础上，根据实际情况科学、合理地设计出来的。

规范的工作说明书，由工作描述和任职资格两部分构成。工作说明书的构成如图 8-1 所示。①

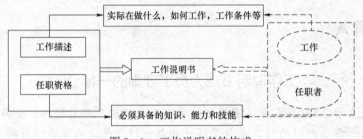

图 8-1　工作说明书的构成

一份成功的工作说明书，可以使岗位的职责更加明确，使衡量岗位的绩效标准更容易定出；也可以使员工很清楚组织需要什么样的员工以及自己与组织期望的差距；还可以将能力最符合的人选放到适当的位置上。总之，工作说明书为组织的招聘录用、培训需求以及职业指导等现代组织管理业务提供了原始资料和科学依据。

8.1.2　工作说明书的质量标准

工作分析应该是一项比较有难度的工作，持续时间长且繁杂琐碎，它并非人力资源部门单独可以完成的，往往需要企业每个部门，甚至是每位员工的协助，有时还会不可避免地影响到正常工作。然而，不少组织在经过大量的工作分析后得到的工作说明书却因达不到质量标准而无法发挥其应有的作用，致使工作分析功亏一篑。作为工作分析最终表现形式的工作说明书，具有明确的格式要求和严格的质量标准。因此在形成工作说明书之前，首先要明确工作说明书的质量标准。一份合格、规范的工作说明书必须达到以下 7 个标准。

1. 准确性

工作说明书要准确地说明职位的职责要求和任职资格条件。这包含两个方面的意思：一

---

① 潘泰萍. 工作分析：基本原理、方法与实践 [M]. 上海：复旦大学出版社，2011.

是工作说明书所载明的职责要求和任职资格条件应该是正确的,如实反映组织的职务特征。如副总经理,他对总经理负责,又具体分管某一领域的工作,在副总经理的工作说明书中要正确地标明这种工作关系。二是工作说明书应是明确的,即工作说明书的表达直接明了,没有模棱两可的地方,也没有含糊其词的地方。如任职资格,要求5年的工作经验,就不要表达成"要求有工作经验"或"要求有一定的工作经验"。只有有了准确性,人力资源系统中的招聘、考核等工作才有确实的依据,从而整个人力资源管理系统也才有坚实的基础。

2. 完备性

工作说明书应完整地表明某一职务的基本情况、工作概要、主要职责及任职资格条件,不得有遗漏或省略。因为只有这样,才能完整地揭示职务的特征和要求,从而更好地服务于整个人力资源管理系统。

3. 普遍性

工作说明书的每一项内容最好是被分析的各种工作所共有的,这样,不同的工作之间才可以互相参照,从而有利于确定各类工作的相对价值,为薪酬体系的建立、考核等提供参考依据。

4. 简约性

这一方面体现在工作说明书的措辞上,应尽量使用简约的语言,表达应严谨、精练;另一方面体现在工作说明书的内容上,对各职位工作任务的描述应涵盖组织的所有职能和工作任务,既不能有遗漏,也不能交叉重叠,应做到条理清晰,简洁合理。

5. 预见性

工作说明书要严格、如实地反映现实职务特征,但又要有一定的柔性或弹性,因为现实是不断发展变化的,因而工作说明书要有一定的预见性,以便预见未来的变化趋势,否则,死板地拘泥于静态职务特征,反而会与现实不符。

6. 可操作性

工作说明书是进行具体人力资源管理活动的依据,如招聘、考核、选拔等活动都要依据工作说明书的要求进行。因而,工作说明书必须具有可操作性,其中主要职责的列举、任职资格条件的限定等,都要求在现实中有客观可信的测量标准和器具(方法),能得出确实的、可衡量的结果。

7. 逻辑性

编写工作说明书要符合逻辑顺序,尤其体现在对工作职责的描述上。一般来说,按重要程度和所花费的时间来排列各项工作职责,并注意将相近的职责排列在一起,这样有助于人们对工作说明书的理解和使用。

8.1.3 工作说明书的分类

根据集团公司岗位分类办法,鉴于各类岗位工作的性质差异,在制定工作说明书时,可以将其分类分层次,以便更准确地对工作进行描述。集团公司的工作说明书分为三类,即科级以上管理岗位、一般管理岗(或专业技术岗位)、操作岗位,各类岗位在进行职位描述时有不同的侧重点。如表8-1所示。

表 8-1　工作说明书的分类

岗位类别	工作特点	工作说明书要求
科级以上管理岗位	创新要求高，工作方式难以固定	采用更加宽泛的职责描述；更加强调职责界定的成果导向；更加注重任职资格中的创新要素
一般管理岗位/专业技术岗位	创新要求较低，职业化要求高	需要采用严格、准确的职责描述；既要注重职责界定中的成果导向，也要注重职责界定中的过程性部分；任职资格的界定要注重"责任心、业务知识、专业技能"等有利于提高职业技能与职业规范的因素
操作岗位	基本不需要创新，强调职位的标准化与操作一致性	同时注重工作任务以及完成任务的工作程序，包括完成工作所采用的工具、设备与技术。任职资格需要将心理能力与身体能力结合起来

8.1.4　工作说明书的作用

1. 有助于实现组织优化

在编制工作说明书之前，有一个职位分析的过程，即对部门职责进行列举和归类，对工作流程、各职位间的职责分配进行分析和规划，从而最大限度地发挥组织效力。在此过程中，要重点思考的是：人员配置是否冗余？职责是否相互重叠？部门职能是否细化到每个岗位上？职责介绍是否得当？这些思考都将有利于实现组织优化。

2. 对员工进行目标管理的依据

首先，工作说明书清晰地列出了员工的职责范围，员工根据自己的工作说明书可以大致了解自己的工作目标，进行自我管理；其次，工作说明书囊括了岗位所需要的能力，员工可以对照了解自己在这些方面发展得如何，哪些能力还需要进一步提高。一份好的工作说明书可以使员工了解组织的目标、自己在组织中的作用、相应的责任和职权，全体员工各司其职，上下目标一致。

3. 制定绩效管理标准的依据

好的工作说明书，既要按照重要性的先后顺序列明每项职责的主要内容，又要说明该职责是承担全部责任还是部分责任，抑或辅助性的工作；同时，要列明相应的考核方法。考核指标可以是反映质量的，也可以是反映数量的。

4. 进行职位评价从而确定薪酬的前提

职位评价的内容通常包括职责范围大小、工作难易程度、劳动强度、劳动条件等要素。有了职位评价才便于确定每个职位的薪酬水平。而职位评价的基础是工作分析和工作说明书。如果没有工作说明书，就无法进行职位评价。因此，工作说明书是制定薪酬政策的间接依据。

5. 进行人员招聘、制订培训计划和个人发展计划的依据

人力资源管理部门在发布招聘启事、甄选面试、确定培训内容、设计员工的职位升迁路线时，都离不开工作说明书。不仅如此，根据工作说明书的具体要求，企业才能对任职条件不够的员工进行培训，对条件优秀的员工进行提升，实现培养计划。

小案例

王强到底需要什么样的人

"王强,我一直想象不出你究竟需要什么样的操作工人,"江山机械公司人力资源部负责人李进说,"我已经给你提供了三名面试人选,他们好像都满足工作说明书中规定的要求,但你一个也没有录用。""什么工作说明书?"王强回答道,"我所关心的是找到一个能胜任那项工作的人。但是你给我提供的人都无法胜任,而且我从来就没见过什么工作说明书。"

李进递给王强一份工作说明书,并逐条解释给他听。他们发现,要么是工作说明书与实际工作不相符;要么是规定确立以后,实际工作又有了很大变化。例如,工作说明书中说明了有关老式钻床的使用经验,但实际工作中所使用的是一种新型的数字机床。为了有效地使用这种新机器,人们必须掌握更多的数学知识。听了王强对操作工人必须具备的条件以及应当履行职责的描述后,李进说:"我想我们现在可以写一份准确的工作说明书。以其为指导,就能找到适合这项工作的人了。今后我们加强工作联系,这种状况就不会再出现了。"

思考讨论题:
1. 你是如何看待案例中出现的问题的?
2. 你认为工作说明书对人员选拔和任用有影响吗?试举例说明。

8.1.5 工作说明书的发展趋势

随着外部竞争日趋激烈,很多企业都在改变传统的工作方式,进行以客户为导向的工作流程的改造和重组。在这一浪潮冲击下,传统的以"命令—执行"为特征的工作方式转变为以"服务"为特征的工作方式。在这种工作方式中,企业内部的每一个岗位都以服务者和被服务者的双重身份出现,既需要接受上游岗位的工作输入,又要对下游岗位进行工作输入,工作的链条关系越来越重要。为了反映这种关系,结合工作流程编写"履行的职责"已成为一个趋势。

结合工作流程编写"履行的职责"就是在搞清楚工作链相互关系的基础上,在描述职责的任务时加入对象状语,也就是说要加入工作输入和工作输出。结合工作流程的描述,可以将"履行的职责"提炼成下面的格式:"输入的对象和内容+动词+宾语+输出的对象和内容+目的状语"。例如,招聘主管拟定招聘计划的职责时,结合工作流程可以这样描述:"接受各部门的招聘需求信息,拟定招聘计划,提交给经理审批,以保证招聘工作的顺利进行。"

同时,企业也越来越重视任职资格,尤其是其中的能力和素质要求,以"素质模型"为主要标志的新的招聘标准正在逐步形成。这是因为在新的经济条件下,人的因素已经变得越来越重要,拥有优秀的员工已成为企业成功的关键,为了招聘到合格的人员,必须对任职资格做出详细的规定,因此任职资格变得越来越重要。

 小贴士

弹性工作说明书

越来越多的企业对特殊岗位编写弹性工作说明书。随着全球企业间竞争的加剧,部分行业的工作任务分配将越来越灵活，层级将会减少。组织结构的扁平化趋势，使得团队成为企业组织结构的基本单位。团队中的成员没有清晰的职责划分，而是互相协作，共同为组织绩效负责，企业绩效评价也将以团队或工作单元的成果作为考核的标准，由此衍生了弹性工作说明书。弹性工作说明书一般只规定职位工作任务的性质、任职者所需的能力、技术、知识、经验等，而不再详细确定任职者的责任范围，因此，能够较好地满足团队"无边界工作""无边界组织"特征的需求。显然，弹性工作说明书可以更好地在组织工作方向发生变化时保持其灵活性和适应性。

任务 8.2　工作说明书的编写

工作说明书的编写，就是对工作分析的结果（工作描述和工作规范）加以整合从而形成具有组织法规效果的正式文本的过程。工作说明书的编写并没有统一的规范，也没有规定的格式，可以根据具体情况和自身需要或繁或简。一般来说，工作说明书一旦正式形成，组织中各项人力资源管理活动都必须以此为依据。

8.2.1　工作说明书的主要内容

1. 工作描述

工作描述是指用书面形式对组织中各类岗位的工作性质、工作任务、工作职责与工作环境等所做的统一说明。一份合格的工作描述应反映该项工作区别于其他工作的信息，说明从事的工作是什么、为什么做、怎么做、在哪里做以及在什么条件下履行其职责等。它的主要功能是让员工了解工作概要，建立工作程序与工作标准，阐明工作任务、责任与职权，为将来员工的聘用、考核和培训等工作打下理论基础。

工作描述是围绕工作岗位进行的描述与说明，为进一步的人力资源管理活动提供基础性信息。工作描述对员工和管理者均有价值。从员工的角度来说，工作描述可以帮助他们了解工作义务，并且时刻提醒组织对他们的期望值。从管理者的角度来说，工作描述可以尽可能地减少在工作要求上与员工的冲突。当工作描述中所包含的义务员工没有做到时，管理者就有了采取纠正行动的依据。工作描述主要包括以下内容。

1）工作标识

工作标识是用来区别组织中不同岗位的标志。就好比商品的标签一样。消费者通过标签就可以大体了解商品的产地、成分、质量、价格等信息，通过工作标识，任职者可以了解工作岗位的概况，获得对该工作岗位的基本认识。工作标识有两部分：一是工作岗位的基本信息；二是工作岗位分析的基本信息，其中工作岗位分析基本信息包括工作分析的时间以及工作说明书的撰写人、审批人、审批日期等，设置这些信息有利于对工作说明书的统一管理。这里主要介绍工作岗位的基本信息的内容。

（1）工作名称。工作名称是工作标识中最重要的项目，是指一组在职责、权限、技能要求等方面相近的工作岗位的总称。一个好的工作名称能够恰当地表现其工作岗位的主要内容，并且可以把该岗位与其他工作岗位区别开来，阅读者一看就知道该岗位大概干什么。

（2）岗位编号。岗位编号又称工作编号、工作代码、岗位编号等，主要

小贴士

怎样确定工作岗位名称

是为了方便职位的管理，组织可以根据自己的实际情况来决定应包含的信息。一般是按工作评估与分析的结果对工作进行编码，目的在于快速查找所有的工作。组织中的每一种工作都应该有一个代码，这些代码代表了工作的一些重要特征，如工资等级、职位类别。一般来说，工作编号应该符合以下四个要求：① 唯一性。工作编号必须唯一确定相关的工作岗位。如果出现一个编码对应两种不同的工作岗位的情况，那么当把这两个岗位的信息资料混在一起时，就容易造成岗位信息混乱，失去应有的管理价值。② 方便性。随着组织管理的需求和信息化的发展，计算机系统被组织广泛采用。因此工作编码应该便于运用计算机等进行处理，并且保证工作编号的唯一性。③ 可扩性。组织结构的变动会促使组织增加或减少一些岗位与员工，这就要求编码规则能够适应组织的这些新变化，可以在不改变原有规则的基础上进行扩充，以增加或减少部门与岗位的信息。④ 可用性。工作编号由一系列的数字与字母组合，对于工作人员来说，不易记忆，容易混淆。因此，需要建立编码表，形成较为固定的编码规范，以方便管理者和员工理解编号的意义。

编码规则也是组织管理中的一项重要制度，是组织进行信息化和规范化管理重要的基础性文件。其主要内容包括三个方面：① 编码是一组有序的字符排列编码，可以由数字、字母、符号（如画线）等便于计算机处理的符号构成。最好不要用除数字和英文字母之外的特殊字符。② 编码长度不宜过长。一般是六位或八位数，以便于查找。③ 可按部门、岗位评价与分级的结果对岗位进行编码。表 8-2 即某部门销售主管的工作编号，其中，SH 表示销售部，003 表示第 3 销售小组，005 号表示该销售小组全体员工的顺序号。

表 8-2　某公司销售部销售主管职位工作标识说明书

基本信息			
职位名称	销售主管	所在部门	销售部
目前任职者	××××	职位等级	高级主管级
工作代码	SH-003-005	工作地点	A 公司总部
职位分析员	××咨询有限公司	分析时间	××××年××月

（3）工作地位。工作地位也称工作身份，主要包括以下内容：① 所属部门，即岗位所在部门名称，如"招聘配置主管"隶属于"人力资源部"。② 直接上级/下级的岗位名称。遵循命令统一原则，一个工作岗位只能有一个直接上级；直接下级指直接受该工作岗位领导的那些岗位，共有几个岗位，相应地有多少人员等。③ 定员人数。工作岗位的人员编制。一个工作岗位可能是一个人员编制，比如酒店客房部经理岗位，编制是一个人，而客房服务员岗位，编制则可能是许多人。④ 工作等级，即组织中存在工作等级分类的情况下，此工作岗位处于哪一个等级。例如，某企业的文员分为一级文员、二级文员等。工作等级部分反映了该岗位在组织中的地位高低。⑤ 工资水平。工资水平是经工作评价后该岗位相对价值的大小，一般只是确定该岗位的工资范围，代表一个工作等级，工作岗位和工作等级之间一一对应。⑥ 工作地点，或称工作场所，指工作的地理位置。一般可以用工作所在的部门、分部门、工作小组的名称定义；对于特定的岗位，如地区销售专员，则需要找出其在组织中的工作地点特征标准。

以上工作地位包含的信息可以根据不同的分析目的，内容上有所删减。工作名称、岗位编码和工作地位组成了工作标识的基本信息。

2）工作概要

工作概要也称为职务摘要、工作摘要等，是指用简洁的语言表述设置工作岗位的目的、主要职责和工作完成目标，通常浓缩为一句话，就能够帮助人们从总体上把握该项工作的总体性质、工作任务、工作范围等信息。撰写工作概要时，具体可从以下几个方面思考：为什么需要这个岗位？岗位为公司整体目标承担什么？岗位对公司独一无二的贡献是什么？岗位的中心任务或中心职责是什么？岗位需要完成部门的哪些指标？

工作概要一般是用动词开头来描述最主要的工作任务，而不必细述工作的每项具体任务和活动。其规范写法为"工作行为+工作对象+工作目的"或"工作依据+工作行为+工作对象+工作目的"。例如，人力资源部经理的工作概要可以描述为："主持制订、实施公司的人力资源计划和人力资源管理制度，推动、提升公司的人员招聘、培训、绩效管理、薪酬管理等工作，力求塑造一支结构合理、敬业、高效的人力资源队伍，为实现公司的经营战略目标提供充裕的人力资源保障。"办公室主任的工作概要可描述为："全面负责公司行政和党委的日常事务管理，协助公司领导处理各方面工作；主管公司会务、外事接待、信息工作，为领导决策提供依据，为企业创造良好的外部环境，保证公司内部管理体系的完整和平稳运行。"供应部经理的工作概要可描述为："根据销售预测数据，密切关注原材料市场供应信息，确保及时采购到价格合理、质量优良的原材料，达到公司对原材料成本控制的要求。"

工作分析人员在编制工作概要时有相当大的自由度。但是，为了避免重复并保持工作概要作为工作说明书必要部分的独特性，需要注意以下几点。① 工作概要必须简洁，避免出现笼统的描述。例如，"执行需要完成的其他任务"，虽然这样的描述可以增加工作的灵活度。但很容易促使工作人员回避责任。② 工作概要必须能表达工作的基本任务和目标，因此对于非主要内容可省略。③ 工作概要需概括性地表达工作行为，因此动词选择要准确。④ 工作内容相对简单的工作，其工作概要可直接表达工作任务即可。

3）工作职责

工作职责是指任职者所从事的工作在组织中承担的责任、所需要完成的工作内容及其要求。工作职责描述是工作描述的主体，是在工作标识与工作概要的基础上，进一步对职位的内容加以细化的部分。

对工作职责的界定，要做到准确、清晰、系统，不能出现职责的交叉、重叠或遗漏。这就要求在形成工作描述前要对收集到的信息进行深入分析，使工作职责的界定建立在对业务流程和部门职能全面把握的基础上。对工作职责进行分析和梳理的方法主要有两种：一种是基于对组织职能层层分解的职责梳理，另一种是基于对工作流程的职责分析。在实践中，往往将两种方法结合起来使用，二者互为补充。

部门职责是界定各职位工作职责的基础，因此，界定工作职责的第一步是界定部门职责。界定部门职责时，可根据组织职能及部门的工作任务进行分析，规范各项任务的工作流程，找出部门之间交叉的工作，明确各部门的职责权限。然后，将部门职责分解到部门的各个职位，明确各职位之间的分工关系。对于有明确工作流程的工作任务，可按照其业务流程将工作任务分配到不同的职位；对于没有明确流程关系的工作任务，可通过对部门职责的层层分解，将各项职责落实到不同的职位。

按照工作职责描述方式的不同,可将工作职责描述分为以下两大类。

(1) 工作职责的定性描述。职责是对每项职能执行过程的具体描述,需要体现职能中重要的、常规的职责,并要对每项职责进行权限界定,同时对一些具体的、零散的工作活动,应以概括性的语言进行总结式的描述。工作职责的描述要注意以下几点。① 为了强化工作职责描述的规范性,避免造成语义含混和模糊,常采用"动作行为(动词)+具体对象(宾语)+职责目标"的表达方式来描述工作职责。动词的选择可参照表8-3和表8-4;宾语表示该项任务的对象,即工作任务的内容;职责目标表示通过此项工作的完成要实现的目标,常用"确保""保证""争取""推动""促进"等词语连接。例如,人力资源部部长负责人力资源战略工作,可描述为:负责组织制定人力资源战略和人力资源规划,保证为公司的发展战略提供有效的人力资源支撑。对职责目标的表述,也可不加连接词,如可将某公司车间主任的"成本核算"这一职责描述为:组织开展车间成本核算,审核原材料、动力、能源消耗,不断降低生产成本,提高经济效益。还可在此结构之前再加上动作依据,采用"动作依据+动作行为(动词)+具体对象(宾语)+职责目标"的表达方式。例如,可将某公司行政总监的"计划管理"这一职责可描述为:根据公司的阶段性目标和年度计划,制订所属部门目标、计划、措施,保障公司业务正常运作。表8-3为根据作用对象分类的工作职责常用动词。② 用以描述工作职责的动词要具体、准确、有针对性,要尽量避免采用模糊性的动词。要准确描述工作职责,就必须正确选用动词。③ 尽量避免使用模糊性的数量词,如"许多""一些"等。如果任务描述涉及定量的内容,就应该以定量的词准确描述。例如,推动装有货物的卡车,需要对其作具体描述,则可描述为:推动装有500磅钢板的卡车。④ 尽可能使用职位任职者所熟悉的语言。要尽量避免使用管理学专业的冷僻术语,如确有采用相关术语的必要,则应在工作说明书的附件中予以解释。⑤ 应采用主动句式来描述工作职责,避免使用被动语态。例如,"及时签署日常行政、业务文件"这一职责,就不应表述为"日常行政、业务文件要被及时签署"。⑥ 语言表达清楚确切,避免产生歧义。

表8-3 根据作用对象分类的工作职责常用动词

动词作用对象	相应的动词
针对计划、制度、方案、文件等	编制、制订、拟定、起草、审定、审核、审查、转呈、转交、提交、呈报、下达、备案、存档、提出意见
针对信息、资料	调查、研究、收集、整理、分析、归纳、总结、提供、汇报、反馈、转达、通知、发布、维护管理
关于某项工作(上级)	主持、组织、指导、安排、协调、指示、监督、管理、分配、控制、牵头负责、审批、审定、签发、批准、评估
思考行为	研究、分析、评估、发展、建议、倡议、参与、推荐、计划
直接行动	组织、实施、执行、指导、带领、控制、监管、采用、生产、参加、阐明、解释、提供、协助
上级行为	许可、批准、定义、确定、指导、确立、规划、监督、决定
管理行为	达到、评估、控制、协调、确保、鉴定、保持、监督
专家行为	分析、协助、促使、联络、建议、推荐、支持、评估、评价

续表

动词作用对象	相应的动词
下级行为	检查、核对、收集、获得、提交、制作
其他	维持、坚持、建立、开发、准备、处理、执行、接待、安排、监控、汇报、经营、确认、概念化、合作、协作、获得、核对、检查、联络、设计、测试、建造、修改、执笔、起草、引导、传递、翻译、操作、保证、预防、解决、介绍、支付、计算、修订、承担、谈判、商议、面谈、拒绝、否决、监视、预测、比较、删除、运用

（2）工作职责的定量化表达。除了对职责的定性描述之外，在有些情况下，还需要对工作职责进行定量描述，具体示例见表8-4。在工作分析实践中，常用的对职责进行定量描述的方法主要有三种：一是说明各项职责所花费时间的百分比；二是按重要性大小的顺序逐项列出工作职责；三是说明各项职责的复杂程度。

表8-4 工作职责的定量化表达

职责	占总工作时间的百分比
根据年度工作需要、参考上级年度工作计划，起草公司年度审计工作计划，为公司审计工作的开展提供指导和依据	5%
根据公司年度审计工作计划，参与、组织、指导审计处对公司各独立核算单位进行常规审计，对其日常经营与管理过程进行监控	20%
根据公司年度审计工作计划，参与、组织、指导审计处开展公司及下属经济单位的债权债务审计、违规违纪审计、剩余物资和账外物资审计，为公司的业务活动提供有效的预警	25%
根据公司年度审计工作计划，参与、组织、指导项目经理经济责任审计，为综合、如实地反映项目经理的业绩提供保障	25%
根据不同的审计类别，撰写重要的审计报告，针对被审计单位的问题，提出建设性的改进建议，为公司经营管理提供增值服务	10%
根据上级机关的要求与审计处年度工作需要，组织公司审计人员培训，提升审计人员的业务知识和技能	10%
制订部门内部组织与人员管理方案和制度，培养、考核、激励部门下属人员，确保部门工作高效开展	5%

对工作职责的描述关注的是该职位"主要做什么"，以及"为什么要做"，这是工作描述的必备内容。但有时，也需要关注"如何做"的问题，即工作职责的履行程序。它是针对每项工作职责如何具体完成的过程性描述，是对职责描述的进一步拓展和细化，但并非职责描述的必要内容，主要应用于绩效标准的提取和新员工的上岗指导，同时对职业规范的建立也具有十分重要的作用。

4）绩效标准

绩效标准是在明确界定工作职责的基础上，对如何衡量每项职责完成情况的规定。这部分内容说明了组织希望工作人员在执行每一项工作任务时所要达到的标准。对于以考核为目标的工作分析，绩效标准是工作描述中所必须包含的关键部分。绩效标准以能定量化为好。

比如，工作任务是完成每日生产计划，其绩效标准是：生产群体每个工作日所生产的产品不低于 426 个单位；在下一工作程序被退回的产品不超过 2%；每周延时完成工作的时间平均不超过 5%等。

绩效标准有正向和反向两种指标。正向的绩效标准，是从正面的角度考察该项职责是否完成，以及完成的效果，如目标达成率、销售额、市场占有率、工作完成的及时性等；反向的绩效标准，是从反面的角度考察职责的完成效果，如差错率、失误率、事故率、客户投诉率、次品率等，反向的绩效标准适用于那些正向绩效标准不易提取，或者不具有可操作性的工作职责。

 小贴士

确定绩效标准的 SMART 原则

（1）S 代表具体（specific），指绩效考核要切中特定的工作指标，不能笼统。
（2）M 代表可度量（measurable），指绩效指标是数量化或者行为化的，验证这些绩效指标的数据或者信息是可以获得的。
（3）A 代表可实现（attainable），指绩效指标在付出努力的情况下可以实现，避免设立过高或过低的目标。
（4）R 代表现实性（realistic），指绩效指标是实实在在的，可以证明和观察。
（5）T 代表有时限（time bound），指注重完成绩效指标的特定期限。

5）工作关系

工作关系指本岗位与组织内外的其他工作岗位的关系。这些关系包括两个部分。① 组织内的工作关系。该岗位的汇报对象是谁，可以监督哪些岗位，合作伙伴是谁等。权限包括决策权、人事任免权、监督权、审批权等。② 组织外的工作关系。该岗位与组织外的政府机构、公司企业等机构中的哪些部门有工作联系，有何种联系等。在工作关系中，与其他部门和组织联系的频率也有所不同。对于经常联系的部门与岗位，要了解以下内容：这些岗位的种类与名称是什么、在哪些业务上有工作联系、通过哪些程序建立工作联系等。对于偶尔发生联系的部门，也要明确其名称、数量与产生工作关系的原因。例如，某政府部门的电子政务网站由某公司负责建立与维护，该项目经理的工作关系如表 8-5 所示。

表 8-5　某公司项目经理的工作关系

	工作关系	
公司内部	直接上级	软件开发部经理
	直接下级	软件工程师、程序员
	同级	其他项目经理
公司外部		政府部门相关机构、管理咨询公司等

6）工作权限

工作权限是指根据该职位的工作目标和工作职责，组织赋予该职位的权限范围、层级与控制力度。在制定了一个职位的职责后，如果没有规定其权限范围，职责的完成程度就会不同。职责与权力要同时配置到相应的职位，使责权对等。有责无权会使责任人无法对结果负责，有权无责会使组织变得无序。工作权限的描述，主要应用于管理人员的工作描述与工作评价，以确定职位"对企业的影响大小"和"过失损害程度"。工作描述中对该职位拥有的工作权限的明确表达，可以进一步强化组织的规范化，提升任职者的职业化意识，并有助于其职业化能力的培养。

工作权限的划分，一方面要本着责权统一的原则进行，另一方面又不能完全通过工作职责分析来完成，而是必须依靠系统性的组织安排，在纵向上根据职能定位与管理人员的职业化水平，在横向上根据组织业务流程的分解，同时考虑到组织内部的信息沟通、资源共享、风险分散、责任分担等若干因素进行系统性地分权，形成分层分类的"分权手册"。

工作权限按其种类来分，可分为业务决定权限、财务管理权限、人事管理权限、经营管理权限。在不同内容的权限中，又可按授权的程度来分。如财务管理权中有提议权、审核权和审批权；人事管理权中有提议权、拟定权、办理权、初审权、审核权、审批权；经营管理权中有审批权、审核权、执行权、建议权、修改权、会审权等。

7）工作条件与环境

完成一项工作所需的条件与环境要求，主要包括以下几个方面。

（1）完成工作所需的资料、工具、机器设备与材料。

（2）工作场所。工作场所分为室内和室外两类，并且要用频度副词加以描述，其中频度副词从以下词语中选择：主要、经常、有时、偶尔、从不，这些词语表示的频度依次降低。

（3）工作危险性。工作危险性是对有可能发生的工作伤害的必要提醒。工作危险性描述分两种情况：有或无，如果有，体现在哪些方面。比如，供电局线路检修岗位有三个危险点：高空坠落、触电、坠落物砸伤。提醒从事本岗位注意这三个危险点。需要指出的是，工作危险性是指由某些特殊岗位的工作要求和特点决定的工作伤害，而不是所有从业员工都可能会遇到的普遍伤害，如计算机辐射、腰肌劳损、交通事故等都不必列入工作危险性。

（4）职业病。可参照国家法定职业病填写。

（5）工作均衡性。工作均衡性指工作的忙闲状态。

工作环境对人体造成危害与不舒适的研究对工作分析具有决定性作用，也是劳动保障的重要依据。

 小案例

A 公司的工作描述

一早市场部经理王明就急匆匆地来找人力资源部刘经理。他说："刘经理，昨天你发的那份通知要求我在两周之内修改完市场部全部 20 项工作的工作描述，是真的吗？""是的，有什么问题吗？"刘经理问。王明赶忙解释说："这太浪费时间了，最近我还有其他重要的事情要做，如市场调查项目还等着我去完成呢！修改工作描述至少要花去我好几天的时间，让我放下目前手中的工作去修改工作描述，恐怕难以做到啊。我们都已经三年没有修改工作描述了，工作描述的确需要大幅修改，这点我承认，可是工作描述修改后，我的下属会有各种意见。还记得三年前我们对工作描述进行了简单的修改，当我把修改后的工作描述下发给员工后，立刻就在员工中引起了混乱，很多员工都不认同修改后的工作描述。""怎么会出现这种情况呢？"刘经理问道。王明回答说："这件事情本身就很复杂，员工的工作内容往往变化很大，很多事情通常是临时分派下去的。过于强调工作描述，可能会使一些员工认为工作描述中没规定的工作就不必做了。而且，如果我把部门里的每个人实际正在做的工作写进工作描述，无形中会强调一些临时性、迫切性的工作，忽视一些长远性的工作。这样会造成员工士气低落和工作混乱的后果。"

刘经理问"王明，你有什么建议吗？上面已经命令我两周内完成任务。""我一点也不想做这项工作，"王明回答说，"而且市场调查项目是不能停下来的。你能不能向上级反映一下，修改工作描述这件事情暂时缓一缓，等我有空闲的时间再去做。"

思考讨论题：
1. 工作描述修改后发给员工，为何会引起混乱？请谈谈你的看法。
2. 修改工作描述之前，应该做好哪些准备工作？
3. 市场部的一些员工认为，工作描述中没有规定的工作就不必去做，对此应该怎么看？

2. 工作规范

工作规范也称任职资格，是指当某人要承担该岗位工作时，在知识、工作经验、生理、心理特征和能力等方面应该具备的最低资格要求。工作描述与工作规范都是工作分析的结果和工作说明书的重要组成部分，两者之间存在十分密切的联系，但也有一定的区别，主要表现在以下两方面。① 从编制的直接目的看，工作描述是以"工作"为中心对岗位进行全面系统的、深入的说明、为岗位评价、岗位分类以及组织劳动人事管理提供依据。而工作规范是在岗位说明的基础上，解说什么样的人员才能胜任本岗位的工作，以便为组织员工的招聘、培训、考核、选拔、任用提供依据。② 从其内容涉及的范围来看，工作描述的内容十分广泛，包括对岗位各有关事项的性质、特征、程度、方法的说明，而工作规范的内容较为简单，主要涉及对岗位人员任职资格条件的要求。

小训练

培华公司的工作说明书是前年制定的，最近，人力资源部张经理让刚毕业的小王把工作说明书重新完善一下，小王根据张经理的要求首先分析了人力资源部的各个岗位：招聘主管岗、培训主管岗和考核主管岗。招聘主管赵芸是本科学历、培训主管李斌是大专学历，而考核主管董立国是硕士学历，所以他认为这3个岗位理想的资格分别是本科、大专和硕士。

请问小王对这几个岗位的工作规范分析有哪些问题？

在确定工作规范时，要注意以下两点：① 工作规范的着眼点应该是某项工作或是具体职位，而非任职者本身。工作规范要求任职者本身要符合工作实际要求，不能肆意夸大，也不能随意贬低，应该遵循人员与职位匹配的原则。② 工作规范对任职资格的要求仅是履行该工作职责的最低要求，而非理想或期望要求，如果从理想或期望角度出发，就无法确定工作规范的制度化，会因此失去管理的公平性和客观性。

工作规范的内容主要包括以下几个方面。

1）身体素质要求

身体素质要求是指从事体力或脑力劳动所需要的身体条件，包括身高、体型耐力、力量大小以及身体健康状况等。

2）资格证书要求

资格证书要求是指国家或行业规定的任职者必须持有的执业资格证书。

3）知识要求

知识要求是指任职者胜任某项工作应具有的知识结构和知识水平，一般可采用六级表示法进行评定，即精通、通晓、掌握、具有、懂得、了解。知识要求包括以下三个方面。① 基础知识，指与工作相关的基础性理论知识，一般为一级或二级学科，不同工作性质需要不同的基础知识。例如，人力资源经理应该掌握的基础性理论知识有管理学、心理学、法学、经济学等。② 专业知识，这是岗位的核心知识，体现了岗位之间要求的本质区别，一般可以用教育专业表示。比如财务部经理和人力资源经理，在基础知识上基本相同，都需要掌握管理学、经济学等，但专业知识方面大相径庭，财务部经理需要掌握的专业知识是财务核算、报表编制、资金预测等，而人力资源部经理需要掌握的专业知识是工作分析、人员测评、工作评价等。③ 相关法律法规知识，指胜任本岗位所应具备的相关政策、法律、规章或条例方面的知识。通过了解相关的法律知识可以开阔任职者的眼界与工作思路，优化工作质量。这部分知识包括国家对行业的法规、政策，行业发展趋势，国家对经济的宏观调控政策等。

4）教育状况要求

这是指岗位对任职者的知识要求，具体包括：① 教育程度，即接受的各级各类教育的状况，包括就读过的学校名称、科系、就读时间与毕业时间、相关特殊进修、短期研修与取得证书的时间；② 学历要求，即胜任岗位所需要的最低学历要求，如高中及以下、中专、大专、学士、硕士、博士等。学历代表任职者的受教育年限。

5）工作技能

工作技能是指与工作相关的工具、技术和方法的运用。工作技能包括两类：一类是通用技能，如公文处理技能、计算机操作技能、外语技能等；另一类是专业技能，指某一特定领域所需的、履行岗位工作职责时必备的技能，可以通过资质要求来鉴定，比如，医生要有相应级别的执业医师资格证等。目前人力资源和社会保障部推行的人力资源管理师资格认证就是作为人力资源管理人员应该具备的工作技能证明。

6）工作经验

工作经验可以采用社会工作经验和组织内工作经历结合来度量。社会工作经验是指任职者的所有工作经历，根据与岗位相关性，具体分为一般工作经验、相关工作经验、专业工作经验和管理工作经验等四类。例如，某电子公司生产部经理的工作经验要求见表 8-6。组织内经历是用本组织内部的工作经历来表示岗位的工作经验要求，一般适合于从内部选拔中高层管理者。

表 8-6　某电子公司生产部经理的工作经验要求

	必备条件	理想条件
一般工作经验	8 年以上社会工作经验	10 年以上社会工作经验
相关工作经验	5 年以上电子公司或 8 年以上社会工作经验	8 年以上电子公司工作经验
专业工作经验	3 年以上电子公司生产部主管工作经验	5 年以上电子公司生产主管经验,分管生产工艺、质量控制等工作
管理工作经验	2 年以上担任中等规模企业生产部门副职	2 年以上担任中等规模企业生产部经理

7）心理特征

心理特征是指一个人心理过程进行时表现出来的稳定性。个性心理特征是多种心理特征的独特组合。一般把人的能力、性格和气质统称为个性心理特征。心理特征要求就是指根据岗位的性质和特点,对员工在能力、气质和性格等方面及其发展程度要求所进行的综合分析。对心理特征的分析可以采用心理图示法。心理特征表示法有计分法、文字表达法和表格法。

不同性格、气质类型及其相适应的职业见表 8-7 和表 8-8。①

表 8-7　性格类型、特征和相应职业

性格类型	特征	相应职业
敏感型	精神饱满,好动不好静,办事爱速战速决,但行为带有盲目性;与人交往中,往往会拿出全部热情,但受挫时又容易消沉失望	运动员、政府人员和各种职业的人均有
感情型	感情丰富,喜怒哀乐溢于言表,别人很容易了解其经历和困难;不喜欢单调的生活,爱刺激,爱感情用事;讲话写信热情洋溢;在生活中喜欢鲜明的色彩,对新事物很有兴趣;与人交往中,容易冲动,易反复无常,傲慢无理,所以与其他类型人有时不易相处	在演员、活动家和护理人员中较多
思考型	善于思考,逻辑思维发达,有较成熟的观点,一切以事实为依据,一经做出决定,能够持之以恒;生活工作有规律,爱整洁,时间观念强;重视调查研究和精确性;但这类人有时思想僵化,教条,纠缠细节,缺乏灵活性	在工程师、教师、财务人员和数据处理人员中较多
想象型	想象力丰富,憧憬未来,喜欢思考问题;在生活中不太注重小节,对那些不能立即了解其想法、价值观的人往往不耐烦;有时行为刻板,不合群,难以相处	在科学家、发明家、研究人员和艺术家、作家中较多

表 8-8　气质类型、特征和相应职业

气质类型	特征	相应职业
黏液质	沉静,稳重,迟缓,少言谈,能忍耐,情感不易外露,注意力稳定,但难于转移;对自己的力量做好估计后,就把事情做到底,持重,交际适度,从容不迫,性格有一贯性和确定性	善于做有条理的、要求细致和持久的工作,如会计、出纳员、话务员、保育员、播音员等

---

① 姚月娟. 工作分析与应用［M］. 5 版. 大连:东北财经大学出版社,2020.

续表

气质类型	特征	相应职业
多血质	具有很高的灵活性，容易适应变化的生活条件；活泼，好动，敏捷，注意力容易转移，感情丰富但不强烈，易于变质	适合从事与外界打交道，灵活多变、富于刺激性和挑战性的工作，如外交、经商、管理、记者、律师、驾驶员、运动员等；不太适合做过细的、单调的工作
胆汁质	有很高的兴奋性，所以在行为上表现出不均衡性；脾气暴躁，好挑衅，态度直率，活动动作敏捷，情绪容易冲动，一般表现在面部和姿态上，常常性急；工作特点是带有周期性和波动性，能以极大的热情投身于工作，准备以行动去克服困难；然而当精力消耗殆尽而目的没有达到时，便失去信心，情绪沮丧	喜欢与人打交道、工作内容不断变化并且热闹的职业，如导游、推销员、节目主持人、公共关系人员；但明显不适应长期久坐、持久耐心而细致的工作
抑郁质	性情孤僻，优柔寡断，行动迟缓，情感体验深刻而持久，往往为微不足道的理由而动感情，但情绪有内隐性，并善于察觉别人不易察觉的细小事情，对委托的事情有责任感和坚定性，能克服困难，在一个友爱的集体里或者在习惯的环境中，这类人可能是容易相处的人	适合安静、细致的工作，如校对、打字、排版、检查员、化验员、登记员、保管员等

8）道德要求

任职者除了应具备上述的能力要求外，还必须具有良好的职业道德，这是做好工作的重要前提和保证。通过对职业道德水平的分析，任职者最起码应具备诚信、敬业、相互尊重等优秀品质。例如，医生要有医德，救死扶伤；教师要讲师德，教书育人；商人要讲信誉，诚信第一。

总体来说，工作规范涉及以上几个方面的内容。实际工作中当然不能照搬照抄，应该结合具体情况进行选择。

8.2.2　工作说明书的编写要求

1. 以符合逻辑的顺序来编写

在工作说明书的编写过程中，应该以符合逻辑的顺序来编写。一般来说，一个岗位通常有多项工作职责，在工作说明书中罗列这些工作职责并不是杂乱无章的、随机的，一定的逻辑顺序有助于理解和使用工作说明书。

2. 尽量使用通俗易懂的语言

在工作说明书的编写过程中，应该尽量避免过于强调技术性的文字或概念，工作说明书的描述不仅要让上级管理者能够理解工作相关内容，更重要的是让任职者能实实在在地领会自己的工作职责。因此，当遇到技术性问题时，应尽量将其转化成较为通俗的解释。

3. 标明各项职责的重要性

在工作说明书的编写过程中，应该标明各项职责的重要性。许多具体工作出现的频率和各项职责所占的时间比例有所不同。因此，可考虑按工作的重要程度自上而下地进行排列，或者结合各项职责出现的频率高低，在对应的备注栏中说明各项职责在总的职责中所占的比例。在编写工作说明书的过程中，不仅要写明岗位的主要工作内容，还要明确其职责大小与次序的划分。在实际编写时，可按照各项职责的重要程度、难易程度和任职者花费的时间等内容进行具体分析，关键是要客观、如实和具有可操作性（说明做什么、如何做、怎么做好）。一般来说，由于基层或生产线上的员工的工作更为具体，其工作说明书中的描述也应更为详细。实际上，许多企业是使用作业指导书和岗位操作规程来替代工作说明书的。

8.2.3 工作说明书的编制步骤

1. 获取工作信息

1）分析组织现有的资料

浏览组织已有的各种管理制度文件，并和组织的主要管理人员进行交谈，对组织中开发、生产、维修、会计、销售、管理等职位的主要任务、主要职责及工作流程有个大致的了解。

2）实施工作调查

充分、合理地运用工作分析方法，如观察法、访谈法、关键事件法、工作日志法等，开展工作分析，尽可能全面获得该工作的详细信息。这些信息包括工作性质、难易程度、责任轻重、所需资格等方面。

2. 综合处理工作信息

综合处理工作信息包括以下方面。① 将通过文件查阅、现场观察、访谈及关键实践分析等方法得到的信息进行分类整理，得到每一个职位所需要的各种信息。② 针对某一职位，根据工作分析所要收集的信息要求，逐条列出这一工作的相关内容或者工作分析清单，形成初步的工作说明书。③ 工作分析者在遇到问题时，需随时与公司的管理人员和某一职位的工作人员进行沟通，针对同一职位但回答差异很大的项目进行商议，以取得统一意见。

3. 撰写工作说明书

1）制定编写规范

由工作分析小组全体成员讨论制定工作说明书的编写规范。比如，按行政和业务分类展开对工作职责和内容的讨论。工作说明书的编写最好在一个固定的办公地点由小组成员统一进行，以便及时沟通，每个成员侧重编写本部门或个人最为熟悉的职务说明书，一个部门完成后再进行下一个部门。需要指出的是，现在市场上可以买到解决这种费时但又是必需的任务的相关软件，编写者也可从网上下载有关的样本。

2）与实际工作进行对比

将草拟的工作描述和工作规范与实际工作进行对比。召集整个工作分析中所涉及的人员，并给每位分发一份说明书初稿，由大家讨论根据以上步骤所制定的工作说明书是否完整、准确。讨论要求仔细、认真，甚至每个词语都要认真斟酌。工作分析专家应认真记录大家的意见。如果是书面征求意见，应在分发说明书初稿时附一份意见反馈表格。该信息反馈表经过任职者与任职者的主管填写后，再返回到工作分析人员手中。

3）确定是否再次调查研究

根据讨论的结果决定是否需要再次进行调查研究。若需要，则重复以上步骤。特别是重要的岗位，其工作描述与工作规范应进行多次修订。

4）确定工作说明书

根据讨论的结果，工作分析人员最后确定一份详细、准确的工作说明书。

4. 修正工作说明书

将工作说明书应用于实际工作，注意收集应用中的反馈信息，并不断完善工作说明书。如果发现现有的工作概念、内容、方法已经不尽合理，应该改良或者部分更换，甚至需要用新的方法代替，应对工作说明书进行修正。特别要强调的是，所有的修改都要填写"修改分析单"，明确导致误差的原因和避免重复出现误差的方法，从而保证工作分析活动能够持续进步。

5. 批准和颁布

一般而言，人力资源部经理负责各部门中高层工作说明书的复核、基层工作说明书的批准，总经理或工作分析小组组长负责中高层工作说明书的批准和公司所有工作说明书的颁布。

小贴士

工作说明书的编写技巧

规范的工作说明书是企业组织的巨大财富。那么，在编写过程中，需要掌握哪些技巧呢？

- 要用专业术语来描述。在编写工作说明书时，应选用专业的词汇来描述工作特点和对任职者的要求。如分析、收集、分解、监督等。
- 在措辞上，应尽量使用简洁、精练的语言。
- 对工作的描述应清晰透彻，让员工一目了然。
- 每个句子应该以一个主动词开头，采用动宾结构，少用或不用形容词。如描述职位目的时，可采用"执行……以实现/推进……"这种句型。
- 在使用那些只有一种含义的词，以及用来详细描述工作完成方式的词语时，要小心谨慎。
- 最好用统一格式，注意整体的协调，做到美观大方。

可见，工作说明书的编写是经验、规范与技巧的结合，它需要在掌握大量信息的基础上，运用专业术语和文法技巧最终完成。

8.2.4 工作说明书范例

1. 总经理的工作说明书（见表8-9）

表8-9 总经理的工作说明书范例

单位名称			
岗位名称	总经理	直接上级	
直接下级	人力资源部门经理、财务部门经理、质量部门经理、生产副总、商务副总等	下级人数	
工作职责	组织分析企业的战略环境，在企业战略的指导下制订经营计划并组织计划的实施，对经营活动的过程和结果负责		

续表

工作内容	1. 战略规划及制度管理 ① 遵守国家法律法规的有关规定，主持企业的经营管理工作； ② 组织分析、研究企业所处的外部环境和内部条件，监督、指导行政人事部制定企业的战略规划和战略目标； ③ 审批、完善企业的各项管理制度，保证企业的管理体系科学、有效、高速地运行。 2. 组织结构及业务流程 ① 组织拟订企业内部管理机构设置方案，并组织实施； ② 组织拟定企业各项业务开展所应遵循的标准业务流程，并监督执行； ③ 对各职能部门的设立、合并、撤销、变更提出建议。 3. 年度经营计划 ① 组织拟订企业的年度经营计划，并组织实施； ② 分解和下达企业的年度经营计划； ③ 督导各项经营目标的完成进展，并随时给予下属方向性、指导性意见。 4. 财务管理 ① 组织进行企业重大投资项目的可行性论证，以及组织制订企业的重大投资项目计划和融资方案，并督导计划及方案的实施； ② 监控企业资金的筹集、调配及使用，督导对企业新开发项目进行投资风险、资金保障等方面的分析，掌握企业的经济运行状况、财务状况； ③ 审批各项财务支出。 5. 人力资源管理 ① 拟订企业高层人员配置方案，批准下属部门中层管理人员聘任方案； ② 审批企业年度人员编制计划及薪酬方案； ③ 定期听取直接下级的工作述职，并对其工作业绩进行考核评定。 6. 质量管理 ① 负责组织建立、健全企业的质量管理体系，并领导企业产品的全面质量管理工作； ② 负责组织制订企业的年度质量计划，建立、健全质量指标考核体系，并监督检查质量成本统计、分析与控制及质量管理制度的执行情况。 7. 技术管理 ① 负责组织建立、健全企业的技术管理体系，审批新产品开发申请； ② 组织重大技术改造项目的论证，并就质量难题进行技术攻关； ③ 审批企业的模具设计、采购及验收方案。 8. 生产及采购管理 审批企业的年度生产、采购计划及采购资金预算，并对计划的实施情况进行监督和考核。 9. 商务管理 ① 负责组织制定企业的营销策略及发展规划，审批企业的年度销售目标及销售计划，并对计划的实施情况进行监督和考核； ② 监控商务部应收账款的回收工作，审批各项销售费用，控制销售费用开支； ③ 定期听取商务副总的工作述职，并对其工作业绩进行考核评定。 10. 企业文化与公共关系 ① 培育和发展品牌，依据企业的经营方针、战略决定企业文化及形象宣传的基调与主题，塑造良好的企业形象； ② 代表企业对外开展商务活动，与政府有关部门和社会团体、机构建立和保持良好的合作关系。 11. 事务管理 ① 代表企业签署各种合同、协议，签发企业的日常行政、业务文件； ② 主持总经理办公例会，召集下属参加企业的重要专题会议； ③ 巡视、监督、检查和推动企业各部门的工作； ④ 在必要的情况下对下级进行授权； ⑤ 指导、协调企业各职能部门的工作，及时对直接下级的工作争议做出裁决。 12. 其他职责 履行企业章程规定的其他职责

续表

权限	① 企业中层管理人员的聘任及解聘权； ② 下属部门及负责人业绩的考核权； ③ 直接下级奖惩的决定权； ④ 财务规定的资金使用及审批权； ⑤ 董事会规定的其他权限			
责任	① 对企业经营计划的完成负责； ② 对企业内部管理的有效性负责； ③ 对企业的品牌塑造负责； ④ 对企业中层管理人员的人事决策风险负责； ⑤ 企业章程中规定的其他责任			
任职资格	性别	不限	年龄	35 岁以上
	学历	本科及以上	专业	企业管理、市场营销、财务管理等
	经验	8 年以上企业管理工作经验，在生产制造企业中从事管理工作并担任高层管理者 5 年以上，具备现代企业管理的先进理念		
	知识	熟悉：生产管理、人力资源管理、财务管理相关的专业知识；了解：行业动态、国家相关政策		
	技能	具有较强的领导能力、谈判能力、判断能力、协调沟通能力、应变能力、创新开拓能力，熟悉工业企业管理及管理现代化方法等知识		
	职业道德	诚信、廉洁、敬业、严谨、执着坚韧、事业心强、严守企业的秘密		

（资料来源：葛玉辉. 工作分析 [M]. 北京：电子工业出版社，2020.）

2. 人力资源部经理的工作说明书（见表 8-10）

表 8-10 人力资源部经理的工作说明书范例

职位名称	人力资源部经理		直接上级		公司总经理	
定员	1 人		所辖人员	12 人	工资水平	
分析日期			分析人		批准人	
工作描述						
工作概要	制定、执行与人力资源管理活动相关的各方面政策，为填补职位空缺而进行雇员招聘、面谈、挑选等活动。计划和实施新雇员的上岗引导工作，培养对公司目标的积极态度。指导工资市场调查，确定竞争性市场工资率。制定人力资源管理经费预算。与工会及政治工作部的主管人员共同解决纠纷，在雇员离职前与其进行面谈，确定离职的真正原因，在与人力资源部有关的会议和调查中充任代表。监督、指导本部门工作人员					
工作职责	提交公司人力资源管理规划及人事改革方案，贯彻落实各项计划					
	雇员的招聘、录用、劳动合同签订、定岗、定编、定员计划编制					
	处理职工调配、考核、晋升、奖惩和教育培训工作，对中层干部调整提出方案					
	处理劳动工资、职工福利、职称审定的工作					
	处理雇员离职、人才交流、下岗分流、再就业等人事变动事宜					
	负责雇员健康检查、献血、保险事宜					
	分析公司业务情况、预测公司发展前景、制定部门发展、参与制定公司发展战略					
	协调公司内外部人际关系，向公司高层提出处理人事危机的解决方案					

续表

任职资格		
因素	细分因素	限定资料
知识	教育	最低学历要求为大学本科,工作中能较频繁地综合使用其他学科的一般知识
	经验	至少从事公司职能管理工作两年、业务工作三年;在开始工作前还应接受管理学原理、组织行为学、人事管理、财务管理等相关知识培训
责任	技能	在工作中要求高度的判断力和计划性,要求积极地适应不断变化的环境;需要经常处理一些工作中出现的问题;由于工作多样化,灵活处理问题时需要综合使用多种知识和技能;具有良好的人际关系协调能力和人事组织能力
	分析	具有较强分析公司战略发展与业务需要的能力,并预测未来的人力资源供求状况
	协调	工作时需要与上级或其他部门的负责人保持密切联系,频繁沟通。在公司内部与各部门负责人有密切的工作联系,在工作中需要保持随时联系与沟通,协调不利对整个公司有重大影响
	指导	监督、指导6～13名一般工作人员或3～4名基层管理干部
	组织人事	在工作中,完成对员工选拔、考核、工作分配、激励、晋升等职责,为中层干部调整制订计划
决策能力	人际关系	能正常运用正式或非正式的方法指导、辅导、劝说和培养下属,密切协调下属工作和其他管理人员活动。接受一般监督
	管理	工作中直接向上级领导负责管理,参与公司一些大事决策,做决策时必须与其他部门负责人和上级直接领导共同协商
	财务	不能因工作失误而给公司造成显性或潜在损失;具备财务管理的一般知识,有较强节约管理经费的意识
工作环境	时间特征	上班时间根据具体情况而定,但有一定规律,自己可以控制和安排
	舒适性	非常舒适,不会引起不良感觉
	职业病与危险性	无职业病的可能,对身体不会造成任何伤害,去外地出差时可以乘坐飞机,本地外出时可以由公司派车或是乘坐出租车
	均衡性	所从事的工作不会忙闲不均
工具设备	办公用品与设备	计算机、传真机等

(资料来源:李强.工作分析:理论、方法与应用[M].北京:科学出版社,2017.)

3. 薪酬绩效主管的工作说明书(见表8-11)

表8-11 薪酬绩效主管的工作说明书范例

岗位名称	薪酬绩效主管	岗位编号	
所在部门	人力资源部	岗位定员	1人
直接上级	人力资源部经理	所属下级	薪酬福利专员、绩效专员
岗位分析日期	2022年3月		

续表

岗位设置的目的和意义：协助人力资源部经理组织实施薪酬福利和绩效管理工作，制订薪酬福利方案，根据绩效考核流程组织公司的绩效考核工作，完成员工的工资、奖金及社会保险费用的核定和结算工作		
职责与工作任务：		
职责一	职责表述：制度建设与完善职责	
	工作任务	协助人力资源部经理制定完善的薪酬管理制度、绩效管理制度，理顺业务流程
职责二	职责表述：年度计划的制订	
	工作任务	根据公司年度计划，协助人力资源部经理制订年度薪酬福利计划、绩效管理计划包括人工成本、工资、奖金、福利的测算、分配和调整，以及绩效目标的确定。考核实施、评估等内容，提交上级审核批准后执行
职责三	职责表述：薪酬福利管理	
	工作任务	1. 根据公司人员的分布状态，制订公司薪酬福利管理方案，提交上级审核批准后组织实施； 2. 负责新员工、新岗位薪酬级别的确定，指导下属完成日常的工资发放工作
职责四	职责表述：绩效管理	
	工作任务	1. 协助人力资源部经理完成年度绩效考核指标的分解落实； 2. 在人力资源部经理的指导下，负责具体的绩效考核实施工作，确保公司按进度完成考核工作； 3. 协助人力资源部经理根据绩效考核结果制订奖金分配方案； 4. 根据绩效考核结果组织开展优秀员工的考评工作
职责五	职责表述：协助人力资源部经理开展年度工作总结及人工成本测算	
	工作任务	1. 协助人力资源部经理完成人工成本的测算，提出薪酬调整方案，指导薪酬专员开展薪酬福利工作； 2. 协助人力资源部经理进行年度工作总结，负责年度固定薪酬总额、年度奖金的测算和分析，并提交人力资源部经理
职责六	职责表述：完成人力资源部经理交付的其他任务	
权力：员工薪酬调整的建议权、对考核结果的核实权		
工作协作关系：		
内部协调关系：公司各部门；外部协调关系：人事局、劳动局、股份公司相关部门		
任职资格：		
教育水平	大学专科以上	
专业	人力资源管理专业或相关专业	
培训经历	人力资源管理知识培训	
工作经验	两年以上工作经验	
知识	熟悉相应的人力资源管理知识，掌握有关人力资源管理的各项规章制度，具有行政管理知识	

续表

技能	熟练使用办公室软件，具备基本的网络知识，具有较强的阅读能力、写作能力、表达能力、判断与决策能力、人际沟通能力、计划与执行能力
其他：	
使用的工具设备	计算机、一般办公设备
所需记录的文档	通知、简报、汇报文件、总结、公司文件、工资表、职工台账、报表
备注：	

（资料来源：姚月娟.工作分析与应用［M］.5版.大连：东北财经大学出版社，2020.）

4. 销售工程师的工作说明书（见表8-12）

表8-12　销售工程师的工作说明书

一、基本资料　文件编号：002					
1. 职务名称：销售工程师		2. 直接上级：客户总监		3. 所属部门：客户中心	
4. 工资等级：B职系四等		5. 工资水平：.		6. 分析日期：2020年7月	
7. 辖员人数：		8. 定员人数：1人		9. 工作性质：业务人员	
二、工作内容					
1. 工作概述：负责客户中心IBM产品的销售					
2. 职务说明					
编号	工作内容及职责				权限	耗时/%
1	与市场部共同组织IBM产品市场策划				协助	
2	开发有IBM产品需求的用户：电话联系、演示、安装试用软件				负责	
3	对有IBM产品需求的用户进行跟踪				负责	
4	做好工作日记和客户档案				执行	
5	为普通用户制作方案说明书和价格				负责	
6	协同技术中心工程师为特殊需求用户制作方案说明书及报价				协助	
7	处理顾客的售后服务、技术支持事宜。将不能解决的问题提交给技术中心，并协助其工作				协助	
8	完成岗位目标和上级下达的其他任务				执行	
3. 工作关系					
所施监督	在规定的权限内，自行处理有关的工作，遇特殊情况向部门主管请示				
所受监督	客户总监				
职位关系	可直接升迁的职位	部门经理			
	可相互转换的职位	销售代表			
	可升迁至此的职位				

续表

三、任职资格												
所需学历及专业		最低学历			专业			其他说明				
		大专及以上学历			计算机			其他专业同等学力也可				
所需技能培训（方可上岗）		培训时间						培训科目				
		3个月						企业文化、计算机				
所需经验		1年以上相关工作经验										
一般能力	项目	激励能力	计划能力	人际关系	协调能力	实施能力	信息能力	公共关系	冲突管理	组织人事	指导能力	领导能力	沟通能力
	需求程度（满分为5）	3	3	3	3	3	3				3	3
基本素质	1. 大学本科及以上学历 2. 计算机及相关专业 3. 认同公司的企业文化和经营理念 4. 有敬业精神 5. 团队合作精神强 6. 遵守公司的各项规章制度					个性特征			1. 性格开朗、自信、热情 2. 有较强的沟通能力、口才好 3. 心理承受力强 4. 敢于接受挑战和压力 5. 有开拓创新精神 6. 有合作精神 7. 心胸开阔				
体能要求：身体健康，能承受快节奏、满负荷的工作，能保证经常加班												
四、工作场所												
工作时间		工作环境和条件						工作均衡性				
早9：00—晚6：00，经常加班		室内、室外工作时间各一半						比较忙碌				
五、考核标准												
1. 工作绩效　2. 工作态度　3. 工作能力　4. 专业知识　5. 责任感 6. 企业文化　7. 发展潜力　8. 协调合作　9. 品德言行　10. 成本意识												
六、备注												

（资料来源：李中斌.工作分析理论与实务［M］. 4版. 大连：东北财经大学出版社，2021.）

5. 试验车间技术员的工作说明书（见表8-13）

表8-13　试验车间技术员的工作说明书范例

职务	实验车间技术员	职务编号	15038
部门	技术开发部	职务等级	8
日期	2012年5月4日		
工作范围	从事实验工作，包括零部件的设计、加工、装配和改造		

1. 工作职责
① 根据图纸或工程师的口头指示，运用各种机械工具或安装设备，加工、改造产品；

续表

② 与工程师及车间主任一起改进生产工艺；   ③ 操作机床，使用焊枪并从事钳工的工作；   ④ 阅读有关图纸及说明；   ⑤ 指导本车间的工人操作机器。   2. 仪器、设备及工具   普通机床、成型机、钻孔机、电锯、冲压机、测量仪等。   3. 任职条件   高中毕业或者具有同等学力，具备3～4年操作各种机械设备的经验，有较高的理解、判断能力，会看图纸，能熟练完成实验操作并且身体健康

（资料来源：葛玉辉. 工作分析 [M]. 北京：电子工业出版社，2020.）

 实训设计

编制工作说明书实训项目

实训目的：通过本次实训，了解工作说明书包括的主要内容，理解编写工作说明书的基本原理和基本思路，学会撰写内容完整、用语规范的工作说明书。

实训时间：本项目实训时间以2课时为宜。

实训地点：多媒体教室。

实训所需材料：本实训需要准备各种类型的工作说明书范本，通常是调查问卷和访谈得出的关键岗位信息。

实训背景设计：假设学校要重新对全体教职员工绩效考核制度进行一次修订，重点修订对象为专职大学教师和高校辅导员这两类岗位。学校希望通过此次工作分析准确界定这两类岗位的具体工作职责以及责任细分，提炼出操作简单、有效、实用的衡量工作完成效果的指标，并提供依据。

实训内容：编制大学教师、高校辅导员岗位的工作说明书。

实训要求：

1. 根据工作分析方法模块所收集的大学教师的岗位信息并参考工作说明书（范本）格式编制该岗位的工作说明书。

2. 根据工作分析方法模块所收集的高校辅导员的岗位信息并参考工作说明书（范本）格式编制该岗位的工作说明书。

实训步骤：

1. 实训前做好准备，复习并熟练掌握有关工作说明书方面的知识。

2. 对学生进行分组，建立工作说明书撰写小组（每组5～7人）。

3. 以小组为单位，根据工作分析方法模块所收集的大学教师和高校辅导员的岗位信息展开讨论，充分发表个人观点，确定出大学教师、高校辅导员的关键岗位信息。

4. 讨论结束后，在规定的时间内，每个小组必须撰写典型岗位的工作说明书。

5. 教师就撰写的工作说明书适时讲评。

实训考核标准

1. 实训前对工作说明书的知识掌握是否熟练。

2. 各小组在根据所收集的大学教师和高校辅导员的岗位信息进行课堂讨论过程中，是否认真、积极地投入，体现出良好的团队协作精神。

3. 能否依据工作说明书的原理编制工作说明书。

4. 编制的工作说明书内容是否正确、翔实，信息完整，重点突出。

实训考核方法

实训成绩分为优秀、良好、中等、及格、不及格5个等级。课堂讨论占总成绩的40%，实训作业占总成绩的60%。

(资料来源：姚月娟. 工作分析与应用［M］. 5版. 大连：东北财经大学出版社，2020.)

课后练习题

1. 自测题

请扫描二维码（内含若干填空题、判断题、单选题、多选题），您可以在线自测并查看答案。

自测题

2. 思考题

（1）什么是工作说明书，它与工作分析的关系是什么？

（2）工作说明书的作用是什么？

（3）怎样才算是一份合格、规范的工作说明书？

（4）工作描述包括哪些具体内容？

（5）工作规范包括哪些内容？

（6）工作说明书编写应注意哪些问题？

（7）工作说明书编写步骤有哪些？

（8）简述工作说明书的发展趋势。

3. 实操训练题

（1）请收集一份工作说明书，评价其优势与不足。

（2）以下"某公司招聘专员的工作说明书"，请就其编写得是否规范展开小组讨论，并请说明原因。

某公司招聘专员的工作说明书

岗位名称：招聘专员

所属部门：人力资源部

岗位职责：负责招聘计划的制订与实施

负责招聘渠道的选择与维护

负责应聘人员的联络与接待工作

负责招聘员工的绩效与考核工作

任职资格：身体健康、大学本科学历，人力资源管理相关专业

（3）为你所熟悉的某个工作岗位编制一份工作说明书（可以以个人或小组的形式完成）。

4. 案例分析题

请扫描二维码，阅读案例原文，然后回答每个案例后面的问题。

案例分析题原文

 课程思政指南

"组织设计与工作分析"课程思政教学评价体系

对学生"组织设计与工作分析"课程的考核要从多维度出发，打破传统的"唯分数论"，在考核过程中要注重价值引领，除了考查学生基本知识技能掌握情况，还要考查学生德育目标的实现，对学生评价立足全过程，构建完善的思政教学评价体系（如图8-2所示），以促进学生全面发展。

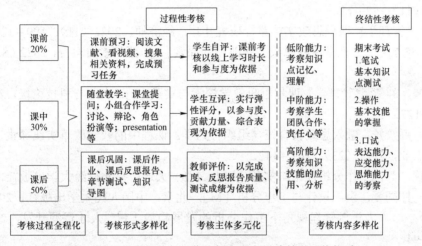

图8-2 "组织设计与工作分析"课程思政教学评价体系

参考文献

[1] 达夫特. 组织理论与设计：第13版 [M]. 王凤彬，石云鸣，张务萍，等译. 北京：清华大学出版社，2022.

[2] 刘华，李亚慧. "人力资源管理"课程思政实现路径探索 [J]. 内蒙古财经大学学报，2022（3）：74-76.

[3] 陈桃红，冯正茂. 组织行为学课程思政的教学探索与实践 [J]. 职业教育（中旬刊），2022（11）：72-75.

[4] 孙莹. 《管理学》课程思政实施路径研究 [J]. 经济师，2022（11）：199-120.

[5] 孟樱，庞加兰. 管理学课程思政教学改革的探索 [J]. 西部素质教育，2022（8）：23-25，46.

[6] 丁美琴，刘慧. 《管理学》课程思政教学探索与实践 [J]. 产业与科技论坛，2022（16）：126-127.

[7] 苗莉，荆姣姣. 融入思政教育在《组织行为学》课程中的教学改革实践探索 [J]. 现代商贸工业，2021（23）：141-142.

[8] 李中斌，等. 工作分析理论与实务 [M]. 4版. 大连：东北财经大学出版社，2021.

[9] 相飞，杜同爱. 组织设计与工作分析 [M]. 北京：中国人民大学出版社，2021.

[10] 李少亭. 人力资源管理视角下工作分析的发展趋势 [J]. 人才资源开发，2021（6）：93-94.

[11] 杨婕妤，陈强强. 农业院校"人力资源管理"课程思政教学设计探索 [J]. 高等农业教育，2021（1）：100-104.

[12] 陈丽芳. 工作分析在企业人力资源管理中的作用 [J]. 中国集体经济，2021（14）：116-117.

[13] 姚月娟. 工作分析与应用 [M]. 5版. 大连：东北财经大学出版社，2020.

[14] 葛玉辉. 工作分析 [M]. 北京：电子工业出版社，2020.

[15] 萧鸣政，张满，张占武. 组织设计与工作分析 [M]. 北京：高等教育出版社，2019.

[16] 刘葵. 招聘与录用实务 [M]. 3版. 大连：东北财经大学出版社，2019.

[17] 何永强，李济良. 工作分析 [M]. 北京：中国财富出版社，2019.

[18] 武立东. 组织理论与设计 [M]. 北京：机械工业出版社，2019.

[19] 朱颖俊. 组织设计与工作分析 [M]. 北京：北京大学出版社，2018.

[20] 柯江林. 组织设计与变革 [M]. 北京：北京师范大学出版社，2018.

[21] 周冲，杨娇，温培华. 工作分析：理论、方法、实践 [M]. 长沙：湖南师范大学出版社，2018.

[22] 欧小庆. 浅析工作分析在人力资源管理中的应用 [J]. 中国管理现代化，2018（21）：

104-105.

[23] 万希. 工作分析：人力资源管理的基石 [M]. 北京：电子工业出版社，2017.
[24] 陈俊梁，陈瑜. 工作分析理论与实务 [M]. 北京：中国人民大学出版社，2017.
[25] 付亚和. 工作分析 [M]. 2版. 上海：复旦大学出版社，2017.
[26] 杨晶照. 组织设计与工作分析实训教程 [M]. 镇江：江苏大学出版社，2017.
[27] 徐鹏杰. 互联网时代下企业竞争范式的转变：从竞争优势到生态优势：以韩都衣舍为例 [J]. 中国人力资源开发，2017（5）：104-109.
[28] 李强. 工作分析同步综合练习 [M]. 北京：科学出版社，2016.
[29] 龚尚猛，周亚新. 工作分析的理论、方法及运用 [M]. 3版. 上海：上海财经大学出版社，2015.
[30] 陈俊梁，袁炜，陆静丹. 组织理论与设计 [M]. 北京：中国人民大学出版社，2015.
[31] 朱勇国. 组织设计与岗位管理 [M]. 北京：首都经济贸易大学出版社，2015.
[32] 李强. 工作分析：理论、方法与应用 [M]. 北京：科学出版社，2015.
[33] 潘泰萍. 工作分析：基本原理、方法与实践 [M]. 上海：复旦大学出版社，2011.
[34] 刘凤霞. 组织与工作设计 [M]. 天津：天津大学出版社，2015.
[35] 关培兰. 组织行为学 [M]. 4版. 北京：中国人民大学出版社，2015.
[36] 葛玉辉. 工作分析与设计 [M]. 北京：清华大学出版社，2014.
[37] 朱勇国. 工作分析 [M]. 2版. 北京：高等教育出版社，2014.
[38] 周鹏飞. 工作分析同步训练 [M]. 重庆：西南师范大学出版社，2013.
[39] 许玉林. 组织设计与管理 [M]. 2版. 上海：复旦大学出版社，2013.
[40] 鲍立刚. 人力资源管理综合实训演练 [M]. 2版. 大连：东北财经大学出版社，2013.
[41] 毛文静，唐丽颖. 组织设计 [M]. 杭州：浙江大学出版社，2012.
[42] 周鹏飞. 工作分析 [M]. 重庆：西南师范大学出版社，2012.
[43] 于斌. 组织理论与设计 [M]. 北京：清华大学出版社，2012.
[44] 万希. 工作分析面临的挑战与发展趋势分析 [J]. 云南财经大学学报（社会科学版），2012（1）：104-108.
[45] 刘江花. 知识经济时代工作分析发展趋势综述及思考 [J]. 科技与管理，2012（5）：112-116.
[46] 丁磊. 李宁关闭香港门店欲断臂自救 [EB/OL]. （2012-09-13）. http://www.jjckb.cn/2012-09/13/content_401230.htm.
[47] 贾隽，行金玲. 组织理论与设计 [M]. 西安：西安交通大学出版社，2011.
[48] 张岩松，贝凤岩. 现代人力资源管理案例教程 [M]. 北京：清华大学出版社，北京交通大学出版社，2011.
[49] 张岩松，周洪波. 组织行为学案例教程 [M]. 北京：北京交通大学出版社，2011.
[50] 胡君辰. 《组织行为学》习题与案例 [M]. 北京：中国人民大学出版社，2010.
[51] 刘松博，龙静. 组织理论与设计 [M]. 2版. 北京：中国人民大学出版社，2009.
[52] 张微，杨潇. 浅议知识经济时代工作分析面临的挑战 [J]. 改革与开放，2009（6）：126-127.
[53] 绛珠. 富士康：代工之王的背后 [J]. 中国海关，2009（12）：39.

[54] 陈福军. MBA 案例精选：生产运作管理 [M]. 大连：东北财经大学出版社，2009.
[55] 马国辉，张燕娣. 工作分析与应用 [M]. 上海：华东理工大学出版社，2008.
[56] 祝十苓. 工作分析与组织设计 [M]. 北京：中国劳动社会保障出版社，2007.
[57] 万希. 工作分析参与人的决策探讨 [J]. 人力资源管理，2007（11）：20－22.
[58] 沈延芳，吴绍琪. 我国后工业时代工作分析面临的挑战和出路 [J]. 现代企业，2007（8）：53－54.
[59] 惠芳. 战略性人力资源管理工作中工作分析误区 [J]. 人才开发，2007（9）：28－29.
[60] 朱勇国. 工作分析与研究 [M]. 北京：中国劳动社会保障出版社，2008.
[61] 文征. 员工工作分析与薪酬设计 [M]. 北京：企业管理出版社，2006.
[62] 魏向阳. 企业实施工作分析中存在的问题及对策[J]. 人才资源开发，2006（11）：27－29.
[63] 钟宇. 跨越工作分析误区 [J]. 职业，2006（1）：265－266.
[64] 倪杰. 管理学原理 [M]. 北京：清华大学出版社，2006.
[65] 王丹. 工作分析的误区在哪里 [J]. 人力资源，2004（7）：37－38.
[66] 王丹. 中小企业常见误区及解决之道 [J]. 中国培训，2004（7）：49－50.
[67] 王小艳. 如何进行工作分析 [M]. 北京：北京大学出版社，2004.
[68] 牛雄鹰，马成功. 员工任用（一）：工作分析与员工招募 [M]. 北京：对外经济贸易大学出版社，2003.
[69] 肖鸣政. 组织建构与企业管理技术 [M]. 北京：高等教育出版社，2003.
[70] 黄培伦. 组织行为学 [M]. 广州：华南理工大学出版社，2005.
[71] 吴培良，郑明身，王凤彬. 组织理论与设计 [M]. 北京：中国人民大学出版社，1998.
[72] 张月琴. 基于立德树人的根本要求，构建课程思政"六性六力"发展模式 [M]. 湖北开放职业学院学报，2022（21）：104－108.